사회학총서 10

사회사/역사사회학

강진연 · 김경일 · 김민환 · 김백영 · 김상준 · 김수진 · 김혜경 · 박명규
박상현 · 서호철 · 이정은 · 전희진 · 정근식 · 정일준 · 정준영 · 채오병

다산출판사

인사말

조성남(이화여대/한국사회학회장)

사회학은 분단과 전쟁, 산업화와 민주화로 요약되는 한국 현대사의 격랑 속에서, 현대 세계 역사를 움직여 온 자본주의와 민주주의가 어떻게 한국사회에 적용되며 변모해 왔는지 탐구하는 학문입니다. 한국사회학은 역사적이고 통시적인 고찰을 통해, 급변해 온 한국사회를 이해하고, 사회구성원의 삶에 뿌리내려진 다양한 모습들을 조망하며, 학술적이고 사회적인 소명을 수행해 왔습니다.

특히 한국사회학은, 그동안 현대 한국사회가 직면한 다양한 문제들에 대해, 분야별로 체계적인 분석을 통해, 새로운 이론의 정립과 대안의 제시라는 학문 목표에 다가가며, 사회과학의 여러 분과학문에 종합적이고 체계적인 이론과 방법론의 토대를 제공해 왔습니다. 최근에는 부각되고 있는 '융합학문' 의 필요성에 대해서도, 체계적 분석과 토론을 선제적으로 선도하며, 한국사회학의 학문적 정체성을 재정립하고, 현대사회에 기여할 수 있는 방안을 찾고, 다른 학문과의 소통과 협업을 강조하고 있습니다.

이러한 사회학의 전통과 소명을 바탕으로, 한국사회가 당면한 시대적 요구에 부응하기 위해, 한국사회학회는 사회학의 분야별 성과를 체계적으로 정리하여 총서 시리즈를 출간해 왔습니다. 2013년도부터 시작된 총서 발간 작업은, '이론' 을 필두로 '종교', '법', '인권', '사회운동', '인구와 보건', '가족', '동양사회사상' 등의 분야에서 이미 출판이 완료되었고, 이

번에 열 번째로 '역사사회학' 이 발간되었습니다. 앞으로도 '과학기술사회학', '다문화와 이민' 등의 주제로 사회학총서의 발간은 계속 추진되어질 것입니다.

그동안 한국사회학회의 각 분과학회별로 기획과 집필, 원고의 감수를 맡아 회원들께서 헌신적인 노력을 해 주셨고, 기획에서부터 마무리까지 각 단계마다 학회 회장단들과 임원진들의 많은 수고의 결과로 이루어진 작업입니다. 학회 총서 발간이라는 의미 있고 큰 사업이 순조롭게 진행될 수 있도록 애써주신 모든 전임 회장단들과 집필진 및 임원들 모든 분들께 학회를 대표하여 깊은 감사를 드립니다. 한 권 한 권 최선을 다하여, 정성을 기울여 출판해 주신 다산출판사에도 진심으로 감사드립니다.

한국사회학 총서가 사회학회와 학회원은 물론, 사회과학 전반에, 나아가 한국사회가 사회적 흐름이나 요구에 대응하고 방향을 모색하는 데 기여할 수 있게 되길 희망해 봅니다.

인사말

정진성(서울대/전 한국사회학회장)

사회학은 언론, 행정, 사법, 기업, 복지, 시민사회 분야 전반에 골고루 필요한 지식을 교육하여 취업 분야가 넓을 뿐만 아니라 사회과학 여러 분과학문에 가장 유용한 이론의 공급원이기도 합니다. 최근 법학전문대학원을 비롯하여 여러 새로운 형태의 대학원이 설립되면서, 학부 교육과정에서 사회학이 갖고 있는 종합성과 논리성, 이론적 강점이 새롭게 주목받기 시작했습니다. 더욱이 엄청난 속도의 과학기술 발전과 글로벌리제이션의 진전으로 사회가 더 이상 하나의 분과학문으로 설명할 수 없는 복합적 양상으로 변화하는 상황에서, 사회학의 종합성과 유연성이 학문 간의 융복합을 추동하는 역할을 할 수 있다는 점도 새롭게 조명되기 시작했습니다. 다만 실용적이고 전문화되어 가는 세태에서 '사회' 라는 개념이 추상적이고 모호하게 인식되고 있기 때문에, 사회학을 공부하는 학생들에게, 그리고 일반인들에게도 사회학의 개념과 위상을 명확히 정립하여 인식하도록 할 필요가 있다는 것이 사회학총서 기획의 기본 취지입니다.

2011년 6월 사회학회 총회에서 2013년 회장이 선출되고, 곧바로 구성된 새로운 회장단은 사회학총서를 만들자는 데 뜻을 모았습니다. 2011년 회장단에서 '21세기 사회학혁신 특별위원회' 를 만들어서 사회학의 영역과 커리큘럼을 조사했으며, 2012년 회장단은 일본에서 사회학총서가 두 차례에 걸쳐 발간되었고 최근 중국사회학회도 총서 발간에 관심을 기울이고 있는 것을 확인하고 한국사회학회에서도 총서작업을 시도하면 좋겠다는 의지를 보인 바 있습니다.

총서 기획은 사회학회 내에서 활동하고 있는 20여 개의 분과학회를 기반으로 이루어졌습니다. 1990년대 후반부터 사회학의 규모가 늘어나면서 여러 분과학회가 속속 만들어졌는데, 이 분과학회들이 전·후기 사회학대회의 발표 세션 구성의 주체가 되고 있습니다. 대부분의 분과학회들은 그 분야의 전반적인 내용을 체계적으로 보여주는 저술의 필요성을 인지하고 있었으며, 사회학회 차원에서 각 분야를 아우르는 총서를 기획하는 데에 매우 적극적인 의사를 표명했습니다. 이미 개설서를 출판한 문화사회학회, 비판사회학회 등을 제외한 16개 분과학회가 2012년 11월에 1차 기획회의를 가지고 총서의 기본적인 가이드라인을 결정했습니다. 총서는 각 사회학 영역의 내용과 방법론 등을 포괄하며 사회학 학부 고학년과 대학원 신입생 수준의 학생들이 그 분야 사회학에 대해 전문지식을 습득할 수 있는 수준과 방식으로 집필하는 것으로 의견을 모았습니다.

총서작업 과정에서 사회학회는 전 분과학회가 참여하는 학술회의를 열었습니다. 모든 분과학회가 발표와 토론에 참여하여 총서 추진과정에서 실제로 집필의 한 부분이 이루어지고 집필의 추진력도 받을 수 있도록 한 것입니다. 4월에 '복지'를 주제로 하여 8개의 학회가 참여하는 심포지엄을 개최했고, 5월에는 '경제민주화' 대토론회를 7개 학회의 참여로 진행했습니다. 각 분과학회들은 매우 성실하고 진지하게 발표원고를 준비하여, 복지와 경제민주화와 같은 사회 전체에 큰 영향을 미치는 문제에 대해서 기존의 좁은 학문의 울타리를 넘어 융복합의 분석을 주도할 수 있는 사회학의 강점을 최대한으로 발휘했습니다.

사회학총서는 사회학의 학문적 특성과 내용을 확실히 할 뿐만 아니라, 각 분과학회가 총서작업을 통해 학문적 수준과 결속력을 높일 것으로 기대합니다. 나아가 분과학회 상호 간의 학문적 교류와 신뢰를 강화하여 한국

사회학회 전체의 정체성과 참여도를 높이고 결과적으로 한국사회학 전체의 수준을 높일 것이라고 믿습니다. 특히 서구의 학문적 업적에 기대온 과거의 관행에서 크게 벗어나 한국사회의 맥락에서 학자들의 문제의식과 시각, 문제해결의 방식을 정립할 수 있는 효과적인 계기가 될 것으로 생각됩니다.

그간에 각 학회장들의 회합이 계속 이어졌고, 6월 전기사회학대회에서는 총서 집필 현황을 서로 점검하는 공동 세션이 열렸으며, 이제 12월 사회학대회에서는 출판기념회를 계획하고 있습니다. 현재, 함께 시작한 16개 학회(몇 개는 개인들의 집필로 이루어지고 있음) 전체가 실제로 12월 사회학회에서 출판된 책을 가질 수 있기를 기대합니다만, 혹시 미처 끝내지 못한 학회는 다음 해를 기약하면 될 것입니다. 또 여러 다른 분과학회나 개인 학자들이 속속 총서 작업에 합류하여 사회학총서가 점점 더 완성된 모습을 갖추게 되기를 기원합니다.

집필에 참여하신 사회학회 여러분들께 감사드리며, 총서의 기획으로부터 실무에 이르는 전체 과정을 책임져 주신 강정한 교수와 총서의 출판을 선뜻 맡아주신 다산출판사 분들께 진심으로 고마움을 전합니다.

아무쪼록 수준 높은 책들이 출판되어, 한국사회학의 발전에 큰 기여를 하게 되기를 기대합니다.

발간사

송호근(사회학총서 발간위원장)

한국사회학회에서 처음 시도하는 총서 발간을 진심으로 환영하고 축하한다. 그동안 학회 차원에서, 그리고 뜻있는 사회학자들 간에 총서 발간의 필요성이 심심치 않게 제기된 바 있고, 영역별로 총서 형태의 연구서를 이미 발행한 분과학회가 더러 있지만, 사회학회 차원에서 총서 발간이라는 대사업을 시작한 것은 처음 있는 일이다. 그런 의미에서 조금 늦은 감이 없지 않지만, 20세기 한국사회의 발전상을 바탕으로 21세기 세계화와 더불어 진행되는 한국사회의 변화상을 각 분과별로 정리, 조망해 보는 일은 그야말로 한국사회학의 토대를 다지는 기초 작업이다. 21세기 한국사회는 더 이상 일국경계에 한정된 사회가 아니라 전 지구적 차원의 변화와 맞물린 다국적 · 혼합적 변동의 중심에 놓여 있으며, 그에 따라 20세기 사회학 패러다임으로는 포착되지 않는 신종의 변동 요인들이 대거 집중되거나 자체 생산되고 있다고 봐도 과언이 아니다. 신종 요인들의 유입과 동화과정, 자체 생산되는 신요인들의 본질을 파악하려면 새로운 이론과 분석방법이 필요하다. 고전사회학의 기본 원리와 20세기 사회학 패러다임을 기초로 하되 구본신참, 신구절충의 정신으로 글로벌화의 와중에 있는 한국사회의 변동원리를 포착하고 정립하는 것이 절실한 과제이다. 총서 발간의 가장 중요한 의미는 바로 여기에 있다.

돌이켜보건대, 한국사회학은 사회변동의 척후역할을 담당하던 '호황의 시대'를 지나 사회적 수요가 현격히 줄어든 '위축의 시대'를 맞고 있다. 누구나 사회학적 지혜를 필요로 했던 '격동의 시대'에 오늘날의 수요위기를 예측하고 적절한 대비책을 준비해야 했다는 뒤늦은 반성이 총서를 발간하게 된 주요한 계기일 것이다. 사회학은 수요 위기와 함께 정체성 위기라는 이중적 위기에 당면하고 있다. 인접학문으로 주제와 쟁점이 이관되는 자연스런 학문분화, 산업화와 민주화가 어느 정도 정착함에 따라 변동론적 비전이 상대적으로 설득력을 잃는 현상, 그리고 무엇보다 사회학 내부에서 진행된 과잉전문화로 연구자와 대중이 분리되는 현상 등이 대중독자와 지지기반을 약화시킨 요인들로 보인다. 이는 사회과학 전반에서 목격되는 일반적 모습인데 사회학에서 그 중첩효과가 극대화되었다. 아카데미아에서 사회학의 위상을 회복하는 일, 대중독자들로부터 사랑과 신뢰를 회복하는 일이 무엇보다 절실한 요즘, '풍요한 사회'의 내부 역학을 파헤치고 시민과 시민사회, 그리고 국가권력의 양지와 음지를 날카로운 분석기제와 생생한 언어로 조명하는 것은 사회학의 정체성을 살려내고자 하는 이 시대 사회학자들의 가장 중대한 과제라고 생각한다.

총서발간이 바로 그 작업의 기초를 마련할 것으로 기대한다. 21세기 한국사회의 변동역학과 인과법칙, 그리고 시민생활을 관할하는 객관적 법칙을 밝혀내는 작업이야말로 미시적 지식생산에 함몰된 아카데미아의 근시안적 연구경향을 극복하고 시민사회를 이끌 집단적 지혜와 교양을 증진하는 지름길이기 때문이다. 21세기 사회학이 바로 그 일을 담당해야 한다. 이는 정체성 위기에 처한 사회과학 일반의 지식저변을 넓혀 그 기초를 다지는 공동체적 과업의 첫걸음이라 할 수 있다. 이런 의미에서 총서 발간에 참여하는 집필진들은 사회과학의 공익함양과 공공성 증대라는 시대적 요구를 실천하는 사회학 전사라 해도 과언이 아니다.

총서 발간을 통해 사회학이 새로 태어나고 현재와 미래의 연구과제와 원리를 새롭게 갱신할 수 있기를 기대한다. 21세기 한국사회는 사회학과 더불어 숨 쉬고 사회학과 더불어 진화해 나갈 것을 희망한다. 사회학은 언제나 시민들이 발 딛고 있는 삶의 현장에서 시작해서 새로운 기획을 들고 다시 현장으로 돌아오는 실천적 학문이다. 시민들의 생생한 삶을 생동력 있는 이론과 신선한 언어로 퍼 올리는 것이야말로 21세기 사회학의 정체성을 구축하는 기본 원리다. 집필진들의 열정과 헌신을 기대한다.

한국 사회사/역사사회학의 토착화를 위하여

'역사사회학(Historical Sociology)' 또는 '사회사(Social History)' 로 불리는 사회학에서의 역사적 접근은 현대 사회학에서는 일반적으로 특수한 하위분과 가운데 하나로 분류되고 있다. 하지만 마르크스, 토크빌, 베버, 뒤르켐과 같은 사회학의 고전적 거장들의 연구에서 잘 드러나듯이, 역사는 사회학적 사유에 필수 불가결한 구성요소 중 하나였다. 테다 스카치폴(Theda Skocpol)의 표현을 빌리자면, 사회학은 본질적으로 '역사에 기초를 두고 역사를 지향하는 학문' 이었던 것이다. 이 점에서 볼 때 현대 사회학에 만연한 '위기' 의 징후는 20세기 중반 이래 사회학에서 점점 더 농후해진 역사사회학의 전반적 쇠퇴 경향과 무관하지 않아 보인다. 일찍이 밀스(C. W. Mills)는 보수화된 1950년대 미국 사회학에 대하여 '거대 이론과 추상화된 경험주의에 매몰된 반역사주의' 라고 통렬한 비판을 가한 바 있다. 이는 역사적 사유를 상실한 채 '현재로 후퇴하는' 사회학이 손쉽게 빠질 수 있는 학문적 불임성에 대한 경고에 다름 아니다.

밀스의 메시지가 오늘날 우리에게도 강렬한 울림을 갖는 것은 21세기의 첫 십여 년을 흘려보낸 현 시점의 한국 사회학이 처해 있는 '위기' 의 심각성 때문일 것이다. 이 위기는 한편으로는 세계화와 시공간 압축으로 대표되는 현실 사회의 급속한 변화로 인해 야기된 것이지만, 다른 한편으로는 20세기 한국 사회학의 한계를 넘어서는 새로운 학문적 패러다임 모색의 절실한 필요성 때문이기도 하다. 이러한 이중적 위기 상황에서 사회학은 과연 어떻게 학문적 돌파구를 찾아낼 수 있을까? 이 책은 이 질문에 대한 해결책을 과거로의 시공간적 우회로를 통해 찾아보고자 하는 사회사/역사사회학 연구자들의 지적 도전을 위한 작지만 유용한 길잡이가 되고자 한다. 독자들의 이해를 돕기 위해 먼저 이 책이 놓인 한국 사회사/역사사회학의 연구사적 지평에 대해 간단하게나마 소개할 필요가 있을 것이다.

한국 사회학에서 역사적 접근 또는 '사회학과 역사학의 대화'는 언제부터 비롯되었을까? 한국에서 역사사회학의 효시는 이상백, 김두헌 등 제1세대에서 김영모, 박영신, 신용하, 최재석, 최홍기 등 제2세대로 이어지는 학문적 계보에서부터 그 연원을 찾을 수 있다. 하지만 한국 근현대 사회 변동에 대한 본격적인 사회사/역사사회학적 연구의 흐름이 등장하기 시작한 것은 1970년대 한국 사회과학계를 지배하고 있던 근대화론이나 구조기능주의 패러다임에 대한 반발에서 비롯되었다고 할 수 있다. 한국 사회사 연구는 1970년대 후반 '사회학과 역사학의 대화'를 통해 국적불명의 '몰역사적' 사회과학 담론 일색인 한국 사회학을 '실사구시'를 통해 토착화하려는 학문적 동기에서 비롯되었으며, 1980년 '한국사회사연구회(오늘날의 한국사회사학회의 전신)'가 탄생함으로써 그 조직적 구심이 마련되었다.

1980년대 한국에서 역사사회학의 전개 양상은 크게 두 가지 흐름으로 나눠볼 수 있다. 우선 한국사회사연구회는 프랑스 아날학파와 영미권의 역사사회학 이론을 도입하는 한편, 한국사회의 장기·거시적 사회변동에 대한 실증적 연구를 추구하면서 그 성과를 『한국사회사연구회논문집』(1986~1996)과 『사회와 역사』(1997~)와 같은 학술지를 통해 제도적으로 축적해 갔다. 다른 한편, 1980년대 한국 사회학은 토착화를 위한 인식의 코페르니쿠스적 전환을 경험하기도 했다. 이 시기는 사회운동과 정치변동에 대한 실천적 문제의식을 바탕으로 한국 사회과학의 '종속성'과 '식민성'에 대한 급진적 성찰이 이루어진 시기이자, 마르크스주의로 대표되는 대안적인 학문 패러다임의 거센 도전이 출현한 시기였던 것이다.

1980년대 이래 국내 진보 학계를 지배해 온 마르크스주의의 이념적 관성과 1989년 베를린 장벽 붕괴의 충격파가 뒤엉켜 혼란스럽게 전개된 1990년대 한국 인문사회과학계 담론의 지형도는 1997년 IMF 구제금융사태를 계기로 급속히 현실화된 신자유주의적 세계화와 더불어 커다란 변화를 맞이하게 된다. 일반적으로 거시사에서 미시사로, 경성(硬性) 역사에서 연성(軟性) 역사로, 공식 역사에서 비공식 역사로의 전환으로 특징지을 수 있는 이러한 연구관심의 변화 경향은 외견상으로는 구미 학계의 전반적인 변화 양상과 크게 다르지 않다. 이는 현실 사회주의의 몰락이 가시화된 1990년대 이후 한국 인문사회과학계에서 포스트모더니즘을 중심으로 한 각종 포스트주의와 문화이론 등이 폭발적으로 유행한 것과 그 흐름을 같이 한다.

하지만 이 시기 한국학계에서 나타난 연구관심 변화의 의의를 외국학계의 선진 이론의 수입 · 번역의 효과로만 섣불리 일차원적으로 단정지을 수 없는 것은, 그것을 선택적으로 도입한 주체의 특성과 그것이 적용된 연구문제의 구체적 맥락을 종합적으로 고려할 때에야 비로소 그 상호작용의 복합성이 입체적으로 드러나기 때문이다. 페미니즘과 탈식민주의, 서발턴 연구(subaltern studies)의 이론적 · 방법론적 문제의식을 차용하면서 시작된 구술사와 기억 연구는 격동의 한국사를 대상으로 '아래로부터' 역사를 해체 · 재구성하려는 급진적 시도와 결합되면서 여성사, 전쟁사, 지방사 등의 분야에서 식민화, 폭력, 분단, 전쟁, 로컬리티 등을 주제로 한 새로운 연구 흐름으로 나타났다.

특히 1990년대 접어들어 본격적으로 전개된 식민지 근대(성) 및 식민지 근대화를 둘러싼 논쟁은 사회(과)학과 역사학의 대화에 기폭제로 작용하였다. 이전까지 일제시기에 대한 연구 관심은 식민지 수탈론 일색이었는데, 그것은 1970년대 내재적 발전론의 연장선상에서 '식민성'과 '근대성' 또는 '식민화'와 '근대화'의 논리적 · 역사적 양립 불가능성을 입증하는 데 주력해 왔다. '식민지 근대' 문제에 대한 인식론적 전환은 1990년대 접어들어 소장연구자들을 중심으로 근대의 다양성을 인정하는 '복수의 근대(multiple modernities)'의 개념적 유효성을 암묵적 혹은 명시적으로 인정하면서부터 비롯되었다. 이후 이 문제는 경제사 · 정치사 · 사회사 등 역사학 외부나 해외 한국학계에서 이루어진 연구성과를 바탕으로 하여 촉발된 일련의 논쟁들을 통하여 국내외 한국학 연구의 저변을 확장시키는 계기가 된 한편, 일제하 식민지 근대와 (박정희체제하) 압축 근대화의 연관성, 식민지체제와 분단체제의 상관성 등 20세기 전후반 한국사의 연속과 단절의 문제를 비롯한 발본적인 연구문제를 제기해 왔다.

그 결과 한국의 역사사회학은 사회과학과 역사학의 융합을 통한 독창적 이론화의 새로운 가능성을 발견할 수 있었다. 1980년대 한국의 사회학과 역사학, 법칙정립적(nomothetic) 학문과 개성기술적(idiographic) 학문은 서로 전혀 다른 출발점에서 시작했음에도 불구하고, 토착화라는 문제의식을 공유하고 공통의 학문적 쟁점을 파고드는 과정에서 점차 학제적 수렴의 방향으로 나아갔다고 볼 수 있다. 결국 한국 근현대 사회변동의 수많은 논제들을 둘러싸고 1980년대 이후 현재까지 진행되어 온 무수한 논쟁들은 수입된 담론과 비동시대적 현실 간의 인식론적 간극을 좁히는 데 필요한 —여전히 현재진행형인— 시지프스의 노동이었다고 할 수 있을 것이다.

이제 이 책의 제호가 '사회사/역사사회학'으로 정해지게 된 연유에 대해서도 간단하게나마 해명할 수 있을 것이다. 더 자세한 내용은 이 책 제1부를 통해서 알 수 있겠지만, 이 책의 제목으로 알기 쉽게 '사회사' 또는 '역사사회학' 가운데 어느 한 가지를 선택하지 않고 굳이 '사회사/역사사회학'을 병기하기로 한 것은, 무엇보다도 한국 사회학사에서 역사적 접근의 학문적 형성사가 지닌 고유성을 고려해서다. 만일 우리 사회학계에서의 독자적인 학문적 전통이나 유럽 학계로부터 받은 지적 영향에 무게중심을 둔다면 '사회사'가 더 적합한 제명이 될 것이고, 이 분야가 사회학 전체에서의 한 분과영역이라는 점이나 미국 학계로부터 받은 학문적 영향을 더 크게 고려한다면 '역사사회학'이 더 적합한 제호가 될 것이다. 이 책의 표제에는 이 두 가지 측면을 동시에 나타냄으로써 한국 사회학에 복합적으로 내재된 외래성과 토착성을 드러내어 보이고자 하는 의도가 내포되어 있는 셈이다. 다시 말해서 여기에는 독자들이 한국에서 사회학자로서 역사적 연구를 한다는 사실에 숙명적으로 담지되어 있는 학자적 사명감에 대해 진지하게 고민해 봤으면 하는 바람과, 그 고되지만 의미 있는 학문적 여정에 동참하여 21세기 한국 사회사/역사사회학에서 지난 세기에 찾아내지 못했던 새로운 금맥을 캐낼 수 있었으면 하는 기대가 동시에 담겨 있다.

과연 21세기 한국 역사사회학은 한국적 사회변동이론의 토착화를 이루어낼 수 있을까? 아마도 그것은 한국의 독특한 경험을 개성기술하는 작업과 그 독특성을 보편적 언어로 이론화함으로써 법칙정립하는, 두 마리 토끼를 동시에 잡는 실현 불가능해 보이는 과제의 달성 혹은 그 모든 난제의 돌파구가 될 '한국적 경험의 독창적 이론화'라는 명료한 정언명령의 실현 가능성에 달려 있다고 할 수 있을 것이다. 1980년대 이래의 한국 사회사 연구의 과제가 '근대지상주의의 함정'으로부터의 지적 탈출을 암묵적 목표로 한 것이었다면, 21세기의 과제는 '민족사'의 경험을 '인류사' 혹은 '지구사'의 보편적 언어로 어떻게 재구성해 낼 것인가에 놓여 있다고 볼 수 있지 않을까? 때문에 아마도 후자의 과제는, 상대적으로 소극적이고 방어적인 성격을 띠었던 전자의 과제에 비하여 훨씬 더 원대한 전망에 입각한 자의식적인 전략적 실천을 통해서만 그 목적지에 도달할 수 있을 것이다.

따라서 21세기 한국 사회사 연구의 형질 전환이라는 야심찬 과제를 달성하기 위해서는 적어도 다음 세 가지 당면 과제에 대한 해결책을 모색해야 하지 않을까? 첫째, 19세기 이래 대학에 제도화된 사회(과)학과 역사학의 학문적 경계를 넘어서 한국 (역사)사회학의 새로운 학문적 전통을 어떻게 창안하고 발전시켜 나아갈 수 있을까? 둘째, 식민화와 전쟁과 분단의 역사적 경험과 학적 식민성에 대한 자기성찰에 바탕을 둔 탈식민 · 탈냉전 시대의 한국 사회사 연구의 새로운 패러다임을 어떻게 구축해 나아갈 것인가? 셋째, 한반도를 둘러싼 동아시아 지역 연구와의 관련 속에서 한국학의 의제를 어떻게 설정하여 국내외 한국학계의 상호소통과 학문적 활성화를 이루어 낼 것인가? 21세기 한국 사회사/역사사회학의 운명은 우리가 이들 물음에 대한 주체적이고 능동적인 해답을 찾을 수 있을지 여부에 달려 있다고 해도 과언이 아닐 것이다.

이 책은 크게 다음과 같이 두 부분으로 구성된다. 사회사/역사사회학의 학설사적 변천과정에 대해 개관하고 연구에 필요한 주요 개념과 이론, 방법과 자료를 소개하는 전반부(제1·2부)와, 한국 사회사 연구의 성과를 각 분야별 핵심 쟁점을 중심으로 소개하고 향후 과제를 검토하는 후반부(제3·4부)가 그것이다.

먼저 제1부에서는 한국에서 사회사/역사사회학이라는 학문적 세계에 진입하기 위한 필수적 배경 지식이라고 할 수 있는 국내외 주요 학설사에 대해 간략히 소개한다. 1장에서는 역사사회학의 효시가 된 고전사회학의 학문적 전통에 대해, 2장에서는 프랑스 아날학파를 중심으로 한 유럽 사회사 연구의 흐름에 대해, 3장에서는 미국 역사사회학의 성립과 변천과정에 대해, 마지막으로 4장에서는 한국 사회사 연구의 형성과 발전과정에 대해 각각 핵심을 간추려 정리하고 있다. 제2부는 연구자로서 사회사/역사사회학적으로 대상에 접근함에 있어 필수적으로 요구되는 주된 이론과 방법에 대해 안내하고 있다. 5장에서는 거시구조적 연구에 참고가 될 만한 이론과 방법론에 대하여, 6장에서는 사건사적 관점에서 인과성을 어떻게 구성해야 하는가에 대하여, 7장에서는 한국 사회를 역사적으로 연구함에 있어 가용한 자료와 그 활용법에 대하여 각각 유용한 길잡이를 제공한다.

한국 사회변동에 대한 거시적 설명을 목적으로 하는 연구에 대해 다루는 제3부에는 세 편의 글이 실려 있다. 한국의 민족과 국가, 민족주의의 형성과정과 그 성격을 어떻게 탐구할 것인가의 문제에 대해 다루는 8장, 한반도는 물론 20세기 동아시아 전반에 큰 영향을 끼친 한국전쟁을 중심으로 전쟁에 대한 사회사적 연구의 이론과 성과, 쟁점과 과제를 정리하고 있는 9장, 동아시아 전체의 사회변동이라는 장기 · 거시적 관점에서 한반도의 사회변동을 조망하는 통찰력을 제공하고 있는 10장이 그것이다. 마지막으로 제4부에서는 한국 사회변화에 대한 미시적 이해를 연구의 주된 문제의식으로 삼고 있는 다양한 주제와 관점의 학문적 흐름들을 소개하고 있다. 여기에는 근대 문명의 쌍생아인 근대 도시라는 독특한 공간적 장치의 형성과 변천사에 대해 어떻게 연구할 것인가에 대한 포괄적인 안내서를 제공하는 11장, 한국 여성사 · 가족사 연구의 주요한 이론과 쟁점, 성과와 과제를 폭넓게 소개하고 있는 12장, 의식주와 같은 친숙한 일상 속에서 한국 사회문화 변동의 단면을 포착해 내는 일상생활사적 연구를 위한 지침을 제공하는 13장, 그리고 소수자와 인권이라는 관점에서 굴곡진 근현대 한국 사회사의 궤적을 구석구석 탐사하는 14장이 포함된다.

이처럼 이 책은 현재 우리 학계에서 '사회사/역사사회학'으로 통칭될 수 있는 광범위한 학문적 은하계에 포진해 있는 14개의 서로 다른 별자리들을 한데 모음으로써 독자들이 이 영역의 전반적인 지세와 현재의 형국을 한눈에 파악할 수 있는 지형도를 만들어 보고자 했다. 특히 초심자들에게는 한국 사회사/역사사회학이 지닌 독특한 형성사적 특징과 다양한 학문적 성과들을 손쉽게 일별할 수 있는 좋은 기회를 제공할 것으로 기대한다.

물론 아쉬운 점도 적지 않다. 무엇보다도 사회사/역사사회학의 각 분야에서 그동안 축적되어 온 연구성과들을 고려해 볼 때, 충분히 다양한 영역과 주제들을 망라하지 못한 점은 못내 아쉬움으로 남는다. 그럼에도 불구하고 이 책은 국내 사회사/역사사회학자들이 뜻을 모아 함께 만들어 낸 한국 최초의 사회사/역사사회학 교재로서, 그 출생과 존재의 이유를 스스로 증명해 주리라 생각한다. 이 책이 날카로운 사회학적 문제의식과 진중한 역사학적 통찰력을 겸비한 뜻있는 사회사/역사사회학 입문자들에게 작지만 유용한 길잡이가 될 수 있다면 더 바랄 나위가 없겠다.

공저자들을 대신하여
김백영 삼가 씀

차 례

제 1 부 사회사/역사사회학의 형성과 발전

제 3 부 한반도와 동아시아 사회 변동의 거시적 설명

제 8 장 한국의 민족주의, 민족과 국가 / 정일준

제 9 장 전쟁의 사회사 / 정근식

제 1 부

사회사/역사사회학의 형성과 발전

제 1 장

고전사회학과 역사사회학

| 박상현(부경대학교 국제지역학부) |

1. 들어가며

19세기 유럽의 현대성은 산업혁명과 시민혁명으로 대표되는 거대한 변화의 산물이었다. 급속한 사회적 변형과 정치적 격변의 '이중혁명' 이후의 세계는 그 이전의 세계와 확연히 달랐다. 현대인은 이제 항구적인 사회적 해체와 갱신에 직면해야 했고, 때로는 격렬한 정치적 투쟁을 야기하는 사회적 갈등과 함께 살아야 했다. 이 같은 사태의 전개는 유럽 각지에서 상이한 양상을 띠었지만, 대다수 지식인은 자신들이 처한 사회적 맥락에서 현대사회를 출현하게 만든 사회적인 힘과 그 결과들을 탐구했다. 자본주의의 발전과 민족국가의 형성, 그리고 제국주의적 팽창 등은 '고전사회학'이라 불리는 새로운 접근들의 배경이 되었다. 고전사회학은 모두 이 같은 거대한 변동의 원인을 설명하고 그 모순이나 한계를 밝히려고 했다. 이런 맥락에서 볼 때, 사회학은 애초부터 역사에 기초를 두고 역사를 지향했던 학문이라고 할 수 있다(Abrams, 1982; Skocpol, 1984; Holton, 2003).[1]

역사에 대해 관심을 갖는 지적인 노력은 오래 전부터 존재했지만, 고전사회학은 역사를 바라보는 관점에서 다른 접근과 구별되었다. 우선 사회학자들은 신의 섭리로 역사를 설명하는 신학적 사변이나 정신의 운동 같은 추상적 원리로 역사를 설명하는 철학적 사변을 거부했다. 대신 그들은 조사 · 관찰이나 기록된 역사적 현실에서 출발했으며, 특히 당대의 역사적 사건들에 주목했다. 동시에 그들은 개별적 사건의 특수성에만 주목해서 그것을 묘사하는 데 주력하는 역사학자들과 달리 더 심층적인 사회적 조건에 대한 이론적 설명을 탐구했고, 그런 이론적 틀에 근거해서 사건들의 전개를 분석 · 설명하려고 했다. 따라서 다양한 역사적 현상들 사이의 상호관련

---

1) 이런 관점에서 스카치폴(Skocpol, 1984)은 역사사회학을 사회학의 특정 분야가 아니라 하나의 연구전통, 즉 거대한 구조와 근본적 변화과정을 이해하려는 사회학적 연구전통으로 규정한다.

이나 역사적 과정 내에서의 인과관계는 고전사회학자들의 기본적인 관심들 중 하나였다.

현대사회로의 이행, 즉 자본주의나 산업주의의 형성과 변동이라는 구조적 경향은 그들의 작업의 기본적인 배경이 되었다. 고전사회학의 주요한 개념들은 대체로 항구적인 변화를 야기하는 현대사회의 기본적 구조를 이해하기 위한 것이었다(Giddens, 1971; Abrams, 1982). 그러나 그들은 그와 같은 구조적 경향뿐만 아니라 국가, 교육, 가족, 종교 등과 같은 제도들의 역사적 변화에도 관심을 가졌다. 개별적인 제도의 형성과 변화뿐만 아니라 제도들 사이의 상호작용과 공진화(co-evolution)도 중요한 고려의 대상이 되었다. 또한 그들이 당대의 사회적 · 정치적 사태들을 분석할 때에도 개별적인 행위와 사건은 구조적 · 제도적 변화라는 관점에서 이해되었다.

그러나 '고전' 으로 간주되는 사회학적 연구의 시간적 · 공간적 배경은 결코 동일하지 않다.[2] 그리고 고전사회학자들이 연구를 통해 해명하고자 했던 이론적 대상이나 주된 연구문제도 서로 달랐으며, 연구의 과정에서 채택한 '역사적 접근' 의 지위와 의미도 상이했다. 여기서는 고전사회학을 대표하는 마르크스, 베버, 뒤르켐을 중심으로 그들의 사회 · 역사이론을 당대의 사회적 · 지적 맥락에서 이해할 것이다. 나아가 역사에 대한 그들의 기본적인 관점, 역사적 변동에 대한 핵심 개념과 문제의식, 나아가 역사적 분석을 활용하는 방식에 대해 대략적으로 검토할 것이다.

2) 사회학에서 '고전(classic)' 은 '정전(canon)' 의 의미를 갖는다. 20세기의 '현대사회학' 이 형성되는 과정에서 그 지적 원천이 된 사상들이 고전으로 규정되었는데, 사실 이는 특수한 지적 타협의 산물이었다. 이 때문에 과연 '고전사회학' 이라 불릴 수 있는 단일한 이론적 문제설정이 존재하는지는 계속해서 논쟁의 대상이 된다.

2. 마르크스와 '역사과학'

마르크스의 핵심적 저작들은 역사적 분석과 분리되지 않으며, 이 때문에 역사학, 사회사, 역사사회학 등에서 그로부터 영향을 받은 오랜 연구 전통이 존재해 왔다. 특히 자본주의로의 이행이나 현대적인 계급적 갈등의 역사에 대한 분석에서 마르크스의 영향은 매우 컸다. 이런 연구들은 종종 이론적 정합성이나 경험적 적합성을 둘러싼 논쟁을 수반했고, 몇몇 논쟁은 현재까지도 지속되고 있다. 마르크스에 준거를 두는 상이한 역사분석들 사이의 쟁점을 이해하기 위해서는 먼저 그의 핵심적인 문제의식과 주요 개념들을 이해할 필요가 있다.

마르크스의 지적 여정은 유럽 전역에서 혁명적 사태들이 전개되었던 1848년을 전후로 한 유럽의 정치적·사상적 맥락 속에 위치한다. 특히 마르크스는 헤겔의 역사철학을 급진적으로 재해석해서 1789년 프랑스혁명 이후 유럽의 역사를 자유의 실현과정으로 이해하는 지적 전통을 계승했다. 매우 일찍부터 마르크스는 로마법의 소유권을 부활시키려는 독일 역사법학파에 비판적 견해를 표명하면서 소유, 특히 자본주의적인 소유의 문제에 대한 관심을 키웠다(Kelly, 2003). 청년기 마르크스의 저작은 특히 자본주의적 소유의 발전이 야기한 노동과 인간의 소외라는 관념에 의해 지배되었다.[3] 특히 소외된 노동, 즉 생산자의 통제를 벗어나 사적 소유에 종속된 노동은 인간으로부터 자연을 소외시키고, 자유롭게 자연을 변형할 인간의 능동적 능력을 박탈한다. 이후 그는 인간의 본질을 사회적 관계들의 앙상블

3) 마르크스가 소외라는 문제를 최초로 제기한 것은 헤겔의 『법철학』에 대한 비판인데, 여기서 마르크스는 포이어바흐의 '종교적 소외'의 모형을 '정치적 소외'의 모형으로 확대했다. 이때 '소외'는 인간이 스스로 창조한 것에 의해 지배되는 상황을 지칭한다. 즉 인간이 스스로 창조한 신에게 복종하고 있다는 것이 포이어바흐의 핵심적인 문제의식이라면 마르크스는 인간이 스스로 창조한 국가에 복종하고 있다는 문제의식을 제시한 것이다(Balibar, 1995).

(ensemble)로 파악하면서 사회적 관계들 내에 존재하는 소외의 현실적 메커니즘에 대한 분석을 발전시켰다.

마르크스는『독일 이데올로기』에서 이른바 '역사유물론' 이라는 관점을 체계화했다. 여기서 역사유물론은 헤겔의 역사관념론을 단순히 뒤집은 새로운 역사철학이 아니다. 오히려 그것은 무수하게 많은 역사적 사건들 이면에 심층적인 인과관계가 존재한다는 관점을 도입했다. 마르크스에게 역사유물론은 특정한 사회의 역사를 부와 잉여의 생산을 둘러싼 갈등을 중심으로 파악해야 한다는 '역사과학적 접근' 을 의미했던 것이다.

역사과학의 연구대상으로서 역사적 생산양식은 생산을 매개로 하는 인간과 인간 사이의 관계, 즉 생산관계와 인간과 자연의 관계, 즉 생산력이 결합된 것이다. 이와 같은 결합에서 지배적인 것은 생산관계인데, 그것은 생산수단에 대한 형식적 · 법률적 소유가 아니라 실질적인 영유 및 통제와 관련된다. 생산관계에서의 객관적인 위치에 의해 사회적 분업, 즉 생산과정을 통제하고 잉여를 영유하는 집단과 그 집단에 종속되어 잉여를 직접 생산하는 집단이 규정된다. 이 같은 계급관계는 개인의 행위나 의식과는 무관한 객관적 성격을 띤다(Balibar, 1995; Kelly, 2003).

이런 관점에서 볼 때, 생산양식은 무엇보다 한 사회가 문명의 기초로서 잉여생산물을 생산하는 방법을 의미한다. 그리고 그와 같은 잉여생산물의 생산과 분배를 둘러싼 사회적 갈등이 사회계급과 지배-종속관계를 낳는 경향이 있다(Balibar, 1995). 예를 들어, 고대 이집트의 거대한 건축물은 당대 잉여생산물을 통제한 집단, 즉 고대의 지배계급의 명령에 의해 피지배계급이 잉여생산물을 소비하면서 생산한 것이다. 마르크스는 생산양식을 중심으로 세계사의 발전단계를 노예제, 봉건제, 자본주의로 구분한다.[4]

4) 이와 같은 '역사의 발전단계' 는 세계사적 발전과정을 의미할 뿐이며 특정한 사회가 반드시 거쳐야만 하는 발전단계를 의미하는 것은 아니다. 한편, 마르크스가 '아시아적 생산양식' 에 대해 언급한 적도 있는데, 사실 그것은 인도에 대한 부정확한 자료에 근거해서 제시된 것으로서 이후의 논의에서는 사실상 폐기된다. 최근 일각에서는 중세 유럽의 봉건제가 중

마르크스의 필생의 역작인 『자본』은 19세기 영국 자본주의를 '이념적 평균'으로 해서 자본주의 생산양식의 역사법칙을 규명하는 것이다.[5] 『자본』에서 마르크스는 분석의 방법과 종합의 방법을 결합한다. 분석의 방법은 논리적인 것으로 단순한 규정에서 더 복잡한 규정으로 이행하면서 복잡한 현상을 설명하는 방법이다(Kelly, 2003: 17-18). 상품에 대한 분석과 그 이면에 존재하는 노동가치에 대한 분석은 '현실적 추상'으로 지칭되는 개념적 규정을 통해 전개된다. 현실적 추상은 현실에서 작동하고 있는 것에 대한 추상적 개념을 의미한다. 마치 물리학이 힘이라는 추상적 규정에 근거해서 구체적인 현실의 운동을 설명하는 것처럼, 역사과학도 사고 속에서 현실적 추상들에 기초해서 이론적 대상을 체계화함으로써 현실의 구체적 대상을 설명할 수 있다는 것이다(Althusser, 1979).

그러나 더 본질적인 것은 역사적 설명에 기초를 둔 종합의 방법이다. 특히 기계제 대공장의 출현과 자본에 의한 노동의 형식적·실질적 포섭과정에 대한 분석은 이론적으로 재구성된 역사적 설명의 전범을 보여준다(Althusser, 1978). 초과이윤을 얻기 위한 기계의 도입과정은 또한 노동과정에 대한 노동자의 통제력을 약화하고 자본의 흐름에 노동을 포섭하려는 갈등적 역사의 산물이다. 노동강도를 강화하려는 자본의 노력은 언제나 노동자들의 다양한 저항에 직면해 왔다. 즉 자본의 추상적 논리와 대조를 이루는 노동의 구체성은 역사적 분석을 필연적인 것으로 만드는 것이다(Balibar, 1994).[6]

국으로 대표되는 동양의 봉건제—또는 '공납제(tributary system)'—에 비해 훨씬 취약했다는 연구들이 제시되고 있다.

5) 마르크스의 역사과학은 아담 스미스와 데이비드 리카도로 대표되는 '고전파 경제학'에 대한 비판이라는 형태를 취한다. 마르크스는 고전파 경제학이 잉여가치의 생산과 영유에 대한 불충분한 인식으로 인해 자본주의의 성장과 그 한계, 즉 자본주의적 생산의 운동법칙을 파악하는 데 실패했다고 비판한다.

6) 이런 측면에서 볼 때, 『자본』의 분석은 자본의 추상성과 노동의 구체성이라는 두 계기를 접합하고 있다. 한편으로 자본축적의 무한한 과정이라는 자본의 자기운동이 존재하지만, 다른 한편으로는 '인간이라는 소재'의 임금노동력으로의 변형, 잉여가치 생산과정에서 노동력의

마르크스에 따르면, 자본주의적 생산양식 내에는 자본주의적 축적을 촉진하는 동시에 자본주의를 내재적으로 불안정하게 만드는 고유한 모순이 존재한다. 자본주의 사회에서는 잉여생산물이 잉여가치라는 형태를 취하며 잉여가치는 곧 이윤이라는 화폐형태로 표현된다. 그런데 개별 기업들이 상대적으로 더 많은 잉여가치를 추출하기 위해 경쟁하는 과정에서 더 많은 고정자본을 도입하는 경향이 있다. 생산적 노동자에 비해 고정자본이 더 빠른 속도로 증가하는 '편향적 기술진보' 의 거시적 결과는 평균적인 이윤율의 하락이다. 이윤율의 하락과 함께 '자본의 과잉' 에서 유래하는 금융화, 그리고 '인구의 과잉' 으로 표현되는 노동의 불안전화가 전개되는데, 마르크스는 이런 경향을 자본주의의 운동법칙이라고 부른다(윤소영, 2009).

요컨대, 마르크스는 자본주의 생산양식을 대상으로 해서 구조의 역사에 대한 분석을 제시했다. 특히 그는 생산양식이라는 구조를 모순, 나아가 적대에 기초한 것으로 파악했고, 역사를 동시대의 경향들 사이에서 전개되는 '현실적 모순' 으로 이해했다(Balibar, 1995). 이 때문에 생산양식이라는 구조는 시간이 지나도 불변하는 형식적 체계나 수요와 공급의 균형 같은 정역학적(static) 체계가 아니라 시간에 따라 변화하는 동역학적(dynamic) 특성을 띤다. 즉 그는 자본주의의 형성, 성장, 쇠퇴라는 장기적인 역사동역학(historical dynamics)을 구성했던 것이다. 마르크스는 이윤율 하락의 법칙을 '경향적 법칙' 이라고 주장하는데, 이때 '경향적' 이라는 말은 법칙이 관철되는 현실에는 다양한 '반작용 요인들' 이 존재한다는 것을 의미한다.[7] 그런 동역학적 전개의 특정한 국면들에서 역사적 사태들이 전개되는 과정은 다양할 수 있다.

사용, 그리고 사회 전체적 규모의 노동력의 재생산 등의 계기들이 존재한다(Balibar, 1991).

7) 예를 들어, 거대한 건물이 무너지지 않고 서 있다는 사실이 중력의 법칙을 기각할 증거는 되지 않는데, 왜냐하면 경향적 법칙으로서 중력은 건물에 항상 작용하고 있지만 일정한 반작용요인이 존재해서 건물을 지지하고 있기 때문이다. 그러나 반작용요인은 결국에는 소멸한다는 점에서 '반작용' 에 불과하다.

자본주의의 보편적 법칙이 특정 사회의 역사적 변화가 유일한 발전경로를 따른다는 것을 의미하는 것은 아니다(Kelly, 2003: 19). 실제로 마르크스는 당대 유럽 국가들의 특수한 자본주의적 발전의 경로들에 대해서도 민감했다.[8] 그러나 그는 단순히 유럽 국가들 사이의 차이점을 비교하는 데 그치지 않고 자본주의의 '지배적 형태'와 '종속적 형태'를 구별했다. 즉 19세기 영국 자본주의를 당대 자본주의의 지배적 형태로 간주했던 것이다. 또 마르크스는 소유자적 개인 기업으로 대표되는 19세기의 자본주의적 소유가 '사회화'되는 두 가지 방향을 '부정적 통과점'과 '긍정적 통과점'이라고 언급한다. 전자가 20세기 미국에서 실현된 주식회사 제도를 통한 소유의 사회화라면, 후자는 자신이 희망했던 노동자연합에 의한 소유의 사회화를 의미한다(윤소영, 2009).[9] 이는 19세기 자본주의의 구조적 위기에 대한 해법도 결코 단일하지 않다는 것을 의미한다.

마르크스의 역사법칙은 자본주의의 운동법칙이다. 그러나 『자본』에서 설명된 경향적 법칙이 역사적 상황들과 무관하게 적용되지는 않는다. 또 모든 역사적 사태가 구조적 경향으로 환원되는 것도 아니다. 여기서 특히 중요한 것이 '이데올로기'의 역할이다. 마르크스는 이미 『독일 이데올로기』에서 역사에서 대중적 행위에 결정적인 역할을 하는 일종의 집단적 가상으로서 이데올로기 개념을 제시했다. 그리고 이데올로기를 국가적 제도들과 관련시키면서 생산관계의 재생산, 즉 계급적 지배의 재생산이라는 관

---

8) 마르크스는 일찍이 『헤겔 법철학 비판』「서문」에서 영국 및 프랑스와 독일의 자본주의의 차이를 지적하면서 영국과 프랑스에서는 '정치경제 또는 부에 대한 사회의 지배'가 문제가 되는 반면 독일에서는 '민족경제 또는 민족에 대한 사적 소유의 지배'가 문제가 된다고 주장한다. 그에 따르면 자본주의의 발전을 현실적으로 체험하지 못한 독일인들은 현대의 역사적 동시대인들이 아니라 '철학적 동시대인'에 불과하다(마르크스, 1991: 6-7).

9) 뿐만 아니라 마르크스는 비자본주의적 발전의 다양성에 대해서도 인식하고 있었다. 특히 말년에 그는 러시아에서 자본주의적 발전을 거치지 않고 공산주의로 이행할 가능성을 언급하면서 역사적 발전의 길들이 구체적으로 다수일 수 있다는 분석을 제시한다(Balibar, 1995).

점에서 이해했다. 이후 마르크스가 자본주의 운동법칙에 대한 탐구에 주력하면서 이데올로기 개념은 거의 발전하지 않지만, 그럼에도 불구하고 마르크스는 특정한 역사적 상황에 대한 구체적 분석에서는 이데올로기의 현실적인 힘을 고려했다.

실제로 마르크스는 프랑스에서 1848년 혁명 이후 1871년 파리 코뮌에 이르는 일련의 사태들을 분석하면서 생산관계라는 구조적 측면과 정치적·정세적 측면을 구분하는 동시에 결합했다(Abrams, 1982: 50; Kelly, 2003: 22-23). 특히 그는 '보나파르티즘'으로 불리는 현실을 분석할 때 계급형성의 복잡성을 언급하면서 정치적 상징과 이데올로기가 집단적인 정치적 행동에서 결정적인 역할을 한다는 것을 보여주었다. 이런 분석에서 계급적 갈등은 결코 단순하고 순수한 양대 계급의 갈등으로 드러나지 않으며, 언제나 특정한 제도나 조직에 결부된 이데올로기와 그것의 효과를 수반한다. 예를 들어 역사 속에서 이데올로기는 일상적인 생활조건이나 경제 상황뿐만 아니라 보통선거, 민족통일, 전쟁, 종교적 갈등 등의 문제들과도 결합된다(Balibar, 1991).

마르크스에게 역사는 무엇보다 특정한 시기에 보편적인 지배력을 갖는 구조의 역사였고, 그런 구조의 운동법칙을 밝히는 것이 '역사과학'의 기본적인 과제였다. 그러나 동시에 마르크스는 역사에서 구조로 환원되지 않는 제도들의 층위, 나아가 우연적 사건들의 가능성을 인식하고 있었다. 그런 측면에서 역사는 구조, 제도, 사건이라는 상이한 시간대의 동시적 공존으로 이해될 수도 있다. 그럼에도 불구하고 마르크스는 심층적인 구조의 작동 메커니즘을 인식할 때에만 특정한 역사적 국면이나 사건들이 이해될 수 있다는 입장을 보였다. 또 그는 개별적 사회의 특수한 성격을 분석하기 전에 먼저 자본주의의 보편적인 성격에 대한 인식이 확립되어야 한다는 것을 명확히 했다.

3. 베버와 '성좌' 로서의 역사

1930년대에 파슨즈가 사회적 행위의 이론가로서 베버에 주목한 이래 베버 사회학에 대한 관심은 지속되었다. 특히 1980년대 이후 베버 사회학에 대한 관심은 이른바 '베버 르네상스' 를 낳는데, 그 중요한 특징은 베버의 역사사회학적 관심을 재구성하는 것이었다. 실제로 베버는 역사학자들에게 가장 많이 인용되는 사회학자 중 한 명이다. 그러나 베버 자신은 어디에서도 '역사사회학' 을 체계적이고 의식적인 이론적 방식으로 정의한 적이 없다. 오히려 베버는 역사사회학을 위한 일반이론을 적극적으로 거부했다. 베버로부터 영감을 얻어 유럽에서 민족국가와 관료기구의 형성 같은 거시 역사적 현상을 연구하는 비교 · 역사사회학 연구들이 존재했지만 베버주의적 접근이 무엇인가는 분명하지 않다(Turner, 2002; Holton, 2003).

역사와 역사사회학에 관한 베버의 전망을 이해하기 위해서는 먼저 베버 사회학이 형성된 독일의 지적 전통을 이해할 필요가 있다. 독일은 19세기에 영국이나 프랑스에 비해 자본주의가 상대적으로 저발전했고, 단일한 민족국가를 형성하지도 못했다. 1870년대에 비스마르크가 통일국가를 확립하고 강력한 국가주의에 기초해서 급속한 산업화가 진행되었다. 이 같은 독일의 특수한 길(*Sonderweg*)을 반영하면서 민족적으로 특수한 법적 · 제도적 역사를 강조하는 고유한 지적 전통이 형성되는데, '독일 역사학파' 가 바로 그들이다. 그들은 역사 연구의 고유한 방법이라는 측면에서 하나의 전통을 이루었는데, 베버의 역사 연구방법은 이런 전통을 계승하면서 혁신했다(Iggers, 1983).

1세대 역사학파를 대표하는 빈델반트와 리케르트는 자연과학이 구체적 경험을 추상해서 일반적 법칙을 만드는 법칙정립적(nomothetic) 학문인 반면, 사회 · 역사적 현상을 다루는 문화과학은 복잡한 구체적 경험을 묘사하는 개성기술적(idiographic) 학문이라고 주장했다. 이후 역사학파의 2세대를 대표하는 슈몰러는 역사학파의 전통에서 경제학을 재구성하려고 했다. 그에 따르면, '민족경제'의 원리는 비역사적이고 추상적인 모형이 아니라 역사적 · 통계적 자료에 대한 경험적 연구를 통해 탐구되어야 한다.[10] 이런 시각에서 그는 한계효용이라는 공리주의적 원리로 시장가격을 설명하는 오스트리아 학파의 멩어를 역사적 변화를 배제한 결정론이라고 비판했다. 이에 대해 멩어가 경제적 행위에 대한 일관된 이해는 법칙적인 형태를 취해야 한다고 주장하면서 사회과학의 대상과 방법을 둘러싸고 이른바 '방법론 논쟁'이 전개되었다(Iggers, 1983).

베버는 방법론 논쟁을 평가하면서 '문화과학'은 자연과학과는 다른 방법을 필요로 한다는 역사학파의 입장에 동의한다. 베버에 따르면, 자연과학의 결정론적 법칙과 달리 문화과학은 사회적 행위에 대한 이해에 기초를 둔 인과적 설명을 특징으로 한다.[11] 베버는 1904년 「사회과학적 그리고 사회정책적 인식의 '객관성'」이라는 논문에서 문화과학적 인식은 '천문학적 인식'과 유사하다고 주장한다. 자연과학적 법칙이 성운 속에서 개별적인 '성좌(constellation)'를 설명하는 데 도움이 되지 않는 것처럼 역사의 성운 속에서 개별적인 것에 법칙을 적용할 수는 없다. 이런 시각에서 볼 때, 인과성의 문제는 법칙의 문제가 아니라 구체적인 인과적 연관맥락의 문제다

10) 슈몰러에게 사회과학(*Gesellschaftswissenschaft*)은 하나의 단일한 역사과학이었다. 그에 따르면, 역사과학은 인간과 상품의 관계뿐만 아니라 인간과 인간의 관계도 연구해야 한다. 경제질서는 사회생활의 통합적 일부이며, 경제제도는 역사적으로 특수한 심성의 표현으로 이해되어야 한다(Manicas, 1987).

11) 베버에게 사회학은 사회적 행위를 '이해'하고 그것을 통해 행위의 과정과 결과에 대한 '인과적 설명'을 제공하는 과학이다. 여기서 이해(*Verstehen*)의 방법은 감정이입(empathy)과 마찬가지로 주관적인 것이지만 개인의 심리에 대한 이해가 아니라 사회적으로 유의미한 행위에 대해 객관적 이해를 지향한다. 이런 맥락에서 베버는 타인지향성을 기준으로 주관적 행위와 사회적 행위를 구분한다(Whimster, 2007: 251; 전성우, 1996: 89). 그러나 행위의 유의미한 요소들을 하나의 전체로서 문화에 통합하는 딜타이의 이해 개념과 달리 베버에게 이해는 본질적으로 개인의 사회적 행위를 이해하는 것이다(Vandenberghe, 2009: 107).

(베버, 1997a).

그러나 이런 사실이 사회과학에는 어떤 추상적 이론도 존재할 수 없다는 것을 의미하지는 않는다. 베버는 역사학파의 순수한 경험주의에 대해 칸트적 비판을 제시한다. 사실들은 아무리 누적되더라도 결코 자연발생적으로 지식에 도달하지 않는다. 구체적 행위나 역사적 사실은 일정한 범주들을 통해 파악되어야 한다. 그리고 개별 사건을 기술하는 역사학과 달리 사회학은 사건을 설명하는 개념적 · 이론적 도식으로서 행위의 전형적 양식, 즉 이념형(ideal type)의 구성에 관심을 갖는다. 이 같은 관점에서 베버는 멩어의 '경제법칙'이 경제적 행위를 설명하기 위한 '이념형적 구성물'에 불과하다고 주장한다. 따라서 그것은 경제적 합리성을 따르는 행위를 설명할 뿐 그 밖의 사회적 행위들은 설명하지 못한다(Iggers, 1983; Holton, 2003: 29).

이념형은 결코 현실에 존재하지 않는 사고의 구성물이다. 그것은 분석가들이 복잡한 현실을 묘사하기 위해 추상적 논리의 순수한 표현으로 고안해 낸 일종의 관념적 도식인 셈이다. 즉 우리는 이념형과 현실의 차이를 발견하는 방식으로 현실을 이해할 수 있다.[12] 그러나 이념형은 결코 주관적이고 자의적인 사고의 산물은 아니다. 실제로 베버는 대체로 분석 대상이 되는 특정한 사회제도와 관련된 행위 또는 '사회적으로 유의미한' 행위를 중심으로 이념형을 구성했고 연구 대상과의 관계에서 이념형이 끊임없이 수정 · 개선될 가능성을 열어 두었다(Holton, 2003: 29-32; Manicas, 1987).

평생에 걸쳐 저술한 다양한 저작들에서 베버는 고유한 역사적 맥락에서 발견되는 사회적 행위의 지향, 즉 합리성들에 대한 이념형을 확립하고

---

12) 이런 측면에서 베버의 이념형은 마르크스가 '현실적 추상'이라고 부른 것과는 구별된다. 베버는 현실적 경향에 대한 인과적 법칙을 기각하는데, 왜냐하면 베버의 관점에서 주관적인 의미를 내포하는 인과성은 결코 법칙이라는 형태를 취할 수 없기 때문이다(Manicas, 1987).

일련의 역사적 유형을 제시했다. 베버에게 합리성은 하나의 고정된 논리나 일반적 경향이 아니었다. 오히려 합리성은 역사적 산물이며 특수한 사회적 · 역사적 조건이 특수한 합리성들을 낳는다(전성우, 1996: 115). 따라서 베버는 자본주의, 지배양식, 사회계층, 행정, 종교, 과학, 음악과 예술 등을 검토하면서 각 영역에서 고유한 합리성을 검출하려고 했다. 이를 통해 그는 궁극적으로 다른 지역과 구별되는 서구의 역사적 특수성, 즉 서유럽 사회의 각각의 행위영역에서 현대적 합리성이 출현하게 된 특수한 맥락을 밝히려고 했다.

베버의 대표적 저작인 『프로테스탄트 윤리와 자본주의 정신』은 왜 서구에서만 현대적 자본주의가 자생적으로 발생했는가를 설명한다. 여기서 특히 베버가 주목하는 것은 '자본주의 정신' 이라고 지칭되는 특수한 정신 상태의 출현이다. 베버에 따르면, 자본주의는 경제행위가 영리를 추구한다는 특성을 가지며, 그러한 특성은 구체적으로 기업가의 회계행위로 나타난다. 그런데 영리추구 행위는 현대에만 존재했던 것이 아니다. 중국, 인도, 바빌론, 고대와 중세에도 그런 행위가 존재했지만 과거에는 부의 추구를 '윤리적으로 칭송하는' 독특한 에토스를 결여했다. 반면 종교개혁 이후 프로테스탄트 윤리는 부의 축적을 '구원' 의 지표로 제시함으로써 소명의식을 갖고 노동하며 금욕적인 '계산합리성' 에 따라 부를 축적하게 만드는 '자본주의 정신' 이 만개할 수 있게 했다(전성우, 1996: 237).[13]

이 같은 설명은 종종 '베버의 명제' 로 불리면서 종교라는 관념이 자본주의의 출현을 낳았다는 '관념론적 해석' 의 논거가 된다. 그러나 베버 자신은 그런 관념론적 해석을 명시적으로 경계했다. 베버는 자본주의와 자본주의 정신을 구별했다. 『프로테스탄트 윤리와 자본주의 정신』은 자본주의

13) 종교는 통상적으로 전통적 행위의 논리이지만 프로테스탄트 윤리는 그와 상반되는 효과, 즉 강력한 개혁적 요소로 작용했다. 역사 속에서 발견되는 이 같은 역설—종종 행위의 의도하지 않은 결과로 지칭되는—은 베버의 역사분석에서 중요한 역할을 한다(전성우, 1996: 246).

자체가 아니라 자본주의 정신의 출현을 설명한 것이다. 또 그 설명도 결코 법칙적인 것은 아니다. 대신 베버는 프로테스탄트 윤리와 자본주의 정신 사이의 '선택적 친화성(elective affinity)'을 강조한다(Turner, 2002). 이와 관련해서 과연 베버가 언급한 금욕주의적인 '자본주의 정신'이 현실의 자본주의적 기업가의 사고방식에 경험적으로 부합하는가를 둘러싸고 중요한 역사적 · 경험적 비판이 제기되었다(Zeitlin, 1990). 그러나 이보다 더 중요한 쟁점은 베버가 자본주의를 생산관계가 아니라 교환관계를 중심으로 이해하고 그 핵심적 행위유형을 공리주의적인 '계산합리성'에서 찾았다는 점일 것이다.[14]

다른 한편, 베버는 경제적 행위와 정치적 행위를 구별하고, 경제적 합리성과 정치적 합리성을 구별한다. 정치적 행위는 교환이라는 시장상황이 아니라 권력(Macht)과 관련된다. 베버는 『경제와 사회』에서 권력을 "특정 사회적 관계 내에서 자기 자신의 의지를 저항에 거슬러서도 관철할 수 있는 모든 가능성"으로 정의하고, 지배는 "일정한 내용의 명령에 대해 일정한 사람들에게서 복종을 발견할 수 있는 가능성"으로 정의한다(베버, 1997b). 지배는 권력과 관련된 특수한 행위의 유형이며 따라서 '영리추구적 활동'은 지배의 유형에서 사실상 배제된다. 그는 지배의 이념형적 유형을 전통적 지배, 합리적 지배, 카리스마적 지배로 구분하고 현대적 관료제의 발전을 '전통적 지배'를 대체하는 '합리적 지배' 유형의 확대로 설명한다. 현대사회로의 이행과 함께 세계상(*imago mundi*)의 탈주술화가 진행되었고, 이에 따라 전통적인 신성함에 대한 믿음에 기초한 전통적 지배는 점차 제정된 질서의 합법성에 대한 믿음에 기초한 합리적 지배가 확대된다. 공식적인 규칙에 기초한 지배는 결국 행정적 관료제의 지배를 강화한다.

---

14) 베버는 자본과 노동의 관계도 일반적인 경제적 행위, 즉 계산합리성을 따라 영리를 추구하는 교환관계와 동일한 것으로 간주하기 때문에 생산에서의 모순이라는 문제를 인식하지 못한다. 그러나 동시에 베버는 정치적 · 사회적 신분이라는 측면에서 현대적 노동자를 '주인 없는 노예층'이라고 부른다(전성우, 1996: 180).

경제나 정치뿐만 아니라 여타의 다양한 사회적 영역에 대한 경험적 분석에서도 '합리화'는 현대사회의 주요한 추세로 분석된다. 그러나 베버는 결코 '합리화'가 하나의 '역사법칙'이라고 주장하지 않는다. 오히려 그는 문화의 모든 영역과 생활의 다양한 부분에서 매우 다양한 특성의 합리화가 존재한다는 입장을 보인다. 그리고 그는 다양한 역사적 자료들에서 경험적으로 타당한 합리성의 모형을 유형화하고 유형화된 모형들을 서로 비교하는 전략을 취한다(Turner, 2002: 195).

실제로 최후의 강연을 묶은 『일반경제사』에서 베버는 서구사회와 비서구사회의 역사를 비교함으로써 서구사회에서 자본주의가 출현하게 된 복합적 원인들을 제시한다(Weber, 1961). 그에 따르면, 서유럽에서 중세 말기와 현대 초기의 다양한 역사적 조건들, 즉 문인행정관료, 운송 및 통신의 발전, 통화체계, 무기공급의 중앙독점, 자체적으로 훈육된 군대, 종교개혁 등이 관료제 국가와 현대적 시민권을 가능케 했다. 또 이를 배경으로 계산가능한 법률과 조직적인 경제윤리가 형성되었는데, 그것들은 영리기업적 조직, 합리화된 기술, 자유노동, 시장의 자유 등을 가능케 했다. 자본주의의 출현은 '자본주의 정신'뿐만 아니라 이상의 원인들이 복합적으로 상호작용한 결과였다. 그러나 과연 이것이 제도들 사이의 역사적 인과관계에 대한 설명인지, 아니면 역사적 과정에 대한 상세한 묘사인지는 불명확해 보인다.

사실 베버는 '인과적 설명'을 행위의 수준에서 그 동기의 '이해'로 사고하면서 '방법론적 개인주의', 더 정확히는 '사회명목론적 입장'을 옹호한다. 예를 들어, 베버에 따르면, 국가는 통상적인 인식과 달리 행위의 외부에 존재하는 것이 아니다. 여타의 집합적 실체와 마찬가지로 국가도 오직 무수히 많은 주체들이 각자의 정치적 활동을 특수한 방식으로 체계적으로 행할 지향을 가질 때에만 존재한다(Poggi and Sciortion, 2011).

이런 측면에서 베버의 역사사회학은 행위의 이해에 기초를 둔 '해석적 역사사회학' 이라 불릴 수도 있다(Brown, 1990; Holton, 2003). 그런데 이 경우 역사사회학에서 '해석' 의 방법이나 모형이라는 문제가 제기된다. 비록 사회적 행위를 대상으로 했음에도 불구하고 베버가 제시한 행위의 이념형은 개인들 사이의 상호 주관적인 의미협상의 산물이 아니었고 도덕적 · 정치적 환경이나 제도의 산물도 아니었다. 오히려 베버는 주체성을 개인의 도덕적 · 정치적 의지에서 찾았고 따라서 행위의 이념형은 기본적으로 독백적인(monologic) 성격을 띤다(Holton, 2003: 32).

그러나 실제 베버가 분석한 것은 국가, 관료제, 법, 종교 등과 같은 제도들의 유형과 역사라는 점에 유의할 필요가 있다. 개인의 행위를 벗어난 어떤 집합적 실체도 존재하지 않지만 특정한 제도가 일단 확립되면 그런 제도들은 실천적 현실에 영향을 미치는 것이다(Poggi and Sciortion, 2011). 이런 측면에서 베버가 분석했던 합리성은 단순한 주관적 행위유형이 아니라 '객관화된' 합리성에 가깝다(Vandenberghe, 2009: 103). 이런 시각에서 볼 때, 베버는 사회적 행위를 이해함으로써 특정한 '제도의 논리' 또는 역사적 논리의 담지자로서 행위의 합리성(Kalberg, 1994)을 연구한 것으로 해석될 수 있다. 즉 베버의 사회적 행위는 제도 속에 배태되어 있는 행위의 유형을 의미했던 것이다.

4. 뒤르켐과 진화로서 역사

파슨즈에 의해 현대 사회학의 종합이 확립된 이후 뒤르켐은 대체로 기능주의적 설명의 기원으로 간주되어 왔다. 또 뒤르켐의 대표적 저작 중 하나인 『자살론』은 실증주의적인 통계분석의 원형으로 평가되곤 했다. 이런 해석에서 보면 뒤르켐은 역사적 분석보다는 특정 시점에서 특정한 제도가 어떤 기능을 하는가를 통계적인 방식으로 보여주는 데 더 관심을 보인 것으로 이해된다. 실제로 뒤르켐의 주요 저작들에서 사회변동이라는 용어가 거의 등장하지 않는다는 사실은 이런 오해를 증폭시킨다(Tiryakian, 2009: 63).

그러나 마르크스나 베버처럼 뒤르켐도 현대사회로의 이행이라는 거시적인 역사적 변화를 설명하는 데 큰 관심을 갖고 있었다. 게다가 뒤르켐은 초기부터 말기까지 사회학과 역사학의 결합을 강조했고 분석적인 이론적 문제에 적합한 비교 · 역사 연구를 옹호했다. 그는 현재 작동하고 있는 변수들로 사회적 현상을 설명해야 한다고 주장하면서도 사회적 과정에 상당한 결정력을 갖는 더 심층적인 힘을 밝히기 위해 역사를 활용할 필요성을 강조했다(Bella, 1965: 153-156).[15]

사실 뒤르켐의 사회학적 기획은 당대 프랑스의 역사적 격변 속에 배태된 것이었다. 시민혁명의 진원지로서 프랑스는 1789년 혁명 이후 19세기 말까지 세 번의 왕정, 두 번의 제국, 그리고 두 번의 공화국이 성립될 만큼 계속된 정치적 불안정에 시달렸다. 이 과정에서 왕당파와 반왕당파, 가톨릭과 세속주의, 자본과 노동의 갈등은 끊이지 않았다. 특히 1870~71년 프랑스-프로이센 전쟁과 파리코뮌으로 대표되는 노동자들의 봉기는 19세기 프랑스 사회에 깊은 영향을 미쳤다(Pope, 2008; Black, 1984; 민문홍, 2001). 뒤르켐은 당대의 혼란을 산업사회가 출현하는 장기적인 역사적 변화 속에 위치시켰고, 그런 변화가 야기한 문제를 '도덕적 문제' 로 이해하면서 그에 대한 '과학적' 해법을 추구했다. 즉 뒤르켐은 새로운 산업사회에 부합하는 '권위형식' (Giddens, 1971), 또는 계몽주의적 개인주의와 가톨릭 도덕주의의 대립을 극복하는 '이데올로기적 공동체' (Therborn, 1976)에 대한 과학

15) 특히 그는『사회학 연보』1권에서 '진정한 사회학은 역사학' 이라는 역사학자 퓌스텔 드 쿠랑지(Fustel de Coulanges)의 언급을 인용하고 여기에 역사학이 사회학적으로 실행되어야 한다는 말을 덧붙인다. 그는 이후 역사학은 특수한 것에 관심을 가지는 반면 사회학은 유형과 법칙에 관심을 가진다고 지적하면서 역사학과 사회학을 구별하지만, 양자가 결코 서로 배타적이지 않다는 입장을 취한다(Bella, 1965: 151-155).

을 개척하려 했던 것이다.

뒤르켐은 콩트로 대표되는 프랑스 기능주의를 계승하면서 과학의 모형을 물리학이 아니라 생물학에서 찾고 사회변동에 관한 진화주의적 관점을 채택했다.[16] 여기서 특히 중요한 것은 사회가 역학적 물질이 아니라 유기적 조직과 유사하다는 점이다. 하나의 유기적 전체로서 사회는 전체의 생존에 필수적인 기능들을 담당하는 부분들로 구성된다(Pope, 2008: 79). 뒤르켐에 따르면, 세포나 유기체처럼 '기능하는 체계'로서 '사회'는 개인과 구별되는 독자적인 운동방식을 갖는다. 사회학은 개인의 의식 외부에 존재하지만 개인의 의식에 강제성을 갖는 '사회적 사실'을 대상으로 삼는다(Manicas, 1987).[17]

뒤르켐이 평생에 걸쳐 관심을 가졌던 '사회적 사실'은 개인에게 의무감을 부과할 수 있는 집합 의식으로서 도덕성과 관련된다. 뒤르켐에 따르면, 사회는 개인들에게 도덕성의 언어를 제공한다. '도덕'은 개인적 양심처럼 주관적 영역에 위치하는 것이 아니라 법률, 종교, 교육 등과 관련된 사회제도들 속에 위치한다(Black, 1984). 공리주의적인 철학적 전통을 따르는 신고전파 경제학자들의 주장과 달리 시장에서의 교환, 즉 사적 계약은 언제나 비계약적 요소라 불릴 수 있는 공식적 · 비공식적 규범과 제도를 전제로 한다. 이러한 도덕성의 사회적 형태를 분석하는 이론적 도구가 바로

16) 콩트에 따르면, 유기적 전체로서 사회를 이루는 세포조직은 개인이 아니라 가족이며 사회를 유기적으로 통합시키는 것은 물질적인 힘이 아니라 공통의 언어나 종교와 같은 정신적인 힘이다. 이런 관점에서 그는 사회의 '진화'를 지적 발전의 역사로 파악한다. 콩트에 따르면, 인류의 지식은 신학적 단계와 형이상학적 단계를 거쳐 실증적 단계에 도달하는데, 당시의 '무질서'는 형이상학적 단계는 종결되었지만 아직 실증적 단계가 충분히 발전하지 않은 것에서 기인하는 것이다(Coser, 1977; Zeitlin, 1990; Heilbron, 2003).

17) 이런 관점에서 뒤르켐은 경제학과 심리학이 개인과 그의 의도만을 유일한 현실로 설정하고 있다고 비판한다. 베버가 사회명목론적인 입장을 취했던 것과 대조적으로 뒤르켐은 사회가 하나의 실체로 존재한다는 입장을 취했다. 이런 맥락에서 그는 『사회학적 방법의 규칙』에서 "개인들이 제거되었을 때, 사회만 남는다"라고 주장했다(Durkheim, 1966: 102).

사회적 연대(solidarity)라는 개념이다.[18] 하나의 유기적 전체로서 사회를 구성하는 제도적 요소들 사이의 결합방식으로서 사회적 연대는 도덕성의 원천이 된다(김종엽, 1998: 202-203; Tiryakian, 2009: 134).

뒤르켐은 사회적 연대의 형태를 고정된 것이 아니라 장기간에 걸쳐 진화하는 것으로 간주하면서 사회형태의 역사 속에 위치시킨다. 마치 생명형태의 역사가 생물학에 중심적인 것처럼, 사회 형태의 역사는 사회학에 중심적이다. 뒤르켐은 분업, 가족, 교육, 종교, 그리고 심지어 당대 통계자료를 다룬 『자살』에서도 진화적 모형에 기초한 연대성의 역사이론에 근거해서 구체적인 분석들을 전개한다(Bella, 1965: 156-173).

물론 사회적 연대의 역사적 형태와 진화에 대한 분석이 가장 체계적으로 제시된 저작은 『분업』이다. 여기서 뒤르켐은 원시적인 사회를 원초적 유기체에 유비하고 그런 사회에서의 사회적 결합원리는 '기계적 연대'(mechanical solidarity)라고 지칭한다. 기계적 연대에 토대를 둔 사회는 단순한 유기체처럼 내부적 조직이 매우 유사한 병렬적인 씨족집단들에 기초한다. 이런 사회는 그것을 구성하는 부분이 분리되어 나가더라도 전체로서의 사회의 지속에는 큰 문제가 발생하지 않는 환절적인 구조를 갖는다. 이는 마치 단순한 유기체가 각자 단일성과 자기충족성을 갖는 몇 개의 몸으로 분할될 수 있는 것과 유사하다. 이런 사회에서 여러 씨족집단의 구성원들은 대체로 유사한 일에 종사하며 같은 신념과 감정을 고수하기 때문에 하나의 '사회'를 형성한다. 즉 기계적 연대에서는 집합의식이 개인의식을 '완전히 경계지우며' 각 개인에게 다소 동일한 의무감을 부과하는 것이다.

18) 원래 연대 개념은 '연대 채권' 또는 '연대 채무'라는 로마법적 관념에서 연원한 사법적 개념이다. 그러나 19세기에 그 개념은 점차 사회·정치적 의미를 획득하게 되고 프랑스 제3공화국에서 하나의 사회적·정치적 운동으로 표현된다. 사실 뒤르켐은 연대에 대한 분명한 정의를 제시한 적이 없는데 이는 당대에 그 용어가 널리 통용되고 있었던 것에서 기인한다. 다만 그는 사회적·정치적 운동으로서 연대에 유사-과학적 지위를 부여한다(김종엽, 1998: 198-199; Tiryakian, 2009: 309; Black, 1984).

그 결과 개인들 사이의 분화의 여지는 매우 좁아진다(Giddens, 1971).

그러나 사회적 이동성이 증가하면서 서로 분리되어 있던 집단들 사이의 사회적 상호작용이 증가하는데, 뒤르켐은 이를 '도덕적 밀도'의 증가라고 지칭한다. 그 결과 점차 분업이 발전하면서, 유기체로서 사회의 '구조적 분화' 또는 기능적 분화라는 진화적 과정이 전개된다(Bella, 1965: 162-164). 고등의 유기체처럼 현대사회는 상호 의존적이지만 상이한 기능을 담당하는 '기관들'의 '유기적 연대(organic solidarity)'에 기초한다. 이런 사회에서는 특정 기능을 담당하는 사회의 특정 구성요소가 분리될 경우 전체로서의 사회의 지속에 위협이 된다(Giddens, 1971).

기능적 분화로서 분업의 확대는 경제적 발전을 용이하게 할 뿐만 아니라 도덕성의 새로운 형세를 야기한다. 사회는 더 이상 강력한 집합의식이 아니라 분업 속에서 형성된 기능적 상호의존성에 근거를 둔다. 또 사회적 기능들의 분화와 함께 개인들 사이의 차이가 장려된다. 따라서 유기적 연대의 성장은 집합의식의 중요성이 감소하고 개인주의가 강화되는 도덕적 효과를 낳는다. 현대적인 개인주의는 단순히 '자기이익의 최대화'가 아니다. 그것은 과거의 '사회숭배'를 대체한 '개인숭배'라는 고유한 도덕성의 한 형태로 간주될 수 있다(Black, 1984; Manicas, 1987; 민문홍, 2001: 92).

이처럼 연대 형태의 역사적 진화에서 발견되는 기능적 분화의 원리는 다양한 사회적 제도들의 진화의 원리로 분석된다. 가장 대표적인 사례는 하나의 제도로서 가족의 발전에 따라 미분화된 채로 존재했던 경제적 · 종교적 · 정치적 · 교육적 기능들이 친족적 단위에서 분리되어 각각 독립적인 제도로 분화된다는 것이다. 그리고 이 같은 기능적 분화의 과정에서 가족은 단순히 여러 기능들을 상실하는 것이 아니라 훨씬 더 인격적인 측면과 관련된 기능을 담당하는 제도로 전문화하게 된다. 또 뒤르켐 사후에 출판된 『프랑스에서의 교육의 진화』에서는 가족제도의 분화처럼 교육제도의 분화, 즉 프랑스 교육기관이 가톨릭교회로부터 분화하는 장기적인 역사적 과정이 분석된다(Bella, 1965: 162-163).

그런데 생물학에서 '분화'는 진화의 원리가 아니라 개체의 '발생' 원리다.[19] 발생단계에서 모든 생명체는 초기의 단순하고 미분화된 상태에서 복잡하고 분화된 상태로 성장한다. 다윈 이전의 진화론은 계체발생이 개통발생을 반복한다는 관념을 갖고 있었기 때문에 개체발생의 원리를 진화의 원리와 혼동하는 경우가 있었다(Heilbron, 2003). 그러나 다윈이 발견한 것은 진화가 그런 목적론적 과정이 아니라 환경에 대한 적응이라는 자연선택의 산물이라는 점이다. 또 진화가 필연적으로 복잡성의 증대라는 방향을 갖는 것도 아니다. 진화의 역사에서 점점 더 단순한 방향으로 진화한 생명체도 존재한다. 사회제도들의 진화라는 문제도 자본주의의 구조적 조건과 같은 환경과의 관계 속에서 이해될 수 있다. 이런 측면에서 볼 때, 사회적 구조를 유기체적 구조와 유비하고 사회적 진화를 유기체 내 특정 기관들의 기능적 분화와 유비하는 것은 다윈적인 진화모형과는 부합하지 않는다.

그러나 뒤르켐이 기능적 분화라는 역사적 변동의 원리가 항상 더 복잡한 고차원적 사회를 자동적으로 낳는다고 가정한 것은 아니었다. 『분업』이 기능적 분화와 기능적 상호의존성에 기초한 유기체적 통합을 강조했던 것과 달리 『자살』은 분업에 기초한 통합의 한계에 주목한다. 여기서 특히 중요한 것은 유기적 연대에서 집합의식의 약화라는 현상이다. 사회적 분화의 결과로 기능적 통합성이 증가되었지만 그에 조응해서 집합의식이 진화하지 못한 경우 사회는 병리적 상태에 처할 수 있다. 『자살』에서 뒤르켐은 그런 상태를 아노미(anomie)라고 명명하고, 다양한 자살의 유형 중에서 특히 아노미적 자살이 현저히 증가하고 있다는 것을 보여준다(민문홍, 2001: 97-98).

물론 아노미적 자살은 더 심층적인 문제로서 아노미를 보여주는 하나

19) 이와 관련해서 폰 베어의 발생학 모형이 콩트나 스펜서 같은 사회학자들에게 일종의 진화모형으로 널리 수용되었다는 사실이 지적될 필요가 있다(Heilbron, 2003).

의 지표에 불과하다. 분업에 대해서도 동일한 문제, 즉 새로운 집합의식이 확립되지 못한 상황에서 아노미적 분업이 발생할 수 있다. 특히 아노미적 분업의 한 가지 사례로서 '강요된 분업'이 있다. 도덕적 규제 없는 계약관계는 특정 집단이 임의적으로 자신의 이해관계를 강요하는 병리적 분업을 야기할 수 있는 것이다. 이런 관점에서 그는 시장경제의 전제가 되는 도덕적 질서가 존재하며, 그러한 질서에 의해 경제가 규제되어야 한다고 주장한다. 그렇다면 그런 도덕적 질서 또는 '이데올로기적 공동체'는 어떻게 확립될 수 있는가? 뒤르켐은 이 문제를 집중적으로 탐구하면서 종교적 현상에 주목한다.

뒤르켐에 따르면, 집합의식을 구성하는 모든 신념은 일종의 종교적 성격을 띤다. 뒤르켐은 『종교생활의 기본적 형태』에서 종교, 특히 원시종교에 관한 연구를 수행하면서 종교적인 집합적 의례와 그 속에서 창조되는 집합표상, 그리고 그것들에 의해 구성된 '성스러운 것'에 주목한다. 뒤르켐에 따르면, 종교생활에서 가장 중요한 것은 집합적 열광을 통해 공통의 믿음과 감정을 강화하는 의례이며, 그것의 구체적 내용은 오히려 부차적이다(Pope, 2008: 83-84; Bella, 2005: 183). 집단적 의례에서 집합표상은 사회가 자신을 인지하는 데 필수적인데, 왜냐하면 종교적 의례에서 성스러운 것으로 표상되는 것은 다름 아니라 미분화된 전체로서 사회이기 때문이다. 즉 종교는 사실상 집합적 실체로서 사회에 대한 숭배를 내포하는 것이다(Bella, 1965: 167; 2005: 184).

그러나 종교적 의례에서 발견되는 이 같은 '혁명적 또는 창조적 시기'(Durkheim, 1961: 241)는 원시적 사회에 국한되지 않는다. 뒤르켐은 『종교생활의 기본적 형태』에서 호주 원주민의 원시종교를 다룬 후에 의식적으로 1789년 프랑스 혁명의 사례를 삽입하고, 이를 통해 사회적 갱신의 핵심에 위치하는 '성스러운 것'의 발생에 대한 이론을 검증한다(Tiryakian, 2009: 135). 뒤르켐에 따르면, 1789년 프랑스 혁명처럼 특정한 결정적 계기에 집합적 연대가 부활하는 특이한 사례들이 역사 속에 존재한다. 즉 "역사에는 거대한 집합적 충격의 영향 아래 사회적 상호작용이 훨씬 더 빈번해지고 활동적이게 되는 시기들이 존재"하는 것이다(Durkheim, 1961: 241). '일반적 열광'을 특징으로 하는 이런 시기는 이질적이고 다양한 사회적 부문들이 미분화된 집합성의 도덕적 힘을 의식하게 되는 특수한 계기가 된다. 이 같은 계기들에서 새로운 숭고한 관념이 출현하면서 사회적 연대성 또는 '사회와의 연대'가 재생된다. 그러나 이런 시기가 종결되면 새롭게 출현한 관념들은 제도화되고 다시 일상적인 안정성이 복귀한다. 이 같은 분석에서 집합의식의 새로운 역사이론, 즉 집합의식의 주기적인 갱신이라는 역사이론이 발견된다(김종엽, 1998: 301; Tiryakian, 2009: 195-196).[20]

뒤르켐은 사회를 하나의 유기적 전체로 파악했고 그 응집력을 유지시키는 제도화된 도덕성을 발견하려고 했다. 여기에는 연대형태의 역사적 변화가 중심적 역할을 하는데, 그것은 특정한 사회적 기능을 담당하는 제도들의 분화라는 모형으로 파악된다. 그러나 이 같은 장기적 변동의 모형과 함께 비록 명시적이지는 않지만 '집합의식'과 관련된 일종의 순환이론이 존재한다. 일상적이고 세속적인 장기적 시기는 종종 창조적이고 성스러운 집합적 열광의 시기에 의해 중단된다. 집합의식은 주기적인 열광을 통해 재창조되고 다시 제도화되는 순환적 양상을 보인다. 이 같은 순환이론은 제도의 점진적인 분화뿐만 아니라 단속적 진화에 대해서도 사고할 수 있는

20) 이런 분석에서는 유기적 연대의 형성 이후에도 존속되는 기계적 연대의 요소들이 존재한다. 사실 뒤르켐은 점차 『분업』에서 유기적 연대의 특징으로 제시한 기능적 상호의존만으로 현대적인 도덕성이 제도화되기 어렵다는 견해를 갖게 되었고 그 결과 기계적 연대의 요소로서 집합의식의 갱신에 주목하게 되었다. 이런 인식은 직업집단에 대한 그의 이론에서도 드러난다. 직업집단은 다른 직업집단과의 기능적 상호의존을 통해 유기적 연대를 실현하는 동시에 내부적으로는 강력한 집합의식에 기초해서 기계적 연대와 유사한 도덕적 강제력을 행사할 것으로 기대되었다(Black, 1984; Zeitlin, 1990).

여지를 제공하는 것처럼 보인다.

5. 결 론

마르크스, 베버, 뒤르켐 같은 고전사회학의 대표적 사상가들은 모두 사회를 이해하기 위한 핵심적인 방법으로 역사에 주목했다. 이들에게 역사는 단순한 과거의 사건이 아니었다. 역사적 과정은 일련의 인과적 연쇄들로 파악되었으며, 그런 인과적 과정에 대한 분석은 현재에 대한 역사적 분석도 가능케 했다. 또한 그들은 모두 역사를 고유한 이론적 관점에서 분석 또는 해석해야 한다는 문제의식을 갖고 있었다.

그러나 역사에 대한 그들의 관점은 달랐다. 마르크스는 자본주의 생산양식에 대한 분석을 동역학적 모형을 따르는 '역사과학'으로 확립하려고 했다. 그는 자본주의의 보편적 경향을 역사법칙이라고 표현했다. 반면 베버는 문화과학을 옹호하면서 역사법칙이라는 관념을 거부했다. 그는 자본주의적 발전의 민족적 특수성에 주목했고 특수한 역사적 사례들에 대한 연구를 강조했다. 한편, 뒤르켐은 사회를 유기체에 유비했고 생물학적 모형에 입각해서 '도덕과학'을 확립하려고 했다. 이런 관점에서 그는 사회형태의 진화로서 기능적 분화의 역사법칙을 제시했다.

또한 역사에서 그들이 주목했던 층위도 달랐다. 마르크스는 '역사의 구조'에 대한 분석에 주력했다. 다양한 사건들 이면에서 '가능성들의 조건'이 되는 구조적 제약을 밝히려고 했던 것이다. 반면 베버는 사회적 행위에 대한 이해에 주력했다. 베버에게 존재하는 것은 구체적인 사건과 행위뿐이었지만 이념형의 전략은 유형적 분류를 통한 역사적 분석을 가능케 했다. 뒤르켐은 사회를 구성하는 제도들의 기능, 특히 개인의 행위를 강제하는 이데올로기적 기능에 관심을 기울였다.

마지막으로 그들은 역사에 대한 상이한 모형을 제시했다. 마르크스는 자본축적을 통한 누적적 성장과 성장의 한계, 그리고 구조적 위기라는 동역학적 모형을 채택했다. 베버는 역사에 대한 하나의 명시적 모형을 거부했지만, 그의 연구들에서는 다양한 합리화의 추세들과 그들 사이의 선택적 친화력이라는 암묵적 모형이 존재한다. 반면 뒤르켐은 시간에 따른 제도들의 기능적 분화라는 발생학적 모형과 함께 집합의식의 주기적 갱신이라는 순환적 모형을 제시했다.

이런 차이들에도 불구하고 고전사회학자들은 어느 누구도 사회를 고정된 체계로 이해하지 않았다. 그들은 모두 현대성의 일반적 추세와 경향에 민감했고, 기본적으로 거시적이고 장기적인 변동을 설명 · 이해하려고 노력했다. 이런 관점에서 그들의 분석 속에 명시적 또는 암묵적으로 내재된 '역사 동역학'(historical dynamics)을 이해하는 것은 역사사회학의 현재적 쟁점을 이해하는 데 기여할 것이다. 나아가 이들에 대한 이해는 역사에서 상이한 시간대를 갖는 구조적 수준과 제도적 수준, 나아가 역사적 사건과 행위의 수준을 구별하는 동시에 종합적으로 이해할 필요성을 제기한다.

제 2 장

유럽 사회사 연구의 흐름[1)]

| 김백영(광운대학교 인제니움학부대학) |
| 정준영(서울대학교 규장각한국학연구원) |

1. 들어가며

'밑으로부터의 역사'의 발전으로 특징지어지는 20세기 서구 역사학계의 변화를 추동한 것은 마르크스주의와 아날학파의 양대 진영이었다. 한쪽은 '계급투쟁'을, 다른 한쪽은 '장기지속'을 중심으로 역사를 바라보는 대조적인 역사관을 드러내면서도, 유럽지성사의 '언어학적 전환'의 소용돌이 속에서 양자는 유사한 탈바꿈을 경험해 왔다. 정치사 · 사건사에서 사회경제사 · 구조사로, 사회사에서 문화사로, 거시사에서 미시사로의 일련의 변화 경향은 역사에 대한 현재적 문제의식의 시대적 변화상을 확연히 드러낸다. 사회과학의 도입을 통해 서구 사학계에서 '다른 역사', '새로운 역사'를 향한 투쟁의 선봉에 섰던 20세기 유럽 사회사의 흐름은 국내에도 이미 여러 차례에 걸쳐 소개가 된 바 있다. 그중에서도 프랑스 아날학파에 대해서는 1980년대 초에 이들의 새로운 문제의식이 처음 국내 학계에 소개된 이래,[2] 역사학자들뿐만 아니라 사회학자들로부터도 상당한 관심의 대상이 되었던 적이 있었다.[3]

하지만 아날학파를 비롯한 유럽 사회사에 대한 관심이 실제로 한국 사회의 역사적 형성과정을 분석하는 데 얼마나 도움이 되었는지를 묻는다면, 긍정적인 답변을 하기는 쉽지 않을 것이다. 한때 한국 인문사회과학 분야

1) 이 글은 김백영, "20세기 프랑스 사회사의 문제의식 전환의 궤적을 따라서," 『사회와 역사』 51, 1997을 이후 연구 경향을 반영하여 대폭 수정 · 보완한 것이다.

2) 당시 프랑스 사회사는 유럽의 '신사학'의 흐름 중의 하나로서 주로 방법론적 수준에서 소개되었다. 독일과 프랑스 사회사가들의 주요한 방법론적 논문들을 두루 소개한 것으로는 신용하 편, 『사회사와 사회학』(창작과비평사, 1982)이 대표적이다. 이 밖에도 이민호, 『현대사회와 역사이론』(문학과지성사, 1982); 조성윤 편, 『현대 사회사이론과 역사인식』(청아, 1982); G. G. 이거스, 이민호 · 박은구 역, 『현대 사회사학의 흐름』(전예원, 1982) 등이 있다.

3) 아날학파 1~3세대의 전반적인 흐름에 대해서는 김응종, 『아날학파』(민음사, 1991); 특히 심성사에 대해서는 김영범, "망탈리테사 : 심층사의 한 지평," 『사회사 연구와 사회 이론』, (문학과지성사, 1991).

전반에 지적 영감과 자극의 원천이 되기도 했던 이른바 유럽 사회사의 학문적 전통은 오늘날에는 급속히 망각의 대상으로 변해버린 듯하다(이러한 현상은 아마도 글로벌 학술장의 주변부에 위치하면서 항상 중심부의 지적 유행에 예민하게 반응해 온 우리 학계의 분위기와도 무관하지 않을 것이다). 그동안 서양사 연구자들의 노력에 의해 유럽 사회사의 '전설적인' 명작들이 하나씩 둘씩 번역되어 지금은 관심 있는 사람이라면 누구나 거장들의 작업을 손쉽게 접할 수 있게 되었지만, 정작 이들 '대작'은 별다른 주목을 받지 못한 채 화석화된 고전으로 치부되어 도서관 한 구석에서 먼지를 뒤집어쓰고 있기 일쑤인 상황이 되고 만 것이다.

하지만 과연 아날학파로 대변되는 유럽 사회사의 지적 전통을 이대로 철지난 유행으로 단정해버려도 괜찮은 것일까? 흔히 유럽 사회사는 19세기 제도권 분과학문으로 자리 잡은 역사학에 대한 대안적 흐름으로 출현하여 서구 역사학의 변화를 추동한 것으로 잘 알려져 있지만, 그것이 남긴 지적 반향은 단지 역사학의 테두리에만 국한된 것만은 아니다. 사회과학의 이론과 방법론을 역사 연구에 적극적으로 도입하여 '사회과학적 역사학'을 구축하고자 한 이들의 시도는 정치학, 사회학, 인구학, 지리학 등 광범위한 사회과학 분야에도 큰 영향을 미쳐 새로운 문제영역을 개척하고 방법론을 모색하는 시도로 이어졌다. 특히 프랑스의 아날학파는 페르낭 브로델(Fernand Braudel)에 이르러 역사학을 중심으로 인문 · 사회과학의 제 분과를 통합하는 종합적인 인문과학을 모색하기도 했는데, 이런 지적 프로젝트는 미국의 사회과학, 특히 사회학에 큰 영향을 미쳐 1970년대 역사사회학 분과가 형성되는 지적 배경이 되기도 했다. 1960년대 '위기'에 직면했던 미국의 사회과학은 유럽의 사회사, 특히 아날학파를 통해 "역사"를 재발견하고 이를 사회과학의 분석에 본격적으로 도입함으로써 지적 위기를 극복하려 했던 것이다. 그런 의미에서 프랑스의 아날학파는 비록 종종 하나의 '학파'로 간주되곤 했지만, 단지 하나의 학파를 구성하기보다는 오히려 역사 연구의 새로운 방법과 접근방식에 대한 개방성을 특징으로 하는 하나의 '정신'을 대표하며, 사회과학의 자기혁신을 추동하는 원천이 되었다는 이거스(Georg Iggers)의 지적은 경청할 만하다.[4] 아날학파로 대표되는 유럽 사회사의 흐름을 추적하는 작업은 끊임없이 모색되었던 '사회학과 역사학 사이의 화학작용'의 가능성과 한계를 탐색하는 또 하나의 시도가 될 수 있다는 뜻이다. 이런 의미에서 우리는 철 지난 유행처럼 보일지언정 도서관에서 먼지를 쓰고 있는 유럽 사회사의 '작품'들을 다시 한 번 꺼내 읽을 필요가 있다. 역사와 사회과학의 결합이라는 야심찬 학문적 기획의 실험정신을 생생하게 드러내고 있는 이들 대작들은 우리 사회의 역사적 변화 양상에 대한 분석의 도구를 갈구하는 우리에게도 여전히 유효한 지적 자극과 영감의 원천이 될 수 있기 때문이다.

이 글에서는 유럽 사회사의 흐름을 오늘날 한국 사회에서도 접할 수 있는 거장들의 주요 저작들을 통해 하나씩 짚어가도록 하겠다. 여기에는 뤼시엥 페브르(Lucien Febvre)의 『16세기의 무신앙 문제』(1942)[5]를 비롯하여, 페르낭 브로델의 『물질문명과 자본주의』(Ⅰ권 1967, Ⅱ·Ⅲ권 1979), 자크 르 고프(Jacques Le Goff)의 『연옥의 탄생』(1981), 조르주 뒤비(Georges Duby)의 『부빈의 일요일』(1973)과 『세 위계, 봉건제의 상상세계』(1978), 에마뉘엘 르 루아 라뒤리(Emmanuel Le Roy Ladurie)의 『랑그도크의 농민들』(1966)과 『몽타이유』(1973), 그리고 필립 아리에스(Philippe Ariès)의 『아동의 탄생』(1960)과 『죽음 앞에 선 인간』(1977), 더 나아가 이들 아날학파 역사가들이 대거 참여한 시리즈인 『사생활의 역사』와 『기억의 장소』에서—미국의 역사가이지만 프랑스 역사학에도 강력한 영향력을 미쳤던—로버트 단턴(Robert Darnton)의 『고양이 대학살』(1984)과 린 헌트(Lynn Hunt)의 『프랑스혁명의 가족로망스』(1992) 등이 포함된다. 대략 반 세기와 네 세대

4) 조지 이거스, 임상우 · 김기봉 역, 『20세기 사학사』(푸른역사, 1998), p.86.
5) 괄호 안은 원저작의 출간연도이다(이하 같음).

에 걸친 프랑스 사회사의 변화상을 두루 섭렵할 수 있는 이들 작품들은 1990년대 중반 이후 국내에 번역본으로 소개되기 시작했다. 지면의 제약상 독일, 영국, 이태리 등 유럽 사회사의 다양한 흐름을 모두 검토하지 못하는 것은 다소 아쉽지만, 프랑스의 아날학파가 사회(과)학과 역사학의 결합을 가장 적극적으로 모색했던 지적 기획이었으며, 오늘날 한국 사회학계에서도 주류적 흐름이 되고 있는 미국 사회학계에 미친 영향이 심대하다는 점, 그리고 다행히도 아날학파의 주요 저작들이 우리 사회에도 상당히 소개 번역되어, 비교적 쉽게 사회사의 실제 분석을 접할 수 있다는 점이 고려되었다. 실제의 역사분석에서 추상된, 껍데기만 남은 이론적 함의와 방법론적 특징을 요약해서 받아들이는 대신, 사회학자들이 역사학자들의 실제 작업을 면밀히 읽고 이를 통해 새로운 사회학적 상상력을 발휘해 나가는 데 이 글이 자그마하게나마 기여를 할 수 있기를 바란다.

2. 과학적 역사학의 꿈과 그 불만 : '사회'에 대한 역사연구의 출현 배경

주요 저작들을 통해 프랑스 아날학파의 지적 궤적을 본격적으로 탐사하기에 앞서, 먼저 아날학파를 비롯한 20세기 유럽 사회사가 어떤 맥락에서 출현하게 되었는지를 간략히 살펴봄으로써 '사회사'라는 문제설정이 지닌 일반적 함의에 대해 함께 생각해 보도록 하자. 19세기 말부터 주요 서유럽 국가들에서는 프랑스의 아날학파를 비롯하여 이른바 '사회사'를 내건 일군의 역사학자들이 등장하기 시작했다. 이들은 각자 자기 사회의 주요한 지적 · 사상적 조류들과 결합과 대결을 거듭하면서 나름의 특색 있는 역사연구의 전통을 구축해 나갔기 때문에, 몇 가지 특징만으로 이런 다양한 흐름을 묶어 유럽 사회사 연구로 일괄하기란 쉽지 않을 뿐만 아니라 바람직하지도 않다. 하지만 그렇다고 해서 이렇게 다양한 사회사 연구의 조류 속에 하나의 공유된 지향을 발견하는 것이 완전히 불가능한 것은 아닌데, 랑케(Leopold von Ranke)로 대표되는 주류 역사학에 대항하여 '다른 역사학'을 모색했다는 점에서 공통된 입장에 섰기 때문이다. 당시 새롭게 부상하고 있었던 사회과학의 이론 및 방법론을 역사학 영역에 적극 수용하여 '과학적인 역사학'을 수립해야 한다고 주장하는 점에서도 일치되었다.

여기서 한 가지 흥미로운 것은 비판의 표적이 되었던 주류 역사학이란 것도, 돌이켜보면 19세기 초 새롭게 등장했을 당시에는 '과학적 역사학'의 기치를 내걸었다는 사실이다. 그러니까 유럽 사회사 연구는 한때 '과학적 역사학'이었던 독일 역사주의 사학을 '비과학적'이라는 이유로 비판하면서 등장했던 셈이다. 그렇다면 이들은 주류 역사학의 어떤 점이 '과학적'이지 않다고 생각했으며, 왜 사회사가 '과학적 역사학'을 위한 새로운 출발이 될 수 있다고 믿었던 것일까?

19세기 서구 역사학계에서 주류로 부상했던 독일 역사주의 역사학은 전통적인 역사서술과 차별화되는, 새로운 역사학을 제시하면서 등장했었다. 이전까지 유럽의 전통적인 역사하기와 역사쓰기는 "과거를 거울삼아 현재에 대한 교훈을 찾는" 박학(博學)과 호고(好古)의 영역에 속했다. "기억할 만한 가치가 있는 행위와 일에 대한 이야기"라는 역사의 정의는 고전고대 이래 19세기에 이르기까지 변화가 없었다. 역사가가 되기 위한 훈련이 따로 있는 것이 아니며, 고전과 옛일에 박식한 학자라면 누구나 역사가가 될 수 있었다. 엄밀한 사료의 검증보다는 역사적 사실을 솜씨 있게 엮어서 감동과 교훈을 주는 '문학적'인 능력이 오히려 훌륭한 역사가의 자격이 되었다.[6] 그런데 이런 오랜 역사쓰기의 전통은 19세기 독일에서 출현한 새로운 역사학에 의해 전면적인 변화를 겪게 된다. 이들 역사학자들은 당시

6) 조지 이거스, 임상우 · 김기봉 역, 『20세기 사학사』(푸른역사, 1998), p.96.

독일에서 새롭게 학문과 과학의 중심지로 탈바꿈하고 있던 근대 대학에 새로운 역사하기의 근거를 마련했다. 그리고 대학에서 역사학은 물리학이나 생물학처럼 하나의 분과학문이 되어, 고도로 훈련받은 '자격자' 들을 양성하기 시작했다. 이런 변화를 주동한 것이 랑케와 그의 동료 · 제자들이었다. 이들이 가져온 '새로움' 은 다음의 세 가지 지점에서 근대 역사학의 출현이라고 지칭할 만한 변화를 이끌어 냈다.

우선, 이들은 문필적인 역량이 강조되었던 이야기체 역사와 단절하여 역사학은 엄밀한 방법을 통한 객관적 사실을 규명하는 학문이 되어야 한다고 주장했다. 이전까지 역사가들은 별 고민 없이 근거도 없는 옛 전거들을 마구잡이로 끌어들였으며, 그럴듯한 이야기를 만들기 위해선 주관적인 인상과 과장도 서슴지 않았다. 이제 역사는 이런 허황된 '문필' 의 영역에서 구출되어야 한다. 과거에 대한 기록들은 근거가 있는 것인지 꼼꼼히 따져보아야 하며, 역사가라면 누구나 이런 문헌고증에 필요한 전문적인 지식과 체계적인 방법론을 갖추어야 한다. 랑케와 그의 동료 · 제자들은 역사학이 대학의 다른 분과학문과 다를 바 없는 '경험과학' 이기를 원했다. 근거가 불확실한 사료는 철저하게 배제하고, 역사학자 자신의 주관적인 서술도 최대한 자제한다. 역사가의 임무는 "그것이 본래 어떠했는지를 단지 보여주는 것(wie es eigentlich gewesen)" 이어야 한다는 랑케의 언급은 근대 역사학의 등장을 알리며 이후 모든 역사학자들의 금과옥조가 되었다.[7]

둘째, 이들이 이렇게 엄밀한 방법론을 채택함에 따라, 역사 연구는 시간의 연대기에 따라 선후관계를 엄밀하게 구축할 수 있는 역사적 사건들, 특히 정치 · 외교적 사건들에 집중되는 양상을 보이게 된다. 문헌적 전거가 가장 확실한 것이 국가 문서고이고, 여기에는 지금의 국가를 있게 한 정치적 사건에 대한 기록이 집중되어 있다 보니 생겨난 자연스러운 현상이었

---

7) 김기봉, "랑케의 'wie es eigentlich gewesen' 본래의 의미와 독일 역사주의," 『호서사학』 39집, 2005 참조.

다. 문명과 문화를 다루었던 전통적인 역사쓰기와는 달리, 새로운 역사학의 중심은 사건사와 정치사였다. 그런데 이들의 정치사 · 사건사가 주류 역사학으로 부상할 수 있었던 것은 단지 이들의 역사학이 '과학적'이고 엄밀했기 때문만은 아니었다. 배후에 도사리고 있었던 국민국가의 부상과 민족주의 발흥이 오히려 결정적이었다. 이들의 정치사 · 사건사는 가치판단의 배제와 객관성을 표방하고 있었지만, 국가가 구축한 아카이브에 바탕을 두고 있는 이상 결과적으로는 국가 중심의 역사 혹은 민족주의의 역사가 될 수밖에 없으며, 현존 국가의 정당성을 객관성이라는 이름으로 추인하는 '이데올로기'적 역할을 떠맡게 되었던 것이다.[8]

셋째, 이들 '새로운' 역사학은 보통 방법론적인 측면이 강조되어 "실증사학" 혹은 "실증주의 사학"으로 불리곤 했지만, 역사철학의 측면에서 본다면 오히려 '실증주의'에 대립했으며 역사를 학문의 중심에 두는 역사 중심주의를 지향하고 있었다는 점도 주목할 필요가 있다. 전통적 관점에서 역사는 과거를 통해 현재를 비추는 '거울'이었다. 역사쓰기를 아무리 중시하는 사회라고 하더라도, 메타역사의 관점에서 보면 역사쓰기란 항상 다른 무언가를 밝히고 계몽하기 위한 수단에 불과했다. 시간의 구체적인 흐름과 변화들 속에서 지금 '기억할 만한' 원리와 교훈을 찾아내는 것이 곧 역사쓰기라는 생각이 일반적이었기 때문이다. 18세기에 유행했던 '계몽주의'에 입각한 역사쓰기도 '역사의 도구화'라는 측면에서 큰 차이가 없었다. 그런데 랑케와 그의 제자에 따르면, 역사란 결코 사물의 본성에 있어서 주변적인 것이 아니다. 모든 사물과 사건은 역사의 흐름 속에서만 존재하기 때문이다. 그런 사물 · 사건이 가지는 가치는 그 시대, 그 장소에서만 독특하게 나타나며, 역사쓰기는 이런 개별 사물과 사건의 독특성과 개체성을 최대한 '사실 그대로' 드러낼 필요가 있다. 랑케는 역사쓰기 그 자체를 사

8) 임상우, "'과학적' 역사학과 국가주의적 역사서술," 『역사학보』 224집, 2014 참조.

물의 본성을 '객관적'으로 드러내는 가장 핵심적인 학문적 방법으로까지 격상시켰던 것이다.[9]

이런 랑케와 그의 동료 · 제자들의 시도는 매우 성공적이었던 것으로 드러났다. 이들의 역사주의 역사학은 대학의 분과학문으로 자리 잡았을 뿐 아니라, 국가의 전폭적인 지원 속에서 19세기 내내 급격한 성장을 거듭했다. 엄밀한 방법론을 통해 역사학을 근대적인 '경험과학'으로 전환시키는 한편, 국가 아카이브에 근거를 둔 세밀한 정치사의 서술을 통해 국민국가의 역사적 정당성 구축에 기여한다는 랑케의 구상은 독일뿐 아니라, 국민국가 체제의 공고화가 과제였던 다른 국가들에서도 열렬한 환영을 받았다. 19세기 중반 이후 랑케의 역사주의 역사학은 북미 및 서유럽 대부분의 국민국가에서 주류 역사학의 지위를 공고하게 구축했던 것이다.

하지만 19세기 후반이 되면 점차 주류 역사학에 대한 도전이 거세게 일어나게 된다. 과학적 역사학을 표방했던 역사주의 역사학의 문제점과 한계가 점차 명확하게 드러나기 시작했기 때문이다. 먼저, 사료의 엄밀한 문헌비판을 기반으로 객관적 역사학의 구축을 지향했던 랑케의 지향은 사료라는 것이 아무리 전거가 명확하다고 하더라도 결국에는 '텍스트'일 따름이며, 그것 자체가 역사적 진실을 명징하게 드러내는 것이 아닐 수 있다는 비판이 제기되었다. 진리는 사료와 조응한다는 랑케의 전제 자체가 지나치게 순진한 발상이며, 이런 전제 속에 구축된 방법론 또한 전혀 과학적이지 못하다는 것이 공통된 지적이었다. 사료가 가진 '텍스트'적인 제약과 한계를 자각하면서, 텍스트 밖의 사회현상을 최대한 객관적으로 고찰하기 위해서는 문헌고증과 전거주의만으로는 부족하며, 당시 부상하고 있던 사회과학의 개념과 방법론을 역사학에서도 보다 적극적으로 채용해야 한다는 주장이 설득력을 얻어 갔다. 둘째, 정치사를 위주로 하는 주류 역사학의 국가주

9) 조지 이거스, 임상우 · 김기봉 역, 『20세기 사학사』(푸른역사, 1998), p.97.

의적 경향도 문제가 되었다. 랑케 이후 역사학은 방법적 엄밀함을 얻는 대신에 정치적 사건으로 대상 영역을 축소해 나갔다. 정치적 사건 이외의 사회, 문화 등 여러 분야의 역사들이 주변화되고, 구조적이고 장기적인 변화의 문제는 근거사료의 부재라는 이유로 분석에서 배제되었다. 이런 일련의 과정은 역사학의 보수화를 초래하며, 나아가 현실 권력과의 밀착으로 이어졌다. 실제로 당시 주류 역사학이 현실 권력과 밀착하여 기존 질서를 옹호하는 '이데올로기'로 전락하는 것에 대한 비주류 역사학자들의 비판이 거세게 일어나기 시작했던 것이다. 셋째, 주류사학의 역사철학적 기반이 되는 "역사주의"가 가진 한계도 지적되기 시작했다. 역사주의가 역사 속에서 관찰되는 사건들의 개체적 측면을 포착하는 데는 유용하지만 가치의 상대성이라는 구실로 일체의 가치 판단을 회피해 버리는 것은 문제가 있다. 과학적 태도처럼 보이지만 주류 사학은 종국에는 "살아남은 것이 최선의 것"이라는 사실을 긍정하면서 기성체계를 옹호하는 "권력의 시녀"가 되고 말았다는 것이다.[10]

결과적으로 '과학적 역사학'을 표방하면서 19세기 주류 역사학으로 부상했던 역사주의 역사학은 근대 역사학의 지평을 여는 데 기여했지만, 역사연구와 역사쓰기를 특정한 대상과 방법으로 한정시킴으로써 다양한 역사하기의 가능성을 봉쇄해 버리는 결과를 낳았다. 지배자 · 승리자의 기록인 국가 아카이브의 사료에는 피지배자와 패배자의 역사들은 왜곡되거나 배제되기 마련이며, 국가 주도의 정치사만 가지고는 알 수 없는 다양한 사회적 변화의 국면과 구조들은 무시되어 버린다. 변동과 지속을 둘러싼 다양한 시간의 리듬들은 제외되며 역사가들은 그저 맹목적으로 사건의 선후관계를 밝히는 데 몰두한다. 객관성과 가치중립을 애써 표방했지만, 역사학자들의 작업은 결과적으로는 현존 정치질서, 즉 민족주의에 바탕을 둔

10) 조지 이거스, 임상우 · 김기봉 역, 『20세기 사학사』(푸른역사, 1998), p.97.

국민국가 체계를 역사적으로 긍정하는 데 동원되고 만다. 그리고 이런 주류 역사학의 편협함과 맹목성은 제1차 세계대전을 전후해서 현존 정치질서의 위기가 백일하에 드러나자, 도처에서 공격과 비난의 표적이 되었다. 사회학, 지리학 등 신생 사회과학들은 주류 역사학의 보수성과 맹목성을 비웃으면서 사회변화의 심층적 원리를 추구하는 새로운 '통합' 인문과학의 가능성을, 자기 학문을 중심으로 모색하기도 했다. 비주류 역사학자들도 편협한 정치사의 경계를 넘어 '사회'를 역사학의 새로운 대상으로 설정하고, 신생 사회과학들이 고안해 낸 새로운 '과학적' 방법론들을 역사학 연구에 적극적으로 도입하려고 시도하였다. 여기서 '사회사'는 기존의 정치사, 사건사와는 다른, 새로운 과학적 역사학의 깃발이 되었다. 사회사가 구체적으로 의미하는 바에 대해서는 각국 지성계의 상황에 따라 차이가 없지 않았다. 하지만 이를 통해 주류 역사학의 비과학성을 폭로하고, 인구학, 경제사, 사회학, 지리학 등 당시로서는 최신 사회과학적 연구의 성과와 방법론을 흡수하여 사회구조와 변동을 설명하는 새로운 통합적 인문과학을 구축해 나가야 한다는 문제의식을 드러낸다는 점에서는 일치했던 것이다.

3. 새로운 통합적 역사학의 기획 : 프랑스 아날학파와 사회사의 시대

19세기 후반부터 등장하여 한 세기 동안 학계를 풍미했던 유럽 사회사의 흐름 중에서도 가장 적극적이면서도 의도적으로 사회사를 중심으로 통합적인 인문과학의 구축을 꿈꾸었던 지적 흐름은 프랑스의 아날학파였다. 이들은 랑케로 대표되는 주류 역사학을 통렬하게 비판하는 것으로 출발했다는 점에서는 다른 유럽 사회사의 흐름과 다르지 않았지만, 단지 비판에만 그치지 않고 지리학, 인구학, 사회학 등과의 적극적인 교류 속에서 '다른 역사', "대안적 역사"를 체계적으로 모색했으며, 특히 2세대인 브로델에 이르러서는 역사를 중심으로 사회과학 전반을 아우르는 이른바 '전체사' 기획을 실현시켰다. 새로운 학문적 지향과 방법론이 학술잡지와 연구·교육기관과 화학적으로 결합하여 실제로 하나의 '학파' 더 나아가 하나의 '패러다임'을 만들어 내는 데 성공한 흔치 않은 성공사례를 아날학파의 역사가 보여주고 있다. 그렇다면 프랑스 사회사는 어떻게 하나의 학파로 등장할 수 있었으며, 인문사회과학 전체를 아우르는 '전체사' 기획이란 구체적으로 어떤 것이었을까? 그들이 남긴 대표적 작품들을 통해 그 대략의 지적 궤적을 살펴보자.

1) 뤼시엥 페브르 : '심성적 도구'에 대한 역사과학의 가능성

1929년 페브르와 블로크(Marc Bloch)는 『사회경제사 연보(*Annales d'histoire économique et sociale*)』라는 학술지를 공동으로 창간한다. 여기서 출발한 아날학파는 지리학, 사회학 등의 새로운 언어를 수용하여 랑케 이래의 주류 역사학을 거부하고, '다른 역사'를 추구하기 시작했다. 역사는 더 이상 '사실(史實) 학파'의 '나쁜 역사', 그 '불임적인 분위기', '회화적 역사', '교과서적 역사'를 반복해서는 안 된다. 이들이 보기에, 주류 역사가들이 추구했던 것은 사실에 대한 맹목적 숭배와, 아무 생각도 없이 사건들을 그저 베껴 쓰는 것뿐이었다. "역사가는 사실 앞에서 소멸되도록 요구받았다."[11] 그러나 블로크와 페브르는 기록과 고문서에 대해서 역사학자들이 보다 적극적으로 관여해야 한다고 주장한다. 가스통 바슐라르의 말을 빌리면, "당연한 것은 아무 것도 없다. 주어진 것도 아무 것도 없다. 모든 것은 구성되었다." 이들은 역사학자의 역할과 주체성을 강조했다. "자

11) 마르크 블로크, 『역사를 위한 변명』, 1941, p.117.

기가 무엇을 추구하는지 모르는 사람은 자기가 무엇을 발견했는지도 잘 모른다." "주어진 것이라고? 아니다. 모든 것은 역사가에 의해서 창조되는 것이다. 가설과 추정을 사용하여 발명하고 제조하는 것이다."[12] 여기서 '인간과학' 이자, '문제사' 이자, '전체사' 로서의 아날학파의 사회사를 위한 최초의 공통언어가 만들어지고, 잡지 아날은 주류 역사학에 대항하는 "지적 참호"를 이루게 된다. '사회적' 이라는 모호한 술어가 소위 학문 간의 장벽을 허물었다고 주장하는 한 학술지의 간판으로 등장했던 것이다.[13] 그리고 이와 같은 지반 위에서 페브르의 『땅과 인간의 진보』와 『16세기의 무신앙 문제』, 블로크의 『기적을 행하는 왕』과 『봉건사회』가 생산된다.

『16세기의 무신앙 문제』에서 페브르는 16세기 당시 프랑스 르네상스를 대표했던 인문주의가 프랑수아 라블레(François Rabelais)의 신앙을 문제 삼는다. 『가르강튀아와 팡타그뤼엘』의 저자로 유명한 라블레는 신랄한 교회비판을 통해 당대부터 '무신론자' 라는 비판을 끊임없이 받아 왔다. 저자는 이 책에서 사료만 가지고서는 도무지 확증할 수 없는 연관되는 두 개의 구체적인 질문을 던진다. 라블레가 과연 진짜 '무신론자였는가? 무신론자일 수 있었는가?' 이 책은 이런 두 개의 물음에 대한 답변으로 구성되어 있다. 그리고 이 답변은 페브르 특유의 대단히 독특한 방식, 즉 역사가들을 역사학 최후의 목표이자 막다른 골목인 '안다' 로 몰아가는 '~은 사실인가' 의 방법론이 아니라, 그들을 '이해한다' 로 인도하는 '~은 가능한가' 의 방법론을 통해 이루어진다(p.31). 그것은 "16세기 사람들의 느끼는 방식, 생각하는 방식, 말하는 방식"에 대한 "실증적이자 역사심리학적 연구"이다(p.137).

이 연구의 첫 번째 과정은 라블레와 같은 시대를 살았던 사람들의 증언

---

12) 뤼시엥 페브르, *Combats pour l'histoire, Paris*, 1953, p.7; 김응종, 『아날학파』(민음사, 1991), pp.33-34에서 재인용.
13) 프랑수아 도스, 『조각난 역사』, 1998, p.71.

을 청취하는 것이다. 페브르는 라블레의 동시대 문인들과 신학자, 교리 논쟁가들을 낱낱이 증언대에 불러 세우고 심문을 행한다. 먼저 가르강튀아, 팡타그뤼엘, 파뉘르주를 낳은 라블레에 대한 당대 문인들의 '근거 없는' 비난들을 두루 섭렵한 후 다음과 같은 결론을 내린다. "그들의 폭력성과 그들의 변덕, 표면적 인상에 대한 그들의 무저항성, 놀랍도록 빠르게 화를 내고, 욕하고, 칼을 뽑고, 그리고는 즉시 껴안고, 달콤한 말을 나누는 기질의 놀라운 변동성. (…) 이러한 것은, 우리가 상상하는 것보다 훨씬 더 두드러진, 극적인 대조로 가득한 삶의 자연스러운 결과이다."(pp.135-136) 호이징가(Johan Huizinga)의 『중세의 가을』을 떠올리게 하는 시대상의 묘사에 뒤이은 페브르의 평결은 '무신론자'라는 것은 16세기에 남에게 퍼부을 수 있었던 최대한의 자극적인 욕설이었을 뿐이라는 것이다. 이어서 그는 라블레의 소설 내부를 직접 탐사하고, 그의 종교를 에라스무스와 루터와 비교한 후, 첫 번째 질문에 대해 단연코 부정적인 결론을 내린다.

그러나 페브르의 탐사는 여기에서 그치지 않는다. 두 번째 문제를 풀기 위해 그는 16세기의 정신구조 전반을 구석구석 답사한다. 이 과정에서 페브르는 '심성적 도구(outillage mental)'—언어, 과학, 수학—라는 개념을 고안해 낸다. 그에 의하면, 오늘날의 관점에서 봤을 때 16세기 사람들이 가졌던 심성적 도구는 결함투성이이다. 언어의 상태는 단어들의 공백, 구문의 무질서와 비약과 불일치 등으로 특징지어졌고, 당시 라틴어는—우리의 상식과는 달리—고졸(古拙)하고 낡은, 시대에 맞지 않는 불모성 언어였다. 그리스 사상과 기독교 신앙은 전혀 모순되거나 충돌하지 않았으며, 절대적 신중심주의는 사상의 발전에 족쇄를 채웠다(p.485). 결정적으로는 "그것(철학 : 인용자)들을 굳건히 해 줄 확실한 토대, 과학"이 없었기 때문에 당시 철학은 "모순적이고 유동적인 의견들의 카오스"에 불과하였다(p.487).

따라서 '르네상스의 옛 신화'는 여지없이 붕괴된다. 16세기에 과학은 아직 도구—망원경, 확대경, 온도계, 측정단위—도, 언어—수학기호, 필기 계산기술—도 갖고 있지 않았다. 시간은 도처에서 환상 · 애매함 · 부정확함 그 자체였고, 체감 시간은 측정 시간에 대한 오랜 우위를 여전히 유지했다. '과학' 이라는 근대적 개념은 수공업적인 심성을 가진 그 시대 사람들에게는 맞지 않는다. 16세기는 예지로 가득 찬 선구자들의 '비학(秘學)의 세기' 였을 따름이다. "우리는 온실 속의 사람들이고; 그들은 바람 골에 있는 나무들이다. (…) 모든 감각을 통해서 자연을 보고, 느끼고, 냄새 맡고, 듣고, 만지고 들이마시는 야외인."(p.541) 그들에게는 가능과 불가능의 개념도, 자연적인 것과 초자연적인 것의 개념도 없었다. 또한 유태교의 강신술사, 연금술사, 모든 종파의 비학자들이 교회와 대학에 대해 모순을 느끼고 맞섰을 것이라고 믿는 것도 착각이다. "모순은 그들을 가격하지도, 그들과 부딪치지도, 그들 앞에 냉혹한 딜레마를 제기하지도 않았다."(p.573)

결국 '심성적 도구' 를 통해서만 정의된 페브르의 16세기는 한마디로 '믿기를 원하던 시대' 로 결론지어진다. 그의 결론은 지나친 엘리트 문화중심주의와 관념론 편향, 그리고 구조적 정태성에 대한 과도한 집착 때문은 아닐까? 그러나 페브르의 독특하고 경쾌한 문체와 번뜩이는 문학적 상상력은 실로 '다른 역사' 의 묘미를 맛보게 하기 충분하며, 그의 '시대착오' 의 오류에 대한 강력한 경고와, 심성적 세계의 연구에 대한 과학적 · 실증적 방법의 동원은 바야흐로 '심성사' 라는 역사의 새로운 영토를 개척하기에 이른다. 이제 푸코의 고고학과 '에피스테메(épistémè)' 도 그리 멀리 있는 것 같지 않다. 그러나 사람들이 그 영토를 본격적으로 발굴하기 시작한 것은 물질주의와 구조주의가 지배한 한 시대를 지나서였다.

2) 페르낭 브로델 : 물질주의에 기반한 전체사의 기획

'인간' 을 주창한 페브르의 뒤를 이어 아날의 제2세대를 주도한 것은 브로델의 '지리적 역사' 였다. '전체사' 에 대한 초인적 의지를 보여준 브로델의 등장과 함께 아날학파는 그 전성기를 맞이한다. 고등연구원 제6국의 창건자이자, '장기지속' 의 주창자이자, 『지중해와 필립Ⅱ세 시기의 지중해세계』(1949, 이하 『지중해』)의 저자로서 브로델은 아날학파의 대표자가 되었으며, 이제 아날의 역사학은 단기지속(사건)-중기지속(콩종크튀르(conjoncture))-장기지속(구조)으로 짜여진 브로델의 시간성의 삼분구조에 입각한 전체사가 되었다. 주류 역사학의 대상이었던 '정치사 · 사건사' 의 시간은 다양한 리듬을 가진 거대한 시간의 흐름 속에서 표피에 불과할 뿐이며, 역사학의 과제는 단시 개별적인 사건의 특이성을 맹목적으로 기술하는 데 있는 것이 아니라, 이런 다양한 시간의 축 속에서 작동하는 변동과 지속의 원리를 다루는 것이 된다. 브로델은 "완성을 위해 전진하는 시간"이 아니라, "연속적이며 반복되는 시간", "재연되며 지속적인 시간"을 중시하면서 '장기지속(longue duree)' 의 해명을 전체사의 중심과제로 설정한 것이다. 이로써 구조와 변화, 지속과 변동 사이에서 설정된 역사학과 사회과학의 오랜 분업구조는 철폐된다. 역사는 거의 변화하지 않는 시간 속에서 장기지속으로서 구조 문제를 다루게 되었기 때문이다. 브로델은 다음과 같이 선언한다. "사회학과 역사학은 하나이며, 인간정신에 대한 하나의 모험이라고 할 수 있다. 그것은 천 조각의 안팎이 아니라, 하나의 섬유조직 그 자체이다."[14] 1946년 변경된 아날의 제명 『아날 : 경제 · 사회 · 문명(*Annales. Economies. Sociétés. Civilisations*)』은 3층위의 총망라를 추구하는 아날 제2세대, 특히 브로델의 이런 야심을 그대로 담아내고 있다.

15세기에서 18세기까지의 경제사를 '물질문명', '시장경제', '자본주의' 의 3층위로 구성된 계서제를 통해 파악한 브로델의 삼부작 『물질문명과 자본주의』는 무려 27년의 작업의 결실다운 대작의 면모를 보여준다. 이 책은 당시의 사회상을 생생히 보여주는 무수한 그림들과 함께, 파노라마처

14) 프랑수아 도스, 『조각난 역사』, 1998, p.147.

럼 펼쳐진 역사의 흥미를 만끽하면서도 대가의 학문적 깊이를 음미할 수 있는 진기한 경험을 제공한다. 이 대저는 실로 '역사적 지식의 보고'라 할 만하거니와, 그 가치는 무엇보다도 다음의 세 가지 점에서 독보적이라고 할 수 있다.

먼저 그는 마르크스와 레닌, 베버와 좀바르트, 폴라니 등 경제사의 대가들과 논쟁하면서[15] 독창적인 3층구조에 입각하여 기존의 통념을 전복시키는 전혀 새로운 '자본주의' 개념을 만들어 낸다. 그가 방대한 경제사 자료들을 통해 "관찰"(Ⅱ권 p.19)한 바에 의하면, 자본주의는 경쟁, 자유, 합리성과는 거리가 멀다. 자본주의는 생산에서의 잉여가치 착취를 본업으로 하는 것도 아니다. 그것은 오히려 독점적이고 투기적인 반(反)시장세력으로서, 결코 한 분야에 특화되지 않는다. 그것은 3층 계서제의 최상층에서 모든 영역에 절충적으로 관여하고 있다가 국면에 따라 예외적인 큰 이윤이 생기는 곳이라면 어디로나 미끄러져 들어간다. 따라서 자본주의의 본질은 '전문화'나 '노동분업'이 아니라 '무제한의 유연성'과 '변화와 적응의 능력'이며, 그것의 본거지는 생산 영역이 아니라 유통 영역이다. 역사적으로 자본주의는 주된 활동의 무대를 전 세계를 대상으로 이윤의 지리적 차이를 노리는 사치품의 원격지 무역에 두어 왔다. 따라서 자본주의는 언제나 '세계-경제'이다. 월러스틴(Wallerstein)의 세계체제론이 이미 여기에 고스란히 녹아들어 있는 것이다.

그러나 이 저작이 무엇보다도 빛을 발하는 부분은 '일상생활의 구조'에 대한 분석에서이다. 브로델은 15~18세기 전 세계의 물질생활의 세세한 영역들—인구, 질병, 식생활, 의복, 주거, 기술 등—을 망라하여 비교·검토한다. 여기서 그는 역사학이 어떻게 수많은 '인간과학'의 다양한

15) 마르크스와 레닌의 '자본주의' 개념에 대한 비판은 Ⅱ권 pp.828-829를, 베버와 좀바르트의 '합리성' 개념에 대한 논박은 Ⅱ권 pp.813-834를, 폴라니의 '자체조절적 시장' 개념에 대한 공박은 Ⅱ권 pp.313-323을 참조할 것.

문제의식들을 종합하여 포용해 낼 수 있는가를 보여준다. 그리고 이를 통해 그는 앙시앵 레짐 시기와 근대 산업사회 간의 시대적 경계선을 분명히 하고자 한다. 그는 곳곳에서 '천장', '문턱', '임계점' 혹은 '포락선'이라는 다른 말로 이 역사의 심연에 놓인 '가능과 불가능의 경계'를 드러낸다. '물질문명'의 역사적 무게, 그 '관성'의 수인(囚人)인 민중은 장기지속의 느린 역사의 늪에서 쉽게 헤어날 수 없다. 그 변화를 추동하는 것은 계서제의 (최)상층부, 화폐와 신용을 떡 주무르듯 하고 사치와 유행의 빠른 리듬의 역사를 움직이는 자본주의에 의해서이다. 그리고 이러한 사회의 불평등한 계서제적 구조는 아마 앞으로도 무너지지 않을 것이라는 것이 조심스러운 그의 결론이다.

마지막으로, 『지중해』의 명성과 악명을 동시에 낳은 '지리적 역사'는 여기서도 여전히 낮지만 굵은 목소리를 내고 있다. 브로델은 사회를 "전체집합(ensemble des ensembles)"(Ⅱ권 p.652)이라고 정의하는 Ⅱ권 제5장에서 봉건사회를 영주제 사회, 신정정치적인 사회, 영토국가, (협의의) 봉건제, 도시 등 5개의 상이한 계서제의 조합으로 분석한다. 이를 통해 그는 'N차원에 의해서만 감지될 수 있는' 다차원적이고 구체적인 역사학을 통해 전체사회의 총체적인 동학을 설명하고자 한다. 그러나 그 결과 역사상 결정적인 변동에 직면할 때 그가 논란 많은 '콩종크튀르' 개념과 함께 내놓는 비장의 카드는 "회고적인 지리학은 많은 것을 설명한다"(Ⅱ권 p.817)는 것이다. 그의 지리결정론은 영국에 대한 프랑스의 '실패'를 설명하는 Ⅲ권에서도 반복된다. 그에게 '지리적 구조'는 결코 벗을 수 없는 굴레인 것 같다. 하물며 이 저작의 골격을 이루는 3층 구조와 '시공간의 변증법'이 바로 이 지리적 사고의 산물인 것을!

브로델의 시대는 '인간'이 추방된 시대, 구조주의의 시대였다. 그는 역사 속의 인간을 '구조의 수인'으로 보았고, '변화에 저항하는 장애물'인 그 구조를 역사학의 대상으로 보았다. 그래서 그의 역사는 개인, 사건, 변화보다는 관성, 구조, 지속을 주인공으로 하며, 궁극적으로 전체사회를 여러 개의 하위 집합들이 계서제적인 총합을 이룬 '3층집' 구조로 본다. 그 오랜 역사의 퇴적층에 눌린 웅장한 저택은 얼마나 견고하고 움직이기 힘든 것인가! 결국 브로델의 '거대한 역사'는 애초의 의도와는 달리, 서구중심주의와 자본주의 현대 문명에 대한 비판의 입지를 스스로 부정하는 한계를 노정하고 만다. 이러한 브로델의 보수주의를 비판하고, 그의 소박한 경험주의와 모호한 개념들과 방만한 이론틀의 헛점을 지적하는 것은 어렵지 않다. 그러나 그 어마어마한 역사적 스케일과 감탄스러울 정도로 풍부한 문명사적 지식으로 흘러넘치는 장대한 '역사의 바다'에 직접 빠져보지 않고서는, '전체사'의 야심을 '물 건너간 것'이라고 섣불리 단정 지을 수는 없을 것이다.

3) 자크 르 고프 : '장기적 중세'에 대한 심성사

심성사는 1968년 혁명의 영향 아래 '근대성의 기획'을 근본적으로 의심하게 된 프랑스 소장학자들을 중심으로, 질서 지워지고 제도화되고 체계화된 이성적 담론의 이면에 숨겨진 '심층적인 역사'를 추구하려는 움직임으로 출발하였다. 물질주의와 구조주의는 '인간'을 되찾자는 운동에 밀려났고, 이제 역사학은 생사관과 시간관, 집합적 공포, 성 · 사랑, 결혼 · 출산, 가족 · 어린이 · 세대, 광기 · 일탈 · 범죄, 민중 신앙 · 종교 의례, 사교 · 축제 등 민중의 일상생활을 구성하는 모든 것들을 대상으로 하게 되었다.[16] 그것은 "문화인류학에 근접한 역사학, 즉 모든 인간들을 추상성 속에서가 아니라 그들의 구체성과 그들의 존재의 총체성 속에서 포착하고 이해하려 노력하는 역사학,"[17] 즉 '역사인류학' 내지는 '민속학'을 추구한

---

16) 김영범, "망탈리테사 : 심층사의 한 지평," 한국사회사연구회 편, 『사회사 연구와 사회이론』(문학과지성사), 1991, pp.287-288 참조.

다. 다만 이러한 새로운 경향이 브로델의 세기, 즉 물질주의와 구조주의의 자장(磁場)으로부터 완전히 벗어난 것은 아니었다. 이미 브로델은 전체사를 기획하면서 이미 장기적인 지속을 다루는 일상생활의 구조 속에서 심성의 문제를 포착한 바가 있으며, 이른바 심성사를 표방한 아날 제3세대 역사가들도 그런 영향 속에서 자유롭지 못했기 때문이다.

제3세대를 대표하는 르 고프의 작업은 이러한 심성사의 특징을 잘 보여준다. 역사가로서 그의 문제의식은 유럽 중세에 관한 기존의 통념을 극복하려는 데 있었다. 이것은 '장기적 중세'라는 그의 핵심 개념으로 요약되는데, 이는 4세기에서 19세기에 걸친 시기를 하나의 시대 단위로 보는 개념으로서, 중세와 그 이전 및 이후 간의 단절보다는 연속성을 강조함으로써 19세기 역사학의 소산인 '고대와 르네상스 사이에 끼인 암흑기'로서의 중세 개념에 대한 비판을 목적으로 한다. 르 고프의 대표작인 『연옥의 탄생』은 이러한 장기적 중세의 심성적 구조의 변화로서의 연옥 신앙의 발생 및 변화 과정에 관한 연구이다.

르 고프는 연옥 신앙의 탄생 및 정착에 이르는 과정을 크게 세 시기로 나누어 고찰한다. 그 첫 작업은 '연옥의 아버지들'인 고대 종교의 다양한 저승관을 검토하는 것이다. 대(大)그레고리우스와 12세기 사이 5세기 동안의 고(古)중세는 저승에 관한 성찰의 명백한 침체기이면서 동시에 연옥으로 이르는 상상적 질료의 풍부화 과정을 보여주는 시기이다. '연옥의 탄생'은 이 느리고 긴 준비기를 거쳐 12세기에 가서야 이루어진다. 연옥 신앙은 '증산의 세기'인 12세기의 급변한 사회적 필요의 산물이다. 인구의 증가, 농업의 발달, 수도원의 부흥, 상업의 재개, 도시의 발전, 스콜라주의의 탄생, 그리고 십자군 운동과 라틴 기독교세계의 지리적 · 이데올로기적 팽창이 모두 이 시기에 일어난 변화들이었다. 따라서 이 시기는 유럽의

17) 자크 르 고프, 유희수 역, 『서양 중세 문명』(문학과지성사, 1992), p.iv.

"인류가 지상에 정착한" 시기로서, 그때까지는 달리 생각할 가치조차 없게 여겨졌던 개인적 죽음과 최후의 심판이라는 이중적 심판 사이의 중간 시기가 중요한 성찰의 주제로 대두된다(p.453). 이제 종말론은 퇴조하고, 최후 심판을 기다리는 죽은 자들의 사면 가능한 죄들을 정화하는 장소로서 연옥이 만들어진다.

그런데 르 고프에게 연옥의 탄생은 극단적 이분법 사이에 중간적 범주를 끼워 넣는 "본질적으로 논리적인 변화"를 의미한다. 연옥은 시간적으로도, 공간적으로도 천국과 지옥의 중간에 위치한다. 따라서 그것은 상상의 저승체계를 수세기 이래의 이원체계에서 삼원체계로 근본적으로 바꾼다. 이는 본질적으로는 논리의 차원에서 일관된, 사고하기 편리한 중간 개념의 도입을 의미하는 것으로 중간적 범주, 중간계급, 제3계급의 출현이라는 현실사회의 변모를 반영한다(p.32). 그것은 농경의 발전에 기반한 성직자, 귀족, 농민의 삼분 체제의 안정화와, 도시의 발전에 의한 부르주아의 출현이라는 2단계에 걸친 봉건 혁명을 의미하는 것이다(pp.442-443).

연옥 신앙은 기독교 사회가 점점 더 엄격한 통제에 놓이게 되는 '조직의 세기' 인 13세기를 통해 스콜라적으로 체계화된다. 단테의 『신곡』은 13세기에 신학적 · 교의적 차원에서 이루어진 연옥의 승리를 시적 상상력을 통해 확인한 작품이다. 르 고프는 연옥의 역사가 14세기 이후에도 계속되며, 오히려 그것이 가장 열기를 띠었던 것은 15~19세기였다고 봄으로써 그의 '장기적 중세' 개념을 재확인한다. 이 시기 건축 · 조각 · 회화 및 신앙과 예배행위의 차원에서 연옥의 가시성이 확보됨으로써 연옥의 장구한 역사적 변천 과정이 완성된다. 이제 산 자들과 죽은 자들의 연대체계가 완전한 상호성의 흐름을 이루게 되는 것이다.

결국 저자는 저승이라는 상상적 세계의 프리즘을 통해 중세의 총체적인 사회상을 조망하고자 한다. 그것은 브로델의 '물질문명' 만큼이나 현실적이고 물질적인 힘으로 중세인들의 일상생활을 구속하고 지배해 왔다. 르 고프가 연옥에 주목한 것은 바로 그것이 12세기 유럽의 현실계의 변화가 피안의 상상계의 변화와 맞물려 있는 것이었음을 극명하게 드러내 주기 때문이었다.

그러나 그는 다종다기한 상상세계의 역사적 변천과정을 '본질적으로 논리적인' 차원의 전환으로 환원하여 하나의 통일적 표상으로 파악함으로써 오히려 이질적인 여러 흐름들의 현실적 생동감을 저해하고 있다는 느낌을 준다. 따라서 그는 저승의 표상적 체계를 동원하여 기나긴 중세를 지배했던 '공포의 기독교'의 정치적 · 억압적 전략에 대해서도 무관심하고, 민중문화의 능동성과 역동성을 보여주지도 못한다. 그래서 그의 역사는 단지 '우리가 잃어버린 세계', '삼원적 안정성'으로 특징지어지는 중세의 장기지속의 복잡한 투시도를 20세기 묵시록적 시대에 던져주는 것으로 만족하고 마는 듯하다. 결국 그에게도 여전히 역사는 '전체사'요, 역사가의 임무는 '잘 변하지 않는 것'을 드러내는 데 있는 것이었다.

4. 조각난 역사 : 균열하는 패러다임과 사회사의 새로운 모색

주류 역사학의 정치사 · 사건사에 대항하여 새로운 역사를 모색했던 아날은 인구학, 경제사, 지리학, 사회학, 인류학 등 사회과학의 '과학적' 방법론을 흡수하고, '단기지속–중기지속–장기지속'이라는 시간의 새로운 지평을 설정함으로써 역사학을 종전과는 완전히 다른 어떤 것으로 만들 수 있었다. 저서들을 통해서 부분적으로 확인할 수 있었듯이, 1세대 페브르, 블로크가 현실 속에서 호흡하며 새로운 역사학의 문제들을 설정해 내는 역사학자의 주체성을 강조했다면, 2세대 브로델은 여기서 한층 더 나아가 역사학을 모든 인문 · 사회과학을 포용해 내는 전체사 · 구조사라는 하나의 거대한 기획으로 만들어 냈다. 그리고 3세대 르 고프는 브로델 플랜의 한 축이었던 일상생활의 심성문제를 장기지속으로 풀어냄으로써 전체사 기획을 완성시켜 나갔다. 이러한 중심 축 위에서 아날은 잡지 및 대학 · 연구기관을 중심으로 다양한 수준에서 전개되는 사회사 및 사회과학 연구들을 개방적으로 포용했던 것이다.

아날의 영향을 받은 연구들을 개방적으로 수용함으로써 아날의 명성은 프랑스를 넘어 유럽으로, 미국으로 확대되어 나갔다. 특히 1968년 이후 사회과학의 위기에 대응해 '역사'의 도입(historic turn)을 모색하고 있던 미국 학계의 반응은 열렬했다. 사회학자 월러스틴은 브로델의 아날로부터 받은 영향을 바탕으로 세계체계라는 또 다른 패러다임을 구축했으며, 많은 역사학자들 및 사회학자들이 아날의 문제설정 및 방법론을 다시 받아들여 자기 학문의 혁신을 모색했다. 1970년대 후반 이후 브로델의 국제적 명성은 정점에 도달하여 새로운 학술적 변화의 기폭제로 작용하고 있었다.

하지만 아날이 거둔 화려한 성공의 이면에는 균열의 징후들도 마찬가지로 존재했다. 브로델의 장기지속의 시간관에 바탕을 둔 전체사 기획은 역사는 변화를 다루는 학문이라는 통념을 깨고 지속을 다루는 학문이라는 관점에서 구조를 역사에 도입할 수 있었지만, 결과적으로는 인간 행위 주체를 장기지속의 구조 속에 묶어버리기 때문이다. 일상적 삶의 역동적 측면이 배제되면서 아날의 사회사는 오히려 변동을 설명하는 데 취약한 학문이 되고 말았던 것이다. 이것은 브로델이 구상했던 전체사에서 '문화'의 위상을 어떻게 설명할 것인가를 둘러싼 쟁점에서 여실히 드러난다.

사실 일상문화의 문제는 정치사 중심의 19세기 주류 역사학에서는 배제되어 왔던 주제로, 페브르와 블로크 등 1세대 역사가들이 자주 분석의 대상으로 다루고 있었다. 이들은 사료로는 좀처럼 나타나지 않는 일상문화의 문제를 장기지속적인 심성의 문제로 다루면서 주류 역사학뿐 아니라 이데올로기적 상부구조로만 문화를 다루는 마르크스주의 역사학과도 거리를 두고자 했다. 르 고프로 대표되는 2세대와 3세대의 이른바 심성사는 아날 전체사 속에서 일상문화의 정당한 자리를 부여하고자 하는 시도였다. 하지만 일상생활의 문화적 측면을 과연 장기지속적인 심성의 문제로만 포착할 수 있느냐의 문제는 아날 역사가들 사이에서도 논란의 대상으로 부상하기 시작했다. 일상문화의 역사를 장기지속의 구조 속에서 파악하는 것이 옳은가, 아니면 사건사의 지평에서 그 역동성을 포착하는 것이 더 중요한가? 이 질문은 브로델이 계획한 전체사 구도를 근본적으로 뒤흔들 수 있다는 점에서도 간과하기 어려웠다. 실제로도 이 문제는 아날 패러다임이 형성되어 갔던 브로델의 시대 때부터 심각한 쟁점으로 부각되고 있었으며, 1980년대 이후가 되면 국제적 명성에도 불구하고 정작 아날학파 내부에서는 이 문제를 둘러싼 파열이 회복 불능한 상태로까지 진행된다.

1) 르 루아 라뒤리 : 균열하는 아날 패러다임의 증인

브로델이 제창한 전체사의 기획, 즉 아날 패러다임 그 자체는 그리 간단히 무너질 성질의 것은 아니었다. 기획을 주도한 브로델이 국민국가의 경계를 넘어 지중해 세계라는 광대한 지리적 영역을 망원경을 이용하듯 조망하는 연구를 진행시켰다면, 그의 동료들과 제자들은 프랑스의 지방에 주목하여 특정 지방을 돋보기를 들이대듯 세밀하게 조사하는 연구들을 제출하면서 전체사의 퍼즐을 맞춰 가고 있었기 때문이다. 그리고 이런 부분과 전체를 관통하는 것은 인구학과 경제사의 문제의식이었고, 역사적 사실을 계량화하는 새로운 방법론이었다. “내일의 역사가는 프로그래머가 될 것이다. 만일 그렇지 않다면, 그는 아무런 존재도 아니다.”[18] 브로델의 사도들은 지리적 역사의 관점, 인구학의 문제의식, 그리고 경제사의 계량적 기

---

18) 르 루아 라뒤리, 『역사가의 영토』, 1973, p.423.

법을 총동원해서 특정 지역이라는 부분에서 인간 생활의 전체를 발견하려고 시도한다. 브로델의 패러다임에서 지방사와 전체사가 표리일체를 이루는 것도 이 때문이다. 여기서 브로델의 총아로 등장했던 3세대 역사가가 르 루아 라뒤리였다. 그는 프랑스 남부 랑그도크 지역의 토지대장을 통해 16~18세기 프랑스 농촌자본주의의 기원을 탐색한 박사논문으로 일약 아날의 스타로 부상했으며, 이 논문은 출판되어 프랑스 지방사의 거작으로 자리 잡는다. 1966년에 간행된 『랑그도크의 농민들』이 그것이다. 이 책이 출판된 직후 그는 아날의 공동 편집인이 되었으며, 1973년에는 은퇴한 브로델의 뒤를 이어 콜레주 드 프랑스 교수직을 승계한다.

사실 『랑그도크의 농민들』은 브로델의 전체사 기획을 지방사의 버전으로 완벽하게 구현하고 있는 연구이다. 프랑스 농업자본주의와 관련된 여러 가지 통념에 도전하고 있는 이 저작의 주인공은 사실 랑그도크에 살았던 농민들이 아니라 이 지역을 관통했던 장기지속의 농업 사이클이기 때문이다. 따라서 이 책의 서술방식은 사람에서 시작되는 통상적 방식과 차별화된다. 먼저 기후가 다루어지고, 기후에 따른 작물들의 경작리듬이 검토된다. 토종작물의 존재와 외래작물의 이동이 추적되고, 이런 작물을 경작하는 데 필요한 도구들이 등장한다. 이제 사람이 등장하지만 아직 농민의 차례는 멀었다. 랑그도크를 떠도는 사람들의 이동이, 그리고 이들에 딸린 가축들이 다루어진 이후에야 농민의 생활양식이 문제가 된다. 하지만 진짜 농민들의 역사적 움직임은 경작지의 형태, 인구의 상황, 십일조-지대-세금-임금 등의 납부형태 등이 검토된 이후에야 마지막으로 등장한다. 브로델과 마찬가지로 인간 생활의 모든 영역을 빠짐없이 다루되, "인간들이 없는 역사"를 라뒤리는 지향했던 것이다. 농민의 삶은 계량적인 패턴을 통해서만 드러난다. 그에 따르면 "계량화될 수 있는 것만이 과학적인 역사"이기 때문이다. 결과적으로 이 책을 통해 보여주려고 했던 것은 농촌사회의 장기적인 리듬이다. 그는 11세기부터 15세기에 걸친 중세의 농업 사이클과 16세기와 17세기에 걸친 근대 사이클, 그리고 1750년대부터 1950년대까지 계속되는 현대 사이클의 존재를 확인하고 근대 농업 사이클을 규정하는 변수와 상수를 규정해 나간다. 토지 집중 경향과 토지 세분화 경향의 주기화, 인구의 변동과 여러 형태의 부과금들의 추이가 검토된다. 18세기 랑그도크에서 일어났던 격렬한 농민반란은 사건사의 측면에 불과하며, 이와 같은 더 큰 장기지속의 리듬과 그 변화 속에 위치하는 것이다.[19]

그는 근대의 농업 사이클은 기술적 정체 속에 있었기 때문에 인구의 변동이 중요한 변수로 작용한다고 주장하여 '신(新)멜더스주의자(neo-Malthusian)'라는 평가를 받기도 했다.[20] 그런데 라뒤리가 당시의 기술적 정체는 생활방식, 망탈리테, 가치체계 등 문화적 요소에 둘러싸여 있다고 지적했다는 사실을 주목할 필요가 있다. 그는 18세기 이전의 농촌세계를 지배하고 있던 멜더스적인 장애가 물질적인 한계에 그치는 것이 아니라 사람들의 정신 속에 뿌리내려 있다고 지적하면서 최종적으로 심성적 차원을 분석하면서 연구를 완성한다. "사람이 없는 역사"에서 출발한 『랑그도크의 농민들』의 최종적 종착점은 "의식의 새로운 역사"가 되었으며, 이 저작은 심성사의 본격적인 등장을 예고했던 것이다.

물론 『랑그도크의 농민들』에서 나타난 이런 전환은 실은 브로델의 자장(磁場)을 벗어나지는 않는다. 브로델은 이미 그의 전체사 기획 속에 심성사의 자리를 마련해 두고 있었기 때문이다. 다만 장기지속적인 망탈리테가 어떻게 농민반란의 격렬함으로 전환되는지는 모호하게 설명되는 상황에서, 문화의 문제는 전체사 기획 전체를 요동시키는 시한폭탄으로 남게 된다. 그리고 이 문제는 브로델이 퇴장한 이후 아날 역사가들 사이에서도 본격적인 쟁점으로 부상한다. 이러한 상황에서 라뒤리는 인류학이 역사학의 새로운 영토가 되었다고 주장하면서 역사인류학으로의 전향을 선언

19) 김응종, "엠마뉘엘 르 루아 라뒤리, 현대 역사학의 증인," 『프랑스사연구』 제10호, 2004.
20) 김현일, "신맬더스주의자가 본 근대 농촌세계," 『서양사연구』 제19집, 1996.

했다. 1975년 발표되어 대중적으로도 선풍적인 인기를 끈 『몽타이유』가 그것이다.

라뒤리는 카타리파 이단의 근거지로 잘 알려진 몽타이유의 이단재판 기록에 주목하여, 이를 통해 14세기 몽타이유 주민들의 생활상을 인류학적으로 소생시킨 것이다. 이 저서는 좀처럼 접하기 어려운 중세 농민들의 사랑과 성(性)을 심판기록을 통해 생생하게 재현해 냄으로써 대중들의 폭발적인 관심을 이끌어 내었지만, 정작 주목할 필요가 있는 것은 몽타이유 지방의 생태적 특징에서 시작하여 몽타이유 사람들의 삶과 의식의 리듬을 집요하게 포착하고 있는 특유의 지방사적 연구방법이다. 계량에서 심성으로 전면적으로 전향했지만, 원경(遠景)에서 근경(近景)으로 좁혀 들어가면서 농민적 삶의 다양한 리듬을 구현해 내는 특유의 접근방식은 『랑그도크의 농민들』과 연속선상에 있었던 것이다. 하나의 '민속보고서'로서 『몽타이유』는 대단히 매혹적인 저서이다. 이단을 신봉했던 농민들의 예외적 삶 자체가 흥미로울 수밖에 없으며, 이단재판이라는 예외적인 형식이 다른 사료를 통해서는 쉽게 접하기 어려운 이들의 삶을 농밀하게 재구성할 여지를 열어주기 때문이다. 다만 예외적 삶을 발견한다는 즐거움을 넘어서 이들의 삶이 당시 유럽 사회의 모습을 얼마만큼 반영하는지, 반영하지 않는다면 그 이유가 무엇인지에 대해서 라뒤리는 침묵한다. "나는 그저 한 마을에 대한 심도 있는 연구를 한다는 심정으로 그저 심문조서를 다시 모아 재구성했을 뿐"(p.33)이라고 말할 따름이다. 랑그도크에서 그랬듯이, 몽타이유에서도 라뒤리는 농민들의 다양한 삶의 리듬을 한편으로는 "생태학적"으로, 다른 한편으로는 "고고학적"으로 그려낼 뿐이다.

이처럼 브로델의 '총아'에서 '이탈자'로 거듭났던 라뒤리는 아날 패러다임의 완결과 균열을 보여주는 증거였다. 성장하는 인류학을 역사학의 새로운 영토로 삼아 전체사를 완성하려 했던 아날의 야심은, 장기지속의 수인이기도 하지만 동시에 새로운 변동의 원천이 되기도 하는 일상생활의 문화적 실천들을 어떻게 다룰 것인가의 문제 앞에서 급격하게 붕괴되기 시작했다. 문화적 실천을 장기지속의 구조적 효과로만 설명할 수 없다면, 역사는 문화를 어떻게 다루어야 할 것인가? 여기서 비롯된 아날 패러다임의 균열은 다음 세대의 외부적 충격에 의해 더욱 심화되는 양상을 드러낸다.

2) 로버트 단턴 : 신역사주의의 도전과 문화사의 다른 가능성들

브로델이 물러난 이후, 여전했던 국제적 영향력 속에서 근근이 이어오던 아날의 정체성은 1980년대가 되기 직전에 내부로부터 결정적인 타격을 입는다. 브로델의 아이들이었던 제3세대 이후의 역사가들, 르벨(J. Revel), 뷔르기애르(A. Burguière), 샤르티에(R. Chartier) 등은 1979년 아날 50주년을 맞아 이른바 우상파괴운동을 극적으로 전개했던 것이다. 이들 제4세대에 이르러 아날은 브로델 이래에 유지해 왔던 '경제 · 사회 · 문명'의 삼분구성을 마침내 폐기한다. 1994년 아날은 그 제명을 『아날 : 역사와 사회과학(*Annales: Histoire, sciences sociales*)』으로 변경하기에 이른다.[21] 표면적으로만 보면 새롭게 바뀐 아날의 부제는 역사학과 사회과학의 관계를 적극적으로 강조하고 있다. 하지만 역사학을 중심으로 인문사회과학을 통합하고자 하는 야심을 숨기지 않았던 브로델의 시대를 생각해 보면, 부제는 오히려 역사학과 사화과학 사이의 간극을 드러내고 있다. 이제 '전체사'의 기치 아래 팽창하던 아날의 역사는 더 이상 회복 불가능할 정도로 조각났음을 반영한다.

이러한 아날학파의 '해체' 혹은 '정체성의 포기' 움직임에 미친 가장 결정적인 영향은 아날의 내부가 아니라 외부로부터 왔다. 아날의 국제적

21) 『아날』의 題名 변경의 역사적 의미에 대해서는 김응종, 『아날학파』를 참조.

명성에 큰 영향을 받았지만 이제는 아날을 압도하게 된 지적 흐름이 바로 '언어학적 전환'과 함께 출현한 언어학과 문학비평이론에 기반한 '신역사주의'였다. 미국의 화이트(Hayden White)와 라카프라(Dominick LaCapra)의 포스트모더니즘 역사이론을 비롯하여 문학에서의 신역사주의, 기어츠(Clifford Geertz)의 문화인류학 방법론을 도입한 역사적 인간학, 그리고 진즈부르그(Carlo Ginzburg)와 레비(Giavanni Levi) 등의 이태리 미시사가들에 이르기까지 이런 흐름은 미국 지성계를 중심으로 다양하게 전개되었는데, 푸코 · 데리다(Jaque Derrida) · 부르디외(Pierre Bourdieu)의 영향하에 해체되고 있는 아날학파 이후의 프랑스 신역사학은 이런 흐름 속에서 오히려 주변화되는 상황이었다.

과학으로서의 역사학에 대한 신역사주의의 도전이 발본적이고 위협적인 것은 그것이 '텍스트(사료)와 콘텍스트(역사적 실재)의 분리'의 경계를 부정함으로써 '텍스트 이전의 역사적 실재에 대한 믿음'이라는 역사학의 근거 그 자체를 의문시하기 때문이다. 그 대표적 이론가라 할 수 있는 화이트와 라카프라는 "역사적 사건을 기술하는 모든 시도는 다양한 형식의 상상력에 의존할 수밖에 없다"고 보고, 과거의 텍스트와 콘텍스트에 대해서 '낯설게 하기(defamiliarize)'의 전략을 전개한다. 이를테면 "화이트는 네 가지 양식의 가능한 플롯 구성(로망스, 비극, 희극, 풍자), 네 가지 양식의 가능한 논리(형식론, 기계론, 유기체론, 콘텍스츄얼리즘론), 네 가지 양식의 이데올로기적 함의(무정부주의, 급진주의, 보수주의, 자유주의)를 규정하고 있는데, 이것들은 모두 다 친숙하지 않은 세계를 친숙한 것으로 만드는 네 가지의 문학적 수사법(은유, 환유, 제유, 아이러니)에 의존한다."[22]

이러한 역사학의 새로운 방법—혹은 '반(反)방법'—을 적용하여 작업한 대표적인 예가 푸코의 '지식/권력론'에 입각한 계보학적 역사이다. 그

---

22) 린 헌트 편, 조한욱 역, 『문화로 본 새로운 역사』(소나무, 1996), pp.162-163.

에 의하면 국가, 신체, 사회, 성, 영혼, 경제 등등의 모든 지적 대상은 실재가 아니다. 그것은 권력에 의해 역사적으로 구성되고 재구성되는 담론에 불과하다. 이제 "사람들은 역사가 반드시 카프카적인 감옥만은 아님을 깨달았다."[23] 1970년대 이래 푸코의 영향은 프랑스는 물론, 영미권 각지의 지성계 전반에 엄청난 영향을 미쳤고, 그것은 바야흐로 푸코, 엘리아스(Norbert Elias), 아리에스(Philippe Ariés)라는 3대 '문명화 과정의 역사가'의 '근대성 비판'으로서의 역사학의 이론적 전략의 붐을 일으켰던 것이다.

미국의 프랑스 사학자 단턴이 쓴 『고양이 대학살』은 프랑스 외부에서 오히려 아날을 바꾸어 놓은 신역사주의의 일련의 문제의식이 저변에 깔린 대표적인 문제적 저작 중 하나다. 일견 그것은 농민들의 민담, 파리 인쇄공의 글, 몽펠리에 주민의 도시 설명서, 경찰 수사관의 조서, 『백과전서』의 서문, 한 시민의 서적 주문서 등의 잡다한 자료에 근거하여 18세기 프랑스의 농부, 노동자, 부르주아, 경찰, 철학자, 독서층 등 여섯 부류의 집단의 심성에 대한 인상을 기술한 단편적인 글모음에 불과해 보인다. 그러나 이 글들을 관통하는 일관된 기조는 기존의 역사와는 전혀 다른 차원의 역사를 추구하고자 하는 새로운 문제의식이다.

첫 번째 논문은 우리가 흔히 상상하는 '행복하고 조화로운 공동사회(Gemeinschaft)'가 결코 아니었던 근세 초 프랑스 농민들의 세계를 민담의 재해석을 통해 생생하게 보여준다. 그 세계는 "계모와 고아의 세계, 비정하고 끝없는 노동의 세계, 거칠지만 동시에 제어된 잔인한 감정의 세계"(p.50)였다. 그러나 이 글의 목적은 단지 당시 프랑스 농민세계의 저층을 드러내는 데 있는 것이 아니다. 그것은 앙시엥 레짐기에 '고급문화'와 '대중문화'라는 것이 격리되어 있지 않았음을 보여주고자 한다. 농부들의 민담의 다양한 판본이 사회 전역에 걸쳐 널리 유통되었음은 이를 반증한다. 이

23) 리처드 월슨, "신역사주의의 역사화," 프랭크 렌트리키아 외, 김옥수 역, 『신역사주의론』(한신문화사, 1994), p.23.

것은 고급문화와 대중문화의 이분법에 대한 강력한 도전이며, 나아가 역사의 허상, 즉 '격자화된 문화', '질서 지워진 체계', '구조화된 세계'에 대한 환상을 타파한다.

두 번째 논문에서 그가 던지는 문제는 왜 당시에는 바흐친의 카니발적인 쾌감과 라블레 식의 진정한 웃음을 만들어 냈던 고양이 학살이 오늘날 우리에게는 웃음은커녕 혐오감과 당혹감의 대상으로만 다가오는지에 대한 것이다. 그리고 그는 당시의 사회적 배경과 상징체계에 대한 일련의 검토를 통해 그 의미를 밝혀낸다. 고양이 학살을 둘러싼 일련의 해프닝은 당시 아직 계급으로 조직되지 못한 수공업 시대 노동자들이 부르주아에 저항하는 상징적 수단이었다. 이를 통해 저자는 오늘날 우리의 사고 속에 쉽게 포착되지 않는 것, 낯설고 당혹스러워서 쉽게 지나쳐 버리고 마는 것에 물음을 던지고 그 의미를 포착해 내는 것이야말로 역사학의 임무임을 갈파한다.

세 번째 논문은 1768년 몽펠리에 시에 거주하는 한 부르주아가 남긴 그 도시에 대한 설명서를 통한 당시 사회의 재구성이자 부르주아의 자의식의 재구성이다. 이 부르주아 저자는 그 자신의 계급을 귀족과 평민에 대립하여 위치시킨다. 부르주아는 귀족적 명예는 거부하고, 돈에 대한 건전한 존경심을 품고 있으며, "본연적으로 악하고 방종스럽고 폭동과 약탈을 향하는 경향"(p.188)이 있는 평민들에 대한 공포와 경멸과 몰이해를 적나라하게 드러낸다. 미신, 폭력, 음란함 등은 이제 평민들에게만 한정된다. 상류층은 몇 세대 전에는 인구 전체가 참여했던 문화에서 물러나 '점잖은 도락'으로 침잠한다. 따라서 당시의 사회는 성직자–귀족–제3신분이라는 제도화된 삼분적 체계와는 달리 이미 귀족과 귀족화된 부르주아 대 평민이라는 이분적 구성을 띠고 있었음이 분명하다. 그렇다면 혁명을 주도할 우리의 부르주아는 어디에 있는가? 이 글은 기존의 정치사가 쌓아올려 놓은 '부르주아의 혁명성'의 신화를 보기좋게 무너뜨린다. 역사에 의해 수없이 호명되면서도, 단 한번도 제대로 그 실체가 규명된 바 없는 부르주아, 그런 부르주아는 그저 '역사의 유령'에 불과했던 것은 아닐까?

네 번째 논문은 18세기에 한 경찰관이 작성한 문필세계에 대한 해부도를 분석한다. 거기에는 몽테스키외, 볼테르, 루소, 디드로, 달랑베르 등을 비롯한 무수한 계몽사상가들이 빠짐없이 등장하고 있다. 그러나 이 보고서에는 '계몽'이나 '빛' 따위의 단어는 전혀 나타나지 않으며, 직업으로서의 '작가'라는 범주 또한 나타나지 않는다. 이 경찰관은 보호자에게 전적으로 종속된 채 마치 물건처럼 교환되는 불확실한 직종의 '신분 없는 사람들'에 불과한 이들을 그저 '소년들(garçons)'이라고 부를 뿐이다. 거기에는 '계몽사상'이라는 일관된 '혁명적 운동'이란 눈을 씻어도 찾아볼 수 없다. 따라서 '혁명'이란 것을 생각조차 할 수 없던 시대에 마치 혁명적 지식인들의 거창한 음모가 도사리고 있었으리라고 믿는 시대착오적 오류는 수정되어야 한다.[24]

다섯 번째 글은 지식의 낡은 질서를 해체시켜 새로운 지식의 지형을 창출하려 했던 계몽주의자들(디드로와 달랑베르)의 이론적 전략에 대한 분석이다. 저자는 이들의 작업을 그들의 선구였던 체임버스, 베이컨, 데카르트, 로크의 논의와 비교함으로써 그 전략을 규명한다. 그 궁극적 목표는 종교를 현대 학문의 세계에서 영원히 추방하는 것이지만, 그들이 결론에 이르는 과정은 "불합리한 추론의 연속"이다. 거기에는 앞선 네 사람의 철학적 담론이 필요에 따라 동원되며, 형태학적 논리, 인식론적 논리, 역사적 논리가 무매개적으로 결합된다. 금기 위반의 위험을 최소화하면서, 신의 그늘에서 벗어난 '이성의 전진'으로서의 역사를 만들어 내기 위해 그들은 동원

---

24) 단턴의 '삼류작가(Grub Street)'론에 대해서는, Robert Darnton, "The High Enlightenment and the Low-Life of Literature in Prerevolutionary France," *Past and Present* 51, May, 1971, pp.81-115 참조(Robert Darnton, *The Literary Underground of the Old Regime*, Cambridge, Harvard Univ. Press, 1982, pp.1-40에 재수록).

가능한 모든 담론들의 권위를 끌어들이는 교묘한 선택과 배제의 전략을 구사했던 것이다. 하지만 그것은 분명히 우리가 상상해 온 그런 '합리성의 승리' 는 아니었던 셈이다.

마지막 논문은 '독서의 역사' 를 지배해 온 기존 가설을 비판하는 논문이다. 그것은 18세기 최고의 베스트셀러였던 루소의 『신엘로이즈』가 낳은 독서법의 '혁명' 을 다룬다. 그것은 현대 사람들로서는 도저히 참아내지 못할 따분하고 감상적인 여섯 권의 소설을 '눈물의 홍수' 속에 반복해 읽었던 18세기 루소 애독자들이 책을 어떻게 대했는가에 대한 질문이다. 그리고 이 물음에 대한 단턴의 대답은 한마디로 텍스트에 대한 이들의 감성이 우리와는 전혀 달랐다는 것이다. '장인의 혼이 담긴 수공예품' 인 서적들을 마치 와인처럼 조심스럽게 감상하고 음미했던 당시 사람들에 있어서의 독서의 실체를 오늘날 우리의 경험에 비추어 추론할 수 있다고 믿는 것은 얼마나 터무니 없는 생각인가? 동일한 텍스트가 감동의 눈물을 자아내는 시대와 지겨운 하품을 뿜게 하는 시대 간의 간극이란 얼마나 멀고도 아득한 것인가?

이처럼 단턴은 기존의 지배적인 역사가 보지 못했거나 보고도 지나쳐 버린 낯선 의미를 인류학과 문학 · 언어학의 신기술을 동원하여 발굴하고자 하며, 그를 통해 문화사의 다른 가능성들을 밝혀내고자 한다. 여기서 문화는 더 이상 정치 · 사회 · 경제의 거대한 구조적 인과성 속에 종속되어 움직이는 수동적 반영물이 아니라, 오히려 역사를 창조하는 능동적이고 역동적인 힘이다. 잘 드러나지 않지만, 역사의 심층을 꿈틀거리며 관류하는 문화의 정형화되지 않는 흐름을 통해 역사가 새롭게 재구성될 수 있다는 것, 바로 이것이 이 여섯 개의 서로 다른 글들을 관통하는 '새로운 문화사' 의 일관된 문제의식이다. 그리고 이러한 신역사주의의 시도는 사회학, 경제학, 인구학과의 긴밀한 결합을 통해 전체사를 꿈꾸었던 아날 사회사의 '거대 역사' 가 종언을 고했음을 여실히 보여주고 있다. 문화가 사회의 자리를 대신하고 사회학 대신 인류학과 동맹을 맺은 역사학. 이제 전 세대 아날의 거장들에게서 흔히 볼 수 있는 거작들은 점차 자취를 감추고, 그 자리를 권력이 집중된 국소들을 파헤치는 작은 '문화사' 들이 대신하는 양상이 현저하게 나타나기 시작했다. 이제 아날 패러다임을 통해 구현되었던 사회과학과 역사학의 동맹은 사실상 해체되었다. 아날은 여전히 건재하지만, 아날학파는 사실상 역사 속으로 사라진 것이다.

5. 나가며

이 장에서 우리는 20세기 사회과학과의 '동맹' 을 주도했던 유럽 사회사의 지적 궤적을 프랑스 사회사, 특히 아날학파를 중심으로 살펴보았다. 단지 학파의 역사를 기술하는 것이 아니라 역사가들의 구체적인 작업에 주의를 기울이면서 프랑스 사회사의 흐름을 그 문제의식의 변화의 맥락에서 추적해 보았다. 페브르에서 브로델을 거쳐 르 고프에 이르는 아날의 흐름, 그리고 라뒤리와 단턴을 거치면서 나타난 아날 패러다임의 균열까지. 이들 네 세대에 걸친 시대언어의 변화, 각각의 세대들의 문제의식의 단절과 연속성 속에서 우리는 한 가지 분명한 사실을 확인한다. '역사는 언제나 현재사이다.' 역사는 언제나 그 자신의 '시대적 사명' 에 충실히 복무한다. 페브르의 역사가 19세기의 영웅주의에 대한 투쟁이었다면, 브로델의 역사는 자본주의 문명의 자기 파괴적 질주에 대해 시간적 거리를 확보하려는 노력이었고, 르 고프의 역사가 현대의 가속성에 '느린 중세' 의 심성적 프리즘을 통해 제동을 걸려는 작업이었다면, 라뒤리의 역사는 인구사에서 심성사에 이르는 아날 패러다임의 완성과 균열을 보여주는 궤적이었다. 그리고 아날의 외부에 있었던 단턴의 역사는 문화의 재발굴을 통해 20세기가 망각해 온 '다른 역사' 의 가능성들에 새롭게 빛을 던지는 한편 사실상 아날의 종언을 암시하는 작업이었다. 이 새로운 문화사의 대두와 함께 이제 서구에서 역사학의 시대적 임무는 과거 사회과학과의 결연 속에서 더욱 공고해져 온 '역사적 실재'의 유일성에 대한 우상숭배, 그 시대착오적 오해를 불식시키는 것이 되었다. 사람들은 더 이상 역사학에 거창한 진리적인 '설명'을 기대하기보다는 오히려 잘 드러나지 않는 역사, 보여지지 않은 역사의 다른 모습들, 그 차이와 다양성을 '이해'할 수 있기를 더 희망하는 것 같다.

거시사 · 사회사에서 미시사 · 문화사로의 유럽 사회사학의 문제의식의 전환, 이 시대언어의 세계사적 전환으로부터 우리 또한 완전히 자유로울 수는 없을 것이다. 그러나 역사의 시간이 단선적이라는 믿음만큼이나 역사학의 시간이 단선적이라는 믿음도 위험한 발상임에 틀림없다. 그렇다면 우리의 시간은 지금 어디에 있는가? 19세기에 서구의 역사가 과학화하면서 민중으로부터 유리되어 왔다면, 사회과학과의 동맹을 전략으로 한 20세기의 '새로운 역사'는 그 거리를 다시 좁히려는 노력이었고, 그것은 역사를 그 주인인 민중에게 되돌려주자는 목소리였다. 그리고 그것과 유사한 시간이 우리에게는 1980년대 후반에 찾아왔고, 그것은 '민중사학'의 붐을 일으켰었다. 그러나 언젠가부터 그때의 치열했던 '과학적 비판'과 '현실적 변혁'의 문제의식과는 단절된 채, 문화사와 생활사를 중심으로 선정적 제목을 단 대중적 역사서들이 서가를 점령해 왔다. 그것은 '압축적 고도성장'의 경제적 과실을 향유하면서, 그것이 파괴한 인간성과 생태환경의 피폐상에 눈을 찌푸리면서 이제 우리도 우리 자신의 '잃어버린 과거'에도 호기심의 눈길을 돌릴 만한 여유와 자신감이 생긴 것일까?

21세기를 맞이한 상황에서 우리 역사에 대한 대중적 관심은 분명 예전과는 '다른 역사'를 요구하고 있고, 그것은 역사가들에게 다른 시각, 다른 방법의 역사를 생산할 것을 요구한다. 오늘 우리 사회가 제기하는 문제들에 대한 실천적 문제의식을 보여주는 역사학, 사회과학과의 대화를 통해

서로를 풍부화할 수 있는 보다 개방적이고 다양한 얼굴을 한 역사학, 사료의 감옥에 갇혀 화석화되지 않고 상상력을 통해 옛 선인들의 숨결을 되살려내는 생동하는 역사학, 바로 이러한 시대적 요구에 부응하는 '새로운 역사'의 다양한 가능성들을 이제 우리도 실험해 보아야 하지 않을까? 20세기 프랑스 사회사가 보여준 상이한 문제의식들의 전환의 궤적은 이러한 실험을 통해 역사가 일마나 다양하고 풍부해질 수 있는지를 보여준다. 그리고 역사학을 중심으로 사회과학을 통합하려고 했던 이들의 야심은 이제는 더 이상 그때와는 같을 수 없는 역사학과 사회(과)학의 관계설정에 대한 질문을 불러일으킨다.

'학문성 · 진실성'과 '현실성 · 대중성'을 겸비하는 것은 역사학의 오랜 딜레마였고, 모든 종류의 역사학은 이 양자의 과제 사이에서 동요해 왔다. 그리고 이 점에서 볼 때 '새로운 역사'가 갖는 대중적 파급력이 유행과 상품성의 유혹을 넘어선 학문적 깊이를 구현하기가 그리 손쉬운 일이 아님은 분명하다. 역사가 그 자신의 시대로부터, 동시대의 눈으로 과거를 허구화시키지 않을 정도로 먼 거리와, 그 속에 동시대의 문제의식을 담아낼 수 있을 정도로 가까운 거리 간의 긴장을 확보한다는 것은 얼마나 어려운 일인가? 하지만 이 어려움에도 불구하고, 급변하는 시대적 문제의식과의 조우를 회피하고서는 역사학은 전진할 수 없을 것이다. 프랑스에서 그랬듯이, '새로운 역사'는 역사학에 이질적인 많은 새로운 목소리들을 끌어옴으로써 그 자신을 살찌우는 것이다. 물론 이 혁신과 개방성은 그 자신의 '정체성 상실'이라는 치명적 위험을 감수해야 할지 모른다. 하지만 지금 우리에게 이 '모험'은 시대적 요청인 것 같다.

제 3 장

미국 역사사회학의 성립과 변천

| 김경일(한국학중앙연구원 사회과학부) |

1. 머리말

사회(과)학과 역사학은 상이한 방법과 지향을 갖는 것으로 인식되어 왔다. 사회학이 설명을 위한 일반화를 지향하는 법칙정립의(nomothetic) 과학이라고 한다면, 역사학은 구체사례에 대한 개성기술의(idiographic) 학문으로 이해되어 왔다. 되풀이되는 현상이나 사건을 양으로 접근하는 사회학과는 달리 역사학은 일회의 현상에 대한 질의 서술을 중시해 왔다. 사회학이 현재를 중시하는 현재주의(presentism)를 대표한다면 역사학은 지나간 과거에 주로 관심을 가져 왔다.

19세기 독일의 방법론 논쟁(Methodenstreit) 이래 근대 학문은 이 양자의 딜레마를 해소하기 위해 노력해 왔다. 미국의 경우도 예외가 아니었다. 미국 사회학에서 역사에 대한 관심은 19세기 후반의 초기 사회학자인 워드(Lester Frank Ward)나 기딩스(Franklin H. Giddings)로 거슬러 올라간다.[1] 1970년대 역사사회학의 출현은 오랜 기간에 걸친 사회학과 역사학의 이러한 대립지형[2]에 커다란 영향을 미쳤다. 사회(과)학에서의 이른바 역사 전환(historic turn), 혹은 사회학과 역사학의 접근(*rapprochement*)을 배경으로 한 역사사회학의 출현은 오랜 동안에 걸친 이러한 딜레마를 해소하는 듯이 보였다.

미국에서 역사사회학(historical sociology)은 사회학 분야에서 역사에 대한 관심 영역을 지칭하며, 반면에 사회사(social history)는 흔히 역사학에서 주로 사용되는 용어이다. 한국의 경우 사회학과 역사학 사이에서 이러한 구분은 미국의 경우처럼 확연히 드러나지 않으며, 오히려 사회학에서 사회

---

1) 자세한 논의에 관해서는 김경일, 1998: 219 이하 참조. 이 장은 이 글의 내용을 요약하면서 최근의 경향을 보완한 글이다.

2) 유럽과는 다른 미국의 지의 풍토에서 이러한 특성은 보다 부각되어 왔다. 프랑스를 포함한 유럽에서 역사사회학에 관해서는 신용하, 1982; 2012; 김경일, 1995; 전성우, 1996 참조.

사라는 표현이 흔히 사용되고 있다. 반면에 역사사회학이라는 용어는 비교사회학과 같거나 또는 이와 비슷한 맥락에서 사용되는 경향이 있다. 이러한 차이는 한국과 미국에서 각각의 학문 분과가 성립되어 자라나온 역사 배경과 사회 상황을 반영하는 것이다. 이 장은 미국의 사회학에서 역사에 대한 관심의 궤적을 분석한다는 점에서 역사사회학의 영역에 초점을 맞추고 있으며, 따라서 사회사와 관련된 내용은 필요한 범위에 제한하여 언급할 것이다.

미국에서 역사사회학의 발전은 몇몇 시기들로 구분될 수 있다. 기준에 따라 다양한 구분이 가능하겠지만, 일반으로 사회학의 성립기인 19세기 후반기 이래 1945년 이전까지를 전사(prehistory)라고 한다면 1950~60년대는 일종의 과도기라고 할 수 있다. 1970년대 중반부터 1990년대 초반의 시기가 전성기라고 한다면 1990년대 중반 이후부터 현재에 이르는 시기는 일종의 정돈기, 또는 새로운 지향과 모색의 단계이다. 각각의 단계에서 역사사회학은 사회학의 단일 분과뿐만 아니라 역사학을 포함하는 인문사회과학 전반에서 이론과 방법론에 관한 다양한 쟁점들을 제기해 왔다.

이 장은 미국의 사회과학, 특히 사회학 이론의 전반 맥락 안에서 역사에 대한 관심이 왜 이러한 다양한 변차를 보이면서 발전하여 왔는가를 해명하고자 한다. 1945년 이전의 시기를 포함하여 왜 1970년대 중반에 비로소 역사에 대한 본격의 관심이 제기됐는지, 그 이전 시기에는 역사에 대한 관심이 없었던 것인지, 역사사회학의 전성기를 거치면서 역사사회학은 미국의 사회학에 어떠한 문제제기를 하였고 또 어떠한 영향을 미친 것인지, 이후의 역사사회학은 앞 시기와 구별되는 문제의식이 있었는지, 나아가서 그것의 미래와 전망은 어떻게 될 것인지 등에 관한 문제들을 검토해 보고자 하는 것이다.

2. 역사사회학의 성립과 발전

분과학문으로서의 사회학은 역사 사건이나 과정에 대한 관심에서 출현하였다. 그럼에도 불구하고 성립 초기부터 사회학은 무역사주의(ahistorism)의 경향을 보인 것은 역설이었다. 콩트(August Comte)나 스펜서(Herbert Spencer) 등에서 보듯이 모든 것을 설명할 수 있는 보편 역사 법칙이 선험으로 미리 전제되었으며, 역사 사실들은 이를 입증하기 위하여 자의로 동원되었다. 이들의 진화론과 발전론의 도식은 역사로부터 도출되었다거나 또는 역사에 기반을 두고 있다기보다는 오히려 역사에 적용되었다(Nisbet, 1969: 164-165). 여기서 역사는 인간의 행위가 결여된 고유한 실재(reality sui generis)로서의 자율 영역으로서 기계적으로 상정되었으며, 역사의 방향은 인간의 노력과는 상관없이 미리 결정된 것으로 생각되었다. 초기 사회학은 역사지(historiography)라기보다는 오히려 역사철학(historiosophy)의 산물로서, 역사 시각과는 거리가 먼 무역사주의의 경향을 보인 것이다(Sztompka, 1986: 324-325).

초창기 미국의 사회학 역시 이러한 진화론의 사고로부터 자유롭지 않았다(Kim, 1997: 428). 나아가서 1920년대 이후 미국 사회학의 주류를 이룬 현재 지향의 경험주의 사회학이나 1930년대에 출현한 통계 위주의 실증주의의 사회학은 시간과 공간을 고려하지 않는 이른바 과학과 보편의 이론을 추구할 수 있다는 믿음을 공유하였다. 이들에게 바람직한 과학의 모델은 객관성과 엄밀성을 추구하는 자연과학이었다. 이와 대조되는 역사 방법이란 구체 현실에 대한 세밀한 묘사로 정의되는 것으로, 추상의 일반화나 법칙들, 원리들에 의거한 분석의 방법보다 열등한 것으로 간주되었다(Hinkle, 1994: 187, 198). 이러한 인식은 역사학을 사회학의 하위에 둔(sociology above history) 유럽의 무역사주의 인식을 반영하는 것이다.

전반으로 보면 19세기 후반 사회학이 발전한 초기부터 미국 사회학에서 역사에 대한 관심은 전반적으로 매우 미미하였으며, 있다고 하더라도 사회학에 부수하거나 그것을 보완하는 것으로 생각하는 경향이 강했다. 역사학이 사회학보다 하위, 혹은 그에 종속되는 것으로 상정된 상황에서 사회학과 역사학의 종합이나 상호작용과 같은 생각은 기대하기 어려웠다.[3] 여기에서 질과, 역사 지향의 이론이 성립될 수 있는 가능성은 거의 없었으며, 하물며 하나의 분과로서 역사사회학의 성립을 기대하는 것도 어려웠다.

사회학에서 무역사의 지향은 전후 냉전기에도 그대로 유지되어 적어도 1960년대에 이르기까지 지속되었다. 스멜서(Smelser, 1959)나 아이젠스타트(Eisenstadt, 1963), 벤딕스(Bendix, 1964), 틸리(Tilly, 1964), 무어(Moore, 1966), 월러스틴(Wallerstein(ed), 1966), 립셋(Lipset, 1967)과 같이 역사에 대한 관심이 전혀 없었다고 할 수는 없지만(Sztompka, 1986: 327-328; Steinmetz, 2005: 137), 이들이 단일한 하나의 학파를 이루거나 동일한 지향을 가지지는 않았다. 공통으로 기능주의 모델이나 과학주의에 의거한 일반법칙의 보편성을 탐구했다는 점에서 이들의 영향은 한정되어 있었다.[4]

1970년대 중반 이후로 들어서면서 역사사회학은 전성기라고 할 수 있는 시기를 맞았다. 이 시기를 대표하는 연구자로는 월러스틴(Wallerstein, 1974-1989), 스카치폴(Skocpol, 1979), 틸리(Tilly, 1978; 1984) 등을 들 수 있다. 공통적으로 이들은 행위자에 대한 공리주의 모델과 함께 국가건설과 계급형성, 계급 불평등과 권력, 산업화, 시장경제, 혁명과 같은 문제들을

3) 이러한 점에서 한 연구자는 이 시기 미국 사회학을 '무역사의 사회학(sociology without history)'으로 표현한다(Sztompka, 1986: 327).

4) Sewell(1996: 275)은 무어나 틸리, 또는 월러스틴에 비해 볼 때 벤딕스나 스멜서와 같은 자유주의 역사사회학자들이 1970년대의 연구자들에게 훨씬 미미한 영향을 미쳤다고 지적한다. Steinmetz(2007: 4)는 1980년대 역사사회학의 방법인 실험주의의 형식을 띠는 무역사성의 단초가 무어의 저작에서 전형의 방식으로 나타난다고 비판한다.

중심으로 한 정치경제학의 실제 관심을 공유하였다. 그러나 오늘날의 시점에서 보면 이들은 식민지나 여성, 혹은 소수자들에 대해 관심을 가지지 않았으며, 문화나 감정, 종교 등의 주제에도 주목하지 않았다(Adams *et al*., 2005: 7-8).

역사사회학에 대한 관심의 증대는 상당한 정도로 시대의 산물이었다. 제2차 대전 이후 발전된 서구 국가들에서 전후 안정과 번영이 급작스럽게 종식되고, 이에 대신하여 경제 침체와 국제 갈등 및 인종과 세대, 계급에 따른 적대감이 분출되었다. 민권운동의 대두, 빈곤의 '재발견', 베트남전의 수행과 아울러 시민운동이나 반전운동, 여성운동 등이 활발하게 전개된 1960년대를 지나 경제 불황과 에너지 위기, 워터게이트, 베트남전의 패배, 좌파의 분열 등에서 보듯이 전후 포드주의에 입각한 사회체계의 위기가 이 시기의 대학에서 느껴지기 시작했다(Steinmetz, 2005: 141; 2007: 5-6). 사회의 변화는 지의 측면에서 사회과학 내부에 영향을 미쳤다. 대중매체를 통한 세계 사정의 상호공유는 상대주의의 관점을 강화하였으며, 이른바 제3세계의 대두와 사회주의 국가들에서 대안의 실험은 근대화이론의 발전론 도식이라는 전형에 근본적인 의문을 제기하였다(Sztompka, 1986: 328; McDonald, 1996: 5).

사회학에서 역사에 대한 관심은 무엇보다도 주류 사회학 이론의 지배 방법론과 정치와 보수주의 사이에 밀접한 상관관계가 있다는 인식의 결과였다(Somers, 1996: 55). 이에 따라 현재주의와 정태의 주류 방법과 이론의 타당성에 대한 의문이 제기되는 한편, 단순과 추상의 도식을 통하여 "발전의 단계"나 "근대화의 단계"를 제시함으로써 모든 사회를 재단하려는 시도의 부적합성이 인식되면서 역사와 행위자(agency)에 대한 관심이 새롭게 대두되었다.

사회학에서 역사에 대한 새로운 관심은 두 가지 주요한 지의 자원에 의해 지지되었다. 하나는 역사학의 영향이었고 다른 하나는 마르크스주의의 대두였다. 이 시기 역사사회학은 역사학에서 사회과학의 접근과 방법을 지향한 하위분과들 — 예컨대 계량사, 여성사, 노동사 등 — 과 밀접한 상호관련을 맺으면서 발전하였다. 마르크스주의는 국가와 정치, 집합 행동과 사회운동, 또는 사회의식 등에 관한 연구에 영향을 미쳤다. 틸리는 발전이론의 퇴조와 마르크스주의의 부활이 사회(과)학에서 진정한 역사 연구의 부활을 촉진했다고 지적한다(Tilly, 1984: 79). 이 시기의 연구자가 모두 마르크스주의자는 아니었지만, 어떠한 형태로든지 이들은 마르크스주의의 지형 안에서 논쟁을 벌였다(Adams *et al*., 2005: 6).

이 시기 역사사회학의 등장은 단순한 학술의 혁신이나 부흥으로서만이 아니라 일종의 사회운동으로 제시되었다. 주류 사회학에 대한 반발과 비판의 맥락에서 이들은 역사학과의 대화와 아울러 학제 활동에 적극 반응하였다(Calhoun, 1996: 306; Adams *et al*., 2005: 6). 캘훈은 이 시기 역사사회학이 두 전선에서 투쟁했다고 지적한다. 한편으로는 단선의 발전관과 심리문화를 강조하는 근대화이론에 대한 도전이면서 동시에 다른 한편으로는 정교한 양화의 방법에 의거한 과학주의에 대한 비판이었다.

나아가서 캘훈은 바로 이러한 사실들 때문에 이 시기의 역사사회학이 일정한 경향과 지향을 가지게 되었다고 지적한다. "이러한 전투들로부터의 상흔"으로 말미암아 역사사회학은 불필요하게 특정 영역에 집착하였다. 예컨대 문화에 초점을 맞추는 것은 파슨즈류의 기능주의나 근대화이론과 연관될 우려가 있었으며, 문화나 역사의 특정 행위에 관심을 가지는 것은 비과학이라는 양화론자의 비판을 받을 수가 있었다. 이러한 점에서 역사사회학자들은 비록 정치의 의미에서 마르크스주의는 포기했다 할지라도 정치경제학에 지나치게 집착하였다. 이에 따라 하위분과로서의 전통 방어기제는 잔존한 반면에 사회학을 변혁하고자 하는 열망은 점차 약화되었으며, 그 결과 역사사회학은 사회학이론을 역사화하는 데 성공하지 못했으며, 그 자체가 오히려 종종 무이론으로 되어 버렸다.[5]

1990년대 이후 역사사회학의 주류는 거시와 구조, 분석, 인과의 측면에 대한 강조로부터 미시 차원에서의 행위와 사건, 의미를 중시하는 경향으로 나아갔다.[6] 문화와 언어의 전환과 아울러 서사(narrative)의 사용, 혹은 합리 선택이론이나 네트워크 분석과 같은 다양한 조류들이 여기에 합류하였다. 문화를 구성하는 의미나 종교, 감정, 습관, 비합리의 전쟁과 국가폭력 등과 같은 주제들이 새롭게 주목되었다.[7] 이러한 관심의 전이에는 몇 가지 요인들이 작용하였다. 거시에서 보면 1980년대 이후 자본주의 체제의 상대적 번영, 지구 차원에서 이른바 세계화와 정보화와 진전, 그리고 미국 헤게모니 체제의 지속과 이른바 신자유주의의 대두 등이 있었지만, 앞 시기와 비교해 볼 때 이러한 외부의 변인보다는 오히려 지 세계 자체가 다른 세계들과 고립되면서 야기된 내부 요인이 보다 크게 작용하였다.

이러한 영향은 우선적으로 1960년대 쿤(Thomas Kuhn)의 과학혁명론으로 집약되는 이른바 역사 전환(historic turn)으로 거슬러 올라갈 수 있다. 1970년대 역사사회학도 이러한 전환에서 발전한 것이지만, 이들의 시도가 결국 기존의 사회학 분과 내에서 분과의 과학주의를 강화하는 것에 지나지 않았다는 인식이 확산되면서 이에 대한 비판이 대두되었다. 시간과 시간성(temporality), 과정, 사건(event)과 서사, 국면(conjuncture), 계기(sequence)와 우연성(contingency), 결합태 분석(figurational analysis) 등을 중심으로 단선의 인과에 의거한 과학방법론을 극복하고자 한 것이다.[8] 이와 아울러

---

5) Calhoun, 1996: 305-307. 스카치폴의 거시 인과 분석에 대한 비판과 아울러 그에 대한 실재론의 대안에 관한 검토로는 채오병(2007: 256 이하) 참조.

6) 한편으로 주류 분석틀이 전성을 구가하는 와중에서도 애벗과 같은 연구자들은 이 영향의 바깥에서 그것을 추구하였으며, 다른 한편으로는 1980년대의 전성기를 주도한 틸리나 스카치폴과 같은 연구자들도 이 방향으로 옮겨갔다(Adams *et al*., 2005: 6-7).

7) Adams *et al*., 2005: 22-23. 김동노(2003: 105 이하)는 대표적인 두 흐름으로 사건사와 문화사 중심의 역사연구를 언급한다.

8) Griffin, 1992: 405; Aminzade, 1992: 457-458; Steinmetz, 2005: 133. 사건사 분석을 대표하는 3가지 접근 방법에 대한 소개로는 채오병, 2009 참조.

페미니즘이나 인종연구와 동일한 맥락에서 새로운 지의 유행으로 등장한 문화연구와, 역사에서 해석과 의미를 강조하는 푸코의 영향도 빼놓을 수는 없다. 이른바 문화 전환(cultural turn)은 모든 유형의 사회 실천에서 의미화(signification)와 주체성의 역할에 대한 관심을 환기하였다.[9] 제한되기는 하더라도 문화와 서사와 의미의 역할을 강조하는 기어츠(Clifford Geertz)에 의한 이른바 인류학의 전환(anthropological turn)도 고려해야 할 것이다(Sewell, 2005: 41-2).

아담스 등은 문화와 주체, 근대성의 성격, 젠더와 인종, 비서구 등을 대상으로 하는 새로운 세대의 모색과 주장을 제3의 물결(third-wave)로 명명하면서 그 주요한 집단이나 관심의 대상으로 5개의 흐름을 제시한다(Adams *et al.*, 2005: 32 이하). 즉 ① 현재 사회학의 주류를 이루는 네트워크 분석이나 신제도주의, ② 합리 선택이론, 게임이론의 역사에 대한 적용, ③ 문화 전환, ④ 페미니즘의 도전, ⑤ (탈)식민주의와 인종이론과 같은 인문사회과학의 주요 주제들이 새로운 역사사회학의 탐구영역을 이룬다.

하나의 이론이나 방법으로 통일되어 있지 않다 하더라도 이러한 맥락에서 최근의 비교 역사 분석 역시 인과분석과 시간에 따른 과정에 대한 강조, 체계화되고 맥락화된 비교의 사용에 대한 관심을 공유한다. 이에 따라 그것은 첫 번째로 주요한 결과를 야기하는 인과의 구성들(configurations)을 설명하고 해명하는 데 관심을 가지며, 두 번째로 역사의 계기들에 대한 분석과 시간에 따른 과정의 전개를 고려하면서 마지막으로 유사 사례와 대조 사례에 대한 체계와 맥락의 비교를 지향한다(Mahoney and Rueschemeyer (eds.), 2003: 10-13). 이처럼 이들은 미시와 거시, 구조와 행위, 귀납과 연역, 역사학과 사회학, 나아가서 역사사회학과 사회학 일반의 연계를 모색

9) Steinmetz, 2005: 133. 사회사에서 이러한 문화 전환을 후기포디즘의 자본주의 유연생산이라는 맥락에서 이해하면서, 양자의 결탁과 문화연구의 한계를 지적하는 흥미로운 의견에 관해서는 Sewell, 2005: 62, 79-80 참조.

하고자 한다.

기성세대와의 관계에서 보면 1970~80년대의 새로운 역사사회학이 일종의 사회운동으로 일컬어질 만큼 기성세대를 비판하면서 일종의 긴장과 대립을 유지했다고 한다면 최근의 역사사회학자들은 이제는 기성세대가 되어 버린 전성기 역사사회학자들의 전통을 비판, 계승한다는 차이를 보이고 있다. 이러한 점에서 아담스는 역사사회학의 최근 조류가 앞 세대를 기반으로 하면서 그에 대한 반작용으로 발전된 것이라고 지적한다(Adams *et al.*, 2005: 32).

이와 아울러 보다 응집된 형태의 지배 패러다임 아래 결집한 앞 세대에 비해 새로운 세대는 매우 다양한 지의 배경에서 상이한 도전들을 각기 개별로 추구하고 있다(Adams *et al.*, 2005: 32, 63). 복합중심(polycentrism), 다중심성(multi-accentuality), 다성성(multi-vocality) 등으로 요약되는 (Steinmetz, 2005: 144) 이러한 양상은 프랑스 아날학파의 최근 흐름으로 지적되는 지의 이산(émiettement)과도 유사하다.[10] 기존 체제에 통합된 형태에서 상이한 전선들을 형성하면서 다양한 방식의 이론과 방법, 주제와 대상을 추구하고 있다고 할 수 있는 것이다.[11]

10) 브로델(Fernand Braudel)이 주도한 전성기의 아날 제2세대에 비해 제3세대는 다양한 관심과 지향에 따라 세분화되고 분산되는 경향이 지적된다.

11) 문화연구와 미시 사건사 연구가 개별 사건에 한정된 개념이나 이론 틀에 의거함으로써 협소한 관심범위에 머물면서 학문공동체의 공동의 기반을 상실할 우려가 있다는 김동노(2003: 116-117)의 지적은 이러한 맥락에서 나온 것이다.

3. 역사사회학의 범주와 유형

미국에서 역사사회학은 의도와 방법, 그리고 이론의 지향 등에 따라 다양한 내용을 가지고 발전하여 왔다. 최근 세대와 비교해 볼 때 보다 응집력을 가진 집단으로서의 지향이 있었다고 하더라도 단일한 하나로 묶을 수 없는 다양한 내부의 편차들이 존재하는 것이다. 이러한 점에서 역사사회학의 정의나 연구자의 관심, 혹은 구분의 기준에 따라 다양한 유형의 분류 방식이 제시되어 왔다.

틸리는 사회학에서 역사 접근을 4가지 수준으로 구분한다(Tilly, 1990: 12-13). 첫째는 메타역사의 것으로 인간의 모든 경험에서 시간의 유형들을 확인하려는 시도이다. 여기에는 권력과 사회변동에 관한 새로운 메타역사를 만들어 내고자 하는 기든스(Anthony Giddens)나 만(Michael Mann) 등이 포함된다. 두 번째는 세계체제 접근으로, 세계체제들의 연속을 역사에 의거하여 추적하고자 하는 월러스틴(Immanuel Wallerstein)의 연구로 대표되는 흐름이다. 세 번째는 거시역사의 흐름으로 세계체제 내에서 대규모 구조와 과정들을 검토하고자 한다. 그가 직접 지칭하고 있지는 않지만 이 흐름은 무어(Barrington Moore)나 스카치폴(Theda Skocpol) 등이 주도하는 이른바 주류(official) 역사사회학의 흐름이다. 마지막으로 미시역사 접근으로 이는 대규모 구조들과 과정들에 의해 설정된 한계 안에서 개인들과 잘 정의된 집단들의 경험을 연구하는 것이다. 가족구조나 공동체, 불평등, 또는 인구과정들이 이에 포함되는바, 틸리 자신을 중심으로 한 연구자 집단이 이에 포괄될 수 있다.

틸리와 비슷한 방식으로 해밀턴은 역사사회학의 하위 범주를 5가지로 구분한다(Hamilton *et al.*, 1988: 191-195). 첫째는 사회변동에 관한 일반이론으로 스멜서나 월러스틴의 연구가 이에 포함된다. 두 번째는 역사 과정에 대한 사회학의 서사로서 폴라니(Karl Polanyi)와 아울러 틸리, 스카치폴이 여기에 해당된다. 세 번째로는 의미에 대한 문화 · 제도 분석으로 리스만(David Reisman)이나 벨라, 또는 단톤(Robert Darnton)과 같은 문화사가, 기어츠(Clifford Geertz)와 같은 상징 인류학자, 프랑스 철학자 푸코(Michael Foucault) 및 스코트(James C. Scott)와 같은 정치학자 등 다양한 범주들이 여기에 포괄된다. 네 번째로는 화이트칼라를 연구한 밀즈나 의사전문직의 독점 현상을 문화 권위와 경제 변화의 상호작용의 결과로서 제시한 스타(Paul Starr), 또는 근대사회에서 어린이의 사회 가치를 소비주의의 힘과 시장의 팽창의 산물로 이해한 젤리저(Viviana Zelizer) 등과 같이 현재에 대한 역사 단계들의 범주로 분류되는 것이다. 마지막으로 역사 지표(benchmark)로서의 사회학으로, 멀리는 1850년대 영국의 메이휴(Henry Mayhew)와 1900년대 초의 부스(Charles Booth)로 거슬러 올라가 1920년대 미국의 린드 부부(Robert and Helen Lynd)의 공동체 연구를 거쳐 1970년대의 19세기 런던의 임시노동과 빈곤에 관한 스테드만 존스(Gareth Stedman Jones)의 연구로 이어진다.

해밀턴의 유형화는 좁은 의미에서의 역사사회학이 아니라 자신이 표현한 대로 역사사회학과 역사 심성의 사회학을 아울러 포괄한 것이다. 역사사회학에서는 거의 거론되지 않는 리스만을 언급하고 있는 것도 이러한 이유에서이다. 또한 미국뿐만 아니라 유럽 전역에 걸친 연구자들을 시야에 넣고 있으며, 학문 분과에서 보더라도 단지 사회학에 그치지 않고 역사학과 철학, 정치학, 인류학 등의 연구를 언급하고 있다. 그의 구분 기준은 이론과 그에 적합한 관찰의 대상을 어떻게 설정하는가, 즉 연구자가 제기하는 질문과 그에 대한 대답을 어디에서 찾는가라는 문제에 초점을 맞춘 것이다.

다차원의 구분으로는 스톰카(Piotr Sztompka)의 분류를 들 수 있다. 실제 연구와 방법론을 기준으로 그는 세 유형을 제시한다. 첫 번째는 무어나 틸리 및 스카치폴의 분석 역사사회학으로, 머튼이나 스멜서, 아이젠슈타트의 전통을 계승한 이들은 사회 과정의 공통 기제를 추구하면서 선택된 역사 사례들을 귀납과 비교의 방식으로 연구한다. 두 번째는 해석 역사사회학으로 역사 행위자의 동기나 의도, 목표, 합리화 등을 해명하는 것을 목적으로 하며, 벤딕스(R. Bendix)의 경우가 대표적이다. 마지막으로 사회학의 일반 이론 모델을 채택하여 역사 대상에 적용하는 이론 역사사회학으로, 월러스틴의 세계체제론이 대표적이다. 기준과 내용은 다르다고 할지라도 그의 유형 구분은 역사사회학의 전략으로 일반 모델과 해석과, 분석 역사사회학이라는 세 유형을 제시한 스카치폴(Skocpol(ed.), 1986: 444)과 유사하다.

다차원 접근의 또 다른 사례로는 애벗의 분류를 들 수 있다. 먼저 그는 사회학의 작업이라는 관점에서 세 유형을 분류한다. 첫 번째로는 시간에 따른 자료를 수반하는 연구로서 사회학에서 가장 통용되는 방식 중의 하나이다. 그러나 시간을 하나의 지표변수(index variable)로 단순히 비교 단면 분석을 하는 경우, 실제로는 추세나 집계로 끝나는 경우가 많아 역사 맥락이나 우연성(contingency)에 민감하게 반응할 수 없을 뿐만 아니라 분석하려는 사회 범주나 속성들의 시간이 가지는 질의 추이에 취약하다는 점에서 역사사회학 연구로서는 적합하지 않은 접근이 될 수도 있다.

두 번째로는 사회과정에 대한 이론화를 들 수 있다. 상호작용론이나 민속방법론과 같은 미시이론은 흔히 우연성에 직접 초점을 맞추지만, 선험적으로 존재하는 불변의 사회를 공통으로 가정한다는 점에서 역사의 접근으로 보기는 힘들다. 그러나 이러한 접근이 역사사회학으로 분류될 수 있다면 그것은 이러한 과정 접근이 우연성이나 우발성(accident) 및 과정 등을 강조하기 때문이다. 마지막으로 과거의 사회집단이나 문화들에 대한 자기의식의 접근으로, 대부분의 주류 역사사회학자들과 아울러 역사인구학과 같은 다른 하위 분과의 방법을 포함하는 유형이다(Abbott, 1991: 204-205).

이와 병행하여 애벗은 방법론을 기준으로 하는 제도의 구조에 따라 두 유형의 연구자 집단을 구분한다(Abbott, 1991: 211-222). 하나는 미국사회학회의 비교역사사회학(Comparative Historical Sociology: CHS) 분과이고, 다른 하나는 사회과학역사학회(The Social Science History Association: SSHA)이다. 미국사회학회의 비교역사사회학 분과가 제도의 주된 배경을 이루는 전자는 급진의 이론지향이며, 양화 방법에 반대하는 경향을 갖는다. 애초 베버연구회에서 출발한 이 분과[12]는 1983년 이래 민족국가에 대한 거시 정치사회학에 주된 관심을 가지다가 방법론과 국가형성, 서구 혹은 미국의 자본주의와 그것의 일반의 효과들, 국제·거시의 쟁점들, 불평등과 사회문제 등으로 관심을 확장하였으며 최근에 이르러서는 혁명과 복지국가 및 문화에 대한 연구를 표방한다.

후자는 학제 연구와 양화 방법을 지향하는 역사학을 비롯한 다른 분과들에서의 연구자들을 포괄한다. 이 집단을 대표하는 틸리의 경우에서 보듯이 보다 양화적이고 1차 자료를 더 중시하는 경향이 있다. 역사인구학, 가족과 성, 이민, 노동, 도시, 농촌, 직업, 조직 또는 교육과 범죄, 일탈 등과 같이 실제 영역들에서의 미시 연구에 치중하고 있다. 주류 역사학과는 거의 아무런 관계를 가지지 않은 전자와는 대조로 이 집단은 계량사나 여성 연구를 매개로 역사학과 활발한 교류를 하고 있다.

---

12) 1982년에 이 분과를 창설·주도한 글래스만(Ronald Glassman)을 비롯한 초기 연구자들은 베버를 비롯한 주요 이론가들에 대한 연구와 소개를 주로 하였는데, 1983년의 이른바 디트로이트 회의에서 이들이 축출된 이후 이른바 좌파 베버연구자(Left Weberian)들이 주도권을 잡게 되었다(Sewell, 1996: 275). 그런데 미국에서 역사사회학의 성립에 관하여는 이와는 약간 다른 주장이 있다. 즉 1970년대 후반 하버드대학에서 스카치폴이 주도하여 조직한 역사사회분석의 방법(Methods of Historical Social Analysis)에 관한 학회 등을 통해서 역사사회학이 실제로 형성되었다는 주장이 그것이다. 이러한 주장은 Margaret Somers에 의해 제시된 것인데 이에 관해서는 Skocpol, 1984의 서문 및 Abbott, 1991의 주 12 참조.

4. 역사사회학의 성격과 지향

앞에서 살펴본 바와 같이 미국의 역사사회학이 다양한 내부의 편차를 가진다고 하여 미국다운 특성을 공유하지 않는 것은 아니다. 미국의 역사사회학은 이 나라의 사회학 분과, 또는 나아가서 사회과학의 틀 안에서 수행되어 왔다는 점에서 갖게 된 공통의 특성을 보이고 있다. 이러한 속성들은 ① 방법에 대한 지향, ② 과학주의의 경향, ③ 분과 제약의 한계, ④ 서구중심의 편향 등으로 요약할 수 있다.

먼저 미국의 역사사회학은 방법의 측면에 보다 많은 관심을 가져 왔다. 스카치폴의 경우에서 보듯이 방법론에 대한 집착은 역사의 대상에 못지않게 비교 방법을 중시하는 경향을 통해서 잘 드러난다. 이러한 사실은 스카치폴과 아울러 틸리의 경우에도 예외가 아니다. 그에게 '역사'란 계량 탐구의 조작과 분석 방법을 의미한다. 스카치폴과 틸리가 미국의 역사사회학에서 서로 구분되는 두 흐름을 각기 대표하고 있음에도 불구하고 방법에 대한 강조라는 점에서 두 사람은 의견의 일치를 보인다.

왜 역사사회학은 방법의 문제에 과도한 관심을 가져 왔을까? 역사사회학에서 방법에 대한 강조가 의미하는 바는 무엇일까? 먼저 그것은 미국 사회학의 일반 경향을 역사사회학이라는 하위분과에서 반영한 것으로 이해된다. 앞에서도 말했지만 실증과 경험의 경향이 우세한 주류 사회학에서 역사사회학이 지나치게 해석중심이거나 개성기술이라는 비판에 직면하여 (Skocpol, 1984: x; McDonald, 1996: 8) 방법의 문제에 과도하게 집착해 온 측면도 있다. 방법에 대한 추구를 통하여 이들은 통계 조사방법에 비유될 수 있는 지위를 역사사회학에 부여하고자 시도한다.

방법으로서의 역사 분석에 대한 강조는 역사에 대한 실제 연구의 중요성을 과소평가한다. 방법과 대상에 의거하여 역사사회학을 해석하는 것은 무역사성으로 이끌릴 가능성이 있다. 나아가서 시간의 과정이나 공간 · 장소의 특정성을 반영하는 데 한계를 가질 수밖에 없다는 점에서, 과거를 대상으로 하는 전통의 사회학 일반과 별다른 차별성을 가질 수 없다. 또한 이러한 방식으로 역사 연구를 이해하는 것은 진정한 방법론의 다양성을 모호하게 할 우려가 있다. 자료를 수집하고 분석하는 데에는 매우 다양한 기법들이 동원될 수 있기 때문이다(Calhoun, 1996: 309-310).

두 번째로 방법에 대한 과도한 집착은 과학주의의 지향과 밀접하게 연관된다. 역사사회학은 과거에 대한 과학으로서 경험주의 방법에 의거하여 물리학에서와 같은 일반 개념들을 추구해야 한다는 주장(Stinchcombe, 1978: 1-25)은 일찍이 제기되었으며, 스카치폴 또한 어떠한 형태로든지 이러한 전통을 이어받고 있다. 스카치폴이 이론 모델과 해석과 분석의 구분을 제시한 사실은 이미 언급한 바 있다. 방법론의 다원주의를 표방하고 있기는 하지만 스카치폴이 이 중에서도 분석의 전략을 선호하는 것은 과학주의에 대한 지향을 반영한다. 그녀가 제시한 비교 역사 분석이란 너무 많은 변수가 작용하면서 충분한 수의 사례를 확보할 수 없는 경우에 사용되는 다변량 분석방식으로(Skocpol, 1979: 36), 이미 지적했듯이 이는 주류 사회학의 양화 조사방법에 조응하는 것이다.

스카치폴의 거시 분석 비교 전략은 역사 사실에 대한 비교 분석을 통하여 가설을 검증하고 인과의 규칙성을 확인함으로써 자연과학에서와 같이 시공간을 초월한 보편의 이론 구성을 표방한다. 양화 연구와 분석의 방법을 강조하는 틸리에게서도 이러한 과학주의의 편향이 나타난다. 스카치폴과 틸리의 과학주의의 지향을 자연주의(naturalism)로 정의한 맥도널드는 이들의 연구가 과학이라는 보편 언어로 말하기보다는 미국 학계의 편협한 '과학주의'의 은어에 불과하다고 평가한다(McDonald, 1996: 111). 비슷한 맥락에서 캘훈은 틸리의 경우를 예로 들면서 주류 역사사회학의 이러한 편향을 객관주의(objectivism)로 명명하였으며(Calhoun, 1996: 324), 스월은 틸리와 스카치폴에게서 보이는 시간의 개념을 각각 목적론의 시간성(teleological temporality)과 실험의 시간성(experimental temporality)으로 요약하고 각각을 비판한다(Sewell, 1996: 251-262).

세 번째로 과학에 대한 지향은 사회학이라는 학문 분과 안에서 역사사회학이 정당성을 획득하기 위한 노력을 반영한다. 역사사회학자들은 보다 최근의 자료를 기반으로, 대개는 자신의 분과 안에서 활동하고 있다(McDonald, 1996: 105). 주류 사회학에서 사례의 수가 충분한 경우에 사용되는 방법이 통계라고 한다면 사례의 수가 충분하지 않은 경우의 방법이 비교라는 스카치폴의 주장에서 보듯이 역사사회학은 주류 사회학에서 추구하는 과학의 방법과 사실상 동일한 목표를 추구하고 있다는 사실을 보이고자 하였다.

스웰은 역사사회학이 스스로를 과학으로서 정당화하고자 하는 주류 사회학의 시도에 열렬히 참여함으로써 주류 사회학이 역사 연구를 정당한 한 분야로 쉽게 용인할 수 있었다고 주장한다. 이론과 인식론의 측면에서 역사사회학은 주류 사회학에 아무런 위협이 되지 않으며, 현재를 다루는 사회학과 마찬가지로 단순히 과거를 대상으로 하는 사회학이라는 사실을 납득시킴으로써 실증주의자들로부터의 의혹과 회의로부터 벗어나 분과 안에 안전한 교두보를 마련하게 되었다는 것이다. 역사사회학의 이러한 순치(domestication)에 따라 사회학에서 역사 전환이 가지는 잠재하는 급진의 의의는 상실되고 말았다(Sewell, 1996: 245-246; Calhoun, 1996: 309-310).

마지막으로 미국의 역사사회학은 최근에 이르기까지 유럽중심 프로젝트의 일환으로 추진되어 왔다. 미국의 역사사회학은 미국(과 유럽)의 지식자원에 의거하여 자신들의 사회를 대상으로 하여 왔다. 1970년대의 전성기에 제3세계나 비유럽 국가들에 대한 관심이 있었다고 하더라도 그것은 어디까지나 서구사회와의 비교를 위한 소재로서 동원된 것이지, 그 자체가 관심의 대상이 되지는 않았다. 스카치폴처럼 비교나 변이 등에 주목하는 경향을 보인다고 하더라도 그 목적은 비교 형태들 자체보다는 보편으로 상정된 서구와의 비교를 위한 준거대상으로서의 역할에 지나지 않았다.

실제로 1970년대 이후 최근 수십 년 사이 역사사회학은 자신이 비판한 근대화이론보다도 더 서구를 배경으로 연구를 진행하여 왔다. 대부분의 연구들이 발전된 자본주의 국가의 근대 서구, 특히 유럽과 북미 지역에 주로 관심을 집중하여 온 것이다. 나아가서 서구중심의 지향은 연구 대상뿐만 아니라 문제의식이나 연구 주제의 측면에서도 관철되었다. 일반적으로 미국의 사회학이 어떠한 시간과 공간에도 적용될 수 있는 '보편 과학'을 추구해 왔다고 한다면, 주류 사회학으로의 편입을 지향하여 온 역사사회학에서 이러한 편향은 이미 예정된 것이었다고 할 수 있다. 이러한 점에서 본다면 역사사회학의 등장이 서구의 현재를 대상으로 한 사회학의 지평을 시간의 영역에서 과거로 확장하는 데 기여했을지 몰라도 공간의 영역에서 비서구의 제3세계를 포괄한다는 점에서는 기본 한계를 안고 있다고 볼 수 있다.

그렇다면 1990년대 이후 역사사회학의 성격을 어떻게 평가할 수 있을까? 이 시기 이후의 역사사회학은 앞 세대의 역사사회학과 어떠한 점에서 다른가? 먼저 방법에 대한 지향이라는 점에서 이 시기 역사사회학은 전통의 계승자였다. 비록 관심의 방향과 초점이 달라졌다고는 하더라도 여전히 방법의 문제에 중점을 두고 있기 때문이다. 우리 시대에는 방법과 접근에 대한 열띤 토론이 사회과학을 활성화하고 있다고 마호니 등은 말한다 (Mahoney and Rueschemeyer(ed.), 2003: 15). 거시/미시, 구조/행위, 이론/방법론의 연계를 모색한다는 점에서 단순한 방법론에만 한정되는 것은 아니지만 그럼에도 불구하고 방법의 문제를 중심에 놓고서 이론구성의 문제를 탐색한다는 사실은 부인할 수 없을 것이다.

이러한 사실은 이 시기 역사사회학이 분과 한정성이나 또는 서구중심성에서도 별다른 진전을 보이지 않는다는 사실과도 연관된다.[13] 방법에 관

13) 아담스 등은 오늘날의 역사사회학이 세계사의 범위로 확장된 시간의 맥락에서 서구자본

한 이론의 논의를 중심으로 주류 사회학과의 거리는 분명 좁혀진 반면에, 상호교류와 대화를 통한 다른 분과들과의 거리는 더욱 넓혀지고 있다. 이에 따라 앞 시기에 비해 보더라도 역사사회학은 훨씬 더 분과제약의 성격을 강화하고 있다. 학계에서 주요한 관심사로 대두되고 있는 서구중심주의의 문제에 대하여도 이들은 별다른 관심을 기울이지 않는다. 이는 실제의 측면에서도 그러하지만, 방법의 논의와 분과제약의 속성이 그러한 경향을 더욱 강화하고 있다. 이에 따라 주류 역사사회학에서 이에 대한 관심을 찾아보기는 앞 시기보다도 오히려 더 어려운 것으로 보인다.

앞 시기와 비교하여 현저한 차이를 보이는 문제는 아마도 과학주의에 대한 지향일 것이다. 인과성과 법칙의 정립을 통한 전통 사회과학의 방법론에 대신하여 이제는 시간성과 우연성, 계기성 등을 설명하는 사건과 서사와 의미의 역사를 추구하기 때문이다. 이러한 인문학 지향의 시도가 역사사회학과 사회학 전반에 불러일으킨 반향은 무시할 수 없는 것이었으며, 바로 이 점에서 이 시기 역사사회학의 의의를 설정할 수 있을 것이다. 그러나 마치 경로 의존성의 개념을 제시한 앞 세대의 틸리나 스카치폴에게서 이미 다가올 새로운 변화의 징후를 찾아볼 수 있는 것과 비슷한 방식으로,[14] 이 시기 역사사회학자들은 앞 시기 과학주의의 영향으로부터 완전히 자유롭지 않았다.

주의가 아닌 탈식민과 인종에 대한 지구 차원에서의 관심을 갖는다고 지적한다(Adams *et al.*, 2005: 66). 그러나 연구 주제와 대상의 이러한 확장에도 불구하고 서구중심주의의 본질 문제는 여전히 지속되고 있으며, 역사사회학에서도 이는 예외가 아니다.

14) 국가와 혁명에 관한 스카치폴의 연구(1979)는 그녀가 제시하는 분석 비교방법이 당시에는 커다란 반향을 불러일으켰음에도 불구하고 최근에 이르러 논리와 경험의 측면에서 많은 한계를 노출하고 있는 것으로 평가되고 있다. 이와 대조로 이 연구에서 의사실험의 비교방법에 대한 과도한 집착으로 말미암아 그녀가 별다른 관심을 가지지 않고 부차로 취급했던 다른 부분들이 최근의 문제의식에 비추어 주목되고 있다(Sewell, 1996: 260-261). 이와 비슷한 평가로 Abbott, 1991: 227-228 참조.

5. 맺음말

역사학과 사회학의 방법, 또는 개성기술과 법칙정립, 특수주의와 보편주의의 모순이 가지는 문제는 지식의 역사에서 주요한 쟁점의 하나가 되어 왔다. 비록 강조점과 방식은 다르다고 할지라도 미국의 역사사회학에서도 이 문제는 끊임없이 제기되어 왔다. 미국의 인문학과 사회과학에서 양자를 종합한 이른바 통일 사회과학, 또는 역사 사회과학(Historical Social Science)이 지속적으로 모색되어 왔던 사실을 배경으로(Kim, 1997: 460-461) 분과학문으로서의 역사사회학 역시 동일한 문제의식을 추구해 온 것이다.

그러나 이러한 종합 사회과학이 과연 가능한 것인가라는 문제에 관하여는 다양한 평가와 엇갈린 전망이 나오고 있다. 앞에서도 말했듯이 미국 역사사회학의 1970~90년대는 풍부한 연구 성과를 통하여 사회학 전반에 많은 반향을 불러일으킨 시기이다. 이 시기를 주도한 스카치폴을 보더라도 "사회학 자체 내에서 역사사회학은 하나의 하위분과나 자족의 전문분야가 되어서는 안 되며(Skocpol, 1984: 359)" 이러한 점에서 모든 사회학자들이 역사를 고려해야 한다고 촉구하였지만, 궁극에서 그녀의 연구는 사회학에서 법칙정립의 경향을 강화하는 것이었다.

일률로 평가하기 어려운 방대함과 다양성을 지닌 틸리의 연구도 이러한 과학주의의 지향에서 벗어나지 않았다. "역사사회학이 단순히 하위분과에 그치지 않고 그것의 전제인 역사주의가 사회학 전반에 침투"해야 한다고 지적하면서도(Tilly, 1990: 15), 그는 역사학과 사회학의 종합을 낙관하지 전망하지 않았다. 오히려 그렇지 않아도 지의 통일성을 결여하고 있는 역사사회학이 제도화되면서 역사 사고가 이 분야에만 국한되어 그 결과 다른 하위분과들로의 확산을 저해할 수도 있다는 점을 그는 우려하고 있다. 1990년대 이후 역사사회학의 접근이 단순한 하나의 하위분과로 국한되지 않고 사회학 전반으로 확산되어야 한다는 스웰이나 캘훈, 소머스 등의 주장(McDonald, 1996: 10-11) 역시 종합을 위한 시도에 따르는 모호성과 난점을 반영한다. 19세기 후반의 방법론 논쟁 이래 풀리지 않는 딜레마의 하나로서 역사사회학이 제기한 역사학과 사회학의 종합에 대한 전망을 결코 낙관할 수만은 없는 것이다.

제 4 장

한국 사회사 연구의 형성과 발전

| 김민환(한신대학교 정조교양대학) |

| 박명규(서울대학교 사회학과) |

1. 한국 사회사 연구, 그 문제의식 변화의 궤적

오늘날 사회사 연구는 사회학의 한 분과처럼 인식되고 있는 경향이 강하다. 역사적 접근을 사회학의 다양한 방법론 중 하나로 간주하고 있는 탓이다. 하지만 사회학의 역사를 돌이켜보면, 역사적 접근은 단순히 선택할 수 있는 여러 방법 중 하나로 여겨질 만한 성질의 것은 아니었다. 사회의 질서와 변동에 대한 과학적 고찰을 지향했던 사회학은 근대사회의 출현이라는 격동하는 역사적 현실 속에서 하나의 학문으로 형성되고 성장해 왔기 때문이다. 초창기 사회학자들에게 있어서 질서와 변동이라는 야누스적 얼굴을 한 새로운 사회 현실을 이해하기 위해서는 근대성의 역사적 특성을 밝혀내는 것은 필요 불가결한 과제였기에 고전사회학은 항상 역사사회학 또는 사회사의 형태를 띨 수밖에 없었다. 이것은 한국의 사회학계에서도 예외는 아니었다. 사회학이라는 학문이 도입된 이래, 스스로 사회학자임을 표방했던 대부분의 한국의 지식인들도 적든 많든 한국 근대사회의 역사적 형성과정을 염두에 두고 사회학적 작업을 진행하지 않을 수 없었다. 왜 우리 사회가 근대로 진입하는 과정에서 굴곡진 역사를 겪을 수밖에 없었는가라는 질문을 피해 가기는 어려웠기 때문이다.

그런데 1960년대 이래 동아시아 냉전체제와 한반도 분단체제가 고착화되고 '근대화'가 우리 사회의 당면한 급선무로 부각됨에 따라, 사회학적 작업과 분리 불가능해 보였던 역사적 접근방식은 사회학의 여러 방법 중 하나로 격하된 채 사회학적 작업의 주변부로 밀려나기 시작했다. 여기에는 해방 이후 우리 학계에 사회학이 제도화되는 과정에서, 역사로부터의 단절을 통해 새로운 문명을 창출했던 미국 사회 특유의 태도가 투영된 미국발(發) 사회학[1]의 영향력이 크게 증가한 점도 중요한 요인으로 작용했다. 하

1) 미국 사회학의 특징과 역사사회학의 형성과정에 대해서는 이 책 제3장의 내용을 참조할 것.

지만 그보다는, '근대화의 달성'이라는 우리 사회의 지상 과제를 위해 복무해야 하는 당시 한국 사회학의 절박한 학문적 소명의식이 더 큰 요인으로 작용했을 것이다. 이제 막 출범한 신생 독립국의 사회학자들에게 있어서, 개항 이래 우리 사회가 거쳤던 '좌절과 실패의 역사적 경험'이란 근대화를 위해 시급히 청산하고 극복해야 할 대상 이상으로 받아들여지기 어려웠던 것이 사실이다. 어떻게든 '선진'국의 사회이론을 학습하여 이로부터 한국 사회의 근대화를 성공시키는 데 필요한 요소들을 도출해 내고, 이것을 '낙후된' 한국 사회에서도 도입되고 정착할 수 있도록 우리 사회의 현실을 파악하는 방법론을 찾아낼 필요가 있었다. 미국 사회학의 이론과 방법론을 맹목적으로 '수입'하는 것은 문제가 아니냐는 비판은 당대부터 제기되었지만, 당시로서는 부차적인 문제였을 뿐이다. 과거보다는 현재가, 그리고 현재보다는 미래가 중요했고, 미래를 앞당기기 위해서라면 우리의 미래가 될 선진 사회의 사회학을 받아들이는 것은 불가피했던 것이다. 이런 긴급한 과제 속에 우리 사회의 중장기적인 역사적 변동의 궤적을 성찰적이고 비판적으로 재구성하는 학문적 작업은 현실적 필요성의 우선순위에서 뒤로 밀려날 수밖에 없게 되었다. 한국 사회학이 과거사에 대한 반성적 고찰보다는 현대(contemporary)사회에 대한 연구를 주된 학문적 관심의 대상으로 삼게 된 것은 이러한 연유에서다.

해방 이후 가속화되었던 역사학과 사회학의 학제적 분화도 사회사적 연구의 토양을 잠식하는 데 일조했다. 한국인의 학술활동이 배제되었던 35년간의 일제 식민통치, 해방 직후의 정치적 혼란, 그리고 한국전쟁에 이르기까지 약 반 세기 동안의 민족 수난사를 거치면서 학문적 토양이 뿌리 뽑히다시피 했던 우리 학계는 1960년대 이후 양적으로도 질적으로도 급격한 성장을 경험했다. 이 과정에서 각 학문 분야의 체계화 · 전문화 · 분업화도 동시에 이루어졌는데, 역사학계의 경우 이것은 실증사학의 강화로 나타났다. 역사학을 하나의 전문적인 학문분야로 정립해야 한다는 당면 과제하에서, 당시 역사학자들은 엄밀하고 전문적인 사료비판의 방법론을 정착시키는 데 힘을 기울였다. 역사적 사실의 복원이 역사학의 지상과제가 되었고, 사실 발굴을 넘어선 가치 판단은 가급적 배제되었다. 사실 복원의 이면에 있는 역사 변동의 개념화나 이론화의 문제도 역사학계의 주변으로 밀려났다. 역사학은 개성기술(個性記述)적인 학문이기 때문에 그러한 문제는 법칙정립(法則定立)적인 학문인 사회(과)학이 담당하면 된다는 특유의 분업적 인식이 학계의 통념으로 자리 잡아 갔던 것이다. 게다가 주류 역사학계에서는 근현대사와 같은 당대사에 대해서는, 엄밀한 사료비판과 가치중립적인 서술의 어려움을 이유로 본격적인 연구대상에서 배제하는 경향마저 생겨나고 있었다. 그 결과 현재의 한국인과 한국 사회를 만들어 낸 가장 근접한 역사적 과정을 추적하고 그 변동 원인을 밝혀내어 이론화하는 작업은 '실증사학에 매몰된' 역사학계와 '현대로 후퇴한' 사회학계 양자 모두에게서 동시에 외면되어 상당 기간 학문적 연구의 공백지대로 남겨지게 되었다.

그런데 1980년대에 들어서면서 주류 사회학계의 몰역사적인 경향성과 한국 역사학계의 무(無)이론성을 동시에 비판하면서, 근대 한국 사회의 역사적인 경험을 통해 "사회(과)학의 토착화" 혹은 "주체적인 사회학 이론의 정립"을 적극적으로 지향하는 움직임이 사회학계 일각에서 나타나기 시작했다. 물론 그 이전에도 이와 유사한 문제의식 속에서 나름의 연구 성과를 개별적으로 발표한 연구자들은 없지 않았다. 하지만 개별적 연구자들의 차원을 넘어서 집합적으로 문제의식을 체계화하고, 정례적인 연구 모임과 학과 강좌 개설, 논문집 간행 등 학문적 제도화를 지향한 의식적인 노력을 통해 한국 사회사 연구를 지속 가능한 학문적 흐름으로 정착시키려는 시도가 나타난 것은 이것이 처음이었다. 서울대 사회학과 신용하(愼鏞廈) 교수를 구심점으로 1980년 출발한 '한국사회사연구회'가 그것이었다. 초기에는 독서모임이라는 형태로 출발했던 이 연구회는 문제의식의 공유를 넘어서 학문 후속세대와의 적극적인 결합을 통해 처음부터 본격적인 연구조직을 지향하고 있었다. 실제로도 이 연구회는 번역서 『사회사와 사회학』(신용하 편, 창작과비평사, 1982)을 출판하는 등 공동 독서의 결과를 구체화해 나갔으며,[2] 후속세대가 사회학 연구자로 성장함에 따라 1984년부터는 독서모임의 성격에서 벗어나 학회의 조직을 갖추어 나갔다. 그리고 1986년 말부터는 학회 기관지의 전 단계로 『한국사회사연구회 논문집』(이하 『논문집』)의 출간을 실현시켜 연구조직으로서의 제도적 기반을 확고히 했다. 이후 한국사회사연구회는 1994년 12월 '한국사회사학회'로 명칭을 바꾸는 등 공식적인 학회 조직으로 전환하는 데 성공했으며, 『논문집』 또한 1997년까지 통권 50권을 출간한 뒤 『사회와 역사』라는 제호의 정기학술지로 바꾸어 제51호부터 발행하여 오늘에 이르렀다.[3]

이처럼 한국 사회사 연구는 1980년대 이후 한국사회사연구회(이후 한국사회사학회)의 등장과 더불어 큰 전환기를 맞이하게 된다. 한국사회사학회는 서구 사회학 이론 및 방법론의 수입에 주력했던 당시 한국 사회학계의 상황을 비판하면서 '사회학의 토착화'를 주요한 학문적 의제로 제기하는 성과를 거두는 한편, 나아가 학회와 학술지를 통해 한국 사회학계에서 주변으로 밀려나 있던 사회사 연구들을 위한 제도적 공간을 마련하는 데도 성공을 거두었다. 학회지로 전환되기 이전, 즉 『논문집』에 수록된 논문들만도 만 11년간 279편이었는데, 참여했던 필자들도 모두 155명에 이르렀다. 한국 사회사 연구가 발전해 온 궤적은 최소한 1980년대 후반 이후에는 한국사회사학회, 그리고 그 기관 학술지인 『사회와 역사』와 떼려야 뗄 수 없는 연관을 가지는 것이다. 따라서 이 글에서는 1980년대 이래 지금까지

2) 그 밖에 연구회의 공동작업의 성과물로는 1986년에 번역한 아브람즈(1986)가 있다. 이 번역서의 간행에는 역사사회학/사회사의 교재를 마련함으로써 제도적으로도 사회사/역사사회학을 확립하겠다는 의도도 엿보인다.

3) 『사회와 역사』는 1997년부터 2005년까지는 반년간지로 발행되었다가, 2006년부터 지금까지는 1년에 4회 발행하는 계간지의 형태를 유지하고 있다.

의 한국 사회사 연구의 궤적 및 경향을『논문집』및『사회와 역사』에 수록된 논문들을 중심으로 추적해 볼 것이다. 시기적으로는 1990년대 후반을 기점으로 전후로 나누어 살펴보겠는데, 이런 시간 구분은 일차적으로는 '한국사회사연구회' 가 '한국사회사학회' 로, 조직의 기관지가 단행본 형태의『논문집』체제에서『사회와 역사』라는 정기학술지로 변화한 것과 관련이 있지만, 보다 구체적인 연구의 수준에서 보아도 연구내용 및 지향 자체의 변화가 확인된다.

2. 한국 사회사 연구의 궤적 I : '근대를 발견하다'[4]

1) 연구 시기와 대상의 확대

그렇다면 1980년대 후반에서 1990년대 전반에 걸친 시기, 즉 이른바『논문집』시기의 한국 사회사 연구의 특징은 무엇이었을까? 이 시기『논문집』수록 논문에 대해 양적 방법을 통해 분석한 김필동은 이 시기 한국 사회사 논문들이 가지는 특징을 다음과 같이 정리했다. 우선 필자는 사회학 · 역사학 · 정치학 · 인류학 · 경제학 · 언어학 등 다양한 분야의 연구자들이 참여하고 있지만, 사회학 전공자들의 비중이 압도적으로 높다. 연구의 시기는 일제시기가 약 30%로 가장 많은 가운데 1960년대 이후의 현대사가 18.5%로 그 다음으로 높은 비중을 차지하고 있다. 연구 주제로는 운동사 · 정치사와 사상 · 이데올로기 · 종교가 각각 18.5%로 가장 많고, 국가 · 민족 · 정치체제가 16.4%로 그 뒤를 잇고 있다. 연구 경향의 변화를

4) 이하 이 글 2절('근대를 발견하다')과 3절('근대를 문제화하다')의 전반적인 구성은 김백영(2012)을 참고하여 작성하였다.

통시적으로 살펴보면, 1980년대에 출간된 제1~21집에서는 운동사 · 정치사와 신분 · 계급 · 계층 연구가 가장 높은 비중을 차지한 반면, 1990년대에 출간된 제22~50집에서는 국가 · 민족 · 정치체제와 사상 · 이데올로기 · 종교가 가장 높은 비중을 차지하는 변화상을 드러낸다(김필동, 1997).

『논문집』에 대한 이런 양적 분석을 통해 드러나는 특징 중 가장 먼저 언급해야 할 것은, 초기 한국 사회사 연구를 통해 본격적으로 한국 근현대 사회변동, 특히 식민지 시기의 사회변동이 학문적 관심의 대상으로 부각했다는 점이다. 지금의 관점에서는 매우 놀랍게도, 1970년대 말까지 한국 학계는 한국 근현대의 사회변동에 별다른 주목을 하지 않았다. 물론, 1970년대에도 근현대사에 대한 관심이 없지는 않았지만, 그것은 대체로 이광린, 신용하, 유영익 등에 의해 주도된 것으로, 19세기 말~20세기 초의 시기에 집중되었다. 이들은 주로 '내재적 발전론'의 관점에서 갑신정변, 갑오개혁, 독립협회운동 등 개화파와 개화사상에 대한 연구에 주력하였다.

1960년대 이후 역사학계의 최우선적 과제는, "조선은 독자적으로 근대적 변화를 이루어 낼 능력이 없는 정체된 사회이기 때문에, 이러한 정체된 상황을 극복하려면 외부의 동력이 필요하다"는 소위 '타율성론과 정체성론(停滯性論)'에 바탕을 둔 식민사관을 극복하는 것이었다. '내재적 발전론'의 등장은 이러한 문제의식의 산물로서, 식민사관을 극복하기 위하여 조선 후기 사회변동의 근대 지향성을 부각시키는 데 주력하였다. 그것은 한편으로는 농업생산력의 발달과 경영형 부농의 출현, 다른 한편으로는 농민층의 분해와 계층 간 갈등의 심화라는 양면적 변화로 인해 조선 후기 농촌사회의 전통적인 구조와 질서에 자생적 변화가 발생하게 되었다는 역사적 발견을 낳았다. 이처럼 내재적 발전론은 "세계사적 발전과정이라는 보편성을 전제하면서 한국사의 특수성을 밝혀 민족사를 발전적으로 체계화하고자 하는 이론"으로서 전통사회 내부에서 자본주의의 맹아를 발견하려는 연구의 일환으로 전개된 것이었다.[5]

식민사관을 벗어나는 것을 최우선적 과제로 삼았던 한국의 역사학계는, 역설적이게도 식민지 시대에 대해서는 거의 연구를 시도하지 않았다. 앞에서도 말했지만, 역사학계는 '당대사는 사회과학의 대상'으로 간주했고 식민지 시대는 역사학계에서는 '당대사'였던 것이다. 한편, 한국의 사회학계도 전후 대학의 양적 성장과 더불어 서구, 특히 미국의 주류 학문에 종속되어 있었다. 특히 당시 사회학계를 풍미하던 근대화론이나 구조기능주의 패러다임에서 한국 사회의 역사적 변화에 대한 통찰을 기대하기 힘들었다.

이런 상황에서 1980년대 말부터 90년대 전반까지 한국 사회사 연구는 주도적으로 식민지 시대에 대한 연구를 수행해 나갔으며, 해방 이후 현대사에 대해서도 본격적으로 관심을 기울이기 시작했다. 그 결과가 바로 『논문집』에 실린 식민지 시대를 다루는 30%의 논문과 1960년대 이후 현대사를 다루는 18.5%의 논문이다. 연구 주제 및 대상과 관련해서도, 이것 역시 식민지 시기와 해방 이후 현대사에 대한 본격적인 관심을 반영하는 것인데, 이전까지 금기시되었던 주제들, 예컨대 친일파, 극우반공주의자, 재벌 등 현대 한국의 지배집단의 성격 또는 학생운동, 노동자계급, 사회주의 세력 등 저항집단의 성격을 본격적인 연구대상으로 다룰 수 있게 되었다.

2) 연구의 지향 : 거시사 · 사회사 · 국민국가 단위의 연구

1980년대 후반 이후 한국 사회사 연구가 일제 강점기라는 '문제적 시기'에 주목했던 이유는 기본적으로 한국의 '근대성' 논의와 연관되어 있다. 앞서 설명했듯이, 사회학이라는 학문은 등장부터 '근대사회의 역사적 형성'이라는 문제와 불가분의 관계를 가지고 있었다. 그리고 이런 사회학

5) 조선후기 농업, 상업, 수공업 각 분야에서 전개된 내재적 발전론의 대표적 연구 성과로는 김용섭(1970; 1971); 강만길(1973); 송찬식(1973) 등을 들 수 있다.

에 기반을 둔 한국 사회사 연구가 한국의 근대성 형성 문제에 관심을 가질 수밖에 없는 것은 당연했다. 그런데 근대성을 구성하는 주요 요소들인 주체적인 국민국가 형성, 경제적인 산업화, 사회문화적 개인주의와 민주적 다원성의 확장 등에 대한 관심은 기본적으로 사회학 특유의 거시적이고 구조적인 연구로 이어질 수밖에 없었다. 특히 '내재적 발전론' 의 관점을 이어받아 식민지 시기를 '수탈론' 의 관점에서 바라보는 것이 당연시되던 이 시기의 연구에서는 더더욱 구조적이고 거시적인 분석에 대한 설득력이 부각되었다. "한국의 근대는 일본의 식민지배에 의해 그 성취가 방해받았다" 고 인식되던 관점에서는 '근대성' 자체에 대한 분석보다는, 왜, 어떤 사회적 요인에 의해 이 근대성이 지체되었는지를 밝히는 것이 주요 과제였다. 따라서 비록 직접적인 비교사회학적 논의가 아닌 경우에도, 근대성을 달성한 사회 혹은 다른 식민지 사회와의 암묵적인 비교 연구를 염두에 두고 있었으며, 그 결과 구조적이고 거시적인 분석이 논의의 배후에 자리 잡고 있었다.

이 시기 한국 사회사 연구에서 식민지 시기를 바라보던 "한국의 자발적인 근대로의 이행을 방해한 일본의 식민지배"라는 관점은 그 자체로 민족주의적인 것이었다. 여기에 더해, 한국 사회사 연구자들은 보편주의적인 이론화를 지향하는 서구 사회학계에 대하여 모든 현상이 시공간적 맥락에서 이해되어야 한다는 역사성을 강조하는 입장을 공유하고 있었다. 이것은 '한국사회사연구회' 의 출범부터 제기되었던 '몰역사적 사회학으로부터의 탈피' 라는 주장에 함축되어 있는 것이기도 했다. 당시 한국 사회사 연구자들의 특정한 시공간성에 대한 예민한 감각은, 근대주의적 사고와 맞물려 주로 한국이라는 공간, 그리고 연대기적 시간흐름을 중시하는 관점을 낳았다. 한국이라는 공간을 중시하고 시간적 선후관계에 주목하는 논리가 역사적 감각을 강화시키는 역할을 하였다. 그 결과, 1990년대 전반까지 한국 사회사 연구는 한국의 '민족주의' 에 깊은 관심을 갖고 있었다. 『논문집』에 수록된 많은 논문들은, '민족'과 '민족주의'를 연구대상으로 설정하지 않더라도, 많은 경우 민족주의적 관점을 전제하고 있었다.

사건사적 논의를 넘어서 구조적인 분석을 지향함으로써 독자적 이론화를 추구하려 했던 '한국사회사연구회'의 시도는 분명히 새롭고 참신했다. 하지만 그것이 사료를 중시하는 실증주의적 방법론과 어떤 점에서 구분되는지, 서구의 사회사 연구가 보여주는 분석방식과는 어떻게 같거나 다른지를 명료하게 검토한 것은 아니었다. 즉, 방법론 일반에 대한 논의는 그다지 활발하게 진행되지 못한 측면이 존재한다. 그러나 초기 사회사 연구는 분명 '객관주의' 및 '실증주의'에 입각해 사회일반(구조, 구조변동, 일상생활)에 대한 연구를 수행했다고 볼 수 있다. 이것이 표현된 한국 사회사 연구의 이론적 · 방법론적 원칙이 '실사구시'였다. 이러한 '객관주의' 및 '실증주의'에 입각한 방법론 자체가 또한 근대주의적인 것이었다. '선진 사회사와 역사사회학 이론의 도입 · 적용'과 '실사구시를 통한 구미 사회학이론의 토착화'를 내세웠음에도 불구하고 『논문집』에 게재된 대부분의 글들이 역사학 논문들과 별다른 차별성을 띠지 못했다고 비판받은 것은 역시 이런 '객관주의' 및 '실증주의'적 방법 때문이었다.

1980년대를 거쳐 90년대 전반까지 한국 사회사 분야에서 진행된 이러저러한 연구는 지금의 시점에서 살펴보면 많은 한계를 갖고 있었다. 그러나 이들의 연구는 향후 근현대 한국 사회변동을 중장기적 연구대상으로 설정하기 위한 일차적 연구의 성격을 띤 것이었다고 적극적으로 평가할 수 있다. 이들의 연구에 의해 한국 학계에서는 비로소 '근대'가 눈에 보이기 시작했던 것이다.

3. 한국 사회사 연구 발전의 궤적 Ⅱ: '근대를 문제화하다'

근현대 사회변동에 대한 거시적이고 구조적인 접근, 객관주의적이고 실증적인 사회사 연구, 한국을 분석단위로 하는 민족주의적 경향 등으로 요약된 초기의 한국 사회사 연구의 연구 경향들은 1990년대 중반부터 바뀌기 시작한다. 정확하게 이런 변화의 이유를 제시할 수는 없지만, 대체적으로 1980년대 이래 국내 학계에 큰 영향력을 행사한 마르크스주의의 이념적 관성이 사회주의권의 몰락에 의해 해체되면서 기존 한국 인문사회과학계의 담론적 지형도가 변화된 것에 기인하다고 평가받는다. 또한, 1997년 IMF 구제금융사태를 계기로 급속히 현실화된 신자유주의적 세계화의 영향이 지적되기도 한다.

앞서 언급했듯이, '한국사회사연구회'는 1994년 '한국사회사학회'로 재출범했고, 1997년부터 『논문집』에서 『사회와 역사』라는 제호의 정기학술지 체제로 전환하였다. 1990년대 중반 이후의 전문학술지 체제의 성립과 학술단체의 성격 변화는 학술지 『사회와 역사』에 실린 논문의 성격 변화를 통해서도 가시적으로 드러난다. 1997년 이후 2005년까지 『사회와 역사』에 나타난, 이전 시기와는 확연히 구분되는 현저한 변화 경향은 다음과 같이 몇 가지로 정리할 수 있다(박명규, 2006). 첫째 사회운동, 산업노동, 계급계층 분야 연구의 현저한 약화, 둘째 거시적 제도 · 정책사의 감소와 미시적 소재의 발굴, 셋째, 여성 관련 연구의 급증, 넷째 문화사 · 일상생활사 관련 연구의 급증, 다섯째 종교와 사상 분야의 상대적 확대, 마지막으로 시기별로는 현대 한국을 다루는 논문이 늘어나는 추세를 통해 볼 때, 1997년 이전에는 식민지 시대가 압도적으로 중요한 연구대상이었음에 비해 현대 쪽으로 연구관심의 시간 폭이 확대되는 경향이 확인된다.[6] 이런 경향은 현재까지도 지속되고 있다. 이 절에서는 이 시기 이후 변화된 한국 사회사 연구의 동향들을 검토하기로 한다.

1) '식민지 근대성' 논의의 출현

1990년대 후반 이후 『사회와 역사』수록 논문에서 살펴볼 수 있는 한국 사회사 연구의 변화양상을 한마디로 요약하면 '근대를 문제화' 하고 있다는 점이다. 이전 시기까지 '근대성' 자체에 대한 분석보다는 왜, 어떤 요인에 의해 이 근대성이 지체되었는지를 밝히는 것이 주요 과제였다면, 1990년대 후반부터는 근대성 자체에 대한 새로운 해석들이 확산되었다. 근대성이 이성이나 해방의 요소만 있는 것이 아니라 규율과 통제, 억압과 감시라는 측면도 함께 존재한다는 점, 현재 우리에게 근대성이란 추구해야 할 목표가 아니라 극복해야 할 삶의 조건이라는 자각이 강조되었다. 이렇게 재구성된 근대성 개념은 1990년대 중후반 이후 한국 사회사 연구자들이 적극적으로 수용하기 시작했고, 연구 주제나 시각에도 영향을 미치게 되었다.

가장 주목해야 할 변화는 '식민지 근대(성)' 및 '식민지적 근대'를 둘러싼 논란이다. 식민지 시기에 대한 연구 관심은 '한국사회사연구회' 성립 초기부터 지속된 것이었지만, 당시의 관점은 '식민지 수탈론' 일색이었다. 앞에서도 언급했지만, 1990년대 중반까지의 '식민지 근대' 문제에 대한 지배적 시각은 1970년대 내재적 발전론의 연장선상에서 '식민성'과 '근대성' 또는 '식민화'와 '근대화'의 논리적 · 역사적 양립 불가능성을 입증하는 데 주력해 왔다고 볼 수 있다. 하지만 근대성의 성격이 재해석되고 근대성 그 자체의 부정적인 측면, 즉 억압과 통제, 감시와 동원의 차원이 조명

6) 이와 같은 변화 경향은 1986년부터 2009년까지의 한국사회사학회 학회지 발간의 역사에서 관찰되는 연구동향의 추이를 '거시사와 미시사', '사회사와 문화사', '연구주제', '분석단위', '분석시기'의 다섯 범주들로 나누어 분석한 채오병(2011)의 연구에서도 확인할 수 있다.

되면서 근대성과 식민성, 근대 추구와 식민 지배의 상호관계에 대한 시각에도 적지 않은 변화가 나타났다. 식민주의가 근대성을 억압하고 가로막은 외적 변수로서만이 아니라, 식민지적 조건을 통해 독특한 근대성이 창출되었다는 방식으로 이해되기 시작하였다. 이런 입장이 부각되는 것은 소위 '식민지 근대화 논쟁' 한복판에서였다.

초기 한국 사회사 연구 및 한국 역사학계가 기반하고 있던 '수탈론' 및 '내재적 발전론'의 입장에서 보면, 식민지 시기는 한국의 정상적인 '근대'로의 발전을 가로막은 최대의 장애물로 간주된다. 반면, 일부 경제사학자들과 소수 해외 한국학자들은 이 시기 일제에 의해 도입된 여러 '근대적 장치'들을 통해 한국 근대화의 길이 열렸다고 주장하였다. 이 두 입장의 격렬한 대립이 소위 '식민지 근대화 논쟁'으로 표출되었다.

그런데, 이 두 입장에 대해 이들이 전제하고 있는 '근대성' 자체의 성격을 문제 삼는 시각이 한국 사회사 연구 내부에서 출현하였다. 이 시각에 따르면 "서로 대립되어 있는 식민지 근대화론이나 수탈론 모두 근대성 자체는 긍정적으로 바라보며 근대화는 (언젠가는) 성취되어야 할 것으로 파악한다는 점에서 동일한 성격을 지니는 측면이 있"는데, 만약 "근대성 자체를 극복되어야 할 것으로 본다면 논의의 지형은 상당히 달라지게 된다"(김진균 · 정근식, 1997: 18)고 지적했다. 이 논의는 이후 '식민지 근대성'이나 '식민지적 근대'라는 문제틀로 발전하게 되었다. 이런 문제틀의 발전을 통해 '근대성'과 '식민지성'의 상호 중첩과 모순이 부각되는 다양한 영역들이 연구의 대상으로 주목받게 되었으며, 그것은 상당한 양의 연구 성과로 나타났다. 또한 이 문제는 경제사 · 정치사 · 사회사 등 학제간 및 국내와 해외 한국학계 간의 논쟁을 촉발함으로써 국내외적으로 한국학 연구의 저변을 확장시키는 계기가 된 한편, 일제하 식민지 근대와 (박정희 체제하) 압축 근대화의 연관성, 식민지체제와 분단체제의 상관성 등 20세기 전후반 한국사의 연속과 단절과 관련된 발본적 연구문제를 제기하고 있다.

2) 연구 대상과 방법의 다양화

둘째로는 연구의 대상과 방법을 둘러싼 논란을 들 수 있다. 사회사학계와 서양사학계에서 이미 1980년대 초부터 논의되기 시작한 구미 학계의 '새로운 역사'의 방법론이 한국사 연구에 본격적으로 적용되기 시작한 것은 1990년대 중후반 이후의 일이다. 역사학의 대상과 방법에 커다란 혁신을 가져온 새로운 경향의 연구들은 특히 '식민지 수탈론'이라는 도그마에서 벗어난 젊은 연구자들이 늘어나면서 1920~30년대 '모던보이·모던걸' 현상과 같은 '식민지 근대'의 문화현상에 대한 풍속지 또는 문화사적 연구를 중심으로 하여 대중적 호응에 편승하여 최근 10여 년간 확대되어 왔다.

이들 '문화사'적 관심은 방법론적으로 실증주의에 대한 근본적인 도전을 포함하는 것이었다. 사료나 자료, 기술된 텍스트의 내용은 액면 그대로 사실성을 반영하는 것이라고 볼 수 없고 사료를 작성한 사람이나 계층, 문자와 언어가 갖는 속성, 지식체계의 한계, 이데올로기의 효과 등을 고려해야만 텍스트의 진정한 의미를 밝힐 수 있다는 시각이 힘을 얻기 시작했다. 여기에는 텍스트나 이론적 지식을 담론으로 간주하고 담론구성의 역사성과 정치성을 강조하는 미셸 푸코의 관점과 영국 문화연구의 이론적 영향이 적지 않게 작용했다. 역사적 진실을 밝히는 가장 중요한 근거로 인정되던 사료 및 당연시되었던 지식체계를 역사적으로 구성된 담론으로 파악함으로써 다양한 영역에 대한 재해석의 길을 열었고, 이전에 적극적으로 활용되지 않았던 많은 생활사 자료들의 의미를 드러내는 방법론적 다양성도 나타난다.

일반적으로 거시사에서 미시사로, 경성(硬性)역사에서 연성(軟性)역사로, 공식역사에서 비공식역사로의 전환으로 특징지을 수 있는 이러한 연구 관심의 변화 경향은 외견상 구미 학계의 변화 양상과 크게 다르지 않다. 실제로 이는 현실 사회주의의 몰락이 가시화된 1990년대 이후 한국 인문사회과학계의 이론적 흐름에서 포스트모더니즘을 중심으로 한 각종 포스트주의와 문화이론 등이 폭발적으로 유행한 것과 무관하지 않다. 하지만 한국학계에서의 그것의 의의를 외국학계의 선진 이론의 수입 · 번역의 효과로만 선불리 일차원적으로 단정 지을 수 없는 것은, 그것을 선택적으로 도입한 주체의 특성과 그것이 적용된 연구문제의 구체적 맥락을 종합적으로 고려할 때에야 비로소 그 상호작용의 복합성이 입체적으로 드러날 것이기 때문이다. 예컨대 냉전 · 분단체제와 가부장적 민족주의 체제하에서 지난 수십 년간 억압되어 침묵과 망각을 강요당해 온 일본군 위안부나 제주 4·3 희생자들의 '진실'을 암흑세계로부터 길어 올리는 과정에서 새로운 역사 연구의 방법론은 단순히 '수입된 것의 적용'이라기보다는 역사적 소수자들의 진실을 재구성해 내는 '최후의 수단'으로 각고의 노력을 통해 주체적으로 창안해 낸 것이라고 할 수 있다. 페미니즘과 탈식민주의, 서발턴 연구(subaltern studies)의 이론적 · 방법론적 문제의식을 차용하면서 시작된 구술사와 기억 연구는 격동의 한국사를 대상으로 '아래로부터' 역사를 해체 · 재구성하려는 급진적 시도와 결합되면서 여성사, 전쟁사, 지방사 등의 분야에서 식민화, 폭력, 분단, 전쟁, 로컬리티 등을 주제로 한 새로운 연구들을 낳고 있다.

3) 민족주의적 패러다임의 극복

셋째는 앞선 두 가지 논의와 긴밀히 연관된 것으로, 지배적인 민족주의 사학으로부터 벗어난 '다른 역사'의 가능성이 모색되고 있다는 점을 지적할 필요가 있다. 현대 한국의 '내셔널' 담론을 국민적인 것, 민족적인 것, 종족적인 것의 세 가지 차원으로 분석한다면, 한국사(Korean History)는 민족 정체성을 강화시키는 가장 핵심적인 논리체계로서 작동해 왔다. 1960

년대 이래 80년대에 이르기까지 진보와 보수 진영을 막론하고 한국사 담론의 정언명령으로 간주되어 온 민족주의는 1990년을 전후하여 급격한 동요를 경험하게 된다. 1990년대 접어들면서 민족주의는 더 이상 지식인과 학생을 끌어들이는 진보적 사상이 아니며 오히려 시대착오적인 국수주의로 전락할 위험성을 띤 것으로 간주되기 시작한 것이다.

통념적인 민족사의 상상계를 넘어선 '다른 역사'에 대한 학적 담론의 지형은 거시사적 측면과 미시사적 측면의 두 가지 차원으로 나누어 분석할 필요가 있다. 전자가 세계체제론과 동아시아 지역체제론을 염두에 둔 비교사적 접근의 문제의식과 관련된 것이라면, 후자는 '민족/국민'이라는 국사의 특권화된 주체로부터 배제된 소수자의 경험세계에 대한 연구와 관련된 것이다. 이론적으로 볼 때 전자는 분석단위의 문제와, 후자는 주체의 문제와 각각 관련된다.

민족주의적 사고는 한국을 동아시아 및 세계사적 흐름과 연관시켜 이해하는 시각을 가로막거나 '현재'를 복합적인 시간성이 공존하는 상황으로 파악하는 데 장애가 되었다. 실제로, 현실을 바라보는 시공간적 관점은 여러 차원의 시간성과 공간성의 조합으로 다양하게 존재할 수 있다. 예컨대 월러스틴(Immanuel Wallerstein)처럼 개별 국가를 넘어서 자본주의 문명과 세계체제를 분석대상으로 삼을 경우, 적어도 수세기 이래 전 세계는 하나의 총체적 변동과정 속에 포섭되어 있었던 셈이고, 따라서 개별 국가나 사회를 독자적인 것으로 파악하는 것은 부적절하게 된다. 언어나 습속, 가치체계 등 오랜 생활의 공동성에서 유래하는 장기적이면서도 국지적인 요소들이 자본주의적 시장논리 속에서 파괴되거나 변형되는 과정도 이런 포괄적 시공간 속에서만 제대로 이해될 수 있다. 시간의 문제에서 볼 때, 현재로서의 과거란 곧 현재라는 시간성 속에 존재하는 다양한 시간성에 주목할 것을 말하는 것이다. 브로델이 말하는 '장기지속'의 시간성은 곧 오랜 과거가 현재와 공존하고 있음을 말한다. 이런 의미에서 '비동시적인 것의 동시성' 은 특수한 제3세계의 상황만이 아니라 사실은 현재라는 시간성 자체의 속성이기도 하다. 과거라는 시간성은 결코 현재와 단절되어 있지 않으며 필수적으로 연결되어 있다.

공간적으로는 동아시아라는 범주가 조금씩 확대되고 있다. 동아시아는 한국 · 중국 · 일본 등 이 지역의 여러 주체들이 독특한 지정학적 · 문명론적 조건을 공유하고 상호 영향을 받으면서 존속해 온 시공간을 의미한다고 할 수 있는데, 유교문명권에 대한 서구 학자들의 근대주의적 한계나 개별 국가사로 단절되는 경향을 모두 뛰어넘어 장기사의 시각에서 지역범주가 논의될 수 있어야 할 것이다. 이 범주는 국민국가 중심적 사고로부터 일정한 전환을 가능케 하면서 동시에 그것이 추상적인 세계사, 장기사의 흐름으로 환원되지 않게 하는 데 기여할 수 있다. 또한 지나치게 개별화함으로써 역사적 현실의 구조적 측면이 무시되는 오류로부터도 벗어날 수 있으리라 본다. 김경일(2004) 등이 저술한 『동아시아 민족이산과 도시 : 만주의 조선인』은 식민지 시대의 주요한 현상을 만주 및 동아시아 지역사 속에서 조명하려는 시도로서 주목할 만하다.

이처럼 분석단위를 '한국' 이라는 국민국가를 넘어서 진행된 사회사연구는 최근 증가하고 있다. 『논문집』 시기 종종 100%를 차지했던 한국에 대한 연구가 1990년대 이후 『사회와 역사』에서는 60%의 비중으로 떨어지기도 한다는 점은 이를 잘 보여준다. 그 속도는 비록 완만하지만, 이런 경향은 점차 증가할 것이다.

국민국가 중심의 시공간의식은 근대적 질서의 특성을 드러내는 데 유효하지만, 국민국가와 동일시될 수 없는 크고 작은 주체들의 경험을 소외시킨다는 한계가 있다. 세계체제를 단위로 하는 분석은 장구한 역사적 흐름의 방향을 깨우쳐주지만, 삶의 일상적 영역과는 밀접한 관련성을 드러내는 데 곤란하며, 다양한 주체들의 개별적 시공간을 강조하는 논의들은 개인의 삶과 의식에 작용하는 구조적이고 시대적인 제약에 대한 파악을 놓치기 쉽다. 개인들이 경험하는 현상학적 삶의 질서는 반드시 공적 역사해석과 같지 않아서, 종종 집단적인 기억과 대립하거나 충돌하기도 한다. 소수자나 피해자의 경험이 역사과정 속에서 잊혀지거나 억압당하는 경우도 허다하다. 최근 국가중심의 단일 역사해석을 거부하고 다양한 주체들의 다양한 경험을 강조하는 일상생활사, 미시사가 강조되는 배경에는 이런 생각들이 작용하고 있다.

4) 페미니즘과 대안적 주체의 발견

이런 주체들에 대한 연구 중 단연 눈에 띄는 것은 여성 연구이다. 초창기 여성에 대한 연구가 거의 전무했음에 반해, 1990년대 후반 이후 여성 연구가 폭발적으로 증가하였다. 이런 여성 연구의 증가는 연구대상으로서 '여성'의 발견과 연관되어 있지만, 다른 한편으로는 '페미니즘'을 통한 기존 사회사 연구의 '이론적 시각' 자체에 대한 문제제기의 성격이 강하다. 즉, 이론적으로 '패러다임의 전환'을 요청하고 있다고 할 수 있다. 실제로 『사회와 역사』에 실린 글들에서도 단순히 여성관련 내용들이 늘어나고 있는 수준을 넘어서서 페미니즘적 문제의식을 기초로 새로운 해석을 시도하는 것들을 발견할 수 있다. 가부장제는 더 이상 가족제도의 차원에 머무르는 것이 아니라 사회구성원리의 핵심으로 부각되고, 그것이 민족주의나 신분제도, 사유양식과 맺는 다양한 연계에 대해 주목할 것을 강조한다. 또 젠더의 차원에서 국가나 민족이 갖는 의미나, 특정한 소수자의 생활사에 근거할 때 국가나 민족이 단일한 주체로 강조될 수 없다는 점도 페미니즘의 주요한 주장이다. 국가나 민족이 단일한 주체가 아니라 여러 비균질적인 성원들의 합이며, 그렇기에 포섭과 배제의 원리가 항시적으로 작동하게 된다는 점을 사회사 연구자들이 인식하게 됨에 따라, 그간 보이지 않았던 다양한 사회성원의 모습이나 생활태도 등이 주목을 받게 되었고, 그것이 연구결과에도 반영되었던 것이다. 신체와 섹슈얼리티에 대한 관심이 높아진 것도 이러한 흐름과 맥을 같이한다.

4. 맺음말

이 장에서 그려낸 한국 사회사 연구의 지적 도정은 "연구의 시기 및 대상에 있어서도 혼미에 혼미를 거듭했고 방법론에 대한 모색 역시 격렬한 진폭의 동요로 가득 찬" 과정이었는데, 그 이유는 무엇보다도 근현대사의 연구가 개항 전후, 식민지 시기, 해방 이후로 토막토막 끊어져서 근현대사 전체를 포괄적으로 파악하는 시각과 방법론이 아직도 확립되지 않고 있다는 점에서 찾을 수 있을 것이다. 그럼에도 불구하고 1980년대에야 비로소 걸음마를 시작하여 학문적 담론장이 마련된 지 채 30년이 되지 않았음을 고려해볼 때, 그동안의 역동적 변화상은 우리에게 매우 의미심장하고도 희망적인 메시지를 던지고 있다고 생각된다.

'근대'가 처음 학문적 관심의 수면에 부상하기 시작한 1980년대, 그 이전까지 한국사는 식민사관의 반사상으로 성립된 '전근대' 위주의 '민족사'였고, 여기서 '근대'에 대한 등한시는 단순히 특정 시기에 대한 관심의 부족만이 아니라 근대사학의 학문적 성격에 대한 자기성찰의 결여라는 치명적 약점을 띤 것이었다. '한국사회사연구회'의 연구는 사회 이론적 문제의식을 바탕으로 제도와 구조의 측면에서 한국 근현대사를 파악한 시도였다. 이 시기는 '근대'를 한국학의 본격적 연구영역으로 새롭게 발견한 시기였다. 하지만 외래 기성 사상의 수용으로 인해 빚어진 과도하게 추상적이고 탈맥락화된 이론적 · 실천적 문제의식과 축적된 토착적 경험연구의 현저한 결여라는 국내 학계의 현실적 조건 속에서 당시 '근대'는 여전히 매우 추상적인 언어를 통해서만 인식되었다. 그 결과 '실사구시'를 통한 토착적 구조변동이론의 정립을 위한 노력은 설정된 학문적 목표에 도달하기에는 터무니없이 부실한 지적 토양 위에서 초조한 발걸음을 재촉하고 있었다. 결과론적으로 볼 때, 1980년대에 이루어진 한국 사회사 연구의 첫 번째 인식론적 전환과정에서 일어난 집단적 시행착오는 이전 세대로부터 물려받은 학문적 오류를 자각하기 위해 필요 불가결한 역사적 과정이었다고 할 수 있다.

두 번째 인식론적 전환은 탈냉전, 탈근대, 글로벌화로 표상되는 세계사적 대격변의 여파 속에서 '근대'와 '민족'에 대한 거리두기와 더불어 이루어졌다. 이제 자의식 충만한 소장연구자들에게 '근대'는 현대 한국 사회의 독특한 역사적 형성 경로를 탐문하기 위한 새로운 연구문제로서 재인식되기 시작한 것이다. 이 시기의 학적 담론의 변화 양상에 대한 분석을 통해 우리는 사회과학과 역사학의 융합을 통한 한국학의 독창적 이론화의 가능성을 발견할 수 있었다.

하지만 여전히 갈 길은 멀다. 어떤 의미에서 한국 근현대 사회변동의 수많은 논제들을 둘러싸고 1980년대 이후 현재까지 진행되어 온 무수한 논쟁들은 수입된 담론과 비동시대적 현실 간의 인식론적 간극을 좁히기 위한 지난한 노력의 과정이었다고 볼 수 있지 않을까? 그렇다면 21세기 한국 사회사 연구의 미래는 이러한 이전 세대 연구자들의 성과를 계승하면서 그 한계를 극복하는 학문적 창의와 혁신에 달려 있을 것이다.

제 2 부

사회사/역사사회학 연구의 이론과 방법

제 5 장

구조 분석과 거시사 연구

| 강진연(연세대학교 사회발전연구소) |

1. 머리말

역사사회학 내에서 구조 분석과 거시사 연구의 학문적 전통과 이론적 기반은 독립된 분과학문으로서의 사회학의 역사만큼이나 오랜 기간 동안 축적되어 왔다. 고전사회학의 거장으로 간주되는 맑스, 베버, 뒤르켐을 포함하여 토크빌, 퇴니스 등의 학자들은 전통사회에서 근대사회로의 구조적 전환에 대한 유사한 문제의식을 공유했다. 이전까지 존재하던 세계가 전혀 다른 모습으로 탈바꿈하던 혼돈과 격변의 시기를 경험한 이들에게 있어서 근대사회가 왜 기존 사회를 대체하게 되었으며, 근대로의 이행은 구체적으로 어떻게 전개되는가의 질문은 단순한 호기심의 차원을 넘어 자신들이 당면하고 있는 사회현실과 존재론적 기반에 대한 근본적 성찰에서 비롯되는 물음이었을 것이다. 이들은 각자가 위치한 사회적 맥락과 학문적 토대를 바탕으로 시장경제와 민족국가의 형성, 민주주의 정치체제의 유래 등 근대사회를 특징짓는 다양한 주제를 연구하고 이론적, 방법론적 개념과 분석틀을 고안하면서 사회학의 기틀을 마련함과 동시에 역사사회학의 첫 번째 조류를 형성하게 된다.

거시구조사 연구는 20세기 후반에 들어오면서 새로운 부흥기를 맞는다. 고전사회학자들에 의해 활발하게 진행된 이후 한동안 침체기를 경험한 거시구조사 연구 경향이 2차대전 이후 일군의 학자들에 의해 적극적으로 계승되면서 역사사회학의 두 번째 조류가 형성된 것이다(Adams, Clemens, and Orloff, 2005). 1960년대 말에서 1970년대를 거치며 미국 사회과학계에서 거시구조사 분석이 조명받으면서 가시화된 이러한 흐름은 당시의 학문적 배경과 시대적 상황이라는 두 가지 요인이 복합적으로 작용한 결과로 해석된다(Calhoun, 1996). 먼저, 주류 사회학 담론에 대한 비판과 이를 넘어서는 대안적 설명을 모색하는 과정은 거시구조사 연구가 새롭게 주목받게 되는 주요한 학문적 배경을 이룬다. 구조 기능주의와 근대화 이론이 지배적인 영향력을 갖는 상황에서 대부분의 사회학 연구는 주류 사회학이 표방하는 엄격한 경험주의적 분석의 지향과 단선론적 역사 발전관을 상당한 정도로 공유했던 만큼, 사회변동에 대한 설명 역시 대체로 정적(static)이고 몰역사적(ahistorical)이며 진화론적인 특징을 보였다. 이러한 주류 담론에 대한 학문적 비판과 반성은 일부 학자들로 하여금 다시 역사로 눈을 돌리게 했다. 이들은 다채로운 사건과 복합적 현상으로 채워져 있는 실재로서의 역사를 분석함으로써 기존의 사회학적 설명을 보다 역동적이고 역사적이며 다각적인 관점으로 대체하고자 했고, 이러한 학문적 시도는 거시구조사 연구가 새로운 전성기를 맞게 되는 계기로 작용했다.

1960년대 말 이후의 시대적 상황은 거시구조사 연구의 부흥을 가져온 또 다른 요인이다. 미국과 유럽 등지에서 학생운동을 위시하여 다양한 사회운동을 통해 사회변화의 요구가 적극적으로 표출되었고, 이 과정에서 고양된 비판적 사회인식은 구체적인 연구주제에 대한 분석을 매개로 학문적 영역에 반영되었다. 미국을 비롯한 서구사회가 보여준 패권적 모습에 대한 정치적 실망은 이러한 현상의 기원과 전개과정에 대한 연구를 자극했고, 인권운동, 학생운동, 반전운동 등의 성공과 좌절은 사회운동에 대한 이론적이고 역사적인 관심을 북돋았다. 또한, 20세기 전반기까지 제국주의 권력의 식민지배를 경험한 다수의 비서구사회가 탈식민화되는 과정에서 다양한 형태로 나타난 사회변화의 양상은 기존의 근대화 담론을 통해 확산된 일원화된 역사발전론에 대한 문제제기와 재검토의 필요성을 확인시켜 주는 역할을 하기도 했다. 이런 점에서 1960년대 말 이후 거시구조사 연구의 부흥 그 자체는 일정 정도 사회비판과 저항의 실천적 성격을 갖는다고 볼 수 있다.

이러한 학문적, 시대적 상황을 배경으로 등장한 일련의 역사사회학 연구에서는 고전사회학자들의 주된 관심인 근대사회로의 구조적 전환에 대한 문제가 핵심적인 연구주제로 부각되었다. 학자들은 당시 사회학의 지배 담론에서 충분히 조명받지 못했던 맑스와 베버 등의 이론적 자원을 적극 활용하면서 거시역사 변동을 다양한 관점에서 접근하기 시작했다. 특히, 국가 간 비교연구를 통해 근대화의 다양한 경로를 추적한 베링턴 무어의 연구는 거시구조사 연구의 부활을 알리는 신호탄 격의 역할을 했고, 이후 스카치폴, 월러스틴, 골드스톤, 앤더슨, 트림버거, 만, 틸리 등으로 이어지는 거시사 연구의 계보를 형성하게 된다. 이들은 근대 민족국가와 정치체제의 형성, 시장경제의 등장과 발전, 사회혁명, 계급형성 등의 주제를 연구함으로써 근대적 전환의 서로 다른 모습과 상이한 사회적 결과를 보여주면서 각 주제에 대한 역사사회학 이론을 다양한 방식과 내용으로 새롭게 발전시켰다.

이 장에서는 고전사회학 이후의 2세대 역사사회학 연구에 초점을 맞추어 구조 분석과 거시사 연구의 흐름을 검토한다. 이 장의 논의는 크게 세 가지 내용으로 구성된다. 먼저, 거시구조사 연구의 방법론에 대해 살펴본다. 역사학과 사회학이 제도화된 학문적 경계를 사이에 두고 각각 개별화된 역사적 사실 및 그 특질에 대한 설명과 일반화된 사회이론이라는 상이한 학문적 지향을 갖는 상황에서 전후 역사사회학자들이 택한 방법론적 전략의 내용은 무엇이었는지 논의한다. 다음으로, 거시구조사 연구의 주요 내용을 시장경제, 국민국가, 사회계급, 그리고 사회운동의 네 가지 주제를 중심으로 정리한다. 이를 통해 거시구조사 연구에서 고안된 주요한 개념적 도구는 무엇이고, 구체적으로 어떠한 분석틀과 이론적 내용이 논의되었는지 검토한다. 마지막으로, 거시구조사 연구가 남긴 학문적 기여와 문제점은 무엇인지 살펴본다.

2. 거시구조사 연구의 방법론적 전략

거시구조 변동에 대한 역사사회학 분석의 특징은 무엇이고, 이러한 설명은 역사학계에서 수행되는 연구와 어떤 차별성을 가지며, 어떠한 방법론을 통해 도출될 수 있는가? 이와 같은 문제에 대해 2세대 역사사회학자들은 체계적이고 설득력 있는 방안을 마련하기 위해 노력했다. 물론 거시구조사 분석의 이론과 방법론에 대한 고민은 고전사회학자들의 연구에서도 분명히 확인된다는 점에서 전적으로 새로운 것으로 보기는 어렵다. 그러나 전후 역사사회학자들이 등장하기 시작한 1970년대 미국에서 역사학과 사회학의 제도화된 학문적 경계는 뚜렷하게 구획되어져 있었던 반면 사회학 내에서 역사사회학이 독립된 세부분야로 인정되지 않았던 만큼, 거시구조사 연구의 이론과 방법론을 정교화하는 작업은 역사사회학 연구자들이 제도화된 학문적 영역에서 자신들의 입지를 구축하는 것과도 연관된 중요한 의미를 가졌다.[1] 아래에서는 먼저 배링턴 무어의 연구를 계기로 부각된 거시구조와 인과분석의 문제, 역사와 이론 사이의 긴장과 갈등에 대한 논의, 그리고 거시구조분석 방법론에 대해 검토해 본다.

1) 거시구조와 인과성

무어는 『독재와 민주주의의 사회적 기원』(Moore, 1966, 이하 『사회적 기원』)에서 근대로의 전환이 다양한 양상으로 나타난 점에 주목하고 이에 대한 원인을 분석한다. 그는 전근대에서 근대사회로의 이행을 크게 세 가지 경로로 구분한다. 부르주아 혁명을 통한 민주주의적 경로, 위로부터의 개

1) 미국 사회학회에서 비교 역사사회학은 1983년도에 이르러서야 독립된 세션(Section on Comparative and Historical Sociology)으로 조직되었다(Demetriou and Roudometof, 2014: 53).

혁을 통한 파시즘의 경로, 그리고 아래로부터의 농민혁명을 통한 공산주의로의 전환이 그것이다. 각각의 경로는 여덟 개 국가들—영국, 프랑스, 미국, 중국, 일본, 인도, 독일, 러시아—에 대한 사례분석과 이에 기반을 둔 비교분석을 통해 설명된다. 개별 국가에 대한 경험적 연구에서 공통적으로 확인되는 내용은 전통사회의 국가 형태와 그 성격, 국가와 사회계급의 관계, 지주와 농민을 중심으로 하는 사회계급 간 관계, 농업의 상업화 정도, 농민 공동체의 성격 등이다.

무어는 국가 간 비교분석을 통해 서로 다른 근대적 경로에 대한 인과적 설명을 제시한다. 먼저, 영국, 프랑스, 미국의 사례로 대변되는 민주주의 경로는 농업의 상업화와 자본주의 시장경제 및 민주주의 정치체제가 수립되는 데 있어서 중추적인 역할을 한 부르주아 계급의 등장으로 설명된다. 세 국가의 역사에서 나타나는 여러 가지 차이에도 불구하고 이들은 공통적으로 부르주아 혁명을 경험하였고 대체로 농민들과의 계급연합을 통해 민주주의 경로를 밟았다는 것이 무어의 설명이다. 다음으로, 위로부터의 개혁을 통한 파시즘의 경로는 일본과 독일의 사례를 바탕으로 설명된다. 양국의 역사에서 공통적으로 확인되는 요인 가운데 무어가 주목하는 부분은 상업적 농업과 부르주아 계급의 성장이 지체되었다는 점과 강력한 국가가 주도하여 산업화를 추진했다는 사실이다. 마지막으로, 농민혁명을 통한 공산주의의 경로는 중국과 러시아의 사례로 설명된다. 이들 국가에서는 유사하게 농업의 상업화가 상당한 정도로 지체되었고 부르주아 계급의 역량 역시 미약했다. 이러한 상황에서 봉건 국가와 지주계급의 힘이 약화되어 전통사회의 지배구조는 불안정해지고 공산당이라는 외부의 지도력이 결합하여 농민혁명이 발생함으로써 공산주의로의 이행이 추동되었다는 것이다.

무어의 연구는 전후 거시구조사 연구를 중심으로 하는 역사사회학 연구의 부활을 이끌어 낸 선구적인 학문적 업적으로 평가된다. 그는 고전사회학자들과 유사하게 근대적 전환에 관한 연구질문을 제기하여 계급분석과 국가연구로 상징되는 맑스와 베버의 이론적 전통을 새롭게 조명했다. 또한, 그는 근대로의 전환 자체가 다양한 양상으로 재현되었음을 보이고 이에 대한 원인을 규명함으로써 보편사적 역사 발전론에 기대고 있었던 주류 사회학의 관점에 대한 대안적인 설명을 제시했다. 비교연구를 통해 거시구조적 역사 변동에 대해 분석적이고 인과적인 접근을 보여준 무어의 연구는 당시 학문적 분위기 속에서 역사적 관점이 주목받게 되는 밑거름을 제공한 것이다. 이처럼 무어의 연구는 2세대 역사사회학 계보에 중요한 족적을 남겼지만, 그렇다고 무어의 연구가 다양한 비판으로부터 자유로웠던 것은 아니다(Skocpol, 1973 참조). 국가 내 분석에 주목하여 초국가적 맥락을 소홀히 다룬 점, 장기간의 역사적 과정을 분석함으로 인해 변수들 사이의 직접적 인과관계를 분명하게 제시하지 못한 점, 지주와 농민 외에 노동계급과 중간계급 등을 분석에서 제외한 점, 근대화 경로를 세 가지의 제한된 관점에서 접근한 점 등 그의 연구에 대해 제기된 문제점과 비판의 내용은 다양하다.

무어의 연구가 남긴 여러 문제들은 거시구조적 역사 변화를 좀 더 정교한 인과 분석으로 설명하는 과제로 연결되었다. 조선, 중국, 일본을 중심으로 동아시아 국가들의 근대화 경로를 분석한다고 가정해 보자. 조선을 제외한 중국과 일본은 무어의 연구에서 각각 공산주의와 파시즘의 경로로 설명되었으나, 이들 국가가 동아시아 지역에서 물리적으로 인접해 있는 국가들이라는 점을 고려하면 이들의 근대화 경로가 완전히 독립적으로 다루어지기는 어렵다. 일본의 식민지로 전락한 조선, 반식민지 상태에 놓였던 중국, 아시아에서 유일한 제국주의 권력으로 성장한 일본은 모두 국·내외적 조건은 물론이고 이들 사이의 관계적 변화를 통해 근대로의 전환을 경험했기 때문이다. 가령, 동학농민운동을 일본이나 중국과의 관계를 고려하지 않은 채 조선 내에 국한된 농민운동 변수로 취급해 버린다면 이들 국가들이 서로 다른 길을 걸을 수밖에 없었던 원인은 부분적이거나 심지어 비역사적으로 설명될 위험이 있는 것이다. 이렇듯 무어의 연구를 둘러싼 일련의 비판과 문제제기는 결국 역사를 어떻게 인과적으로 분석하고, 나아가 이론화할 수 있는가에 대한 논의로 이어지면서 역사사회학 연구의 새로운 전기를 마련하게 된다.

2) 역사연구와 사회이론

역사분석과 이론화의 관계는 역사사회학자가 직면하는 근본적인 문제 가운데 하나이다. 이와 관련하여 역사적 특정성(historical particularity)과 이론적 일반화(theoretical generalization) 가운데 무엇을 우위에 둘 것인지에 대한 상반된 입장이 존재해 왔다. 역사주의적 관점에서 역사는 무수히 많은 개별적 사실로 구성되며 각각의 사실은 특정한 시간과 공간적 맥락 속에서만 의미를 갖는다. 어떠한 역사적 사실이나 과정도 완전하게 동일한 성격이나 양상으로 나타날 수 없는 만큼 그 자체로 구체성과 특수성을 담보하는 것이다. 따라서 역사를 일반화된 이론으로 설명하는 것은 불가능하며 그러한 시도 속에서 역사성은 훼손되고 이론을 위한 도구로 전락하고 만다. 이러한 입장에서는 더 많은 역사적 사실을 복원하고 그것이 갖는 특수성을 해명하는 것이 역사를 연구하는 학자가 선택할 수 있는 최선의 방법으로 간주된다. 이와 달리, 실증주의적 시각에서 바라보는 역사는 경험적 사실이 풍부하게 저장되어 있는 창고의 이미지로 비유할 수 있다. 만약 연구자가 개별적인 사실에만 집중하고 그것의 특수성에만 천착한다면 의미 있는 설명력을 획득하지 못하게 된다. 따라서 이러한 입장에서는 특정한 역사적 사실을 통해 보편화된 이론을 수립하는 것이야말로 역사연구가 지향해야 할 목표로 설정된다.

역사적 특정성과 이론적 일반화 사이의 긴장은 그 자체로 오랜 역사를 갖는다. 이에 대한 고민의 흔적과 상이한 생각은 고전사회학자들의 연구에서도 어렵지 않게 발견된다. 개성기술적(idiographic) 혹은 법칙정립적(nomothetic) 성격으로 이분화된 구도를 넘어 대안적인 설명 방식을 모색한 베버와 달리, 구조주의적 관점을 견지한 맑스와 뒤르켐의 연구에서 일반이론에 대한 지향은 좀 더 분명하게 드러난다. 맑스의 경우 "과학적" 사회주의 이론에 대한 주장과 『자본론』으로 대표되는 정치경제학 연구를 통해 자본주의 경제원리에 내재하는 구조적 모순과 몰락의 필연성을 역설하는 모습에서, 뒤르켐의 경우 개별자로 존재하는 개인과 독립적으로 존재하는 전체로서의 사회 및 사회구조가 갖는 외재성과 실재성을 자살 · 종교 · 분업 등의 개별 주제에 대한 연구에서 경험적 사실에 기초하여 일관되게 설파하는 모습에서 일반이론으로의 지향성은 뚜렷하게 발견된다.

20세기 후반 거시구조사 연구에 착수한 사회학자들 역시 개별 사실과 일반 이론, 그리고 구체적 역사와 보편적 법칙 사이의 관계 설정에 대한 문제를 고민했다. 이들에게 역사와 이론의 관계는 학술적 담론 수준에만 국한되지 않았고 학문의 분업화가 제도화된 상황과 맞물려 현실적으로 해결해야 할 문제로 제기되었다. 근대적 학문체계가 아직 확고하게 정립되지 않았던 시기에 살았던 고전사회학자들과 달리 전후 역사사회학자들은 역사학과 사회학이 각각 독립된 분과학문으로 제도화된 상황에서 연구를 수행해야 했다. 당시 역사학과 사회학은 분명한 분업구도를 가지며 각 분과의 학문적 차별성과 정체성을 도모했다(Skocpol, 1984: 362). 역사학에서는 새로운 사료를 지속적으로 발굴함으로써 특정한 시간과 공간적 맥락을 갖는 역사적 사실에 대한 심도 있는 이해를 강조한 반면, 사회학에서는 사회에 대한 일반 이론을 통해 보편화된 법칙을 추구하려는 경향이 강하게 드러났다.

이러한 학문적 분업체계 속에서 전후 역사사회학 연구자들이 직면했던 일차적인 과제는 사회학 내부에서의 자리매김이었다. 역사사회학이 아직 사회학의 세부 분과로 간주되지 않았던 상황에서 이들은 우선 자신들의 연구를 다른 분야의 사회학자들로부터 의미 있는 사회학 연구로 인정받음으로써 학문적 입지를 구축할 필요가 있었다. 또한, 역사학과 사회학의 제도적 경계가 명확하게 구획되어 있었던 만큼 이들은 역사학자들과의 차별성을 분명히 할 필요도 있었다. 전후 역사사회학자들에게 있어서 역사와 이론의 문제는 결국 제도화된 지식 장에서 안정된 위치를 확보하는 것은 물론 자신들의 학문적 정체성과도 연결되는 문제로 부각된 것이다. 1970년대를 거치면서 활발하게 등장하기 시작한 거시구조사 연구에서 인과적 설명방식과 이론적 지향성이 강조되고 비교연구 방법에 대한 관심이 고조된 것은 2세대 역사사회학자들이 처해 있던 이러한 사회적 맥락 속에서 이해될 수 있다.

3) 비교사 방법론

2세대 역사사회학 연구자들은 고전사회학자들이 마련한 방법론적 전통과 토대 위에서 보다 논리적이고 정교한 형태의 비교방법을 발전시킴으로써 거시구조 변동에 대한 설명논리를 제공하고자 했다. 국가건설, 사회혁명, 전쟁과 같이 거시구조사 연구에서 주로 다루는 경험적 현상은 다른 연구주제에 비해 사례의 수 자체가 제한되어 있을 뿐만 아니라 개별 사례에 한정하더라도 설명의 범위와 내용이 방대하다. 이런 점에서 비교사 방법은 구체적인 역사변동에 대한 경험적 연구를 수행하면서 이를 토대로 인과론적 논리에 기반한 이론적 설명을 발전시키기 위한 방법으로 간주되었다.

먼저, 거시구조사 분석에서 활용되는 비교방법 가운데 주목할 내용은 밀(J. S. Mill)의 일치법과 차이법이다. 일치법의 논리는 비교 대상이 되는 개별 사례들이 공통된 결과를 가질 때, 사례들이 갖는 변수 가운데 하나의 동일한 변수만이 일치하고 다른 모든 변수가 다르게 나타날 경우 일치되는 변수를 원인으로 간주하는 것이다. 차이법의 원리는 개별 사례들이 상이한 결과를 가질 때, 사례들이 갖는 변수 중 하나의 변수만이 차이를 보이고 나머지 모든 변수가 동일할 경우 차이를 나타내는 변수를 원인으로 설명하는 것이다. 밀의 일치법과 차이법은 기본적으로 사례 연구에 기반하는 귀납적 논리에 기대어 변수들 사이의 상관성을 토대로 인과적 설명을 추구한다는 특징을 갖는다. 이것은 기존의 주류 사회학에서 일반화된 이론을 개별 사례에 적용하는 연역적 방식의 설명논리를 택하는 것과 구분된다는 점에서 역사사회학자들의 방법론적 전략의 모색으로 볼 수 있다.

밀의 비교방법을 적용한 대표적인 거시구조사 연구로는 무어의 『사회적 기원』과 스카치폴의 『국가와 사회혁명』(Skocpol, 1979)을 들 수 있다. 무어의 연구에서 일치법은 각 근대화 경로에 속하는 사례들을 비교하고 여기서 공통적으로 발견되는 변수를 중심으로 개별 경로 내에서 인과관계를 설명하는 데 적용되고, 차이법은 서로 다른 근대화 경로들 사이의 차별성을 설명하는 데 사용된다. 이러한 분석 방법은 사회혁명에 대한 스카치폴의 연구에서도 유사하게 나타난다. 스카치폴은 프랑스, 러시아, 중국과 같이 성공적인 사회혁명을 경험한 사례를 일치법에 의거하여 설명하고, 이러한 내용을 프러시아, 일본, 영국 등 사회혁명이 발생하지 않은 사례들과 비교하는 데 있어서는 차이법을 적용한다. 이와 같은 비교분석을 통해 스카치폴은 국가 및 정치구조와 계급 관계를 사회혁명을 야기하는 원인으로 설명한다. 스카치폴은 다변량 통계분석과 유사한 원리를 갖는 밀의 비교방법이 거시구조사 연구를 위한 가장 적합한 방법이라고 주장한다. 거시구조사 연구가 소수의 한정된 사례를 분석하지만 개별 사례는 다양한 변수를 갖는 만큼 밀의 비교 방법이 변수들 사이의 관계를 인과적으로 밝힐 수 있는 효과적인 방안이라는 것이다.

밀의 일치법과 차이법이 거시구조사 분석에서 사용되는 유일한 비교방법은 아니다. 스카치폴은 밀의 방법과 더불어 비교사 연구에서 활용된 분석방법을 이론의 유사증명(parallel comparative history)과 맥락의 대조(contrast-oriented comparative history)로 개념화한다. 전자는 이론적 내용에 관심을 두고 이를 검증하기 위해 개별 경험 사례를 분석하는 방법이고, 후자는 일반화된 이론보다 구체적 사례의 특수성에 주목하여 사례들 사이의 차이를 대조하는 방식이다. 이론의 검증에 주된 관심을 두는 전자의 예로는 제국의 정치체제에 대한 아이젠슈태트의 연구(Eisenstadt, 1963)와 농민혁명에 대한 페이지의 연구(Paige, 1975) 등이 있고, 경험 사례에 대한 구체적 설명을 강조하는 후자의 예로는 국가건설과 시민권에 대한 벤딕스의 연구(Bendix, 1964)를 들 수 있다.

[그림 1] 비교사 방법

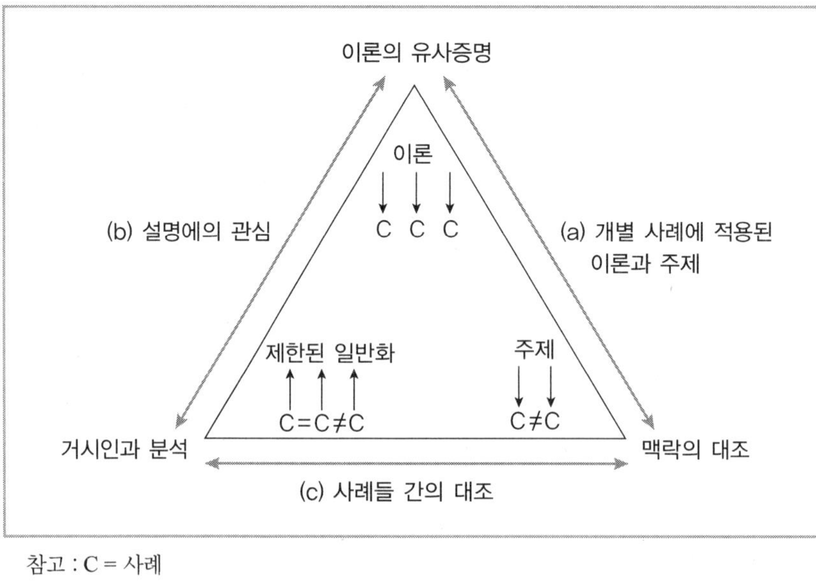

참고 : C = 사례
자료 : Skocpol and Somers(1980: 188).

한편, 틸리는 비교사의 분석수준과 방법론적 전략을 네 가지로 구분한다. 틸리에 따르면, 비교사 연구의 분석수준은 연구주제의 성격과 그것을 설명하는 방식에 따라 다음과 같이 분류된다(Tilly, 1984: 61-62). 첫째, 세계역사적(world-historical) 수준은 인류의 진화, 제국의 흥망과 같이 한 시대의 특징을 찾아내고 이를 장기적인 역사의 흐름에서 이해하는 방식이다. 둘째, 세계체제적(world-systemic) 수준은 상호 의존적인 대규모의 집합군 내의 연결방식과 변이를 구분하는 방식이다. 셋째, 거시역사적(macro-historical) 수준은 산업화, 도시화 등과 같이 특정한 거대 구조가 형성되는 과정을 설명하는 방식이다. 넷째, 미시역사적(micro-historical) 수준은 개인과 집단이 거대한 사회구조와 어떻게 조우하고 연결되는지에 대한 설명 방식이다.

이처럼 다양한 분석수준은 경험적으로 분석 가능한 사례의 수와 연구 주제를 접근하는 방식과 맞물려 네 가지 형태의 상이한 비교연구 전략으로 이어진다(Tilly, 1984: 81-84). 첫째, 개별화 비교(individualizing comparison)는 개별 사례가 갖는 특수성을 부각시킴으로써 다른 사례들과의 유사성을 최소화하는 전략이다. 둘째, 보편화 비교(universalizing comparison)는 사례들에서 공통적으로 발견되는 규칙성을 찾아내는 전략이다. 셋째, 변이모색적 비교(variation-finding comparison)는 사례들 사이의 차이를 통해 설명

[그림 2] 비교사 전략

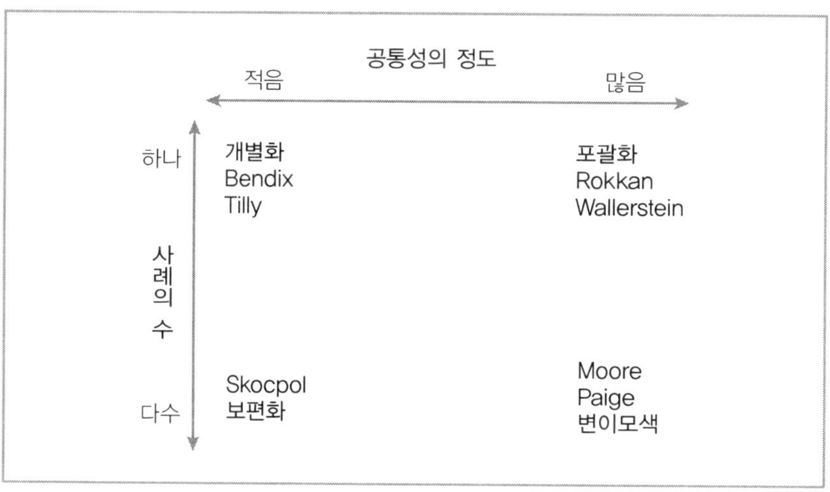

자료 : Tilly(1984: 81, 84).

하고자 하는 현상의 변이를 찾아내는 전략이다. 넷째, 포괄화 비교(encompassing comparison)는 서로 다른 사례들을 하나의 체계에 포함시키고 전체적인 틀을 이해하려는 전략이다.

맥마이클은 틸리가 설명한 비교 전략에 대한 일종의 대안적 설명으로 새로운 분류방식을 제시한다. 그에 따르면 틸리의 보편화 비교와 변이모색적 비교는 모두 스카치폴의 분류방식 가운데 거시인과분석으로 분류될 수 있다. 따라서 맥마이클은 비교사 전략을 구분하는 기준으로 이론적 목적과 연구 목적이라는 두 가지 내용을 제안한다(McMichael, 1990). 이론적 목적은 역사적 사례에 적용하여 가설을 검증하고 기존의 인과성을 확인하는 데 있는가 아니면 비교연구를 통해 새로운 인과관계를 구성하는 데 있는가로 구분되고, 연구의 목적은 지식세계의 형식적 이해에 있는가 아니면 현실세계의 실질적 이해에 있는가로 나뉜다. 맥마이클이 제시하는 비교연구 전략에서 주목할 부분은 통합적 비교방법(incorporating comparison)의 내용이다. 세계체제론에 대한 맥마이클의 학문적 관심을 반영한 것이기도 한 통합적 비교방법의 핵심은 부분과 전체의 관계를 단순히 일방향적 구도가 아닌 통합적 관점에서 접근하는 데 있다. 개별 사례 혹은 부분이 전체로서의

[그림 3] 비교사 연구 분류

		이론적 목적		
		적용	구성	
연구목적	형식적 / 지식세계	**일반화** (가설 확인을 위한 역사 사용)	**비교분석** (상이하거나 유사한 결과에서 인과적 규칙성을 구체화)	단수/공시적 Polanyi Friedmann McMichael
	실질적 / 현실세계	**개별화** (이념형을 통한 분석에 기반하여 사례를 개념화)	**통합된 비교** (자기형성적 전체로서의 역사적 형상을 재구성하는 데 비교를 사용)	복수/통시적 Moore Walton Anderson

자료 : McMichael(1990: 387).

체제에 의해 영향을 받는 것은 사실이나 체제에 의해 항상 결정되는 것은 아니고 오히려 이들 사이의 역동적 변화가 체제 전체의 변화를 가져올 수 있다는 것이다.

이처럼 비교사 방법은 거시구조사 분석에 적용되면서 다양하게 분화되어 왔다. 비교사 방법론의 다원화와 체계화는 전후 역사사회학자들이 공유했던 역사에 대한 인과적 분석과 제한된 범위에서나마 일반화된 사회이론을 마련하기 위한 노력의 결과물이다. 이러한 성과에 힘입어 비교방법은 최근까지 거시구조사 연구에서 주요한 분석 기법으로 활용되고 있다. 사회주의 체제의 몰락과 이후의 사회재건, 혹은 신자유주의적 세계화 과정과 복지국가의 재구성에 대한 비교 연구 등이 그러한 예이다. 이와 같이 비교역사 분석을 수행하는 과정에서 연구자들은 2세대 역사사회학자들의 고민을 공유해 왔다(Mahoney and Rueschemeyer, 2003). 그중에서도 역사적 사실과 인과적 설명 사이의 긴장, 시간적 과정을 분석적으로 통합시키는 문제, 그리고 체계적이면서 동시에 역사적으로 맥락화된(contextualized) 비교방법의 문제는 학자들 사이에서 여전히 논쟁적인 지점이자 정교화해야 할 과제로 남아 있다. 이에 대해서는 거시구조사 연구의 주요 내용을 검토한 후에 구체적으로 살펴보기로 한다.

3. 근대로의 거대한 전환 : 거시구조사 연구의 주요 내용

근대사회의 구조적 기반은 시장경제와 국민국가를 중심으로 하는 정치체제의 제도화를 통해 마련되었다. 이러한 거시적 변동은 사회적 행위를 매개로 진행되었는데, 그중에서도 사회계급으로 대변되는 집합적 행위자와 사회운동은 구조 변화를 추동한 중요한 동력으로 여겨진다. 아래에서는

2세대 역사사회학자들이 수행한 거시구조사 연구의 주요 내용을 시장경제, 국민국가, 사회계급, 그리고 사회혁명이라는 네 가지 주제를 중심으로 검토한다.

1) 폴라니의 시장경제론

폴라니의 『거대한 전환』(Polanyi, [1944]2001)은 고전사회학 이후 등장한 시장경제에 대한 거시구조적 분석 가운데 핵심적인 연구이다.[2] 이 책에서 그가 강조하는 논지는 시장경제 원리가 결코 자연스럽고 당연한 결과로 주어진 것이 아니라 지속적인 국가의 개입을 통해 만들어진 역사적 산물이라는 것이다. 폴라니의 주장은 자유주의적 시장주의와 맑스주의가 공통적으로 내포하는 경제주의적 오류(economic fallacy)를 지적하고 있다는 점에서 주목할 만하다. 그가 보기에 시장 자유주의와 맑스주의는 표면적으로 상이한 이론적 내용을 주장하지만, 경제가 그 자체의 독자적 원리를 가지고 자율적인 영역으로 존재한다는 잘못된 가정을 공유한다. 두 이론은 모두 19세기에 이르러서야 사회생활의 주된 원리로 부상한 시장경제의 논리를 마치 인류 역사 전체에서 지배적인 것으로 파악하는 몰역사적 관점의 경제주의적 오류에 빠져 있다는 것이다.

자기규제적 시장(self-regulating market)의 허구성을 보여주기 위해 폴라니는 역사적으로 시장경제의 제도화가 가장 먼저 나타난 영국의 사례에 초점을 맞추고 이를 세계사적 맥락과 연동시켜 설명한다. 그는 다층적 수준에서 제도분석을 수행하고, 이를 다시 총체적 관점에서 접근하는 방식을 택한다. 여기서 다층적 수준의 분석은 세계경제의 변화, 민족국가의 정치

---

2) 이 절에서 소개하는 다른 학자들의 연구가 모두 2세대 역사사회학의 부흥기인 1970년대에 등장한 것과 비교하면, 폴라니의 연구는 2차대전이 종결되기 직전인 1944년 출간되었다는 점에서 예외적이다. 그럼에도 거시구조사 분석에서 시장경제 연구의 중요성과 폴라니의 업적이 갖는 의의를 감안하여 포함하였다.

적 전략, 그리고 사회 내 다양한 계급의 대응양상이라는, 초국가적, 국가적, 사회적 수준에서 나타난 다양한 변화를 상호적 관점에서 서로 연관시켜 설명하는 것을 의미한다. 또한, 제도 분석은 세계적 수준에서의 금본위제도와 국가적 수준에서 진행된 스핀함랜드법 등의 구체적인 제도적 변화를 매개로 출현한 근대 시장경제의 역사적 궤적을 추적하는 것이다. 이러한 다층적 수준의 제도 분석은 시장경제 형성 과정에서 자유주의 사상의 역할을 중심으로 하는 이념적 논의와 사회계급에 대한 설명 등과 접목되면서 풍부한 역사적 설명을 제공한다.

시장경제의 형성에서 폴라니가 특히 주목하는 내용은 스핀함랜드법이다. 스핀함랜드법은 원래 빈곤층을 지원하기 위해 시행되었으나 실제로는 공적 기금이 노동자들의 임금을 보조하기 위한 수단으로 전용됨으로써 고용주에게 혜택이 돌아가고, 노동 가능한 빈곤층(able-bodied laboring poor)이 구호의 대상(paupers)과 동일시되는 모순적 결과를 가져왔다. 폴라니가 스핀함랜드법을 강조한 이유는 크게 세 가지로 설명된다. 첫째, 시장원리의 확대가 갖는 비진화론적이고 불연속적인 특성을 보여줌으로써 자기규제적 시장이 실제로는 전혀 '자연적인 것'이 아닌 국가의 정치적 개입을 통해 '만들어진 것'이라는 점이다. 둘째, 경제적 자유주의가 가진 근본적인 사상적 오류에도 불구하고 스핀함랜드법을 둘러싼 논란을 통해 자유주의적 이념이 오히려 널리 확산될 수 있었다는 사실이다. 셋째, 인간 자신을 상품으로 전환하는 노동의 상품화야말로 시장사회의 패러다임을 상징하며, 시장경제에서 생존권의 보호와 노동시장의 임금체계가 양립 불가능함을 보여준다는 점이다.

폴라니는 『거대한 전환』에서 경쟁원리에 기반한 시장사회의 등장이 일부의 시장주의자들이 주장하는 것처럼 장거리 무역이라는 경제적 변화에서 기인하는 것이 아니라 경제적 발전을 국가적 역량의 기초로 간주한 국가 건설 전략의 부산물이었으며 동시에 사회적 보호 원리와 시장원리라는 이중 운동(double movement)의 결과였음을 구체적인 역사적 분석을 통해 밝힌다. 이런 점에서 폴라니의 연구는 "우리 시대의 정치, 경제적 기원"이라는 부제에서 드러나듯이, 시장경제와 국민국가의 제도화가 결코 분리시켜 설명될 수 없는 근대사회의 두 축임을 설득력 있게 보여주는 거시구조사 연구이다.

2) 월러스틴의 세계체제론

월러스틴의 세계체제론 연구(Wallerstein, [1974]2011)는 근대화 이론에 대한 강력한 비판이자 대안적 설명틀로 고안되었다. 단선론적 진화론에 기대어 모든 사회변화를 보편적 발전원리로 설명하는 이론적 틀 안에서는 초국가적 수준에서 존재하는 구조적 불평등은 물론이고 개별 사회가 가진 특수성이 적절하게 설명되기 어렵다. 이에 대해 월러스틴은 세계 시장경제의 역사적 등장과 변화 과정을 추적함으로써 국가들 사이에 존재하는 불평등 기제를 밝히고 개별 국가의 구조적 위치에 주목하는 새로운 설명방식을 제시한다. 역사적으로 '긴 16세기'를 통해 유럽에서 등장한 자본주의 시장경제는 이전 시기와 구분되는 세계적 수준과 규모의 경제를 만들었고 이것이 근대 민족국가 체계라는 정치적 원리와 결합하면서 전체로서의 세계체제를 형성했다는 것이다.

세계체제의 역사적 구성 과정은 포괄적 비교방법에 의해 설명된다. 월러스틴은 먼저 자본주의 시장경제의 출현을 설명하기 위해 서유럽과 동유럽을 비교한다. 16세기 영국, 네덜란드 등 서유럽에서는 봉건제가 약화되고 임노동을 중심으로 하는 자본주의 경제가 발전한 반면, 동유럽에서는 억압적 노동통제 방식이 강화되고 경제적 정체현상이 두드러졌다. 월러스틴은 이에 대한 원인으로 무역과 교환의 증대가 가져온 생산력의 향상을 강조하면서 서유럽을 중심으로 등장한 자본주의 시장경제가 세계적 수준으로 확산됨에 따라 근대 민족국가 체계 속에서 국가들 사이의 불평등 구조가 만들어졌다고 설명한다. 세계체제는 중심부(core), 주변부(periphery), 반주변부(semi-periphery)의 세 가지 범주로 구분된 분업구조를 갖는데, 개별 국가의 정치, 경제적 역량은 세계체제 내에서 갖는 구조적 위치와의 연관성 속에서 설명된다. 중심부에서는 관료제, 군대 등을 기반으로 중앙집권화된 강력한 국민국가가 출현한 반면, 주변부에서는 강한 국가의 부재로 인해 국가 간 힘의 불균형이 생기고 이에 따라 국제 분업체계 내에서 불평등 교역이 확장될 수 있었다는 것이다.

『세계체제론』에서 월러스틴은 자본주의 시장경제에서 불평등이 일국의 계급관계에서만 보편적으로 존재하는 것이 아니라 국제적 수준에서 작동하는 정치, 경제적 원리로 설명된다고 주장한다. 그의 이론에서 자본주의 세계는 독립적으로 존재하는 개별 국가들의 집합체로 간주될 수 없으며 초국가적 영역으로 확장된 국가 간 분업체계가 구조화된 전체로서의 성격을 갖는다. 이러한 세계체제론의 특징은 크게 세 가지로, 분석 단위가 국가의 분업에 의존하는 세계체제라는 점, 세계체제가 특정한 역사적 산물로 간주된다는 점, 세계체제는 세계경제를 기본 단위로 한다는 점이다(Wallerstein, 2001: 267). 이처럼 월러스틴의 이론에서 세계체제는 국가들 사이의 지정학적이고 지경학적인 관계는 물론이고 개별 국가 내부의 계급구조, 정치구조, 사회구조 등을 설명하는 기제로 간주되는 만큼 세계체제론의 관점은 전체적 접근(holistic approach)으로 요약된다.

월러스틴의 세계체제론은 종속이론과 함께 구조 기능주의와 근대화론에 대한 강력한 대안적 설명을 제공했다. 그는 근대 민족국가 체계와 세계경제를 중심으로 국제적 수준에서 작동하는 불평등 기제를 강조함으로써 기존의 주류 담론이 수반한 몰역사성과 몰정치성의 한계를 보여주었다. 뿐만 아니라 개별 사회 혹은 국가가 아닌 세계체제 자체를 분석 수준으로 삼았다는 점은 월러스틴의 연구가 갖는 독창성으로 남아 있다. 그러나 그의 연구가 지닌 파급력만큼이나 문제점과 비판 역시 강하게 제기되어 온 것도 사실이다. 세계체제라는 단일한 기준으로 개별 국가와 지역을 파악하는 데에서 오는 목적론적 설명방식, 보편이론으로의 지향으로 인해 주어진 분석틀에 들어맞지 않는 변칙을 발견할 수 있는 가능성 자체가 상당한 정도로 차단되어 있는 문제 등이 여기에 포함된다.

3) 틸리의 전쟁과 국민국가 형성 연구

근대사회의 정치구조를 특징짓는 국민국가의 형성은 틸리(Tilly, 1975; 1990)와 만(Mann, 1988) 등의 학자에 의해 분석된 바 있다. 이들의 연구를 포함하여 근대 국가에 대한 거시구조적 분석은 몇 가지 공통된 연구질문을 갖는다. 역사적으로 존재한 다양한 국가 형태는 왜 국민국가라는 특정한 형태로 수렴되었고, 근대적 국민국가의 원형이 서유럽에서 발견되는 원인은 무엇이며, 국민국가는 구체적으로 어떠한 역사적 과정을 통해 형성되었는가 등이 주된 내용이다. 이러한 문제의식을 기반으로 틸리는 유럽에서 나타난 국민국가 건설과정을 설명한다. 국가형성 과정에서 그가 특히 강조하는 것은 전쟁의 역할이다. 전쟁은 국가가 대내적으로 가진 자원추출 능력과 통제력이 대외적으로 다른 국가들 사이의 경쟁을 통해 확장되는 기제로 파악된다. 이러한 내용은 틸리가 베버의 국가관으로부터 영향을 받아 정치조직으로서의 국가의 성격에 주목했음을 보여준다.

틸리(1990)는 유럽에서 나타난 국가형성 유형을 강압과 자본이라는 요인을 중심으로 세 가지 범주로 구분하여 설명한다. 첫째, 강압 집약적(coercive-intensive) 지역에서 나타난 대제국의 형태로, 여기에는 러시아, 폴란드, 헝가리 등이 속한다. 이 경우 대부분의 자원이 현물 형태로 남아 있어서 자본의 집중은 적었는데, 제한된 자원을 둘러싸고 국가는 중앙집권화된 통제력에 의존하여 대지주와 경쟁하고 억압하는 경향을 보였다. 둘째, 자본 집약적(capital-intensive) 지역에서 나타난 상업적 도시국가 형태이며, 라인랜드, 베니스 등이 그 예가 된다. 화폐경제가 발달한 이들 지역에서는 상대적으로 자본의 축적과 집중 정도가 높았고 대체로 국가의 강압력은 분산된 형태를 보였다. 셋째, 영국, 프랑스, 스페인 등에서 나타난 자본화된 강압(capitalized coercion) 모델이다. 앞의 두 모델과 달리 자본과 강압이 혼합된 이들 지역에서는 어느 하나의 논리가 전적으로 지배하지 않기 때문에 경제발전과 강압력이 전쟁을 통해 서로 상승작용할 수 있었다.

틸리의 연구에서 유럽의 국민국가 형성은 전쟁 수행, 자원 추출, 그리고 자본 축적이라는 세 가지 요인의 상호작용으로 설명된다. 자본화된 강압 모델에서 드러나듯이, 국가건설 과정에서 핵심 내용은 정치적 강제력과 경제적 자본의 적절한 균형이다. 유럽에서 성공적인 근대 국가는 강압 집약적 혹은 자본 집약적 모델에서 나타나는 것처럼 어느 하나가 다른 요소를 압도하는 경우가 아니라 자본과 강압이 유기적으로 결합되어 발전할 경우 나타났기 때문이다. 정치적 기득권은 자신들의 통제하에 있는 사람들에게 전쟁을 위해 필요한 자원을 추출하였고 이것은 다시 자본의 축적으로 이어졌다는 점에서 기존의 정치세력은 국가 형성과 연계된 주요 행위자이다. 하지만 틸리가 국민국가 건설이라는 구조적 변동을 전적으로 정치세력이 의도한 결과로 설명하는 것은 아니다. 그의 연구에서 간과하지 말아야 할 점은 전쟁 수행, 자원 추출, 자본 축적의 세 가지 내용이 일회적인 사건 혹은 단기간에 나타난 현상이 아니라 장기적인 역사적 과정에서 결합됨으로써 국민국가 건설로 귀결되었다는 사실이다.

서유럽에서 역사적으로 나타난 정치변화가 국민국가라는 독특한 형태로 수렴된 이유에 대해 틸리가 자본과 강압이라는 조건만을 강조하는 것은 아니다. 중세 이래 발달해 온 행정조직과 관료제의 유산, 식민지배를 통한 자원조달의 용이성 등 다양한 요인이 서유럽에서 국민국가가 태동한 원인으로 설명된다. 틸리는 국민국가의 형성을 이러한 요건들과 앞서 언급한 세 가지 유형화된 경로가 수반한 역사적 결과물로 파악한다. 결과적으로 틸리의 분석은 근대 국가가 한편으로 자원이나 물리력을 둘러싸고 지배계급 및 다른 정치세력과 끊임없이 경쟁했던 행위자로서의 모습을 보이고, 다른 한편으로는 이와 같은 역사적 요인에 의해 조건 지워진 측면이 있었음을 보여준다.

4) 브레너의 계급분석과 자본주의 이행론

맑스주의 연구자들에게 있어서 중요한 거시구조사 연구 주제는 봉건제에서 자본주의로의 이행의 문제이다. 돕(Morris Dobb)과 스위지(Paul Sweezy) 논쟁으로 알려진 자본주의 이행 논쟁에서 잘 드러나듯이, 이들은 생산력과 생산관계 중 자본주의적 전환을 추동한 원동력이 무엇인가의 문제에 대해 특별한 학문적 관심을 쏟았다. 봉건제 내부에 존재하는 계급모순과 갈등을 강조하는 돕과 상업화라는 경제적 요인을 중시하는 스위지 사이의 논쟁 이후 후자의 입장은 인구학적 모델과 종속이론, 그리고 세계체제론을 통해 비판적으로 계승되었다. 브레너는 계급관계와 소유관계를 강조하는 돕의 입장을 발전시킨 대표적인 학자로서, 비교사적 관점을 통해 경제적 생산력을 강조하는 입장을 비판한다(Brenner, 1976; 1977). 인구의 증감이나 상업화의 정도 등 상업화 모델에서 자본주의 발생의 원인으로 지적되는 내용은 역사적으로 서로 다른 시간과 장소에서 상이한 결과를 가져오기 때문에 자본주의의 기원으로 보기 어렵다는 것이다.

무어와 스카치폴과 유사하게 브레너는 밀의 일치법과 차이법을 사용하여 자본주의 이행에 대한 인과적 분석을 시도한다. 봉건제 내부의 계급관계와 소유관계가 자본주의로의 전환을 가져온 근본적인 원인이라는 브레너의 주장은 두 차례에 걸친 비교분석에서 도출된다. 일차적으로 동유럽과 서유럽의 비교분석에서는 양자 모두 인구압력과 상업화의 발전 등을 경험했음에도 불구하고 전자에서는 농노제가 강화되고 후자에서는 농노제가 해체된 원인이 지주와 농민 사이의 계급관계의 차이로 설명된다. 근대적 상업화라는 경제적 변화에 대응하여 지주들이 농민에 대한 수탈을 강화했는데, 지주계급의 이러한 시도가 농민들 내부에 강한 결속력이 존재했던 서유럽에서는 실패하여 농노제의 해체를 가져왔고 그렇지 못했던 동유럽에서는 농노제의 강화라는 서로 다른 결과로 나타났다는 것이다. 농노제의 해체로 귀결된 서유럽의 두 사례국인 영국과 프랑스에 대한 두 번째 비교에서는 토지소유권의 변화가 자본주의 발전 혹은 정체라는 차이를 설명하는 요인이 된다. 국가의 보호 아래 소규모 토지를 소유한 농민들의 힘이 강했던 프랑스에서는 경제정체가 나타난 반면, 상대적으로 농민의 힘이 약했던 영국에서는 지주 소유의 토지를 대여하는 차지농이 등장함에 따라 전통적인 계급관계가 해체되어 자본주의 발전으로 이어졌다는 설명이다.

분석 맑스주의자라는 수식어에 걸맞게 브레너는 정교한 논리와 분석틀을 통해 자본주의 이행에서 계급관계의 중요성과 우위를 주장했고, 그의 연구는 돕과 스위지 논쟁 이후 또 다른 자본주의 이행논쟁으로 이어져『브레너 논쟁』을 통해 정리되었다. 브레너 연구에 대해 가해진 비판 가운데 하나는 그의 분석틀이 역사적 구체성과 특정성을 충분히 반영하지 못한다는 점이다(김동노, 2003: 91-92). 농민과 지주 사이의 전근대 계급관계를 적절하게 설명하기 위해서는 정치와 경제가 제도적으로 분리된 근대사회와 달리 양자가 밀접하게 결합되어 있었던 역사적 성격을 고려해야 한다. 전근대사회에서 농민에 대한 수탈과 억압은 경제외적 요인에 의해 상당한 영향을 받았음에도 불구하고 브레너의 연구에서 이러한 역사적 내용은 논리적이고 인과적인 설명을 위해 대체로 사상되었다는 것이다. 이런 점에서 브레너는 월러스틴이 그러했던 것처럼 이후의 학자들에게 구체적 역사에 대한 깊이 있는 설명과 논리적인 인과 분석을 결합할 수 있는 방안에 대한 고민을 남겼다고 볼 수 있다.

5) 스카치폴의 사회혁명과 근대 정치체제 분석

집합행동과 사회운동은 사회변화를 야기하는 중요한 동력이며, 그중에서도 사회혁명은 급격한 구조적 변동을 추동한다는 점에서 거시구조사 연구의 핵심 주제이다. 사회혁명은 무어의 연구에서 부분적으로 포함된 이후 농민혁명에 대한 페이지의 연구(1975)와 스카치폴의 연구(1979)에서 독립적인 주제로 다루어졌다. 특히, 스카치폴은 사회혁명에 대한 비교분석을 통해 구조주의적 관점을 발전시켰다. 스카치폴은 구조 기능주의가 지배하는 학술적 담론에서 사회혁명이 대체로 사회적 행위자들에 의해 만들어지는 것으로 설명되는 경향을 비판하고, 이에 대한 대안적 관점으로 사회혁명은 구조적 요인에 의해 발생하는 것임을 주장했다.

사회혁명에 대한 체계화된 설명을 위해 스카치폴은 아래로부터의 혁명을 경험한 프랑스, 러시아, 중국을 주된 설명대상으로 삼고 프러시아, 일본, 영국의 사례를 포함하여 비교 연구를 수행했다. 스카치폴이 각국의 사례연구에서 혁명의 전제조건으로 주목한 내용은 국가구조와 계급관계이다. 프랑스, 러시아, 중국에서는 공통적으로 ① 구체제 국가가 국가들 사이의 경쟁과 압력으로 인해 정치적 위기에 직면했으나, ② 지주 계급의 반발 혹은 전쟁 등으로 인해 위로부터의 개혁에 실패했고, ③ 자율적인 농민 공동체를 기반으로 혹은 공산당이라는 외부적 요인의 영향을 받아 농민들의 결속력이 강화되어 아래로부터의 혁명이 발생했다는 것이다.

스카치폴의 구조주의적 관점에서 부각되는 내용은 크게 두 가지로 구분된다. 먼저, 국가중심적 시각(state-centered approach)이다. 스카치폴은 맑스주의 분석으로 상징되는 사회중심적 접근(society-centered approach)에서 국가를 계급구조와 계급 간 관계에 의해 설명되는 수동적인 존재로 간주한다고 비판하고, 국가가 갖는 행위자로서의 성격을 강조한다. 국가는 단지 사회경제적 투쟁이 일어나는 장 혹은 영역(arena)이 아니고, 지배 계급뿐만 아니라 계급구조 전반에 대해 자율성을 갖는 능동적인 주체(actor)로 다뤄져야 한다는 것이다. 단적인 예로, 사회로부터 자원을 추출하여 국가조직과 기구를 효율적으로 운영하기 위해 사용하는 것은 다른 계급 혹은 조직으로 환원될 수 없는 국가가 가진 독특한 행위영역이자 특징으로 설명된다.

국가론적 시각과 더불어 스카치폴의 구조적 접근을 특징짓는 내용은 세계역사적 관점이다. 스카치폴에 따르면, 국가는 자국 내 영토와 인구에 대한 통제와 관리를 담당할 뿐만 아니라 세계경제의 영향을 받고 다른 국가들과의 관계에서 경쟁해야 하는 조직이므로 개별 국가가 국제사회에서 갖는 구조적 위치와 영향을 함께 고려해야 한다. 이처럼 국제적 요인에 대한 강조는 표면적으로 월러스틴의 세계체제론과 유사한 것으로 보일 수 있다. 그러나 스카치폴은 월러스틴의 이론을 경제중심적 관점이라고 비판하면서, 국민국가의 구조와 역학은 세계 자본주의와 상호 의존적 관계를 갖지만 그것에 의해 결정되는 것은 아니라고 주장한다. 스카치폴에게 있어서 성공적인 구조 분석의 핵심은 국가 조직을 외적 조건(타 국가들과의 군사, 경제적 경쟁 등)과 내적 조건(국내 계급구조 및 경제상황 등)의 관계 속에서 파악하는 것이다.

스카치폴은 전후 거시구조사 연구에서 여러 가지 의미 있는 업적을 남겼다. 거시구조 분석을 위해 비교방법을 체계화시키기 위해 노력한 점, 맑스에 비해 상대적으로 주목받지 못한 베버의 학문적 업적을 새롭게 조명함으로써 국가중심적 관점을 발전시킨 점, 그리고 역사학과 구별되는 역사사회학의 독특성을 강조하면서 사회학 내에서 역사사회학의 제도화에 힘쓴 점 등이 그것이다. 이 과정에서 스카치폴은 다양한 비판에 직면하기도 했다. 비교분석 방법에 대해서는 모든 변수의 통제 불가능성, 각 분석 단위의 독립성을 전제하는 문제점 등이 제기되었고, 이러한 내용은 스카치폴이 인과적 논리에 기반한 설명 모델에 천착함으로써 역사성을 제대로 반영하지 못했다는 지적으로 이어졌다. 또한, 국가중심적이고 구조적인 설명방식의 한계 역시 다각도로 조명되었는데, 가령 역사적으로 발생한 사회혁명에서 이데올로기가 중요한 역할을 했음에도 불구하고 스카치폴은 그것이 구조적 요인이 아니라는 이유만으로 분석틀에 포함시키지 않았다는 내용을 들 수 있다(Sewell, 1985). 이런 점에서 결국 스카치폴의 거시구조적 분석은 다음 세대의 연구자들이 해결해야 할 과제를 남겨 놓음으로써 역사사회학의 또 다른 장을 여는 데 기여했다고 볼 수 있다.

4. 역사적 전환, 그 이후 : 거시구조사 연구가 남긴 문제들

고전사회학자들 이후 2세대 역사사회학자들의 연구는 의미 있는 학문적 공헌을 남겼다. 20세기 중반까지 엄격한 경험주의와 실증주의적 사고가 학문적 헤게모니를 장악한 상황에서 대체로 등한시되었던 역사적 관점을 부각시킨 것이야말로 이들의 핵심적인 기여 가운데 하나이다. 이들은 이 글에서 검토한 내용 이외에도 다양한 방법론적, 이론적 논의를 발전시키면서 사회학 내에서 역사사회학을 독립된 세부영역으로 제도화하는 데 중추적인 역할을 했다. 그럼에도 2세대 역사사회학자들의 연구내용과 방법에 대한 비판은 지속적으로 제기되어 왔다. 이러한 논의는 이후 역사사회학 연구의 흐름을 주조하는 밑거름이 되었던 만큼 어떠한 문제점이 중점적으로 논의되었는지 살펴볼 필요가 있다. 아래에서는 거시구조사 분석을 중심으로 하는 역사사회학 연구에 대한 비판적 논의를 크게 세 가지 문제—방법론과 연관된 소수 사례(small-N)의 문제, 역사성과 인과성의 통합 문제, 그리고 연구대상과 주제의 배타성 문제—로 나누어 검토한다.

먼저, 거시구조사 분석 방법론에 관한 문제에서는 무어와 스카치폴, 브레너 등의 연구에서 활용된 비교방법에 대한 비판이 두드러지게 나타났다. 밀의 일치법과 차이법은 다변량 통계기법의 논리와 유사하지만 거시구조사 연구는 통계 분석과 달리 소수의 사례에 의존하여 인과적 설명을 도출하게 된다. 이처럼 제한된 경험적 사실에 기반을 두면서도 일정한 정도로 일반화된 설명(moderate generalization)을 취하는 것이 과연 적절한 것인가에 대한 문제가 제기되어 왔다. 예를 들어, 리버슨(Lieberson, 1991)은 소수 사례의 한계와 함께 다음의 네 가지 내용을 근거로 거시비교 분석의 문제를 지적한다. 이러한 방법에서는 주어진 결과를 단일한 원인에 의해서만 설명할 수 있고, 따라서 결정론적인 설명을 유도하며, 변수의 유무에만 관심을 갖는 만큼 변수 간 상호작용을 파악하지 못하고, 측정의 오류가 발생할 수 있다는 것이다.

다음으로, 역사성과 인과성의 문제는 역사사회학 방법론과 인식론을 둘러싸고 제기된 중요한 쟁점이다. 역사사회학의 연구내용이 사회학에서 추구하는 일반 이론으로 간주될 수 있는지 여부는 학자들 사이에서 지속적으로 논쟁의 대상이 되어 왔다. 골드소프(Goldthorpe, 1991; 1997), 카이저와 헥터(Kiser and Hechter, 1991)는 역사사회학 연구에 대한 비판적 입장을 잘 보여준다. 기본적으로 사회학 이론이 보편적 인과기제에 기반을 두어야 한다는 인식을 공유하는 이들에게 있어서 사회학적 연구는 구체적인 역사적 사건과 현상에 대한 깊이 있는 이해를 추구하는 역사학 연구와 명백하게 구분된다. 이들이 보기에 역사사회학자들의 근본적인 한계는 이론 구성의 주요 내용인 타당성(plausibility)과 검증 가능성(testability) 등의 요소를 무시함으로써 시·공간적 제약을 뛰어넘는 일반화된 인과적 기제를 만들어내지 못한다는 점에 있다. 역사사회학 연구는 역사적 맥락과 우연성을 과도하게 강조함으로써 사회학 연구가 갖는 분석적 능력을 최소화시킨다는 것이다.

역사사회학의 방법론과 이론적 내용에 대한 이러한 논의는 역사사회학

연구자들이 해결해야 할 건설적인 비판을 일부 포함하기도 하지만 보다 근본적으로 사회학자들 사이에 메우기 힘든 인식론적 간극이 존재함을 보여준다. 사회이론이 보편적 원리로 확장 가능한 인과기제에 기반을 두어야 한다는 골드소프, 카이저와 헥터의 주장은 대체로 실증주의적 관점에 입각한 주류 사회학의 입장을 대변하는데, 역사사회학자들은 이들과 근본적으로 상이한 인식론적 입장을 취한다(Mann, 1994; Somers, 1998; Steinmetz, 1998 참조). 역사사회학 연구에서 설명의 대상은 구체적인 시·공간적 맥락에서 파악되어야 하는 만큼 이러한 분석에 기반을 두는 이론적 설명이 일반성을 담보하기는 어려우며, 언제 어디서나 적용 가능한 보편적 법칙의 성격을 갖는 것은 불가능하다. 물론 역사사회학 연구자들 내부에서도 서로 다른 인식론적 입장은 존재한다.[3] 그럼에도 골드소프 등이 제기한 비판과 문제점이 역사사회학 연구를 통해 해결되기 어렵고 오히려 사회학 내에서 역사사회학 무용론으로 이어질 수 있는 이유는 이처럼 화해하기 어려운 인식론적 차이에서 기인하는 것이다.

2세대 역사사회학 연구를 중심으로 제기된 비판에 대해 연구자들은 다양한 방식으로 대응했다. 일군의 학자들은 역사사회학의 비교방법론과 이론적 분석틀을 좀 더 체계화시키는 데 주력했고, 다수의 연구자들은 보다 적절한 역사적 설명(historically grounded explanation)을 고안하기 위해 노력했다. 이들이 보기에 2세대 역사사회학 연구의 문제는 인과성과 일반이론, 나아가 보편이론의 구성에 과도하게 천착한 나머지 역사성을 간과하거

---

3) 카이저와 헥터의 인식론이 기본적으로 역사사회학자들이 공유하는 인식론적 내용과 차별적인 것은 분명하지만, 그렇다고 역사사회학자들이 모두 동일한 관점을 공유하는 것은 아니다. 가령, 소머스(Somers, 1998)와 스타인메츠(Steinmetz, 1998)는 공통적으로 카이저와 헥터를 비판하면서도 각각 관계론적 실재론과 비판적 실재론이라는 서로 다른 인식론적 기반에서 역사사회학 연구의 학문적 의의를 옹호한다. 이처럼 역사사회학자들 사이에서 발견되는 인식론적 차이는 이들이 주장하는 방법론적 전략과 이론적 지향이 상이하게 나타나는 이유를 설명하는 데 도움을 준다. 비판적 실재론에 대한 구체적인 내용은 채오병(2007) 참조.

나 심지어 몰역사적인 설명으로 전락했다는 점에 있다. 따라서 역사성을 훼손시키지 않으면서 동시에 인과적 분석을 발전시키는 것이 주된 과제로 부각되었고, 이를 위한 대안적 방안이 다양한 내용으로 제시되었다. 구체적인 예로는, 실증주의적 전통에서 지배적인 변수 중심의 분석방식을 개별 사례 및 사건에 대한 서사적 분석(a case/narrative approach) 혹은 인과적 서사(causal narrative)로 대체해야 한다는 주장(Abbott, 1992; Somers, 1996)이나, 사회적 현실과 역사적 사건을 연속적인 시간적 배열 속에서 접근하기 위해 사건 구조 분석(event-structural analysis)을 발전시켜야 한다는 입장(Griffin, 1993), 시간성 자체를 목적론적 혹은 실험적 방식으로 변용하는 기존 연구의 한계를 다사건 분석(eventful analysis)으로의 전환을 통해 해결하고자 하는 시도(Sewell, 1996), 한 시기의 제도적 배열이 다음 시기의 조건으로 작용함으로써 구조적 재생산 자체가 갖는 경로의존적 성격에 주목하는 관점(Mahoney, 2000; Paige, 1999 참조) 등을 들 수 있다. 이러한 대안적 관점은 세부적인 내용에서 나타나는 차별성에도 불구하고 기존의 거시구조사 분석에서 간과하거나 적절하게 설명하지 못한 역사적 국면의 전환과 접합점, 그리고 우연성 등의 내용을 통합시켜 역사성을 반영하면서도 인과적 설명을 구성하기 위한 전략으로 제시되었다는 공통점을 갖는다.

거시구조사 분석이 남긴 또 다른 문제는 연구 주제와 사례 선택에서 나타나는 배타성을 들 수 있다. 2세대 역사사회학자들은 대체로 근대국가와 정치체제, 자본주의 시장경제, 사회혁명 등을 분석 대상으로 삼았고, 이러한 주제는 대부분 서구에서 나타난 근대적 전환의 맥락에서 다루어졌다. 이에 따라 인종이나 젠더 등의 내용을 포함하는 문화적 영역에 대한 관심은 상당한 정도로 배제되었고 비서구사회의 역사는 일종의 예외 혹은 변칙적(abnormal) 사례로 간주되면서 주변화되었다. 중국이나 일본과 같은 몇몇 국가들이 기존의 거시구조사 연구에 포함된 바 있지만 서구중심적 역사관에서 대부분의 비서구국가들이 여전히 타자화되어 온 것도 사실이다. 더욱이 서구 역사의 정치, 경제적 구조를 다루는 데 있어서도 제국주의와 식민주의의 내용은 대부분 사상되었다. 제한된 연구 주제와 사례의 문제는 결국 기존 연구에서 주된 분석대상이 된 서구 역사에 대해서도 일면적이고 부분적인 설명만을 제시하는 이론적 한계로 이어지는 것이다. 이런 점에서 역사적 전환 이후 나타난 문화적 전환(cultural turn), 제국과 식민주의에 대한 학문적 관심은 기존의 거시구조사 연구로 대변되는 역사사회학 연구와의 연관성 속에서 파악될 수 있다.

5. 맺음말

구조 분석과 거시사 연구 경향의 궤적을 추적하는 작업은 그 자체로 역사사회학을 공부하는 우리들에게 여러 가지 생각할 거리와 해결해야 할 과제를 안겨준다. 고전사회학 이래 진행되어 온 역사사회학 연구를 검토하면서 우리는 사회학의 역사 만큼이나 오래된 질문에 직면하게 된다. 우리가 살고 있는 사회는 어떤 과정을 거쳐왔으며 왜 현재와 같은 모습으로 귀결되었는지, 장기간의 역사적 과정 속에서 진행되는 사회구조의 생성과 지속, 그리고 변화를 사회학적으로 설명한다는 것은 어떤 의미이며, 구조와 행위의 관계는 어떻게 설명될 수 있는지, 이에 대한 이론화의 구체적인 방법은 무엇인지 등에 대해 선행 연구자들과 함께 고민하게 되는 것이다.

방법론적, 인식론적 질문과 더불어 거시구조사 연구의 경험적 분석내용은 우리의 역사에 대해 반추할 기회를 제공하기도 한다. 대체로 서구 유럽의 역사적 경험에 기대고 있는 기존 연구는 다양한 사회적 맥락을 이해하고 역사적 시각을 확장하는 데 도움이 되기도 하지만, 이러한 연구는 결국 우리의 역사에서 근대 국가와 시장기제는 어떻게 형성되어 왔으며, 사회계급과 사회운동은 우리의 근현대사에서 나타나는 구조적 변동과 어떻게 맞물려 있는지에 대한 질문으로 연결된다. 이와 같은 역사적 관심은 우리 사회에서 나타나는 각종 사회현상이나 사건과 접목되면서 과거와 현재의 대화를 가능케 한다.

이런 점에서 거시구조사 분석은 한국 사회사 연구에서 여전히 중요한 함의를 갖는다. 내적 균열과 외적 압력으로 점철된 조선 후기 이래 일제에 의한 식민지배와 분단, 한국전쟁 이후 산업화와 민주화, 그리고 외환위기와 신자유주의적 변화에 이르기까지 우리의 역사는 굴곡진 구조적 변화로 점철되어 왔다. 이들 각각의 주제에 대해서는 역사학과 사회학을 비롯한 다양한 분과학문에서 많은 연구가 수행된 바 있다. 다채롭고 복잡한 우리의 근현대사를 일정하게 설명하고 이해할 수 있는 것은 이러한 연구가 축적되어 온 덕분이다. 그러나 한국의 사회사/역사사회학 연구에서 이론적 논의는 풍부한 경험적 연구에 비해 상대적으로 주변화되어 온 것도 사실이다. 이러한 학문적 공백은 개별 사건과 역사적 시기에 대한 경험적 연구를 지속적으로 진행하면서 동시에 한국 사회사에 기반한 이론화의 작업을 병행함으로써 채워질 수 있을 것이다.

제 6 장

인과성, 구조, 사건

| 채오병(국민대학교 사회학과) |

| 전희진(연세대학교 사회학과 BK21 플러스 사업단) |

1. 도 입

이 장에서 우리는 역사사회학에서 발전되어 온 사건사 분석에 대해 알아볼 것이다. '사건'이란 무엇인가? 국립국어원 표준국어대사전에 따르면 사건이란 "사회적으로 문제를 일으키거나 주목을 받을 만한 뜻밖의 일"로 정의된다. 한국의 역사를 통해 이 정의에 부합하는 사례를 찾기란 어렵지 않을 것이다. 사건이 이렇게 정의된다면, 사건사란 사건들의 역사 혹은 사건들을 통해 본 역사 정도가 될 것이다.

그런데 사회학적으로 이렇게 이해되는 사건사는 아직 우리에게 생소하다. 왜 그런가? 두 가지 정도의 이유가 있는 것 같다. 첫째 이유는 사회학과 역사학 사이에 존재하는 명분이 약한 분업 때문이다. 사회학은 사회과학의 한 분야로서 사회현상에 대한 인과적 설명을 제공하고, 역사학은 과거 사료의 발굴을 통해 역사를 충실히 사실적으로 재현해야 한다는 전통적 역할분담론이 여전히 강고하다. 사회학이 이론을 통해 보편을 추구해야 한다면, 역사학은 개별이 갖는 특수한 의미를 잘 살려내야 한다는 것이다. 이렇게 본다면, 정의상 "뜻밖의 일"로서의 사건에 대한 연구는 사회학보다는 역사학이 수행해야 할 것처럼 보인다. 둘째 이유는 구조와 사건의 관계 때문이다. 우리는 구조적 설명에 매우 친숙해져 있다. 우리는 사회학 개론 수업에서 사회학적 상상력이라는 개념을 통해 개인행위의 배후에 존재하는 사회적 힘의 존재를 깨닫게 된다. 마르크스와 뒤르켐을 배우면서도 구조의 힘을 실감한다. 이렇게 사회구조의 속성으로 개별 현상을 설명하려는 시도, 즉 구조주의적 설명은 역사사회학에서도 지배적인 인과적 추론의 방식이었다.[1]

사건사 분석은 이 두 가지 근거가 부적절하거나 일면적이며 따라서 사

1) 이에 대해서는 이 책 제5장의 내용을 참조할 것.

건 및 사건사가 역사사회학적 연구에서 본연의 중요성을 가져야 함을 역설한다. 사건사 분석은 인과적 설명과 개별 혹은 특수에 대한 기술의 구분이 부적절하며, 우연적 사건 혹은 역사의 전개가 인과적으로 설명될 수 있다는 입장을 견지한다. 구조와 사건의 관계에 대해서도 사건사 분석은 구조가 중요한 만큼 사건도 구조변화에 중요하다는 입장을 갖는다. 특정 사건을 통해 사회 전체, 즉 구조가 바뀌는 상황은 없었을까? 유럽을 대파국으로 몰아넣은 세계 제1차대전은 1914년 사라예보에서의 총성에서 시작되지 않았던가? 가깝게 1987년의 민주화 운동에서 발생한 일련의 사건들, 그리고 1997년 11월 외환위기에서 촉발된 일련의 사건연쇄는 한국인의 삶을 근본적으로 변화시키지 않았나? 이 예들은 사건(들)이 경우에 따라 구조에 심대한 영향을 줄 수 있음을 보여주기에 부족하지 않다.

우리는 이 장에서 먼저 일반론적인 차원에서 사건사와 인과성의 관계에 대해 논의하고, 이어 구체적 사건사 분석 방법으로 다사건 분석과 경로의존 분석을 살펴볼 것이다. 사건사에 대한 역사사회학의 방법론적 접근은 다양하다. 그러나 아쉽게도 지면의 한계로 모든 사건과 사건사에 대한 방법이 거론되지 않았다. 따라서 이 장에서 소개되는 내용은 그 중요성에도 불구하고 사건사의 방법을 배타적으로 대표하지는 않음을 미리 밝혀둔다.

2. 사건사의 인과성

인과성이란 국어사전에 따르면 둘 또는 그 이상의 존재가 원인과 결과로 맺어지는 관계를 의미한다. 그러면 인과성을 어떻게 표현하거나 기술할 수 있을까? 대표적으로 우리에게 친숙한 방법은 이것을 실증주의적 방식을 따라 경험적 일반화라는 이론적 진술로 표현하는 것이다. 경험적 일반화란 원인과 결과의 연합이 반복적으로 관찰될 경우 달성된다.[2]

예를 들어 알렉시스 드 토크빌이 『미국의 민주주의』에서 주목하는 시민의 자발적 결사체의 존재는 민주주의의 발전과 유지에 매우 중요한 요소이다. 또한 여덟 사례에 대한 비교를 통해 정치적 근대성의 서로 다른 경로를 분석한 베링턴 무어의 『독재와 민주주의의 사회적 기원』에서 스치듯 언급되는 "부르주아 없이 민주주의 없다"는 명제는 많은 반향과 함께 이에 기초한 후속연구를 촉발하였다.

이 실증주의적인 인과성 진술, 즉 경험적 일반화에는 분명히 매력이 존재한다. 수많은 사례들이 단일한 이론적 명제로 설명될 수 있다면 얼마나 그 이론은 경제적이며, 따라서 사회학의 위상을 높임과 동시에 수많은 역사사회학자의 노고를 덜어줄 수 있을까? 만약 셀 수 없이 다채로운 역사들이 얼마의 경험적 일반화의 진술로 수렴될 수 있다면, 우리는 상세히 역사를 공부할 필요가 없을 것이며, 그 대가로 역사사회학자는 직업을 잃을지도 모른다.

그러나 다행히(?) 우리가 관찰하는 역사는 이러한 일반화의 야망을 쉽게 좌절시킨다. 1920년대 이탈리아의 자발적 시민결사체는 민주주의가 아닌 파시즘의 주요 동원 거점이 되었다(Riley, 2005). 또한 부르주아지의 성격도 단일하지 않음이 다수의 역사를 통해 확인되었다. 제프리 페이지의 『커피와 권력(*Coffee and Power*)』에서 확인되듯, 커피 농장 경영으로부터 수익을 얻는 남미의 농업자본가는 민주주의적인 자유임노동보다는 강제력이 가미된 노동과정을 선호했다(Paige, 1997). 비슷한 논리선상에서, 한국의 자본가가 역사적으로 민주화에서 수행한 적극적 역할은 발견하기 어렵다. 경험적 일반화를 거스르는 역사적 사례는 많다고 해야 할 것이다. 그렇게 본다면 사회과학에서 경험적 일반화는 그것이 성취하려는 이론적 야망을 위해서 수많은 역사적 반증사례들을 예외화시키고 일탈화시켜야 할 것이다.

2) 여기서 경험적 일반화는 사회과학에 한정할 때, 필연성이 아닌 (확률에 근거한) 개연성으로 이해되어야 할 것이다.

이렇게 역사로부터 일반적 이론을 추출하려는 시도는 역설적으로 역사성의 희생을 감내해야 한다. 만일 우리가 그러한 희생을 감수하기 싫다면, 그리고 생생한 역사성을 희생시키지 않으면서도 동시에 사회학의 이론적 관심을 간직하고 싶다면, 우리는 경험적 일반화와는 다른 인과성에 대해서 생각해 볼 필요가 있다. 그 인과성은 모든 역사적 사례를 아우르려는 제국주의적 야심은 갖고 있지 않다. 그와 반대로 이 인과성은 역사의 가장 큰 특성이라 할 만한 과정에 대한 분석, 즉 시간성에 주목하여 구조적 속성으로부터 결론을 유도하기보다는 사건의 연쇄를 중시하며, 그 사건연쇄가 갖는 예측 불가능성, 즉 우연성을 포용한다.

먼저 왜 시간성인가? 과거에서 현재를 거쳐 다시 미래로 흘러가는 시간이라는 이 근대적인 시간관은 대다수가 상식적으로 받아들이고 있는데 왜 굳이 시간에 성격을 부여하며 논의하는 것일까? 그 이유는 흥미롭게도 기존의 역사사회학적 분석이 이 상식적 시각과 거리가 있었기 때문이다. 사회사가인 윌리엄 스웰은 시간성을 크게 목적론적 시간성, 실험적 시간성, 그리고 다사건 시간성이라는 세 종류로 분류한다(Sewell, 1996a). 목적론적 시간성에서는 아직 도달하지 않은, 미래의 사건이 특정 역사적 사건을 분석하는 데 있어 준거가 된다. 예를 들어, 과거사회의 농민봉기는 그 성격이 '전통적' 이거나 '근대적' 인 것으로, 아니면 '반동적' 이거나 '진보적' 인 것으로 분류되는데, 이것은 미래의 정치경제적 상태에 근거해 과거의 사건을 규정짓는 것이다. 실험적 시간성에서는 연구자가 거시 비교를 위해 각 사례를 독립단위로 설정하고 시간을 동결시킴으로써 과정의 분석이 누락되는 결과가 발생한다. 대표적인 경우가 테다 스카치폴이 수행한, 거시인과분석의 방법을 활용한 혁명의 비교연구인데, 여기에서 혁명의 성공 여부는 선별된 구조적 변수의 존재 여부에 따라 결정된다. 여기에는 두 가지 문제가 있는데, 하나는 변수들 간의 시간적 선후관계에 근거한 과정의 분석이 주변화된다는 점이며, 다른 하나는 개별 혁명을 독립적 사건으로 다루어 프랑스혁명 이후 역사적으로 전수된 혁명의 문화적 학습효과가 간과되는 점이다. 스웰은 이러한 기존 역사분석의 두 가지 시간성을 비판하고 대안적 시간성을 제안한다. 그것은 다사건 시간성으로서, 시간의 흐름을 따르는 사건 사이의 관련성에 주목하고, 그렇게 서로 관계된 사건의 누적이, 즉 사건들(다사건)이 구조의 변화를 불러올 가능성을 탐색한다. 이것이 다사건적 시간성인 이유는 시간적으로 선행한 사건이 이후 사건의 발생과 전개에 영향을 주는 과정에 분석의 초점이 두어지기 때문이다.

따라서 다사건적 시간성은 사건의 선후관계, 즉 사건의 연쇄를 주된 연구관심으로 설정하고, 사건들의 연합과 누적이 어떠한 효과를 불러오는지에 대해 주된 관심을 보인다. 목적론적 시간성과 실험적 시간성에서는 인간의 행위수행(agency)이 부각되지 않는다. 주변부 사회에서의 농업의 상업화는 그 사회구성원의 행위보다는 국제적 노동분업에 기초한 세계체제의 기능적 요구에 따른 변화로 설명된다. 또한 혁명이란 그에 참여한 행위자들에 의해 만들어지는 것이 아닌, 그 사회의 계급구조나 국가의 재정상태 등 구조적 변수에 의해 도래하는 것으로 설명된다. 이와 달리 사건에 대한 관심은 그 연쇄과정에서 인간 행위수행의 인과성을 복원시킨다. 사건은 인간의 특정한 상황에 대한 인식과 그 인식에 따른 행위로서 발생한다. 따라서 사건연쇄의 과정은 인간의 무수한 의미와 행위로 채워지며, 그 행위에 따라 시간적으로 분포한 사건들은 인과적으로 얽히게 되는 것이다. 여기에서 한 가지 유념할 사항은 사건연쇄의 인과적 분석이 구조에 대한 관심을 등한시하지 않는다는 점이다. 오히려 그것은 구조와 사건의 긴밀한 관계를 중시한다. 다음 절에서 좀 더 구체적으로 논의되겠지만, 사건이란 구조와 별개로 존재하는 즉흥적 인간행위의 산물이 아니다. 인간은 항상 구조를 자신 속에 문화적 범주로서 내재화하고 있으며, 그에 따른 행위의 결과가 사건을 구성한다는 점에서 사건은 구조의 현실화이자 재생산으로 이해될 수 있다. 그러나 동시에, 사건은 언제나 구조를 재생산하는 것은 아니다. 사건연쇄의 흐름은 경우에 따라 의도된 방식으로, 아니면 의도치 않은 방식으로 전개되어 구조의 변화를 불러오기도 한다.

사건의 구조 재생산으로부터의 이탈, 즉 사건연쇄를 통한 구조의 변화는 우리로 하여금 사건연쇄의 경로가 갖는 예측 불가능성, 즉 우연성에 주목하게끔 한다. 하나의 사건이 발생하고 그것이 다시 다른 사건의 발생에 영향을 주는 사건연쇄의 경로는 예측하기 어렵다. 즉 사건연쇄는 매 순간이 상황논리에 의해 지배되는 우연적인 과정이다. 그러나 이 우연성에 대한 인정이 인과성과 배치되는 것은 아니다. 예를 들어 4·19 의거와 5·16 쿠데타에 대해 생각해 보자. 우리는 4·19 의거와 5·16 쿠데타를 흔히 큰 사건으로 기억한다. 그러나 좀 더 세밀히 들여다보면, 이 두 "사건들" 사이에는 다수 사건들의 연쇄가 있었음을 알게 된다. 이를 선별해 보면, 1960년 3·15 부정선거, 4월 11일 최루탄이 눈에 박힌 채 발견된 마산상고생 김주열의 시신 발견, 4월 18일 고려대생의 시위에 대한 습격사건, 4월 19일 전국 대학의 총궐기와 이에 대한 정부의 발포, 4월 25일 전국대학교수의 시국선언, 4월 26일 대통령의 하야 수용, 이승만의 망명과 이기붕 일가의 자결, 허정 과도정부의 수립, 1961년 윤보선을 대통령으로, 장면을 국무총리로 한, 의원내각제를 채택한 제2공화국의 성립, 그리고 같은 해의 5·16 쿠데타 등이 될 것이다. 이 사건연쇄 과정은 혁명에 대한 어떠한 일반이론으로도 설명하기 어렵다. 또한 사건연쇄의 처음, 즉 부정선거로부터 사건연쇄의 끝에 해당하는 5·16 쿠데타를, 아니면 그 중간 단계인 이승만의 하야를 당대의 시선에서 예측하기란 매우 어려웠을 것이다.

이 예측 불가능성에 대한 인지는 달리 말해 우연성에 대한 인정을 의미한다. 역사는 일반이론이 지배하지 않는 개방적 과정이다. 그런데 이렇게 역사의 우연성을 인정하게 되면 사회학도의 생각은 복잡해질 수밖에 없다. 만일 사건연쇄의 과정이 오직 우연성에 의해서만 지배된다면 우리는 역사 연구를 역사학자에게 일임하면 그만일 것이다. 자연히 우리는 사건연쇄 그 자체에 관심을 부여할 필요도 없을 것이다. 그러나 다행히도, 역사는 우연성과 함께 사회학자가 기여할 수 있는 여지를 남겨놓았는데, 그것은 사건연쇄의 인과성이 지닌 성격 때문이다. 그런데 인과성과 우연성 이 둘은 상호 배타적인 범주가 아닌가? 우리가 그렇게 생각하는 이유는 인과성과, 우연성의 대립개념인 필연성(혹은 개연성)을 동일시하기 때문이다. 이 시각은 경험적 일반화를 추구하는 실증주의적 과학관이 견지하는 인과성에 대한 하나의 견해일 뿐이다.

이 시각과 반대로 사건사에 주목하는 접근들은 인과성이 우연성과 양립 가능한 것으로 파악한다.[3] 사건연쇄에서 선행사건은 이후 사건을 결정하지 않는다. 그렇기보다는 주어진 구조적 여건 속에서 선행사건이 특정행위자의 상황인식을 특정한 방향으로 한정함으로써 이후 사건의 발생에 영향을 주는 것으로 이해하는 것이 적절하다. 그렇게 본다면 4월 19일의 대학생 궐기는 누적된 이승만 정권의 부패와 실정에 대한 불만, 3·15 부정선거, 고등학생 시위와 이에 대한 폭력진압, 그리고 김주열 시신의 발견과 같은 사건들이 누적적으로 작용한 결과인 것이다. 4·19 의거처럼 어떠한 우연적 사건도 그것이 발생했다는 점에서 그 발생에 기여한 원인이 반드시 존재한다. 그리고 원인은 아마 다수로 존재할 것이다. 우리는 모든 원인을 미리 알 수 없다는 점에서 우리의 예측을 벗어난 사건은 우연적이고, 그것은 오직 사후적으로, 인과적으로 설명될 수 있다. 인과성과 우연성은 상호 대립적이지 않다.

---

3) 이러한 인과성은 과학철학의 관점에서 볼 때 비판 실재론(critical realism)과 잘 부합한다(채오병, 2007; Bhaskar, 1978; Steinmetz, 1998). 이 입장에 따르면, 실재의 영역에서 작동하는 인과적 메커니즘은 실증주의가 전제하는 것처럼 변수들 간의 항상적 연합(constant conjunction)을 발생시키지 않는다. 특정 인과 메커니즘은 상황에 따라 작동되지 않을 수도 있으며, 작동되더라도 상쇄 메커니즘에 의해 예기된 결과가 현실의 세계에서 실현되지 않을 수도 있다. 또한 특정 사건은 통상적으로 단일 메커니즘이 아닌 서로 다른 층위의 여러 인과 메커니즘들이 동시에 작용한 결과로서 그 발생을 이론적으로 예측하기란 매우 어렵다.

우리는 지금까지 일반론적인 차원에서 사건사와 인과성에 대해 논의하였다. 이어지는 내용에서 우리는 좀 더 구체적으로 사건사 분석의 방법을 살펴볼 것이다. 사건사에 대한 방법론적 접근은 다수 존재하지만, 이 장은 지면의 한계로 대표적이며 비교적 널리 알려져 있는 다사건 분석과 경로의존 분석을 소개할 것이다.

3. 다사건 분석

'다사건'이란 무엇일까? 다사건(多事件)이라는 용어는 "eventful"의 그다지 자연스럽지 않은 번역어이다. 다사건은 간결한 한자어일 테지만 좀 더 풀이하면 "사건으로 충만한" 정도가 될 것이다. 다사건 분석은 말 그대로 하나의 '사건'이 아니라 다수의 '사건들'에 관심이 있는데, 그것은 구조와의 관련성 때문에 그렇다. 사회학에서 사건은 구조에 비해 많은 주목을 받지 못했다. 유럽 사회사의 내용을 소개한 제2장의 논의에서 살펴보았듯이, 구조사는 잘 변하지 않는 장기지속의 성격을 갖는 것으로, 단기지속의 사건사와는 별개로 존재했다. 또한 사건은 구조의 단순한 발현이거나, 연못에 던져진 돌멩이가 만드는 작은 파장이 곧 없어지듯 구조를 변화시킬 수 없는 것으로 간주되곤 했다. 그러나 만약 단일 사건이 아닌 연이어 발생하는 사건연쇄의 경우에도 그러할까? 다사건 분석은 인과적으로 얽힌 사건연쇄의 누적적 효과가 구조를 변화시킬 수 있다고 믿는다.

이 절에서 우리는 마샬 살린스와 윌리엄 스웰의 작업을 대표적인 다사건 분석의 사례로 검토한다. 이들의 작업은 사건연쇄를 통한 구조의 변화를 분석한다는 공유점을 갖고 있지만, 미세한 차이 역시 존재한다. 살린스의 작업은 사건을 구조의 재생산으로 파악하고, 재생산 과정을 통해 구조가 변화한다는 입장을 견지한다. 반면 스웰은, 다양한 원인에 의해 파열되는 구조 및 구조 간 연결망이 사건연쇄를 통해 복원 불가능해짐과 동시에 새로운 구조의 등장을 가능케 한다고 주장한다. 그런데 이 두 분석을 살펴보기에 앞서, 구조의 개념에 대한 간략한 정리가 필요하다. 사회학에서 구조는 다양한 방식으로 사용되어 왔기 때문에, 다사건 분석에서 구조란 무엇을 의미하는지를 먼저 알 필요가 있기 때문이다.

구조의 개념을 정리하고 있는 스웰은 이론적으로 안토니 기든스의 구조화 이론과 피에르 부르디외의 아비투스 개념에 큰 빚을 지고 있다. 이들의 구조 개념은 기존의 구조주의와 구성주의의 전통적 대립을 극복하려는 시도의 산물로서, 구조가 갖는 이중적 성격으로 구체화되었다. 기든스에게 구조는 "효과"이자 "매개"로서의 이중적 속성을 갖는다. 인간의 관념체계로서의 구조는 외부세계의 효과로서 구성됨과 동시에, 실천의 매개가 되는 것이다. 부르디외에 있어서도 구조는 두 가지 속성을 가지는바, 하나는 인간 외부에 존재하는 객관적 구조이고 다른 하나는 그것이 개인에게 체현된 심적 구조로서의 아비투스이다. 이렇게 구조화된 구조로서의 아비투스는 인간의 실천을 통해 외부세계를 재생산하거나 변화시키는, 구조화하는 구조로서의 역할을 수행한다.

구조의 이중적 성격에 대한 통찰을 이어받아 스웰 역시 구조를 물질적 차원과 한 사회의 성원들이 공유하는, 비물질적인 문화적 틀(cultural schema)의 두 차원을 동시에 포함하는 것으로 이해한다(Sewell, 1992). 물질적 차원은 다양한 영역을 포함한다. 사회제도, 건물, 물질적 부 등이 여기에 포함되는데, 스웰은 이것을 자원(resource)이라 통칭한다. 문화적 틀은 사회성원들에게 공유되고 있는, 기억 속에 저장된 관념이나 지식을 일컫는다. 문화적 범주(cultural category)나 문화적 코드 등으로 불리기도 하는 문화적 틀은 우리가 외부세계를 이해하는 인식의 틀이 됨과 동시에, 그 인식에 근거해 우리의 실천을 인도한다. 문화적 틀 역시 다양한 차원으로 구성된다. 예를 들어 우리가 사용하는 언어적 기호, 각 사회마다 존재하는 음양, 남녀, 선악 등의 이원대립 체제, 행위에 대한 여러 규범과 규칙들, 음식제조를 위한 레시피 등이 그것이다.

그런데 구조가 성립하기 위해서는 이중으로 존재하는 비물질적인 문화적 틀과 물질적인 자원 간에 상호 유지적인 관계가 성립해야 한다. 특정 문화적 틀이 물질적 차원에서의 자원에 의해 확인(validation)되지 않는다면, 혹은 자원이 그것을 의미하는 문화적 틀로 표현되지 않는다면, 구조는 성립되지 않거나 깨어지게 될 것이다. 어려운 표현 같지만 예를 들면 쉽게 이해가 될 것이다. 가령 자본주의라는 경제구조를 생각해 보자. 물질적 차원에서 자본주의는 시장과 임금노동, 계급 등으로 구성될 것이다. 이 물질적 차원의 효과로서 우리는 자본주의에 대한 관념을 갖게 된다. 동시에 그러한 관념에 기반한 사람들의 일상적 행위가 없다면 물질적 차원은 존재할 수 없을 것이다. 물질적 차원은 문화적 틀의 효과이기도 한 것이다. 정당정치구조도 마찬가지다. 물질적 차원에서의 정당과 선거제도를 통해 우리는 그것을 배우고 정당 정치에 대한 관념을 갖게 되며, 또한 그 관념의 실행이 정당 정치를 가능케 하는 것이다.

한편, 이렇게 이중성으로 특징지어지는 구조는 단일하게 존재하는 것이 아니라 다중적 연결망으로 존재한다(Sewell, 1992). 즉, 경제구조(자본주의), 가족구조, 정치구조(국가), 언어구조 등이 서로 얽힌 상태로 존재한다는 것이다. 그런데 이렇게 얽힌 구조들은 같은 수준에 위치해 있지 않다. 구조들은 각자의 성격에 따라 깊고 얕음의 차이를 보이는데, 이는 사건과 관련해 차별적 중요성을 갖게 된다. 다시 말해, 구조를 형성하는 문화적 틀의 깊이(depth)에 따라 사건은 구조의 변화에 유의미할 수도, 그렇지 않을 수도 있다. 문화적 틀의 깊고 얕음의 정도는 일상생활에서 행위자들이 그 문화적 틀에 대해 의식하는 정도의 차이에서 비롯한다. 사람들이 공유하고 있는 문화적 틀이 무의식적이어서 깊게 존재한다면 그것은 사건의 충격에 대해 상대적으로 둔감하다. 소쉬르(Saussure)의 언어구조나 레비스트로스,

혹은 뒤르켐의 원초적 분류체계는 사건이 유발하는 새로움(novelty)에 따라 발생하는 긴장에 상대적으로 무감하며, 따라서 행위와 사건을 통해 구조는 재생산된다. 예를 들어, 소쉬르에게 있어 개별적 발화(parole)는 언어체계(langue)에 유의미한 영향을 주지 않는다. 반면, 구조들 중에는 그 깊이가 얕아 행위자들이 지속적 관심을 부여하는 것도 있다. 그 관심에는 구조를 지속시키려 하는 의지와 구조를 변화시키려는 의지도 포함된다. 예컨대 한국 사회에서 일상의 행위자들은 정치적 사안에 대한 관심이 상대적으로 높다. 이들이 정치적 사안에 대해 관심이 높다는 것은 그것에 대해 의식적이라는 의미이며, 그 의식은 특정 정치 쟁점에 대한 찬성과 반대의 의견을 포함한다. 정치구조는 흔히 행위자들의 의식적 쟁투의 장이 된다. 얕은 구조는 사건의 충격에 민감하다.

우리는 이러한 구조의 깊이에 대한 차별화로부터 사건연쇄를 통한 구조변동의 두 가지 논리를 도출할 수 있다. 첫째, 행위자들은 자신들의 일상적인 문화적 틀에 따라 행위하는 과정에서 의도되지 않은 결과로서 구조의 변화를 유발할 수 있다. 살린스는 문화적 틀의 "기능적 재평가(functional revaluation)" 개념을 통해 이를 설명한다(Sahlins, 1981). 둘째, 얕은 구조에서의 균열 혹은 파열이 사건연쇄를 통해 그 봉합이 좌절되고 새로운 구조로 이행할 수 있다. 스웰의 작업이 이 경우에 해당한다.

1) 구조의 재생산, 사건, 변화

문화적 틀(살린스를 따른다면 문화적 범주)로 이루어지는 구조는 구조주의 전통에서는 그 지시대상(referent)으로부터 자율적이며 불변적인 것으로 간주되었다. 그러나 살린스는 문화적 틀의 "세계에 대한 짐(worldly burden)"을 부각시킴으로써 구조의 변화를 설명한다. 문화적 틀의 "세계에 대한 짐"이란 그것이 지시대상과의 관계로부터 결코 자유로울 수 없다는 것이다. 일상생활에서 행위자들은 자신들의 믿음이나 신념, 혹은 상식에 따라 행동한다. 이것을 이론적으로 풀이하면 이들은 문화적 틀을 일상생활에 적용하고 있는 것이다. 그런데 행위자들은 문화적 틀, 곧 구조의 재생산 과정에서 종종 예상하지 못한 상황에 당면하게 된다. 이 경우 문화적 틀은 재생산되면서 그 의미가 새로운 상황에 맞게 조정되는 것이다. 기능적 재평가란 이렇게 행위자가 자신의 문화적 틀을 실제에 적용하면서, 그것이 갖고 있는 의미를 실제적 상황에서의 기능성에 따라 변화시키는 것을 의미한다. 살린스의 사건을 통한 구조의 재생산과 그 변형은 [그림 1]로 표현될 수 있다.

[그림 1] 살린스의 구조와 사건 분석틀

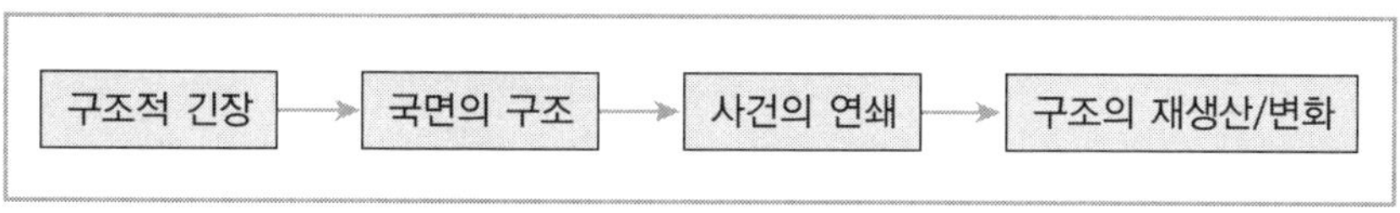

인류학자 살린스에게 구조는 문화적 범주의 체계를 의미하며, 소쉬르의 언어체계와 구조적으로 동일하다고 할 수 있다(Sahlins, 1981: 3-8 참조). 그러나 이 구조는 언제나 조화롭고 안정적이지만은 않다. 구조는 현실세계에 내재해 있으며 현실에 존재하는 정치적 긴장과 갈등으로부터 언제나 영향을 받을 가능성이 존재한다. 구조적 긴장은 국면의 구조(structure of the conjuncture)를 통해 그 변화 가능성을 부여받는다. 국면의 구조란 상이한 구조들이 만나는 국면을 의미하는데, 이때 기존의 문화적 범주는 새로운 현실에 노출되는 것이다.[4] 살린스의 사례연구에서 국면의 구조는 쿡 선장의 유럽 분류체계와 하와이 원주민의 분류체계가 충돌하는 식민지적 조우

4) 그러한 점에서 스웰은 "국면의 구조"보다는 "구조들의 국면"(conjuncture of structures)이 좀 더 명확히 의미를 전달할 것이라 언급한다(Sewell, 2005: 221).

(colonial encounter)에 의해 마련된다. 국면의 구조에 의해 상이한 집단 사이에 문화적 교류가 발생하고, 이러한 일련의 상호작용들(사건들)을 통해 원주민들의 분류체계에 변화가 발생하게 된다. 예를 들어, 쿡이 인솔한 레졸루션호와 디스커버리호는 1778년 하와이 제도를 발견하고 그 해변에 정박했을 때, 원주민들은 이를 자신들의 신화에 따라 신적 존재의 강림으로 해석하였다. 곧 유럽 선원들과 원주민들 사이에는 물적 교류가 시작되었는데, 이 교류에 먼저 적극적으로 나선 쪽은 원주민들이었다. 이들은 돼지, 부인, 의류 등을 유럽인들에게 선물하였는데, 그것들은 신에게 바치는 제물의 성격을 갖는 것이었다. 그런데 유럽 선원들은 이 제물의 선사를 자신들의 관념에 따라 해석하고 행동하였다. 이들은 선물이라는 '서비스'에 대한 대가로 팔찌, 철제 기구 등을 원주민들에게 제공한 것이다. 이러한 물적 교환(사건들)이 지속되면서 원주민 사회에 변화가 일어났다. 그들의 우주론에 기초한 증여의 관념이 현실에서 대가의 수수를 통해 경제적 교환의 관념으로 변화된 것이다. 원주민들의 관념은 예기치 않게 마련된 현실과의 만남을 통해 기능적으로 재평가되었다. 이제 원주민들은 경제적 이해와 교환이라는 관념을 갖게 되었고, 이것은 그들의 우주론을 훼손시킴과 동시에 사회관계와 조직에서의 변화도 불러왔다. 구조가 변화한 것이다.

이 구조의 변화는 의도된 것이 아니다. 왜냐하면 원주민들은 자신들의 문화적 범주들을 유럽인들과의 조우라는 새로운 상황에 적용하고(재생산), 이 과정에서 적용된 그 문화적 범주는 새로운 상황에서 기능적 재평가를 통해 새로운 "의미"를 획득하게 되며 세계는 다시 그 변화된 문화적 범주에 따라 재조직화되기 때문이다. 따라서 살린스에 따르면 구조는 사건들이라는 구조의 재생산을 통해 변형된다.

살린스의 작업은 구조주의를 구조주의의 언어로써 극복하고자 했다는 점에서, 즉 사건을 구조의 재현으로 보고 이를 통해 구조의 변화를 보여주고자 했다는 점에서 사건사 연구방법으로서의 독특한 의의를 갖는다고 할 것이다. 그의 하와이 사례를 넘어 살린스의 분석틀이 갖는 경험적 함의는 다양한 맥락에서 다양하게 존재하는 서로 다른 구조의 충돌에서 발생하는 국면의 구조와 그 결과로서의 사건연쇄를 통한 문화변용에 대한 분석에 있을 것이다. 서로 다른 문화의 충돌은 사회 간, 그리고 사회 내에서 발생할 수 있다. 한국 사회의 경우, 전자의 중요한 사례들 중 하나로 19세기 말 발생했던 제국의 문화와 지역문화로서의 한국의 전통문화 간의 충돌을 들 수 있을 것이다. 또한 후자의 대표적 사례로서, 1945년 해방 이후 좌우대립을 중심으로 한 서로 다른 두 세계관의 충돌을 들 수 있다. 그러나 살린스의 접근은 모든 국면의 구조에 적용될 수는 없다. 그의 접근이 가정하고 있는 행위자는 자신과 타자의 분류체계에 성찰적이지 못한 문화중독자에 가깝다. 두 문화가 충돌하기 전 행위자들이 서로에 대해 잘 알고 있다면, 사건의 연쇄를 통해 문화적 범주들이 재생산되면서 그 의미가 변화되는 상황은 좀처럼 발견되기 힘들 것이다.

2) 구조의 파열, 사건, 변화

행위자들은 기존 구조에 대한 지식으로부터 그것을 유지하거나 변화시킬 동기를 가질 수 있다. 살린스가 구조를 재생산하는 행위의 사건을 통해 초래되는 의도되지 않은 결과로서의 구조의 변화에 대해 논의한다면, 스웰은 구조에 대한 지식을 보유하고 있는 좀 더 의식적인 행위자들에 의한 사건의 연쇄를 통한 구조의 변화에 대해 분석한다. 그는 다음과 같이 주장한다. "일련의 상호 관련된 파열들이 기존의 구조적 네트워크를 탈구시키고, 그 재생을 어렵게 하며, 새로운 재접합을 가능케 할 때," 사건들은 구조적 변형을 야기함으로써 역사의 방향을 바꿀 수 있다(Sewell, 1996b: 844). 그의 다사건 분석은 [그림 2]로 요약될 수 있다.

[그림 2] 스월의 다사건 분석

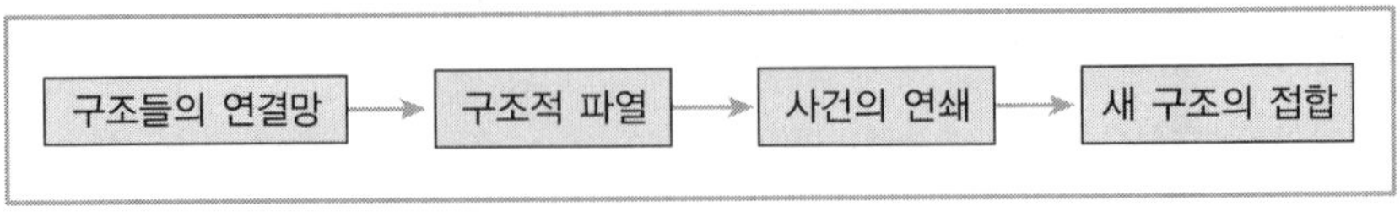

사회는 정치구조, 경제구조, 가족구조 등 다양한 구조들이 서로 얽혀 있는 연결망으로 이해될 수 있다. 각 구조에 문화적 틀과 자원의 상호 유지적 관계가 유지될 때 그 구조 및 구조의 연결망은 재생산될 것이다. 예를 들어 봉건군주제라는 정치제체는 봉건적 경제구조, 그리고 봉건적 신분제 및 가족제 등과 연결망을 구축하고 있을 것이다. 그런데 이 구조 및 구조의 연결망은 몇 가지 원인에 의해 파열을 일으킬 수 있다. 정치간섭과 같은 외부로부터의 충격이나 구조들 사이의 긴장, 혹은 행위자의 창조적 개입에 의해 파열이 발생하는 것이다. 특정 구조—정치구조와 같은 얇은 구조—에서 긴장과 파열이 발생하면 그 재생산은 위기에 처할 수 있다. 이제 그 구조적 긴장과 파열은 연루된 행위자에 의해 기존 구조를 변형시키려는 구체적 사건으로 이어진다. 하나의 사건이 아닌 사건의 연쇄가 이 단계에서 중요한데, 왜냐하면 사건의 연쇄에 의해서만 파열된 구조가 경로의존의 논리를 통해 원래상태로 되돌아가는 것을 불가능하게 만들기 때문이다. 기존 구조에로의 복귀가 불가능하다는 것은 구조적 변형이 이루어짐을 의미한다. 파열되었던 구조들은 새로운 방식으로 재접합됨으로써 다시 안정성을 회복하게 된다.

스월은 이 다사건 분석의 방법을 프랑스혁명의 사례에 적용한다(Sewell, 1996b). 이미 1786년 국가의 재정위기에서 시작된 미세한 파열은 1789년 초여름이 되면서 성직자와 귀족의 특권을 위협하는 계층체계의 위기로 비화되었다. 계층체계의 위기는 다시 구체제의 정치위기로 이어졌는데, 구왕정에 대항한 자연권, 국민주권, 시민적 평등의 정치담론이 급부상한 것이다. 이 상황에서 왕은 재정위기의 타개책으로 성직자, 귀족, 평민의 대표로 구성된 삼부회의를 소집하였으나, 오히려 이를 계기로 왕권, 귀족, 평민 간 갈등이 고양되었다. 제3신분—평민—의 대표들은 자신들을 "국민의회"라 명명하며 프랑스 국민의 유일한 대표체임을 주장했다. 정치구조의 파열은 이제 명백해졌다. 군주정과 국민의회는 각기 왕권신수설과 대중주권설에 기초하여 배타적인 합법권력임을 주장하며 대립하였다.

7월 11일 루이 16세는 정치적 위기에 직면하여 국민의회와 가까웠던 삼부회의 책임자 네케르를 파면하고 궁정부대로 하여금 파리와 베르사이유를 포위케 하였다. 그러나 파리는 이미 국민의회를 지지하며 혁명적 분위기가 무르익고 있었다. 네케르의 파면소식이 유포되면서 파리에서는 급속히 시민들이 결집하였으며, 이들은 궁정부대에 대항하기 위해 7월 13일과 14일에 걸쳐 바스티유 감옥의 무기고를 습격하였다. 이에 궁정부대는 파리로부터 퇴각하였고, 국왕은 국민의회에 대한 위협을 철회하였다. 7월 17일 국왕이 굴욕적 파리방문을 행함으로써 국민의회의 승리로 귀결되었다.

바스티유 감옥의 습격이라는 사건에서 시작한 프랑스혁명은 뒤이어 발생한 일련의 사건들의 연쇄에 의해 구체제의 구조적 파열을 재생 불가능하게 만들었다. 바스티유의 함락은 거시적으로 볼 때 프랑스의 재정 위기에서 비롯된 황제, 귀족, 성직자 등 전통적 권력 담지자들의 권위 약화 과정에서 우발적으로 발생한 사건이다. 스월에 따르면, 이 사건은 군사전략적 측면에서 결정적인 승리라고 보기 힘들 뿐만 아니라 대중들의 무력 봉기라는 측면 역시 역사적으로 그다지 새로운 것도 아니었다. 그럼에도 불구하고 바스티유의 함락이 "세계 정치사를 새롭게 규정한" 사건이라고 할 수 있는 이유를 이해하기 위해서는 이 사건을 촉발하고 이 사건으로 인해 촉발된 일련의 문화적 요인들이 어떻게 사회구조를 변화시키고 있는지를 살펴보는 것이 필요하다.

우선, 대중인 '인민'이 정치적 공동체인 '국민'을 표상한다는 관념이 프랑스에 퍼지고 있었다는 점과 바스티유가 정치적인 압제를 상징하는 요새로 인식되었다는 점은 이 요새를 둘러싼 유혈 충돌이 "압제에 대한 국민적 저항"으로 해석될 수 있는 가능성을 부여했다. 다시 말해, 바스티유의 유혈극을 거치면서 "인민 주권"이라는 관념과 무장 봉기라는 정치적 저항의 방법이 "압제"에 대항한 "혁명"이라는 개념을 통해 연결되고 있었던 것이다. 주권자인 인민들이 폭력적으로 기존의 권력 질서를 전복하는 것을 "혁명"이라고 보고 이를 찬양할 만한 것으로 인식하는 것은 당시 "국민의회"의 대표자들에게도 당연한 것이 아니었다. 황제가 바스티유의 "승리"를 인정하는 정치적 행보를 보이고 인민들의 폭력적인 정치적 의사표출이 차츰 정당화되면서 새로운 정치적 이념은 안착되어 갔다. 바스티유 함락 이후의 제도적이고 군사적인 권력관계의 변화와 함께 새로운 혁명 관념의 확산은 파열된 기존의 구조를 회복 불가능하게 했을 뿐 아니라 새로운 구조—공화정의 수립—의 성립에 기여한 것이다. 이후 역사가 보여주듯, 이 정치구조의 등장은 새로운 구조 간 연결망—예컨대, 공화제 정치구조와 자본주의—을 창출했다.

스웰의 다사건 분석 역시 한국의 사건사 분석에서 나름의 쓸모를 가질 것이다. 앞서 예시된 4·19에서 5·16에 이르는 과정, 1987년의 민주화 운동 등을 사건사와 구조변화의 시각에서 분석해 보는 것은 어떨까? 아직 본격적이지도 않고 많지도 않지만, 국내에서 스웰의 다사건 분석을 원용한 연구로 채오병(2010)과 강진연(Kang, 2013)을 들 수 있다. 채오병의 연구는 20세기 중엽 많은 탈식민 국가들이 식민잔재를 청산하고자 시도하였음에도 불구하고 식민국가의 구조적 성격을 답습하는 경우가 많았음에 착안하여, 1945년 해방을 식민구조의 파열로 인식하고, 기존의 구조를 변화시켜 새로운 탈식민 정치구조를 창출하려는 해방공간에서의 여러 시도들이 어떻게 탈식민국가에서 식민구조의 재생으로 귀결되는지 보이려 한다. 한편, 강진연의 연구는 1950년 한국전쟁의 발발이라는 역사적 사건이 어떻게 전후 남한의 권위주의적 정치체제의 등장에 기여하는지 분석한다.

4. 경로의존 분석

경로의존성에서 인과적 설명은 역사적 설명의 원리를 채택한다. 역사적 설명이란 이전 시기에 특정 원인들에 의해 만들어진 효과로서의 사건이 이어지는 시기에 발생하는 효과(사건)의 원인이 된다는 설명방식이다. 따라서 경로의존 분석에서는 개별적 사건이 그 나름의 인과성을 부여받게 됨과 동시에, 그것이 지니고 있는 우연적 성격과 사건의 연쇄 과정이 인과적 설명에서 중요한 위치를 점하게 된다. 경로의존 분석을 정교화한 제임스 마호니는 경로의존을 크게 두 종류로 구분하는데, 제도적 재생산과 반발적 연쇄가 그것이다(Mahoney, 2000).

1) 제도적 재생산

경로의존 분석의 탄생지는 경제학이다. 경로의존성에 대한 관심은 경제학에서 흔히 가정되는 행위자의 합리성에도 불구하고 서로 다른 사회역사적 맥락에서 상이한 경제적 선택이 내려지고, 이 선택의 결과가 지속되는 현상에 대한 의문에서 비롯되었다. 예들 들어, 경쟁하는 두 가지 특정 기술 중 비록 객관적 기준에서 판단할 때 열등한 기술이 주어진 상황적 조건에서 선택된다면, 이후 경제적 비용의 문제로 인해 좀 더 우월한 기술로 되돌아가는 것은 점차 어려워지는데, 왜냐하면 그 선택에 의한 이후의 제도적 패턴을 뒤집기에는 경제적 비용이 너무나 크기 때문이다. 이렇게 일단 선택된 기술은 제도적 관성을 가지게 되고 이후의 행위자의 선택을 특정 방향으로 유도하게 된다. 초기에 어떠한 선택이 내려졌는가에 따라 이후 전개되는 과정은 특정 방향으로 자기강화를 하게 되어 제도적 재생산으로 나아가게 되는 것이다. 유명한 사례로, 영상 재현기술에서 화질과 재생시간이 더 우수한 베타맥스 방식 대신 VHS 방식이 널리 채택된 경우와, 타자 자판에서 좀 더 효율적인 드보락 자판이 이미 널리 활용되고 있던 쿼티 방식을 대체하지 못한 경우가 대표적이다.

경로의존을 통한 제도의 재생산은 다음의 [그림 3]으로 도식화될 수 있다. 우선 시간^{1}은 초기조건에 해당하는 시기로 두 개 이상의 제도적 선택지들이 존재한다. 다음으로 시간^{2}는 주요 기점(critical juncture)의 시기로서 특정 행위자에 의해 특정 제도가 선택된다. 그 선택은 충분히 예측하기 어려운 상황논리 속에서 내려지게 되므로 우연적 사건으로서의 특징을 갖게 된다. 시간^{3}은 자기강화를 통한 제도적 재생산의 시기가 된다.

[그림 3] 제도적 재생산의 경로의존

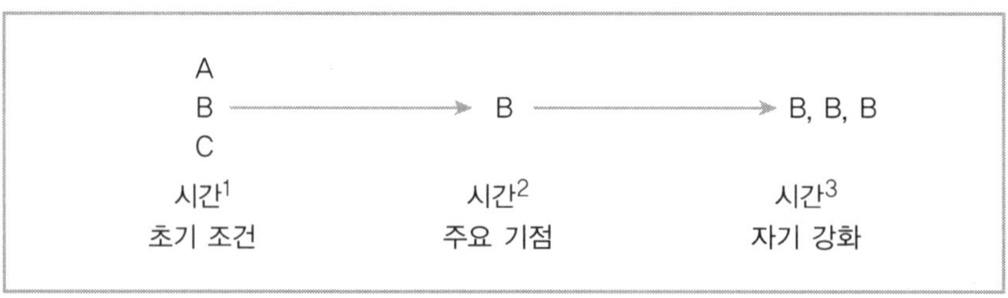

자료 : Mahoney(2000: 514).

경제학에서 기원한 이 경로의존의 논리가 공리주의에 근거하고 있음을 우리는 쉽게 알 수 있다. 그런데 특정 제도의 선택과 그 재생산에 대한 설명은 경제적 논리에만 국한되는 것은 아니다. 공리주의적 논리에 더하여, [그림 3]에 제시되어 있는 경로의존의 논리는 다른 사회학적 설명, 즉 기능, 권력, 그리고 정당화의 논리에 의해 확장될 수 있다(Mahoney, 2000).

과거 우연적 선택의 결과 현재 존재하는 특정 제도의 성격에 대해 공리주의적 설명은 그것이 이전에 가용했던 대안보다 효율적이지 못했다고 진단할 수 있을 것이다. 반면 기능적 논리는 그것이 대안보다 기능적이지 못함을 지적할 수 있을 것이다. 권력중심적 접근은 그 제도가 이전에는 종속적이었던 특정 엘리트 집단의 권력을 강화했음을, 그리고 정당화 논리는 그 제도가 이전에 가용했던 대안보다 행위자들이 갖고 있는 가치에 덜 부합한다고 평가할 수 있다. 상이한 설명논리를 사용함에도 불구하고 이 네 접근들은 공통적으로 예측과 상반되는 제도의 지속을 발견하는 것이다.

그렇다면 이러한 성격을 갖는 제도들은 왜 지속되는가? 그 메커니즘은 무엇인가? 공리주의는 비용과 이익을 비교하여 대안적 제도의 채택이 현재 상태에 머무르는 것보다 비용이 많이 들 것이기 때문이라 설명할 것이다. 기능적 접근은 그 제도가 사회 전반을 위한 기능을 수행하기 때문일 것으로 설명한다. 또한 권력중심적 접근에 따르면, 그 제도가 존속되는 이유는 그것으로부터 이득을 얻는 엘리트 집단에 의해 지지되기 때문이다. 마지막으로 정당화 논리에 따르면, 행위자들이 그 제도를 도덕적으로 정의롭거나 적절한 것으로 여기기 때문이다.

한국사에서 이 네 가지 제도적 재생산의 경로의존성을 통해 생각해 볼 수 있는 사례는 대단히 많을 것이다. 가령, 식민지 유산인 호주제는 2008년 폐지되기까지 왜 그토록 오래 존속되었는가? 한국의 사회운동에서 2000년대 초 등장한 촛불시위는 어떤 상황에서 채택되었고 이후 어떻게 지배적 시위문화가 되었는가? 한국에서 이미 오래전에 정착된 재벌중심적 경제구조는 많은 폐해에도 불구하고 왜 존속되는가?

2) 반발적 연쇄

경로의존 분석은 제도의 지속뿐 아니라 좀 더 역동적인 사회변동을 분석하는 데에도 유용하다. 제도적 재생산에 대한 논의에서는 특정 행위자에 대한 제도적 선택이 자기강화를 거쳐 지속되는 것으로 가정되었지만, 사실 그 선택은 논란을 유발하거나 반대 세력의 대응을 불러오는 경우도 많다. 특히 그 선택이 정치적 긴장이 고조된 상태에서 내려질 경우 대응을 불러올 개연성은 높아질 것이다. 이 경우 사건들은 인과적으로 얽힌 반발적 연쇄(reactive sequence)를 구성하게 된다.

예를 들어, A, B, C, D, E 다섯 개의 사건으로 구성된 연쇄를 가정해 보자. 여기에서 A는 이전 조건들 속에서 내려진 선택으로서 최초의 사건이 되고, 사건 E는 최종 결과가 될 것이다. B, C, D는 A에 대한 대응과 그에 대한 맞대응이라는 사건의 연쇄를 구성한다. 최초 선택 A가 그러한 것처럼 B, C, D의 연쇄도 상황논리가 지배하는 예측하기 어려운 과정이다. 그러한 점에서 최종 결과 E는 사건 A와 직접적인 관련이 없다. 경우에 따라 E는 이전 사건을 크게 변화시키거나 심지어 이전 사건과 반대의 결과로 나타나기도 할 것이다. 그럼에도 불구하고 주요 기점에서 내려진 선택인 사건 A가 없었다면, B, C, D의 내용도 달라졌을 것이고, 따라서 상이한 최종결과가 나타났을 것이다. 직접적 관련이 없음에도 사건 A는 연쇄의 출발점으로서 결과 E에 대해 매우 중요한 위치를 점하게 되는 것이다.

우연성이 지배하는 사건연쇄의 과정은 그럼에도 불구하고 인과적이다. 우리는 사건 A를 제외한 이후 사건들이 이전 사건에 대한 대응으로 발생했다는 점에서 인과성을 확인할 수 있다. A에서 E에 이르는 과정은 사건의 인과적 연쇄이며, A와 E에 대해 그 사이에 존재하는 B, C, D는 인과 메커니즘을 구성한다고 볼 수 있다.

반발적 연쇄의 경로의존 분석의 대표적인 예로서 마호니의 저서 『자유주의의 유산, *The Legacies of Liberalism*(2001)』을 살펴보자. 그는 이 연구에서 반발적 경로의존의 논리를 분석방법으로 채택하여 과테말라, 엘살바도르, 코스타리카, 온두라스, 니카라과의 중부 아메리카 다섯 국가들의 정치적 분기를 설명하고자 한다. 그가 이 연구에서 제시하는 경로의존 모델은 다음과 같다(Mahoney, 2001: 5).

[그림 4] 반발적 연쇄의 경로의존 모델

이 모델은 다음과 같이 풀이될 수 있다(Mahoney, 2001: 4-11). 먼저 분석의 출발점으로서, "이전 조건들"은 역사적 배경의 개괄을 통해 행위자에게 가용한 선택지들에 대해 기술한다. 다음으로 "주요 기점"은 행위자의 선택의 지점인데, 이를 통해 최초의 사건이 발생한다. 가용한 선택지로부터 결과를 예측할 수 없다는 점에서 주요 기점은 "비결정성"의 시기이다. 이 시점이 중요한 이유는 과거의 상황으로부터 제한된 몇 가지 선택지 중에서 행위자의 창조성에 의한 선택(특정 전략, 정책, 연합 등)이 차후 전개되는 역사적 과정에 대해 결정적 영향을 끼치기 때문이다. 이 시기에서 내려진 결정은 이후 사건이 전개되면서 점차적으로 되돌리기 어려워질 것이다. 주요 기점 이후에는 상대적으로 지속적인 제도 내지 구조적 패턴이 창출되며 가능한 결과의 범위는 현저히 좁혀지게 된다. 이제 이 제도적 지속은 반발적 연쇄를 낳게 되는데, 이 과정에서는 일련의 대응과 맞대응이라는 사건들의 내적 논리가 지배한다. 대응 세력(행위자)은 기존 패턴을 변형시키고자 할 것이며, 맞대응 세력은 이에 맞서 기존 패턴을 유지시키고자 할 것이다. 마지막으로 이러한 반동은 반동적 사건의 연쇄에서 나타난 갈등을 해소하는 최종결과—새로운 제도적 내지 구조적 패턴—로 이어지게 된다. 이 최종결과는 주요 기점에서 내려진 선택의 직접적 결과도 아니며, 양자 사이에는 현저한 시간상의 격차가 존재한다. 그러나 주요 기점의 특정한 선택이 이후 사건의 연쇄를 촉발했다는 점에서 최종 결과는 주요 기점의 "유산"이라 할 만하다(Mahoney, 2001: 11).

이러한 설명 모델은 19세기에서 20세기 중엽에 이르는 시기에 다음과 같이 적용된다. 우선 다섯 국가는 19세기 중엽부터 말기에 이르기까지 자유주의적 개혁의 시기를 공통적으로 경험하였다. 이 시기는 "주요 기점"으로서 각국의 자유주의자들은 자유주의적 정치상황이 부여한 몇 가지의 선택지들 중 서로 다른 선택을 하게 되거나, 그 선택이 외세개입에 의해 좌절된다. 먼저 "급진적 자유주의"가 선택된 과테말라와 엘살바도르에서는, 자유주의자들이 공동 토지소유 구조를 공격함과 동시에 농업에서의 급속한 자본주의적 확장을 장려했고, 농민공동체와 소생산자들에 대한 장기적 보호를 제공하지 않았다. 이러한 패턴은 고도로 양분화된 농업경제와 군사화된 국가기구의 창출로 이어졌다. 다른 한편, "수정주의적 자유주의"가 채택된 코스타리카에서는 자유주의자들이 덜 급진적인 농업의 상업화를 추진하였고 장기적으로 소농을 중심적 농업 단위로 유지시키고자 하였다. 이러한 패턴은 선진적이면서도 양극화되지 않은 농업구조와, 집권화되었으면서도 비군사적인 국가기구의 창출로 이어졌다. 마지막으로 "유산된 자유주의"의 온두라스와 니카라과에서는 발전을 추구하던 노력들이 그리 성공적이지 않았다. 왜냐하면 처음부터 자유주의자들의 개혁이 외세의 개입에 의해 좌절되었으며, 이것은 전통적 국가 기구와 농업구조를 지속되게 하였다. 결국 주요 기점에서 내려진 서로 다른 선택들은 서로 다른 사건의 연쇄를 거치면서 서로 다른 농업구조와 서로 다른 성격의 정치체제로 이어지게 된 것이다.

경로의존 분석은 과거로부터 전해진 구조적 제약을 인식하면서도 행위수행의 역할을 간과하지 않음으로써 구조주의와 자원론의 두 극단 사이에서 균형잡힌 시각을 제공한다. 또한 마호니의 사례들에서 보듯이, 경로분석을 통한 연구는 시간성을 복원시킴으로써 사례들의 공통점과 차이에 대한 체계적 비교를 가능케 함과 동시에 스카치폴의 사회혁명 비교 연구에서 심각한 방법론적 문제점으로 지적된, 밀의 일치법과 차이법을 사용하는 거시인과분석의 "실험적 시간성"을 극복하고 있다.

마호니는 경로의존 분석이 일반이론이 포착할 수 없는 일탈사례나 예외사례에 대한 인과적 분석에 유용하다고 언급한다. 그러나 역사의 전개라는 것이 사회마다 매우 다채롭다는 점을 받아들인다면, 경로의존 분석은 일탈사례가 아닌 좀 더 포괄적인 역사 현상에 대한 설명에 적합할지도 모른다. 마호니의 반발적 경로의존 모델은 자신의 남아메리카 연구를 위해 고안된 것이다. 따라서 다른 사례에 대한 연구에서 반발적 경로의존은 다양한 방식으로 그려질 수 있을 것이다. 즉 다른 사례들에서는 [그림 4]에 제시된 다섯 단계가 모두 나타나지 않을 개연성이 크다. 가령 급격한 정치변동 상황에서는 주요 기점에 이어 제도적 지속이 나타나지 않을 수도 있다. 주요 기점에서 배제된 사회 집단의 세력이 충분히 약화되었을 경우 반동적 연쇄의 단계는 등장하지 않으리라 가정해 볼 수도 있다. 또한 사건의 연쇄는 하나 이상의 주요 기점을 거칠 수도 있다. 예를 들어 개항 이후 조선이 식민화되는 과정을 관찰할 경우 일련의 사건들을 경과하면서 시간이 흐를수록 조선이 식민화를 피할 수 있는 가능성은 점차 낮아졌다. 그럼에도 불구하고 여기에는 몇 가지 주요 기점이 존재했다. 1885년의 갑신정변과 1894~5년의 동학농민전쟁과 이에 이은 청일전쟁, 그리고 1905년의 러일전쟁은 조선이 식민화되는 과정에서 행위의 창조성과 우연성이 개입될 수 있는 주요 기점들을 형성하였던 것이다(김동노, 2009 참조). 따라서 사건이 필연적으로 내포할 수밖에 없는 우연성을 사건사 분석에 충분히 고려하기 위해 경로의존 분석은 해당 사례에 적합하게 응용되어야 할 것이다.

5. 맺음말

서두에서 언급했듯 인문사회과학에는 칸트로부터 연원한 오래된 편견이 있다. 법칙정립과 개성기술의 구분이 그것이다.[5] 다채로운 현상을 하나의 원리로 설명할 수 있는 일반이론을 추구해야 하는가, 아니면 현상 각각은 특수하고 독특한 의미를 갖기 때문에 그것을 일반원리로 환원한다는 것은 무의미하며, 따라서 우리가 해야 할 것은 과거에 대한 충실한 묘사이어야 하는가? 이론을 추구하는 사회학과 사실의 기술을 추구하는 역사학 사이에 존재하는 이 긴장은 역사사회학의 등장에 따라 해소되는 듯했다. 그러나 양자 사이의 봉합은 잠정적이었음이 곧 드러났다. 역사사회학은 역사를 이론화하려 했다. 다채롭게 존재하는 역사를 경험적으로 일반화하려 했다. 경험적 일반화의 목적을 위해 과거를 연구한다면, 그것이 정작 과정에 대한 분석을 포함하지 않더라도 역사사회학적인 작업으로 인정되었다. 그리고 이에 따라 일반이론에 포함되지 않는, 무수한 특수하고 예외적이며 일탈적인 사례들이 등장했다. 역사사회학은 역사성의 희생을 통해 성립한 것이다.

사건사에 대한 관심은 이러한 역사사회학의 문제에 대한 반성에서 출발한다. 본문에서 논의한 것처럼, 사건사는 이론과 인과성을 중요시하면서도, 행위와 과정, 그리고 역사적 우연성에 대한 감수성을 놓치지 않으려 한다. 이를 통해 사건사는 법칙정립과 개성기술의 잘못된 대립을 넘어서려 한다.

사건사를 통한 역사분석은 한국의 사례에 대한 연구에도 많은 시사점을 던져줄 것이다. 20세기 한국사는 격변의 시기였다. 대한제국의 몰락과 식민화, 해방과 정부수립, 남북분단과 한국전쟁, 4·19 혁명과 5·16 군사

---

5) 이 구문은 신칸트학파의 일원이었던 빌헬름 빈델반트가 내린 것이다.

쿠데타, 권위주의적 발전주의 레짐의 등장과 경제성장, 1980년의 광주 민주화 운동과 1987년의 민주화 운동, 군사정권의 종식과 신자유주의적 경제질서의 도입 등은 적은 예시에 불과할지도 모른다. 이러한 굵직한 사건과 구조변동 사이를 채우고 있는 것은 무수한 행위와 사건들이다. 연구자의 관심에 따라 격변의 한국사는 미시적이거나 거시적인, 그리고 단기적이거나 장기적인 사건사를 통해 새로이 분석되고 해석될 수 있을 것이다.

제 7 장

사회사/역사사회학의 자료와 그 이용

| 서호철(한국학중앙연구원 한국학대학원 사회학전공) |

1. 들어가면서

다른 인문 · 사회과학에 비해 (한국의) 사회학은 유난히 '이론'과 '방법(론)'의 문제에 대해 까다롭다. 학위청구논문의 서론에서 변변한 '이론적 배경'과 '분석틀', '모델', '방법론' 등을 제시하지 못한다면, 험난한 심사를 각오해야 할 것이다. "이 연구는 어떤 점에서 사회학(적)인가?"라거나 "과연 '역사적 접근'이나 '문헌 연구'라는 것이 양적 방법이나 질적 방법과 같은 수준에 있는 하나의 방법인가?" 하는 질문은, 구체적 연구성과에 대해 말을 꺼내보기도 전에 사회사/역사사회학 연구자를 좌절시킨다. 오귀스트 콩트를 비롯해서 칼 마르크스, 막스 베버 등이 관심을 가졌던 것은 결국 역사였다고 항변해 봐야 소용없을 것이다. 사회학적으로 중요한 것은 그들이 역사를 다루었다는 사실보다 어떤 (새로운) 방법으로 역사를 다루었고 나아가 역사로부터 어떤 법칙(성), 어떤 모델을 도출했는지라는 정답이 있기 때문이다. 그러나 정말 그게 다일까?

그런 정답에 얼마쯤 동의하면서도, 나는 다른 측면을 극력 강조하고 싶다. 경험적 연구란 결국 자료의 문제로 귀결된다. 방법이란 자료에서 이야기를 끌어내기 위한 수단과 절차일 뿐, 자료 없는 방법(론)이란 불모의 환상이다. 닭이 먼저냐 달걀이 먼저냐를 따지려는 것은 아니다. 새롭고 독창적인 물음과 방법은 종전까지 자료라고 여겨지지도 않았던 것들로부터 이야기를 끌어내고 새로운 시야를 열어준다. 맞다. 그러나 그 이전에, 남들보다 더 폭넓게, 더 깊이 자료를 섭렵하지 않고서는, 새롭고 독창적인 물음 따위는 영영 떠오르지 않을 것이다. 좋은 방법이란 주어진 자료에 잘 어울리는, 그 자료를 잘 다룰 수 있는 방법이다. 남의 독특한 역사를 설명하기 위해 만들어진 역사적 개념을 보편개념이나 모델, 설명항으로 놓고 우리 역사와 현실을 거기에 끼워맞추기란, 가난했던 시절의 화물숭배(cargo cult)다. 1960, 70년대의 빛바랜 사진 속에서라면 비감한 추억이겠지만, 지금도 그런 식이라면 한심하고 우스꽝스럽다.

그러므로 한국 사회사/역사사회학의 첫 번째 할 일은 관련된 역사자료의 발굴 · 수집과 정리 · 해득(解得)이어야 한다. 물론 그것은 사회사/역사사회학만의 할 일은 아니고, 또 그 일이 전부인 것도 아니다. 문학과 문헌학, 고고학, (좁은 의미의) 역사학, 인류학, 민속학, 경제학 등 인문 · 사회과학의 여러 분야는 각각 고유한 자료와 방법을 개발하고 있으며, 사회사/역사사회학의 관심 영역은 상당 부분 다른 분과학문의 영역과 겹쳐진다.[1] 우리가 가령 긴 시간 속에서 집의 구조와 방의 배치가 가족 · 친족의 형태 변화나 '개인'의 등장과 어떻게 관련되는지에 관심을 갖더라도, 그런 연구를 위해 꼭 직접 고대 집터의 발굴에 뛰어들 필요는 없을 것이다. 그러나 반대로, 이른바 일차자료의 발굴 · 수집과 해석은 모두 문헌학이나 역사학 같은 인접학문들에 맡겨둔 채 사회사/역사사회학은 이차문헌들에만 의지해서도 훌륭한 이론적 설명을 해낼 수 있다거나 그렇게 해야 한다고 말할 수도 없다.

이 장에서는 사회사/역사사회학의 자료에 대해 이야기해 보려 한다. 물론 역사자료에 대한 일반적 설명 같은 것은 있을 수 없다. 역사와 사회학의 관심이 인간 삶의 거의 모든 영역에 걸치는 만큼, 삶의 흔적을 간직한 모든 것이 자료가 된다. 사회학의 고전인 『프로테스탄티즘 윤리와 자본주의 정신』의 상당 부분은 기독교 신학의 역사를 다루고 있는가 하면(베버, 2010), 노르베르트 엘리아스는 밥상머리에서 코를 어떻게 풀고 이빨은 어떻게 쑤셔야 하는지에 대한 과거의 에티켓 지침들을 뒤적였다(엘리아스, 1996).

1) 현대(사회)만이 사회학의 관심사이고 그 이전은 모두 역사학의 영역이라고 생각한다면 사회사/역사사회학의 입지는 더욱 좁아진다. 한국 사회학의 많은 연구들은 연구범위의 시대적 상한(上限)을 (암묵적으로) 1948년 대한민국의 성립으로 잡고 있지만, 그래서는 사회학의 가장 중요한 관심 중 하나일 '현대(근대)로의 이행'을 설명할 수 없다. 역사를 도외시하는 사회학에 대한 비판으로는 엘리아스(1991)를 볼 것.

1970년대 이래의 새로운 지식/정보의 사회사를 아는 사람이라면, 책의 크기, 종이의 두께와 질, 겉표지 안쪽의 장서표(ex libris)나 책의 머리 · 밑 · 배에도 찍혀 있는 소장자 도장, 대출카드, 본문 여백의 메모와 낙서 등이 책의 내용에 비해 사소하다고는 결코 말하지 못할 것이다. 수많은 선행연구들에서 어떤 흥미로운 자료를 가지고 어떤 분석방법을 구사했는지를 하나하나 이야기하려면 끝이 없겠다. 여기서는 문헌자료 일반, 한 시대의 큰 그림을 그리기 위한 계량적 자료의 구축과 이용, 반대로 좁은 범위를 깊게/두껍게 읽기에 적합한 자료들 정도로 항목을 나누어 각각을 아주 간단히 소개하려고 한다.

2. 문헌자료와 그 축적 : 역사자료의 웹 데이터베이스/아카이브

1) 역사자료로서의 문헌

인간 삶의 거의 모든 것이 사회사/역사사회학의 자료가 된다. 다만 직접 삶의 현장에 가서 보고 듣고 느끼면서 조사할 수 없는 과거를 다루는 한, 가장 기본적인 자료란 역시 세월의 풍화를 견디고 남아 있는 것, 일차적으로는 글로 쓴 것일 수밖에 없다. 삶의 순간순간은 일종의 대사(代謝) 과정이다. 우리는 살아가면서 많은 것을 새로 얻는 만큼 많은 것을 버려야 한다. 어릴 때 갖고 놀던 장난감, 초등학교 때 썼던 공책과 연습장, 처음 보낸/받은 연애편지 등을 버리지 않고 모아두었다면 좋겠지만, 대부분의 사람들에게는 시시각각 쌓이는 그런 잡동사니들에 할애할 물리적이고 심리적인 공간이 없다. 대개 남는 것은 특별한 순간과 사건에 대한 파편적 기억과 한두 줄의 짧은 기록, 몇 장의 사진이다. 그것은 이미 선별된 기억이자 기록이다. 그 선별에는 시간의 흐름뿐만이 아니라 그 자료의 내용이나 형식에 대한 가치평가, 아니면 그것을 작성하고 또 보존한 사람이 얼마만한 권력과 재력을 가졌는가 하는 점도 작용한다. 오늘날 남아 있는 조선시대 문헌 중 상당수는 내용의 중요성보다 글씨가 좋다든지 조상의 유묵(遺墨)이라든지 하는 이유에서 보존된 것이라니까, 가치평가에도 짧게 보면 우연, 길게 보면 구조라고 할 복잡한 사정이 얽혀 있다고 하겠다.

나중에 볼 구술자료나 도시 구조, 건축물, 생활도구 정도를 제외하면, 우리에게 과거의 흔적을 전해 주는 것은 이렇게 압도적으로 글, 가끔은 이미지를 포함하는 이른바 '문헌자료'다. 그중에서 형태상 책 모양으로 묶여 있거나 문학작품, 사상서, 역사서처럼 내용상 · 장르상 '저술'이라고 분류할 만한 것들을 뺀 나머지, 이를테면 낱장이나 서너 장으로 된 문헌을 '문서'라고 부른다. 그런데 문자를 가진 대개의 문화에서 법률적 행위는 원칙적으로 명문(明文) 기록으로써 하도록 되어 있기 때문에, 명령 · 청원 · 계약 · 증명 등 법률적 행위와 관련된 일정한 목적을 가지고 써 주는 사람과 받는 사람 사이에 오가는 문헌을 가리켜서도 '문서'라고 한다.[2] 국가나 학교, 회사 같은 관료제 조직체뿐 아니라 보통사람들의 삶도 주민등록등본이나 입학통지서 같은 공문서부터 하루에도 몇 장씩 생기는 각종 영수증 같은 사문서까지 문서로 넘쳐나지만, 가령 조선시대의 계약 · 증명 문서처럼 우리에게 낯선 내용과 형식으로 되어 있는 옛날 것은 '고문서'라고 부른다.[3] 고서 · 고문서는 익숙한 십진분류법 대신 경·사·자·집(經史子集)이라

2) 본래 낱장이던 문서를 나중에 책처럼 묶은 문서철, 주고받은 문서의 내용을 (공)책에 옮겨 적은 등록(謄錄), 처음부터 공책에 문서 내용을 기재한 장부 등은 서적인가 문서인가, 또는 현대의 신문은, 개인적 메모나 안부편지는 문서인가 하는 질문은, 그 자체로 하나의 연구거리가 된다.

3) 고문서에 대한 기본적 소개와 고문서를 이용한 생활사 · 일상사의 실례로는 한국고문서학회 편(1996; 2000; 2006)과 국사편찬위원회 편(2009), 갑오개혁 이후의 공문서 종류와 형식에 대해서는 김건우(2008), 대한제국의 공문서는 박성준(2015), 식민지기의 공문서에 대해서는 박성진 · 이승일(2007) 등을 볼 것.

든가 하는 낯선 방식으로 분류된다. 고문서의 시대적 하한에 대해서는 갑오개혁 이전까지라거나 1910년 이전까지라는 등 여러 설이 있는데, 아무튼 식민지기의 문서들은 그 이전의 고문서들처럼 체계적으로 수집 · 보존되지 못한 것이 사실이다.[4] 그 밖에 손으로 쓴 문헌과 인쇄된 문헌을 구분할 수 있고 컴퓨터와 인터넷의 시대인 오늘날에는 물질적인 서면(書面)이 존재하지 않는 전자문헌도 있다.

과거의 문헌자료에 접근하기 위해 기본적으로 필요한 것은 문자해득력이다. 솔직히 말해서, 한국의 사회(과)학도들이 '현대로 후퇴' 하고 있는 것은 현대(성)에 대한 무슨 이론에 입각한 선택이라기보다 과거의 자료를 읽지 못하기 때문이 아닐까? 조선후기 문헌이라면 한자 어휘 몇 개 정도가 아니라 한문이나 이두를 읽을 수 있어야 하고, 식민지기 공문서를 읽으려면 일본어, 그것도 그 시대의 독특한 문어체를 알아야 한다. 성경의 한글투 못지않게 어색한 "원고의 소는 이유 없어 이를 기각한다." 같은 식의 법률적 표현은 이 시기 일본어 문어체의 잔재다. 개항 이후 한반도를 둘러싼 국제정세를 알자면 영어, 프랑스어, 러시아어 등 각국어로 된 자료가 필요하다. 『열하일기』의 문체가 당시 왜 논란이 되었는지 이해하려면 보통 '한문' 이라고 부르는 고전중국어가 아닌 백화문(白話文)에 대한 지식이 있어야 할 것이다.

물론 과거의 문헌자료를 읽는다는 것은 언어적 능력만으로 가능한 일은 아니다. 사서삼경의 '대학' 을 현재의 대학으로, 식민지기의 '국어' 를 조선어/한국어로 착각하지 않으려면, '발괄(白活)' 이나 '뎨김(題音)' 같은 이두나 한국식 한자어들을 옥편에서 찾느라 애쓰지 않으려면, 해당 시대에 대한 약간의 사전지식이 필요하다. 한글 표기의 새 장을 연 『독립신문』도

---

4) 가령 조선후기까지의 식년(式年) 호적이나 1896년 이래의 신식호적('광무호적' 이라고 부르기도 함)과는 달리, 1909년 이래의 민적/호적은 현재의 호적/가족관계등록부와 직접 이어지기 때문에 개인정보/프라이버시 문제로 함부로 공개하거나 수집 · 이용할 수 없다는 문제도 있다.

마찬가지다. "근일 각관찰부와 각군슈읍에 보고셔와 질품셔를 젼인ᄒᆞ여 올녀보내도 혹 졔ᄉᆞ도 아니 ᄒᆞ여주고 두어 돌식 연타ᄒᆞ며 혹 귀졍홀 만ᄒᆞᆫ 일들을 이리뎌리 칙탁ᄒᆞ니"[5] 같은 문장은, 차라리 한자를 병기하거나 국한문 혼용으로 썼더라면 이해하기가 더 나았을 것 같다.

다른 한 가지 결정적인 과제는 각자의 연구주제와 관련해서 과연 어디에 어떤 자료가 있고 그것을 어떻게 구할 수 있는지를 알아내는 것이다. 전통적으로 이 문제는 대개 지도교수, 선배와 동료 연구자, 선행연구 등을 통해서 해결해 왔다. 나머지는 현장이 아니면 한 도서관에서 다른 도서관으로, 도서관 서가와 복사기 사이를 걷고 또 걷는 일이다.[6] 그럴 때 필요한 것은 거창하고 획일적인 '방법(론)'이 아니라, 마을 어른들께 인사는 어떻게 하는지, 같은 자료가 어느 도서관에서는 대출 · 복사가 되고 어디서는 안 되는지, 복사기와 카메라, 녹음기의 각 기능은 어떻게 쓰는지, 이미지 파일은 어떻게 이름을 붙여 분류 · 정리하는지 하는 그때그때의 깨알 같은 '노하우(knowhow)' 다. 그런데 최근 몇 년 사이 웹 데이터베이스(DB)가 엄청나게 발달하면서, 그토록 힘들게 찾아다니던, 때로는 있는 줄도 몰랐던 수많은 자료들을 집에서도 쉽게 보고 또 천연색으로 출력도 할 수 있게 되었다. 서툰 외국어로도 기본적 설명만 이해할 수 있다면 해외 DB도 이용할 수 있다. 심지어 HTML 형식으로 된 DB는 그대로 워드프로세서나 스프레드시트 파일에 복사하거나 내려받을 수도 있고, 원문을 보면서도 긴가민가 싶던 글씨까지 꼬박꼬박 입력해 놓았거나 번역문과 해제까지 제공하

5) 1896년 5월 30일자 2면 「잡보」. "요즘(近日) 각 관찰부(觀察府, 1895. 윤5.1(음)~1896. 8.4(양)은 지방이 23부(府) 체제였음)와 각군(各郡) 수읍(首邑)에서 보고서와 질품서(質稟書, 모두 갑오개혁으로 새로 도입된 공문서 양식)를 인편에 맡겨(傳人) 올려보내도 뎨김(題辭, 여기서는 보고서 접수, 후속조치에 대한 답변)도 안 해 주고 두어 달씩 미뤄두거나(延拖) [바로] 귀정지을 만한 일들을 이리저리 [오래] 측탁(測度, 당시 『독립신문』에서 흔히 '측' 을 '칙' 으로 표기했음)하니" 정도로 읽힌다.

6) 이제는 당연한 존재처럼 느껴지는 영인본과 복사기가 없었을 때는 도대체 어떻게 연구를 했을지 상상해 보면 끔찍하다.

는(물론 오류 가능성은 언제 어디에나 있지만) 경우도 있다. 그런 웹 DB들의 소재와 종류, 이용방법, 제공되는 자료의 특성 등은 알아두면 편리하다. 웹 서핑도 이제 연구에 필요한 새로운 노하우가 되었다.

2) 몇 가지 역사자료 웹 DB들

대개 아는 것들이겠지만, 몇 가지 주제별로 대표적인 웹 DB를 소개하자면 다음과 같다. 자동완성이 되는 URL 주소는 가능한 한 짧게 제시했다.

〈표 1〉 국내외 학술논문 원문 DB[7]

기관 / DB	URL 주소	주요 특징
한국교육학술정보원 RISS	http://www.riss.kr/	국내 석·박사 학위논문과 DBpia, KISS, 교보문고 스콜라 등 논문 원문DB 통합 검색
누리미디어 DBpia	http://www.dbpia.co.kr/	연구재단 등재 학술지 중심
한국학술정보(주) KISS	http://kiss.kstudy.com/	연구재단 등재 학술지 중심
교보문고 스콜라	http://scholar.dkyobobook.co.kr/	교보문고 제공 학술논문 DB
JSTOR	http://www.jstor.org/	영어 인문·사회과학 분야 학술논문 DB
(日本)国立情報学研究所 CiNii	http://ci.nii.ac.jp/	일본의 학술논문 DB
中国知识基础设施工程 CNKI	http://gb.oversea.cnki.net/	중국의 학위논문과 학술지 논문 DB
万方数据知识服务平台	http://www.wanfangdata.com.cn	중국의 학위논문과 학술지 논문 DB

7) 외국의 다양한 학술논문 DB에 대해 가장 잘 소개하고 있는 곳은 서울대학교 중앙도서관이다(http://library.snu.ac.kr/ 상단 메뉴줄 e-Resourse > Database).

〈표 2〉 고서 · 고문서, 현대자료 원문 DB

<table>
<tr><th colspan="2">기관 / DB</th><th>URL 주소</th><th>특기사항/ DB내용과 분류별 검색</th></tr>
<tr><td colspan="2">국가전자도서관</td><td>http://www.dlibrary.go.kr/</td><td>국립중앙도서관, 국회도서관, 법원도서관, RISS 등의 통합검색</td></tr>
<tr><td colspan="2">국립중앙도서관</td><td>http://www.nl.go.kr/</td><td>원문자료 소개와 분류별 검색은 상단 메뉴줄 자료검색 > 소장원문</td></tr>
<tr><td colspan="2">국가기록원</td><td>http://www.archives.go.kr/</td><td>일부 문서에 대해 웹으로 원문 제공</td></tr>
<tr><td colspan="2">한국역사정보통합시스템</td><td>http://www.koreanhistory.or.kr/</td><td>국내 주요 역사자료 DB의 통합검색(소개 > 연계사이트)</td></tr>
<tr><td rowspan="3">국사 편찬 위원회</td><td>조선왕조실록</td><td>http://sillok.history.go.kr/</td><td>조선왕조실록 원문, 번역문 이미지 · HTML DB</td></tr>
<tr><td>승정원일기</td><td>http://sjw.history.go.kr/</td><td>승정원일기 탈초문 HTML DB(원문 이미지는 규장각한국학연구원에서 이용가능)</td></tr>
<tr><td>한국사 데이터베이스</td><td>http://db.history.go.kr/</td><td>한국사료총서, 각사등록 근대편, 직원록 등 HTML DB (일부 번역문 포함)</td></tr>
<tr><td colspan="2">서울대 규장각 한국학연구원</td><td>http://e-kyujanggak.snu.ac.kr/</td><td>일성록, 승정원일기, 의궤, (구한국)관보 등과 규장각 소장 관문서(자료검색 > 원문자료 검색 > 분류별 보기)</td></tr>
<tr><td rowspan="2">한국학 중앙 연구원</td><td>장서각 디지털 아카이브</td><td>http://yoksa.aks.ac.kr/</td><td>장서각 소재 고도서, 왕실고문서, 『고문서집성』(100책) 소수 문중고문서 이미지 원문DB 등</td></tr>
<tr><td>한국역대인물 종합정보 시스템</td><td>http://people.aks.ac.kr/</td><td>고려 · 조선시대 과거합격자 등의 인물정보</td></tr>
<tr><td colspan="2">한국고전번역원 한국고전종합DB</td><td>http://db.itkc.or.kr/</td><td>'한국문집총간' 등의 원문과 (일부) 번역문 이미지 · HTML DB</td></tr>
<tr><td colspan="2">동방미디어 KoreA2Z</td><td>http://www.dbmedia.co.kr/</td><td>삼국사기, 삼국유사, 경국대전 등 ㈜동방미디어 제공 주요 고전 원문 (유료, 기관회원인 대학 구내 이용가)</td></tr>
<tr><td colspan="2">명지대학교도서관 한국관련 서양고서DB 검색시스템</td><td>http://www.e-coreana.or.kr/</td><td>"명지대–LG연암문고" 소장 한국관련 서양고서의 원문DB</td></tr>
</table>

(日本)国立国会図書館 近代デジタルライブラリー	http://kindai. ndl.go.jp/	1945년 이전 대일본제국관보, 각종 단행본(일부)
(日本)アジア歴史資料 センター	http://www. jacar.go.jp/	일본 국립공문서관, 외무성 외교 사료관, 방위성 방위연구소 등의 소장자료 통합검색
日本貿易振興機構 (JETRO) アジア経済研 究所 〈近現代アジアのな かの日本〉 디지털 아카이 브즈	http://d-arch. ide.go.jp/asia_ archive/	식민지기 관련 포괄적 문헌목록과 일부 자료의 원문 DB 제공

주 : 해당 사이트마다 뷰어 프로그램, 다운로드 여부 등은 다양

〈표 3〉 신문 · 잡지 원문 DB

기관 / DB	URL 주소	특기사항
국립중앙도서관	http://www.nl.go.kr/	1898~1945년 관보, 황성신문, 제국신문 부터 해방 이후 신문까지 신문 약 20종 (일자별 검색은 상단 메뉴줄 자료검색 > 소장원문 > 원문 유형별 검색)
서울대 규장각 한국학연구원	http://e-kyujanggak. snu.ac.kr/	1898년 이후 (한국)관보 소장분에 대한 이미지 · HTML 원문 DB
조선총독부관보 활용시스템	http://gb.nl.go.kr/	국립중앙도서관 DB에 기반, 일자별 검 색이 더 편리
한국언론진흥 재단 미디어가온	http://www. mediagaon.or.kr/	독립신문부터 1990년 이전까지 여러 종. 독립신문과 황성신문은 원문 HTML 제공
네이버 뉴스 라이브러리	http://newslibrary. naver. com/	경향신문, 동아일보, 매일경제, 한겨레 원문 이미지와 HTML 제공 (복사 불가)
동아일보 아카이브	http://news.donga. com/pdf/	동아일보사 자체 제공(유료)
조선일보 아카이브	http://srchdb1.chosun. com/pdf/i_archive/	조선일보사 자체 제공 (유료)
국사편찬위원회 한국사DB	http://db.history.go.kr/	개벽 등 일부 식민지기 잡지들의 HTML 원문 DB

〈표 4〉 법령자료 DB

시기별	도서/ 웹 DB
조선시대 (경국대전, 대전회통)	동방미디어 KoreA2Z http://www.dbmedia.co.kr/(유료)
갑오개혁~1910년 한국 법령	송병기 편, 『한말근대법령자료집』(전9권), 국회도서관
통감부 법령	송병기 편, 『통감부법령자료집』(상, 중, 하), 국회도서관 법제처 국가법령정보센터 http://www.law.go.kr/ (법령 > 근대법령)
식민지기 일본 법령	(日本)国立国会図書舘 日本法令索引 http://hourei.ndl.go.jp/ (日本)国立国会図書舘 近代デジタルライブラリー http://kindai.ndl.go.jp/ 官報 활용
조선총독부 법령	법제처 국가법령정보센터(법령 > 근대법령) 조선총독부관보 활용시스템, 국립중앙도서관의 『조선총독부관보』 이용
(미)군정법령	법제처 국가법령정보센터(법령 > 근대법령)
대한민국 법령	법제처 국가법령정보센터(법령 > 현행법령 또는 연혁)
대한민국 법령 제정 · 개정과정	대한민국국회 의안정보시스템 http://likms.assembly.go.kr/bill/
각종 판례	법제처 국가법령정보센터(판례 · 해석례 등) 대한민국법원 종합법률정보 http://glaw.scourt.go.kr/(판례)

3) 웹 DB 이용에 주의할 점

그런데 해당 주제의 초심자가 예전처럼 선배 연구자들의 도움을 받아 선행연구의 흐름을 파악하면서 가장 중요한 자료들부터 체계적으로 읽지 않고, 혼자 논문 웹 DB나 자료 아카이브의 키워드 검색부터 시작하는 것이 과연 좋은 일일까? 아마 검색된 수백 건의 논문과 수천, 수만 건의 자료 속에서 길을 잃고 시간을 허비하기 십상일 것이다. 더 많은 자료가 검색된다는 것은 정보의 엔트로피(entropy)도 더 커진다는 뜻이다. 좋은 자료, 내게 꼭 맞는 정보를 찾아내는 것은 웹 DB 검색엔진의 주제별 · 시대별 · 이용도별 상세검색 기능을 강화하는 방식으로 해결될 문제가 아니다. 좋은 선행연구 한 편을 읽거나 그 분야에 정통한 선배 연구자에게 한 번 물어보는 것이 수백 번의 웹 서핑보다 나을 수 있다. 물론 두 방식 다 일장일단이 있으므로, 선행연구와 선배 연구자에 의존하는 방법과 웹 DB 검색을 효과적으로 병행할 수 있다면 가장 좋을 것이다. 그리고 모든 일이 그렇듯이, 웹 DB 검색에 익숙해진다는 것 역시 상당한 시간 투자와 시행착오를 필요로 한다. 결국 웹 DB 검색 역시 알아서 자료를 척척 찾아주는 편리한 자동장치가 아니라 자료를 찾아 '발로 뛰는' 작업의 한 부분이며, 직접 시행착오를 겪으면서 몸에 익혀야 할 노하우일 뿐이다.[8]

또, 검색의 편리함과 속도, 자료의 방대함이 자동적으로 더 많은 통찰을 가능케 해 주는 것은 결코 아니다. 어떤 자료를 대하든 꼼꼼한 본문비평(text critique)과 교차검증은 기본이다. 아무리 DB와 아카이브가 발전해서 신속하고 편리하게 자료를 검색할 수 있다고 해도, 결국 한 자 한 자 사전을 찾아보고 소리내어 읽어보고 손으로 베껴 써 본 자료와, 복사기와 스캐너, 워드프로세스의 복사해서 붙이기 기능으로 훑고 지나간 자료는 결코 같지 않다. 또 웹 DB는 자칫 각 자료의 전체적 면모와 특성을 살피지 않고 키워드 검색에만 의존하는 저급하고 무책임한 연구를 양산할 수 있다. 어떤 신문의 기본적 입장, 경영진 · 편집진의 교체나 시대적 국면에 따른 논조의 변화, 각 집필자의 성향 등을 전혀 고려하지 않은 채 특정 주제와 관련된 키워드로 추출한 기사를 엮어서 쓴 논문은 지금도 너무 많다. 우선 정치적 문제로, 지금 누가 '진보'를 자처하면서 특정 보수언론 기사만을 토대로 글을 쓴다거나 그 반대라고 생각해 보라. 기술적으로 보면, 본문 전체

8) 웹 DB가 특정 브라우저의 특정 버전에 최적화되어 있어서 다른 브라우저나 다른 버전에서는 화면이 제대로 보이지 않거나 검색이 되지 않는 경우도 있다.

를 대상으로 한 어휘 검색이 아닌 키워드 검색은 처음 그 자료를 읽고 키워드를 부여한 입력자=해석자의 해석 범위와 편향성 안에 갇히게 된다. 또 책이든 HTML 문서든 원본이 아니라 탈초(脫草) · 번역된 자료에만 의존하면 처음 탈초 · 번역 · 입력 작업에서 생긴 오류 · 누락에서 벗어나지 못한다.

아무리 완벽한 영인본이나 원본 이미지 파일이라 해도, 결국 그것은 원본이 아닌 사본일 뿐이다. 예술작품의 아우라(Aura)까지는 아니더라도 원본에는 원본을 보지 않고는 알 수 없는 느낌이 있고, 때로는 그것이 결정적으로 중요할 수도 있다. 화면 크기에 맞춰진 이미지 파일로만 자료를 보다 보면 실제 책자나 문서의 크기를 간과하기 쉽다. 문헌 크기가 메타데이터(metadata)로 수록된 경우도 있지만, 숫자만 가지고 금방 문헌의 크기와 그 느낌을 상상하기란 쉽지 않다. 법률적 효력을 갖는 문서는 늘 그것의 물질적 존재방식 자체가 문제가 되는데, 단적으로 문서가 위조될 수 있기 때문에 발신자 · 수신자의 적법성, 사용된 어휘와 투식(套式) 등은 물론 인장(印章)이나 서명의 진위 여부, 용지의 크기와 재질 등을 꼼꼼히 살피지 않을 수 없다(예컨대 이태진 · 이상찬, 2010). 서적의 내용이 아니라 그 형식, 발행과 유통, 소장사항 등에 관심을 갖는 경우도 마찬가지다. 같은 내용이라도 하드 커버와 페이퍼 백 문고본은 화용론적(pragmatic) 의미나 쓸모가 전혀 다르고, 겉보기로는 비슷한 제본 형식이지만 한국과 미국의 페이퍼 백은 무게에서 크게 차이가 난다. 독서의 대중화 같은 주제를 다루려면 책의 내용 못지않게 책의 크기나 무게, 가격이 문제가 될 텐데, 그런 정보들은 실물을 직접 보고 만져보고 뒤져보지 않고서는 알 수 없다.

HTML 형식으로 구축된 자료를 다룰 때는 특히 주의해야 한다. 다양한 자료 원문을 제공하면서도 웹 DB나 아카이브는 전체적으로 일관된 형식이나 메타데이터를 사용하게 되는데, 거기에서 왜곡과 오류가 생겨날 수 있기 때문이다. 한 가지 실례를 들어보자. 조선시대 정부 각 관청은 다른 관청이나 지방관아 등과 주고받은 왕복문서 원본을 모아 철해서 보관하는 대신, 문서의 내용을 그대로 또는 요약해서 장부에 베껴 썼다. 이것을 '등록(謄錄)' 이라고 하는데, 남아 있는 관청별 등록류를 1970년대부터 국사편찬위원회에서 탈초 · 정서(淨書)해서 간행한 것을 통칭 『각사등록』이라고 한다. 갑오개혁 이후의 공문서 등록류는 책으로는 (아직?) 간행되지 않았고, 국사편찬위원회 한국사DB '각사등록 근대편' 에서 HTML 문서로 제공한다. 자료 원본은 서울대학교 규장각에 소장되어 있는데, 현재 규장각에서도 그 일부를 HTML 문서와 원본 이미지파일로 구축해서 제공하고 있다. 아무 사례나 하나 뽑아서 이 세 가지 형태를 한번 비교해 보자. 이런 웹 DB를 이용해 본 적이 없는 독자는 연습 삼아 따라해 봐도 좋겠다.

먼저 국사편찬위원회 한국사DB(http://db.history.go.kr/)에서 '郵便' 이라는 한자어로 키워드 검색을 한다.[9] 검색결과 중 '문서' 카테고리의 '각사등록 근대편' 으로 들어가서 31번 자료 "내부에서 훈령 도착날짜 사건에 대한 보고와 지령/ 公文編案"이라는 것을 본다. 문서 제목은 DB를 구축하면서 붙인 것이다. 내용을 복사해서 워드프로세서 파일에 옮기면 다음처럼 될 것이다(여백은 무시했고, 글씨 색깔과 모양은 임의로 고쳤다). 작은 글씨 돋움체로 된 것은 국사편찬위원회에서 부여한 메타데이터 형식이고 신명조체로 된 것이 문서의 본문인데,[10] 나중에 보겠지만 메타데이터 형식에 맞추느라 '第三十六號 報告' 와 본문 첫 줄 '內' 가 멀리 떨어져버렸다. 원문은 이렇지 않다. 본문은 원문 내용을 그대로 옮겼지만, 줄 바꿈과 구두점 같은 형식은 원문과 다르다.

---

9) 역사자료 DB의 경우 가능하면 한자로 검색어를 입력하는 편이 좋다. 몇 가지 정형화된 한자 개념어만 쓰는 지금과는 달리 과거의 '한문' 에서는 낱글자들을 다양하게 조합할 수 있기 때문에, '郵便' 이 아니라 '우편' 으로 검색하면 원하지 않은 다른 결과들이 많이 나올 수 있다.

10) 이 책의 출판이 늦어지는 동안 한국사DB의 사이트가 개편되어 획일적으로 부여되었던 메타데이터 항목들이 대폭 정리되었다. 아래 보기는 개편 이전의 것이다. 접속일자를 적어두었더라면 하는 생각이 든다.

확장검색 > 디렉토리검색 > 시대별 > 조선시대 > 각사등록 근대편 > 公文編案 > 公文編案30 > 大邱府 > 내부에서 훈령 도착날짜 사건에 대한 보고와 지령

제목 내부에서 훈령 도착날짜 사건에 대한 보고와 지령
문서번호 第三十六號 報告
발송일 (년 월 일)
발송자
접수일
수신자
결재자

內 前月內部訓令到付日字事件 左開報告事.
指令
到付是견과 公文遲滯ㄴ 當另飭郵便ᄒ오며 第十四號訓令은 以京邸吏役價事로 出給後旋卽還入爻周ᄒ고 不爲發送 而十五號則已發故로 不得改正홈.
建陽元年五月二十七日

같은 자료를 규장각한국학연구원의 웹 DB(http://e-kyujanggak.snu.ac.kr/)에서 찾아본다. 홈페이지 원문자료 검색창에서 '공문편안'으로 검색한 결과 중 '서명검색' 결과의 오른쪽 '원문보기'로 들어간다. 바뀐 화면 '책수'에서 '30책'을 선택한다. 이 책에 수록된 문서 건수와 제 몇 호 보고라는 호수가 맞지 않아서, '제36호 보고'는 37번 문서가 되어 있다. 규장각에서 붙인 문서 제목은 "4월내 度支部 訓令의 到付日字, 事件을 左開報告한다는 제36호 報告"다. HTML 문서를 복사해서 옮기면 다음과 같다(역시 메타데이터와 본문 구별을 위해 글씨를 조정했다). '奎 18154'라는 원본 청구기호가 포함된, 국사편찬위원회 것과는 조금 다른 형식의 메타데이터가 붙어 있다. 그런데 본문은 제목과 달리 정작 대구부의 보고 내용은 생략한 채 탁지부의 답신(지령) 내용만을 요약해 두었고, 연호는 서력으로 되어 있다.

서명 公文編案
청구기호 奎 18154
책수 30冊
건명 4월내 度支部 訓令의 到付日字, 事件을 左開報告한다는 제36호 報告.
발수신 대구부 → 度支部
발신처 대구부
수신처 度支部
발신자 대구부
수신자 度支部

지령 公文의 지체는 郵便에 따로 申飭함이 마땅하고 제14호 訓令은 京邸吏 役價문제로 발송하지 않았고 15호는 이미 發送하였으므로 改正할 수 없다는 것(1896년 5월 27일).

이제 이미지 파일을 찾아서 보자(전용 뷰어를 설치해야 한다). 점선 테두리 안이, 두 페이지에 걸쳐 기재된 36호 보고의 등록이다. 국사편찬위원회 한국사DB도 규장각의 HTML 문서도 원문을 정확하게 전달하지 않았음을 알 수 있다.

[그림 1] 『공문편안』 30 대구부 → 탁지부 제36호 보고

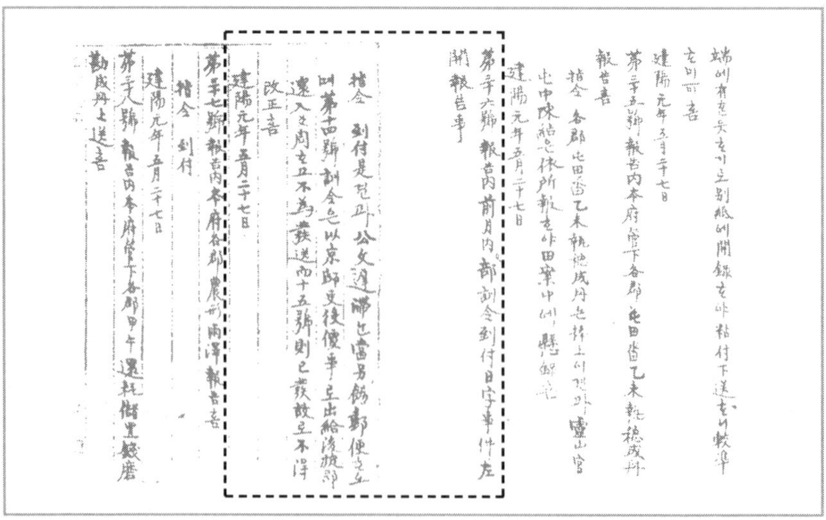

한 행에 들어가는 글자수를 무시하고 띄어쓰기를 해서 원문을 그대로 옮기면 다음과 같다.

第三十六號 報告內 前月內部訓令 到付日字事件 左開報告事
　指令　到付是견과 公文遲滯는 當另飭郵便ᄒᆞ오며 第十四號訓令은 以京
　邸吏役價事로 出給後旋卽還入爻周ᄒᆞ고 不爲發送 而十五號則 已發故로
　不得改正홈
　建陽元年五月二十七日

이왕 들여다본 문서니까 서툴지만 해석을 해보자. 『공문편안』은 탁지아문/탁지부에서 편찬한 것으로 제30책은 대구부에서 올린 공문들을 베껴 적었다(謄錄). 이 보고 앞뒤의 35, 37호 보고도 같은 형식으로 되어 있으니까, '第三十六號 報告內'에서 '內'는 '內開'라는 투식일 것이다. 그렇다면 첫 줄은, "(대구부에서 올린) 제36호 보고를 보니, 지난달 탁지부 훈령의 도착(到付) 날짜 건에 대해 다음과 같이(세로쓰기니까 '左開') 보고한다, 고 했다." 정도로 읽힌다. 애매하기는 하지만 내무아문/내부에서 대구부에 내린 훈령이 늦게 도착했다는 것을 탁지부로 보고할 이유는 없을 터이므로, 여기서 '內部'는 그 내부가 아니라 '본부(本部)'와 같은 뜻으로 탁지부를 가리킨다고 봐야 할 것이다. 대구부의 보고서 내용 중 "다음과 같이"의 내용은 생략되었고, 다음 줄부터 한 자 들여쓴 것은 그 보고에 대한 탁지부의 '지령'이다. "(대구부의 위 보고서는) 받았는데('到付是견과'의 '是견과/是在果'는 이두로 '이거니와', 즉 '도착했거니와'), 공문이 늦어진 데 대해서는 마땅히 따로 우편부서에 책임을 물을 것이며, 제14호 훈령은 경저리의 임금/수고비(役價) 문제와 관련된 것으로 출급했다가 곧바로 회수해서 문서를 지워버리고(爻周) 발송하지 않았다, 그러나 제15호 훈령은 이미 발령했으니 개정할 수 없다."는 내용이다.

앞서 본 두 가지 HTML 문서 모두 메타데이터, 본문을 옮긴 방식, 해석

의 오류 등이 오히려 정확한 독해를 방해하고 있음을 알 수 있다. 국사편찬위원회 한국사DB는 '第三十六號 報告內'를 본문 안과 밖으로 멀리 떼어놓았고 탁지부를 내부로 착각한 제목을 달았다. 규장각한국학연구원 DB는 대구부 보고서 내용을 본문에서 빼서 제목으로 처리했고, '到付日字, 事件'이라고 원문에 없는 쉼표를 찍어서 도착일자(에 대한) 건이 아니라 도착일자와 사건으로 오해하게 해놓았다. 관심사가 무엇이냐에 따라 이 문서의 내용이나 사소한 차이 · 오류가 중요할 수도 있고 그렇지 않을 수도 있지만, 결론적으로 말해서 이 문서의 내용을 정확하게 이해하기 위해서는 원문(이미지)을 찾아서 보는 수밖에 없다.

3. 한 시대의 큰 그림을 그리기 위한 계량적 자료와 역사통계

1) 과거의 행정통계와 그것의 이용

19세기 이래 사회과학이 가장 내세울 만한 성취는 역시 삶의 여러 현상에 대해 개별적 사례의 기술에 머무르지 않고 '통계'라는 새로운 방법을 통해 많은 사례를 요약할 수 있게 되었고, 나아가 그런 많은 사례로부터 현상의 규칙성을 발견할 수 있게 되었다는 점일 것이다. 우리에게 익숙한 빈도표와 교차표, 각종 그래프, 평균과 표준편차 등은 19세기 전반까지는 거의 알려지지 않은 방법이었다. '방법'에 대한 사회(과)학의 유별난 강조는 이런 성취에 근거한다.

통계적 사고방식과 분석도구가 없다면 우리는 전형적이거나 아니면 반대로 아주 예외적이라서 흥미로운, 또는 그저 이미 유명해서 언급해 볼 만한 사례를 다룰 수밖에 없다. 이럴 때 더 많은 사례는 오히려 재앙이다. 조선시대 생원 · 진사시 급제자에 대한 방대한 자료가 있고 그중에는 생년(生年) 기록도 다수 포함되어 있어 급제 당시의 나이를 계산해 볼 수 있지만[11] 평균이라는 개념이 없다면 우리는 퇴계나 율곡 같은 인물들이 몇 살에 생원 · 진사시에 급제했는지, 또는 조선시대를 통틀어 가장 어린/늦은 나이에 생원 · 진사가 된 사람은 누구였는지 정도를 이야기할 수 있을 뿐이다. 더 많이, 이를테면 한 50명이나 백 명쯤의 급제 당시 나이를 나열해 봐야 어지럽기만 하다.

우리는 계량적 자료가 차고 넘치는 '빅 데이터(big data)' 의 시대, 세상의 모든 것이 (때로는 무섭게 느껴질 만큼) 온갖 방법으로 측정되고 계량화되는 사회에 살고 있다. 체질량지수부터 불쾌지수, GDP, KOSPI, 최저생계비, 차상위계층 등의 각종 지표와 수치가 무엇을 의미하고 어떻게 집계되는지는 상식에 속하고(상식적으로 알아두어야 할 것이 점점 늘어난다!), 우리 대통령은 100점 만점에 몇 점이라거나 대통령을 '전적으로 지지한다' 부터 '전혀 지지하지 않는다' 까지, '보통이다/그저 그렇다' 를 넣거나 뺀 4점, 5점, 7점 척도의 설문이 주어져도 거의 아무도 당황하지 않는다. 심지어 개인용 컴퓨터와 소프트웨어의 발달 덕분에 우리는 확률밀도함수나 중심극한정리를 수학적으로 거의 이해하지 못하고서도 앉은자리에서 꽤 복잡한 통계값의 계산과 그래프 그리기를 척척 해낼 수 있다. 이런 세상에 사는 우리는 과연 조선후기에 사람들의 '생활수준' 은 어느 정도였는지, 19세기와 식민지기를 거치면서 그 수준은 나아졌는지 더 못해졌는지가 자못 궁금하다. 단적으로 몇 세기에 걸친 1인당 GDP의 장기추세 같은 것이 있다면, 그간의 살림살이의 변화가 명료하게 이해될 것 같다.[12]

---

11) 조선시대 생원 · 진사시 합격자의 명부라고 할 『사마방목(司馬榜目)』은 DB로 만들어져 웹에서도 제공되고 있지만(http://people.aks.ac.kr/ 또는 http://www.koreaa2z.com/sama1/), 계량분석에 이용하기는 거의 불가능하다.

12) 『경제사학』 50호(2011)의 '역사통계' 특집에 실린 네 편의 논문, 특히 김낙년(2011)과 차명수(2011)를 참조.

그러나 질적으로나 양적으로나 그런 일이 가능할 만큼 자료가 생산·축적된 것은 극히 최근의 일이고, 그 이전의 과거는 우리에겐 낯선 나라다. 오랫동안 역사학은 적은 수의 사례들을 충실히 서술하고 분석해 왔는데, 통계적 방법이 없었던 것은 결국 마땅한 자료가 없었던 탓이기도 하다. 통계적 방법이나 사유가 존재하지 않았던, 심지어 지금 같은 (시민)사회가 존재하지 않았던 시대에는, 우리 임금이 100점 만점에 몇 점인지 천 명을 표본추출해서 물어보는 식의 사회조사는 불가능했거나 무의미했다. 그나마 국가나 지방의 관료제 행정이 작동하는 한 그 부산물로 (최소한 통치의 대상이자 중요한 자원인 호구(戶口)와 토지에 대해서는) 오늘날의 행정통계와 비슷한 자료가 산출되지 않았을까 싶지만, 그것도 사정이 복잡하다.

인구를 예로 들면, 혈연의 친소(親疎)와 적서(嫡庶), 신분의 엄격한 구별과 그에 따른 불평등이 사회를 구성하는 근본원리였던 시대의 '호구', '구수(口數)', '민수(民數)' 등이 오늘날의 '인구(population)'와 같은 개념일까? 그 시절에 과연 지배특권층과 피지배계급, 양민과 천민, 남성과 여성, 어른과 아이가 똑같은 한 명, 머리 하나씩으로 평등하게 헤아려졌을까? 호구나 토지의 조사가 일차적으로 개개인의 존재 증명이나 사유재산권의 보장보다는 군역·부세(賦稅)와 관련되는 상황이라면 온갖 방법의 조사 회피와 탈루가 이루어지지 않았을까? 신포(身布)의 족징·인징이 가혹하다 보니 "지난해 열 집이나 되던 가호가 올해에는 아홉 집이나 비게 되었고, 지난해 1백 가호나 되던 마을에 그대로 살고 있는 자가 겨우 절반"[13]이라는 보고는 실제 조사나 집계 결과일까 수사학적 과장일까? 조선후기에는 적어도 호적이 편성되는 3년마다 전국의 호수(戶數)와 남녀별 인구가 집계되었다지만, 그 수치는 실제 총인구의 1/2에서 1/3에 불과할 것으로 추정된다. 그것도 총수로만 봐서 그렇다는 것이고, 성별이나 연령 등 인구의 구조를

13) 『숙종실록』 23년(1697) 7월 26일 기사. 국사편찬위원회 조선왕조실록 DB를 이용했다.

따져보면 남아 있는 조선후기 인구자료의 상당수는 거의 믿을 수가 없게 된다.

이전 시대와 결정적으로 양상을 달리하면서 오늘날과 비슷한 다수의 행정통계가 체계적 · 규칙적으로 생산되는 것은 결국 식민지기 들어서다. 이때부터는 중앙과 지방의 모든 행정관서가 행하는 업무들이 '보고례(報告例)' 라는 일정한 형식에 의해 집계되어 매일, 매주, 매월, 분기별, 또는 1년에 한 차례 등으로 정해진 기간마다 보고되었고, 그렇게 집계된 통계가 『조선총독부관보』나 총독부에서 발행한 『조선』, 『(조선총독부)조사월보』 같은 잡지에 실리고 『조선총독부통계연보』 같은 종합통계서로 정리 · 간행되었다. 이런 형태의 종합통계서는 현재까지도 『한국통계연감』 등으로 이어지고 있다. 식민지기 이후를 다루는 많은 연구들에서는 당시의 이런 통계를 그대로, 또는 조금 가공해서 이용한다. 그러나 시기별로 행정통계의 항목, 집계 방식과 기준 등은 조금씩 달라지므로, 자료가 많은 시기에 대해서도 꽤 긴 기간에 걸친 장기추세를 만들려고 하면 번거로운 문제가 생기게 된다. 주요 행정통계나 그것에 근거한 장기 역사통계 자료를 구할 수 있는 웹 DB로는 다음과 같은 것들이 있다(〈표 5〉 참조).

한편, 과거의 행정통계로 집계 · 처리된 최종적 수치가 아니라 원자료 자체가 남아 있다면, 그것으로부터 우리가 원하는 방식으로 새로 계산을 해 볼 수 있을 것이다. 때로 그런 계산은 문제의 다른 차원을 보여주기도 한다. 특정 지역에 한정된 이야기지만 3년마다 편성된 호적대장이 남아 있다면 『실록』이나 『일성록』에 기재된 호구수를 따르지 않고 처음부터 새로 집계를 해볼 수 있다.[14] 그런데 실제 한 군·현의 호적대장을 펼쳐놓고 거기 기재된 전체인구를 집계해 보면 호적대장에 '도이상(都已上)' 이나 '이상

14) 조선후기에 3년마다 전국에 걸쳐 호적이 새로 편성되었다지만, 현존하는 호적대장은 대구, 언양, 단성 등 경상도 일부지역과 제주도의 것들뿐이다. 현존 호적대장은 대부분 여러 기관에서 영인되어 있고, 성균관대학교 대동문화연구원(http://ddmh.skku.edu/)에서는 단성현 호적(완성)과 대구부 호적(진행중)을 엑셀 파일 형태의 DB로 제공하고 있다.

〈표 5〉 주요 역사통계 DB

기관 / DB	URL 주소	특기사항
통계청 국가통계포털	http://kosis.kr/	인구주택총조사와 각종 행정통계 자료의 HTML(엑셀) DB 조선총독부통계월보, 한국통계연감 등에 근거한 역사통계 DB (국내통계 > 과거 · 중지통계 > 광복 이전 통계 등)
국립중앙도서관	http://www.nl.go.kr/	식민지기에 간행된 조선, 만주국 등의 각종 통계서의 이미지 원문 DB
사단법인 낙성대경제연구소	http://www.naksung.re.kr/	완료 · 진행 중인 연구소의 공동연구 성과 중 역사통계 DB 제공 (홈페이지 메뉴줄 Statistical Data)
히토쓰바시(一橋)대학 경제연구소 Hi-Stat Social Science Database Network	http://www.ier.hit-u.ac.jp/histatdb/stats/	아시아장기경제통계 기초데이터 (타이완, 중국, 일본) 등 경제연구소에서 수집한 DB 제공

주 : 통계청 국가통계포털은 별도의 뷰어 프로그램을 제공하지만, 상단 메뉴줄 오른쪽 끝 '통계표조회설정'에서 'HTML(Non ActiveX)'를 선택하면 별도 프로그램 설치 없이도 자료 조회와 엑셀 파일 형식의 다운로드가 가능하다.

(已上)'이라고 기록된 군이나 면 수준의 호구수 합계가 전혀 맞지 않음을 알게 된다. 단순히 계산이 틀렸다기에는 이상하고, 결국 조선후기에 면이나 군·현 단위로 집계된 호구수란 지금 우리가 생각하는 인구와는 다른 의미와 목적을 가진 수치가 아니었을까 싶은데, 어떤 계산으로 호적대장에 기재된 사람들 중 어떤 근거로 누구는 셈에 넣고 누구는 빼서 그런 합계가 나왔는지는 아직 잘 모른다(호적대장 연구팀, 2003; 손병규, 2007).

2) 인구와 역사인구학

많은 사람들이 사회학이라고 하면 곧바로 사회조사와 통계를 떠올리니까 역사통계의 영역도 당연히 사회사/역사사회학의 독무대일 거라고 생각할 수 있지만, 실제 사정은 판이하다. 단적인 예가 인구사/역사인구학 분야인데, 현재 이 분야 연구는 장기 역사통계에 관심을 갖는 경제사학자들과 조선후기 호적을 연구하는 역사학자들이 주도하고 있다. 한국에서 인구학 자체는 대개 사회학과 개설과목임을 생각하면 이례적인 일이다(물론 실제로는 한국의 사회학자들 중에도 인구학 전공자는 많지 않다).

인구는 지리 · 식생과 함께 인간 삶의 가장 근본적인, 거의 생물학적인 토대를 이룬다. 한 국가나 지역 수준에서 파악된 경제적 지표들을 가지고 실제 사람들의 삶을 아주 거칠게라도 추측하는 가장 쉬운 방법은 그 지표를 인구로 나누어보는 것이다. 또 인구 자체도 전쟁이나 이주 등의 사회적 변동이나 결혼 · 출산과 관련된 남녀 개개인의 의지적 선택에 좌우될 수 있지만, 인구의 변동에 의해 대규모의 사회적 변동이 야기될 수도 있다. 후자는 역사를 설명하는 중요하고도 매력적인 한 가지 방식이다. 고대로부터 강역(疆域)의 큰 변동이 없었던 예외적인 사례이기는 하지만, 이웃 일본의 경우 가령 다음의 [그림 2]와 같이 1만 년 가까운 역사를 네 개의 인구변동 사이클로 요약한 설명도 나와 있다(鬼頭宏, 2009: 17). 무척 큰 만큼 당연히 허점투성이인 엉성한 그림이기도 하겠지만, 그래도 이런 그림이 있다면 한 사회의 역사를 외부로부터가 아니라 그 사회 내부의 인구변동과 생산력의 상호관계 등으로 설명해 볼 수 있을 것이다.

그런 점에서 우리는 가능하면 더 오랜 과거로 소급해서 각 시기 한반도의 인구를 추정하고 해당 시기를 전후한 장·단기 인구변동을 설명해야 한다. 물론 믿을 만한 인구자료는 그렇게 먼 시기 것까지 남아 있지 않다. 조금 엄격하게 말하자면, 믿을 만한 전국적 인구자료는 1925년에 '국세조사

[그림 2] 일본의 장기 인구변동

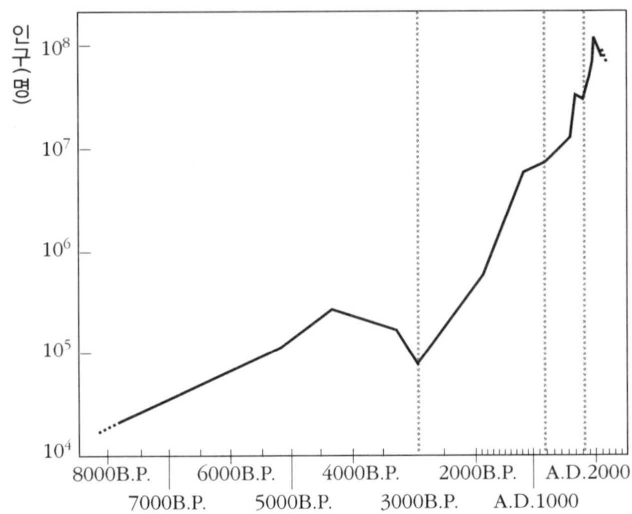

(國勢調査)' 라는 이름으로 시행된 최초의 현대적 총조사(census) 이후부터다. 실제 총인구의 1/2에서 1/3 정도라고 추정되는 조선후기 식년(式年) 호구총수(호적에 기반해서 조사된 호구)도 그대로 믿을 수 없지만, 조선총독부가 '시정' 의 성과로 내세운 1910년대의 가파른 호구 증가도 위생과 영양상태의 개선에 따른 실제 호구의 증가라기보다는 이전까지 체계적으로 누락되었던 호구의 파악 · 등록이 한층 철저해진 결과일 것으로 추측된다.

그렇다면 한반도에서의 장기적 인구 시계열을 구성하는 방법은 원칙적으로 크게 두 가지가 있게 된다. 하나는 서로 다른 호구 개념과 조사방식이 사용된 조선시대(3년마다의 호적대장 편성), 1896년 이래(매년 호적표에 의한 신식호적 편성), 1910년 이래(민적법에 따른 민적실사와 이후 민적부/신고에 근거한 인구동태의 집계), 1925~40년(5년, 10년 단위의 '현주인구' 총조사), 그리고 해방과 분단으로 인한 급격한 변화, 1960년대 이래 지금까지(5년, 10년 단위의 '상주인구' 총조사와 주민등록인구통계) 등 서로 다른 인구자료를 어떤

식으로든 짜맞추는 것이다. 시기별로 다른 각 자료의 특성을 얼마나 잘 파악해서 필요한 보정 · 조정을 할 수 있는지가 관건이 될 것이다. 다른 하나는, 1925년 이래의 총조사 자료를 가지고[15] 평균 인구증가율 등을 감안해서 그 이전의 시계열을 추계하는 방식이다. 인구 자료가 전혀 없거나 현존 자료를 거의 믿을 수 없는 시기에 대해서는 이 방법을 쓸 수밖에 없지만, 전쟁이나 기근, 전염병 등으로 급격한 인구변동을 보인 시기나 결혼과 출산 패턴, 위생과 영양조건 등이 달랐던 시기에 대해서는 다른 시기의 추세로부터 계산한 평균 인구증가율이라는 게 잘 들어맞지 않을 것이다.

실제 역사인구학은 위에서 거칠게 요약한 것보다 훨씬 정교하게, 두 방법을 아우르고 더 많은 직접적 · 방증적 자료들을 투입하면서 좀 더 믿을 만한 장기적 인구 시계열을 구성하려고 노력하고 있다. 그러나 아직 우리는 한반도에서 사망률이, 이어서 출생률이 급격히 떨어지는 인구변천(demographic transition)이 언제 시작되었는지도 정확하게 말하지 못하는 상황이다. 남아 있는 기록에 따르면 금방 눈에 확 띄는 급속한 인구증가는 1906년 이래 1910년대까지 지속된 현상이지만, 앞서 본 대로 그 기록을 액면 그대로 믿을 수 없다. 그런가 하면 조선후기의 인구자료 역시 '내재적 발전'이나 도시와 화폐경제 발달에 대한 민족주의적 희망에 부응하지 않는다. 호구총수 시계열이 보여주는 19세기는 실제 인구변동이 그러했든 아니면 더 많은 호구를 파악해 내지 못한 국가 행정력이 그러했든 아무튼 발전이 아닌 정체의 시기고, 문화적으로 대단한 성취를 이룬 것으로 평가되는 정조 시대도 마찬가지다. 이런 문제들을 해결하고 조선후기로부터 식민지기까지를 관통하는 믿을 만한 인구 시계열을 구성할 수 있다면, 한국사에 대한 이해 역시 한 차원 높아질 것이다.

남아 있는 다른 자료들을 가지고 각 시기 인구자료를 보완할 방법을 찾

15) 1925년 이래 총조사 자료는 해방 이전 · 이후로 시기를 가리지 않고 통계청 국가통계포털(http://kosis.kr/)의 "국내통계 > 주제별 > 인구 · 가구 > 인구총조사"에 모아 두었다.

아내는 작업이 절실한데, 현재 많이 시도되는 것은 족보나, 조선시대에 많이 편찬된 문집에 남아 있는 개인의 연보(年譜), 행장(行狀), 묘지명(墓誌銘) 같은 자료를 가지고 서유럽이나 일본에서 시도된 가족복원(family reconstruction)을 해보는 것이다. 물론 족보 역시 몇십 년의 꽤 긴 간격으로 한 집안의 합법적 혈연관계를 정리한 것이어서 적서 · 반상(班常)의 차별은 물론 자식 없이 일찍 죽은 후손이나 여성의 누락이 많은 자료인데,[16] 족보나 행장보다 훨씬 드문 자료지만 개인의 일기나 편지 등을 활용할 수 있다면 좀 더 나은 성과를 기대할 수 있을지도 모르겠다(문숙자, 2009: 49-54). 직접적인 인구자료는 아니지만 각 시기 호구 통계 작성과 관련된 제도와 그 운영의 실태를 밝힐 수 있다면, 그것도 인구를 더 정밀하게 추계하는 데 상당한 도움이 될 것이다.

3) 계량적 자료의 '생산'

그런데 가령 족보나 일기를 이용해서 한 집안 구성원들의 혼인 · 출생 · 사망 등을 추적한다고 하는 것은, 남아 있는 과거의 행정통계를 활용하는 것과는 상당히 다른 작업이다. 족보에 근거한 일종의 인구통계 같은 것을 만든다고 하면, 그것은 애초 전혀 다른 목적으로 만들어진 원자료로부터 계량적 자료를 '생산' 해 내는 셈이 된다. 이런 식의 계량화는 매우 중요하고 또 필요한 작업인데, 한두 가지 흥미로운 사례를 드는 것으로 그치겠다. 꼭 학과와 전공을 따져서 어쩌겠다는 것은 아니지만, 역시 사회사/역사사회학 연구자들의 분발이 요구되는 지점이다.

---

16) 족보 자료의 전산화는 집안별로도 전자족보 형태로 종종 이루어지고 있지만, 학술적 분석에 이용할 수 있는 형태는 아니다. 학술적 목적으로 구축된 족보 웹 DB로는 성균관대학교 한국족보자료시스템(http://jokbo.skku.edu/) 정도가 있다. 가장 최근의 성과만 꼽자면 족보와 행장류를 이용한 인구학적 연구로는 차명수(2009), 김두얼(2012), 인구학과 관련된 족보 자료의 특성에 대해서는 손병규(2006) 등이 있다.

전통시대에 인구 못지않게 한 사회에 결정적 영향을 미치는 자연조건은 기후와 식생이다. 압도적 분량의 계량적 자료로 그런 조건의 변동을 추적한 르 루아 라뒤리의 역저 『랑그도크의 농민들』 제1부는 무척 감동적이다(르 루아 라뒤리, 2005). 한국에서도 16~18세기에 '소빙기(小氷期)'가 있었다는 주장에 근거해서 기후 변화가 사람들의 삶과 역사에 미친 영향을 측정해 보려는 시도가 몇 차례 있었고, 관련해서 18세기 말부터 20세기 초까지 1백년 이상 측우기를 이용해 측정한 강수량 기록(『일성록』, 『승정원일기』에 실려 있다)의 활용도 시도되었다. 소빙(하)기가 있었다면 그것은 전 지구적인 현상이었을 테니까 한반도도 당연히 영향을 받았겠지만, 빙하기란 일차적으로 온습(溫濕)보다는 온도의 문제라면 온도계가 없던 시절 한반도의 온도 변화를 어떻게 측정하는지가 문제가 되겠다. 르 루아 라뒤리는 포도 수확일의 빠르고 늦음이라는 재미있는 지표를 사용했는데, 한국사에서도 그런 지표를 하나 만들 수는 없을까 하는 욕심이 생긴다. 연관된 다른 중요한 자연적 · 사회적 현상으로 기근이 있다. 조선시대에 매년 기근 발생 상황을 표로 정리한 식의 자료는 없지만, 『실록』에는 지방에서 올라온 기근 발생 보고가 실려 있다. 『실록』 DB를 활용해서 기근, 전염병, 가뭄, 수해, 흉작 관련 기사를 추출해서 조선시대 기근의 추세를 파악해 볼 수 있을까(김재호, 2001)?

시기별 평균 신장(키)의 변화로 생활수준을 가늠해 본다는 것도 해 볼 만한 생각인데, 역시 관건은 인체의 측정이 일반적이지 않았던 시대에 대해 그런 자료를 대량으로 구할 수 있는가 하는 점이겠다. 조선시대 군적(軍籍)과 검안(檢案)이나 식민지기 서대문형무소의 수형자카드, 『조선총독부관보』 광고란에 실린 행려병자 사망기록 등에서 신장 관련 기록을 추출하여 각 시기 성인 남성의 신장 추세를 확인해 보려 한 연구들은(최성진, 2006; 조영준 · 차명수, 2012. 그 밖에 차명수, 2011: 115), 일단 역사 연구에 이용할 수 있는 계량적 자료를 생산 · 확충해 간다는 점에서는 무척 흥미롭고 고무적인 시도라고 생각된다.

계량적 자료에 대해서는 주로 경제사 쪽의 새로운 시도들을 소개하는 데 치우쳤다. 아마 인구, 물가, 국민계정(GDP), 생활수준 등에 걸쳐 장기 시계열을 구해 보려는 것이 경제사의 지속적 관심 중 하나인 탓도 있을 것이다. 이에 비해 한국의 사회사/역사사회학 연구자들은 계량적 자료를 적극적으로 발굴·활용하기보다는, 오히려 각각의 통계 자체를 권력관계에서 자유로울 수 없는 하나의 '담론'으로 이해하거나 시기별 (행정)통계 생산장치의 특성을 비판적으로 (재)검토하는 쪽에 더 노력을 기울이고 있는 듯이 보인다.[17]

4. 깊이/두껍게 읽기에 어울리는 자료들

1) 역사적 기록과 개인적 기록 : 일기와 편지

흔히 역사는 한 국가, 국민, 종족의 것이라고 여겨진다. 국민국가의 형성과정, 국가 규모의 정치적 변동과 국민경제의 발전 같은 것이 역사가 다룰 만한 대상이라고 생각되었고, 역사자료도 그런 관심과 관련된 것들에 한정되었다. 남아 있는 문헌자료란 대부분 공식적 역사기록이거나 국가 행정과 관련된 공문서, 그게 아니면 한 시대의 국가와 경제, 사회를 주도한 관료나 지배 엘리트들의 기록과 기억이다. 그것과 다른 소수자, 패배자, 피지배자의 기억은 묻히거나 침묵을 강요받게 된다. 남한사회에서 한국전쟁은 압도적으로 북한군의 기습적인 불법 침공으로 일어난 '동란(動亂)', 힘

17) 박명규·서호철(2003)처럼 행정통계의 생산 장치와 과정을 직접으로 다룬 연구 외에도, 가령 정근식·최경희(2006), 배은경(2010) 등은 식민지기 출판통계나 오늘날의 저출산 '담론' 등을 권력관계와 결부시켜 비판적으로 다시 읽을 것을 요구한다.

든 '피난살이'로 기억 · 표상되어 왔다. 자의든 타의든 북한군에게 점령된 지역에 그냥 머물러 살아야 했거나 심지어 남한이나 미국의 군대에 의한 민간인 학살을 간신히 피해 목숨을 건진 사람들이 겪은 다른 전쟁, 다른 기억이 공공연하게 이야기된 것은 대개 1990년대 들어서의 일이다. 그런 변화는 정치민주화의 결과이지만, 사회사와 '아래로부터의 역사', 또는 '언어학적 전환(linguistic turn)'과 '문화적 전환'을 거쳐 미시사 · 일상사에 이르는 역사학과 인문 · 사회과학의 학문적 관심의 변화와도 관련되어 있다. 자료에 한정해서 보자면, 미시사나 일상사가 특히 주목하는 자료는 개인의 내밀한 기록인 일기나 수기, 편지, 가정사 등에 관련된 소송기록, 그리고 가까운 과거인 경우에는 관련 생존자의 구술증언 등이다. 먼저 기록으로 남아 있는 문헌자료 중에서 개인의 일기와 편지부터 살펴보자.

미시사나 일상사, 매너와 사생활, 망탈리테(mentalité)와 감수성의 역사라는 것이 충분히 존재할 수 있고 또 중요하다는 데 동의한다면, 한 개인이나 집안, 지역사회의 일상적 삶을 살펴보는 데 개인의 일기가 좋은 자료가 된다는 데 대해서 이의를 제기할 사람은 거의 없을 것이다. 물론 과거의 일기는 꼭 오늘날과 같은 사생활, 세계와 불화하는 자아의 내면의 기록 같은 것은 아니다. 상당수는 오히려 일종의 (개인적 업무에 대한) 일지(日誌) 같은 것이다. 그런 점에서 보면 조선시대와 오늘날 '일기'라는 장르 자체가 서로 어떻게 같고 다른 것인지를 살펴보는 것도 흥미로운 과제가 될 듯싶다.[18] 일기를 자료로 이용하는 데 관건은 역시 어디서 그런 일기를 구하며 어떻게 읽어내는가 하는 점이겠다. 본래 일기란 간행해서 널리 읽힐 목적

18) 역사학에서는 조선시대 관청, 서원 · 향교 등의 일지(『승정원일기』 등), 여행(『열하일기』)이나 전쟁(『난중일기』) 같은 특정 사건, 사환(仕宦)에 관련된 일기 등과 구별해서, 개인의 일상을 기록한 일기를 '생활일기'라고 부르기도 한다. 생활일기 역시 개인의 내면보다는 하루 일과의 기록인 경우가 많아서, 몇 년을 두고 일기에 적힌 당시의 쌀값은 물가 시계열 연구에 중요한 자료가 되기도 한다. 일기의 현대적 성격 변화와 관련해서, 식민지기의 일기 쓰기를 다룬 정병욱 · 이타가키 류타 편(2013)을 특기하고 싶다.

으로 쓴 글은 아니므로 남아 있다면 후손들이 조상의 유품으로 간직하고 있을 가능성이 크다. 손으로 쓴 글이다 보니 원본은 읽기가 쉽지 않은데, 한학 교육을 받은 전통적 지식인들은 1960년대까지도 순한문으로 일기를 쓰기도 했다. 사적인 내용이라서 일기에 등장하는 인물 · 지명도 읽어내기 힘들고, 윤치호 정도 되는 인물의 일기가 아니라면 일기 내용과 당시 국가 수준의 역사는 거리가 한참 멀어서, 신문기사 등도 방증(傍證)이 되어 주지 않을 것이다.

그래도 최근 관심들이 쏠리면서, 중요한 자료가 될 만한 일기들이 속속 번역 · 탈초되어 간행되고 있다. 눈에 띄는 대로 고른 것이지만, 책으로 간행되어 있거나 웹 DB로 이용할 수 있는 일기 자료들을 몇 가지 들면 다음과 같다.

〈표 6〉 몇 가지 일기 자료들

시기구분	자료	설명	발행사항 / 웹 DB
조선시대 양반 일기	묵재 일기	묵재 이문건 (1495~1567)의 1535~67년 일기	印刊: 국사편찬위원회 한국사료총서 41 번역: 『국역 대동야승 15』에 수록(민족문화추진회) 웹DB: 고전번역원 한국고전종합DB(원문, 번역문 HTML)
	미암 일기	미암 유희춘 (1513~1577)의 1567~77년 일기	印刊: 국학자료원 한국사료총서 8 『미암일기초』(전5권) 등 번역: 『미암일기』(전5권, 담양향토문화연구회)
	쇄미록	비연 오희문 (1539~1613)의 1591~1601년 일기	印刊: 국사편찬위원회 한국사료총서 14 번역: 『쇄미록』(전2권, 해주오씨추탄공파 종중)
	청대 일기	청대 권상일 (1679~1759?)의 1702~59년 일기	印刊: 국사편찬위원회 한국사료총서 47
	노상추 일기	무관인 서산와 노상추(1746~1829)의 1762~1829년 일기	印刊: 국사편찬위원회 한국사료총서 49

19세기 말 ~ 20세기 전반	윤치호 일기	윤치호(1865~1945)가 1880년대부터 1940년대까지 60여 년간 한문과 영어로 쓴 일기	印刊: 국사편찬위원회 한국사료총서 19(전11권) 번역(일부): 『(국역)윤치호일기』1, 2 등 웹DB: 국편 한국사데이터베이스 (원문, 일부 번역문 HTML)
	뮈텔주교 일기	천주교 서울교구장 뮈텔(Mutel) 주교의 1890~1933년 일기	번역: 『뮈텔 주교 일기』 (한국교회사연구소, 전8권)
	치재일기	충북 거주 치재 김인수(1892~1962)의 1911~62년 일기	영인: 정신문화연구원 (한국학중앙연구원)
	심원권 일기	경남 울산 거주 심원권(1850~1933)의 1870~1933년 일기	印刊: 국사편찬위원회 한국사료총서 48
	퇴수재 일기	경남 밀양의 퇴수재 이병곤(1882~1948)의 1906~48년 일기	印刊: 국사편찬위원회 한국사료총서 51
	관란재 일기	경기도 용인 거주 정관해(1873~1949)의 1912~47년 일기	印刊: 국사편찬위원회 한국사료총서 44
	맛질 박씨가 일기	경북 예천 맛질의 지주 박씨 집안에서 1834~1950년 4대에 걸쳐 작성한 일기	印刊: 『예천 맛질 朴氏家 日記(한국학중앙연구원, 현재 7권 간행) 번역(일부): 『저상일월(渚上日月)』
	구례 유씨가 일기	전남 구례 오미동 유씨가 祖孫 3대 2명의 1846~1936년 생활일기	영인: 『求禮文化柳氏 生活日記』 (정신문화연구원) 번역: 『求禮 柳氏家의 생활일기』 등 (한국농촌경제연구원)
20세기 후반	대곡 일기	경기도 평택의 농민 신권식(1929~)의 1959~2005년 일기	번역: 『평택 일기로 본 농촌생활사』 (경기문화재단 · (사)지역문화연구소, 전3권)
	창평 일기	전북 임실의 농민 최내우(1923~94)의 1969~94년 일기	번역: 『창평일기』(전북대학교 쌀 · 삶 · 문명연구원 SSK개인기록연구실, 전4권)
	이오덕 일기	교육자 · 저술가 · 한글운동가인 이오덕(1925~2003)의 1962~2003년 일기	印刊: 『이오덕일기』(전5권)

'간찰(簡札)' 이라 불렸던 편지도 일기 못지않게 중요한 미시사 · 일상사의 자료인데, 이쪽은 기본적으로 낱장이고 자기가 간직하는 것이 아니라 남에게 보내는 것이다 보니, 한 사람의 편지가 많은 분량으로 온전히 남아 있기가 더 힘들다. 그렇다면 개인 문집에 남아 있는 본인의 편지는 도대체 어떻게 보존된 것인지 궁금해지는데, 특히나 단순한 안부편지가 아닌 정말 내밀한 내용의 편지라면 그런 게 남아 있다는 사실이 이상하고 놀랍다. 19세기의 한 지방 양반이 아들에게 쓴 약 1,700통의 편지가 고스란히 보존되어 있다거나(하영휘, 2008), 정조가 재상 심환지에게 보낸 비밀스러운 편지 묶음이 남아 전한다는 것은(안대회, 2010; 박철상 외, 2011) 그야말로 기적에 가까운 예외일 것이다. 그렇게 한 개인의 편지가 대량으로 남아 있는 것은 흔치 않지만, 그래도 내용이나 글씨 때문에 받은 사람들이 고이 간직한 상당히 많은 조선시대 편지가 남아 전한다.

내용상으로 보면 편지 역시 일기처럼 역사의 큰 그림의 빈곳을 채우거나 심지어는 그것을 뒤집을 엄청난 잠재력을 가진 좋은 자료인데, 가장 큰 난점은 읽기가 무척 힘들다는 것이다. 관의 공문서라면 그래도 또박또박 바른 글씨체로 썼겠지만, 인구 대부분이 글을 쓸 줄 모르던 시대에 자기 생각을 능숙한 글씨로 휘갈길 수 있다는 것은 특권이자 자랑이었으므로, 많은 편지들이 흘려쓴 글씨로 되어 있다. 한글로 된 편지(諺簡)도 꽤 남아 있지만, 그쪽도 술술 읽어내려면 꽤 연습이 필요하다. 역시 어디까지가 형식적 인사말이고 어디까지가 고전에 나오는 '문자' 이며 어느 것이 고유명사인지, 누구를 두고 무슨 이야기를 하고 있는지를 이해하기란 지난(至難)하다. 게다가 편지글에서만 쓰던 독특한 용어들도 있어서, 남이 해놓은 연구를 보면 흥미롭지만 쉽게 도전할 수 있는 영역은 아니다. 조선시대 편지들을 묶은 자료집으로는 한국학중앙연구원(정신문화연구원) 장서각에서 현재 19권까지 낸 '한국간찰자료선집' 과 '조선후기 한글간찰(언간) 영인본', '조선후기 한글간찰(언간)의 역주 연구' 시리즈가 있다. 『옛편지 낱말사전』

(전송열 외 편, 2011)이라는 책도 나와 있다. 오늘날의 편지는 역사자료로서의 성격이 조금 다를 텐데, 한국전쟁 때 북한군 노획문서에서 발견된 조선인민군의 배달되지 못한 편지 이야기 같은 것은 특기할 만하다(이흥환 편, 2012).

2) 사실의 기록과 허구화된 서사

중세 서유럽을 다룬 미시사의 대표격으로 꼽히는 몇몇 저작들은 당시의 (종교)재판 기록을 주된 자료로 이용했다. 한국사에 대해서도 그런 시도를 해볼 수 있을까? 예(禮)와 도덕을 강조한 사회니만큼 그런 일은 없었을 것이라는 통념과는 달리, 조선시대 사람들은 소송을 무척 자주 했다. 오늘날로 치자면 민사에 해당될 소송의 많은 부분을 차지한 것은 조상의 묘를 둘러싼 '산송(山訟)'이었다. 소송은 일차적으로 군·현 수령이 담당했고, 거기에 불복하면 도 관찰사에게, 다시 형조나 사헌부에 상소하거나 심지어는 신문고나 격쟁(擊錚) 등을 통해 임금에게 직접 호소하기도 했다. 얼핏 오늘날의 심급(審級) 제도와 비슷해 보이지만 반드시 최종심으로 소송이 종결되지는 않았다. 그것은 대개의 소송, 특히 산송이 개인 간이 아니라 집안 간의 문제였기 때문이기도 할 텐데, 수령이 바뀌거나 하면 쌍방이 다시 소송을 제기해서 백 년 이상 소송이 이어진 경우도 있었다.

소송이 많았던 만큼 관련 문헌자료도 상당수 남아 있는데, 특이한 점은 민사소송의 경우 관련 문서들이 대개 재판을 담당한 지방관아가 아니라 원고 · 피고의 집안에 남아 있다는 점이다. 소송은 분쟁의 한쪽 또는 쌍방이 '소지(所志)' 등으로 일컬어진 소장을 제출하면 양쪽 당사자가 차례로 호출되어 진술을 하고, 또 문건과 증거 제시, 관의 조사 등의 절차가 반복된 뒤 수령이 판결을 내리는 방식으로 진행되었다. 재판이 끝난 뒤 원고나 피고의 요청에 따라 판결문에다 그간의 소송 진행상황과 증거 자료까지를 모두

기록 · 첨부한 다음(실제 문서상의 순서로는 판결문이 맨 뒤에 온다) 그것을 공증해서 내준 것을 '결송입안(決訟立案)'이라고 한다. 결송입안은 오늘날의 판결문보다 훨씬 상세하게 사건의 전개를 보여주기 때문에 한 소송사건에 대한 것이 온전히 남아 있다면 좋은 자료가 된다(임상혁, 2010). 물론 조선시대 소송기록을 읽기 위해서는 한문 해득력 외에도 관련된 고문서에 대한 기본적인 지식이 필요하다.

그런데 소송을 비롯해서 조선시대에 사회적으로 큰 관심을 끌었던 몇몇 사건들은 그 사건의 주인공 이름을 내세워서 '전(傳)'이라는, 사실과 허구의 경계를 가늠하기가 애매한 장르의 서사(敍事)로 만들어지기도 했다. 18세기 초 경북 성주에서 일어난 한 산송이 살인, 격쟁으로 비화되고 마침내는 전국 유림의 복합상소(伏閤上疏)까지 초래한 일이 있었는데, 이 사건에 대한 결송입안 같은 공문서 자체는 남아 있지 않지만『실록』에도 그 경과가 소개되어 있고,『박효랑전(朴孝娘傳)』,『박효랑실기(朴孝娘實記)』등 사건의 당사자인 박씨 자매를 주인공으로 내세운 기록이나 한시, 소설 등이 전하고 있다(전경목, 2005). 박세당의 아들로 1689년 숙종의 인현왕후 폐위에 강력히 반대하다 왕의 친국(親鞫)으로 심한 고문을 받고 옥사한 박태보의 경우에도,『실록』등에 그의 상소와 국문, 유배, 옥사 등에 대한 기록이 있는 외에,『박태보전』,『박한림전』,『박태보실기』등의 이름으로 편찬된 서사들이 있어, 식민지기까지도 새 판본이 편집 · 간행될 정도였다.

그 밖에도 마르탱 게르와 방불한 실존인물 유연(柳淵)의 이야기 등, 어느 정도 사실적 전기(biography)나 역사기술에 가까운 것으로부터 상투성과 과장, 허구가 가미되어 상당한 문학적 형상화와 변형을 겪은 것까지, 당대에 기록된 것으로부터 오랜 구비전승을 거친 것까지, 또 책 한 권 분량의 것으로부터 각종 야담집이나 개인 문집에 수록된 한문 단편에 이르기까지, 사실과 허구를 정확히 가를 수 없는 상당수 '전' 형식의 자료들이 있다.『홍길동전』,『춘향전』,『장화홍련전』처럼 순수한 허구로 여겨졌던 작품들도 실제의 역사적 인물이나 사건이 서사로 만들어진 것이라는 점이 밝혀지기도 했다. 그동안 이런 서사들은 주로 (한)문학계에서만 다루어 왔지만, 최근에는 문학과 고문헌학, 법사학, 역사학 등의 교류와 공동연구를 통한 다각적 접근이 시도되고 있다. 그런 자료에 등장하는 인물과 사건에 관한 사실 자체는 밝힐 수 없더라도, 그런 사실이 서사화되는 특정한 패턴을 통해 당시 사회의 지배적 이데올로기와 저항, 대중의 망탈리테와 감수성 등을 읽어낼 수 있을 것 같기도 하다. 어쩌면 그쪽이 더 중요한 연구 분야가 될지도 모른다. 역시 일차자료 자체가 한문 고문헌이거나 야담집 등에 수록된 한문 단편이라는 문제가 있지만, 상당수 번역 · 탈초가 이루어져 있으므로 적극적으로 관심을 기울여 볼 만하다.

3) 생존자들의 주관적 기억 : 구술자료와 구술 아카이브

인문 · 사회과학에서 거대담론의 퇴조, 언어학적 · 문화적 전환, '객관성'에 대한 의심, '아래로부터의 역사'와 지금껏 (역사과정과 역사서술 양쪽 의미에서) 역사로부터 소외되었던 '말하지 못하는' 작은 주체(subaltern)들에 대한 관심 등으로, 평범한 개개인이 체험 · 기억하고 말하는 역사에 대한 관심이 대두했다. 특히 가까운 과거의 사건으로 아직 관련자들이 생존해 있는 경우, 그들의 구술증언은 쓰여진 역사, 공식적 역사와 다른 체험, 다른 기억을 전해 줄 수 있는 좋은 자료가 된다. 복잡다단한 현대사를 겪어온 한국에서 구술증언의 수집과 연구는 1980년대 이래 민주화 국면에서 그동안 말할 수 없었던 과거에 대한 증언(특히 한국전쟁과 이념갈등의 희생자, 식민지기 종군위안부 등)으로 시작해서, 2000년대에 접어들면서는 여러 차원의 소수자들을 포함한 민중의 생활사 일반으로 확대되었다. 몇 년 전까지만 하더라도 각각의 구술(사) 연구들은 어떻게 구술이 역사학적 문헌 연구나 사회과학의 계량적 방법 못지않은 하나의 좋은 방법일 수 있는지를

일일이 해명해야 했지만, 이제는 얼마쯤 역사와 사회과학 영역에서 시민권을 획득한 것으로 보인다.[19]

물론, 구술자료와 구술사 연구 방법에 대한 의구심이 다 가신 것은 아니다. 각 개인이 체험 · 기억하는 다른 역사 같은 개별적 변이에도 불구하고 객관적 역사는 존재한다거나 역사는 적어도 '집합적' 기억과 관련된 것이어야 한다고 믿는 입장에서 본다면, 한 개인의 주관적 체험과 기억이란 문제가 많은 것일 수 있다.[20] 또 구술증언을 자료로 이용하는 데도, 그것을 문헌자료에 입각해서 만들어진 역사의 큰 그림의 빈틈을 채우는 보조자료 정도로 보는 입장부터 구술증언의 주관성을 적극적으로 긍정하고 오히려 그것을 부각시키고자 하는 입장, '구술생애사'(이희영, 2005)에 이르기까지 다양한 스펙트럼이 있게 된다. 게다가 구술증언을 하고 또 듣는다는 구술자와 면접자의 대면적 상호작용은 '자료'를 수집하고 '방법'을 가지고 접근해서 그것을 분석 · 해석한다는 것과는 전혀 다른 경험이어서, 종전의 방법 논의를 그대로 적용하기는 힘들다. 더 늦기 전에, 생존자들이 돌아가시기 전에 과거사의 진상을 밝혀내거나 그들이 간직한 과거 생활 · 민속 · 구비문학 등을 채록해서 보존해야 한다는 절박함에 쫓겨 구술자료의 수집과 아카이브 구축은 많이 이루어졌지만, 정작 구술사 '연구'는 부족하다는 지적도 있다.

이 자리에서 구술사, 구술자료 전반을 논할 필요는 없을 것이므로, 2000년대 들어 구축된 주요 구술 아카이브를 소개하는 정도로 그치고자 한다. 지금까지 이루어진 구술사 연구는 대개 면접자가 자기가 면접한 결과를 활용해서 논문을 쓰는 방식이었다. 그러나 바로 위에서 언급했듯이

19) 구술사 전반에 대한 가장 최근의 고찰로, 이용기(2009), 허영란(2013)을 참조할 것.

20) "구술은 ① 과거에 대한 현재의 기억이기 때문에 과거를 온전하게 담아내지 못한다는 점(기억의 현재성), ② 구술자가 자의적으로 자신의 과거 경험을 진술할 수 있다는 점(진술의 자의성), ③ 면담의 상황에 영향을 받기 때문에 일관성이 없다는 점(면담의 상황성) 등을 이유로 이른바 '객관성'을 의심받아 왔다(이용기, 2009: 307-308)."

선행연구의 진행과정에서 또는 여러 가지 정치적 · 학술적 기획을 통해서 "연구가 미처 따라가지도 못할 정도"라고 할 만큼 구술자료들이 쌓이고 있는 것도 사실이다. 각 아카이브들에서는 그것을 일반적 이용이 가능하도록 정리하고 메타데이터를 붙여 축적하고 있다. 그런데 그런 아카이브에 소장된 남이 채록해 놓은 구술자료를 활용해서 연구를 한다는 것은, 직접 구술자를 만나서 면담을 하는 것과는 전혀 다른 경험, 다른 방식의 접근일 것 같다. 침묵(의 길이), 한숨, 눈물, 표정과 몸짓 등까지 꼼꼼히 옮긴 글, 더해서 요즈음은 음성파일이나 동영상파일까지도 제공하는 아카이브도 있지만, 구술증언도 일단 기록되면 문헌자료와 비슷한 성격을 갖게 되는 것이 아닐까? 여러 가지 의미에서, 구술 아카이브를 이용한 연구는 새로운 시도가 될 것이다.

〈표 7〉 주요 구술 아카이브

기관	웹 아카이브	출판물
(20세기 민중생활사 연구단)	20세기 민중생활사 연구 http://www.minjung20.org/	20세기 한국민중의 구술자서전(6권), 한국민중구술열전(47권)
민주화운동 기념사업회	민주화운동 구술아카이브즈(4월혁명) http://archives.kdemo.or.kr/oral-archives/	
한국학 중앙연구원	현대한국구술자료관 http://mkoha.aks.ac.kr/	
	한국구비문학대계 (http://yoksa.aks.ac.kr/에서)	한국구비문학대계(78권)
국립예술자료원	구술로 만나는 한국예술사 http://oralhistory.knaa.or.kr/gusool-artist	예술사 구술 총서 『예술인 · 生』(5권)
국사편찬위원회		구술사료선집(19권)
제주4·3연구소	http://www.jeju43.org/	4·3구술자료 총서(6권)

4) 이미지 자료와 조형물/공간

영상매체가 활자매체를 압도하는 오늘날, 역사연구에도 이미지 자료를 적극 활용해야 한다고 뒷북을 칠 필요는 없을 것이다. 역사 논문에 표와 그래프를 넣는 것도 신선하게(불경스럽게?) 여겼던 전설 같은 시절도 있었지만, 이제 그림이나 사진은 거의 필수품목이 되었다. 이미지를 서술의 보조자료로 활용하는 정도가 아니라 이미지 자체를 주된 자료로 삼는 연구들도 많이 등장했고, 그런 경향은 앞으로 더 강화될 것으로 보인다. 조선후기 풍속화라거나 19세기 말 이래의 사진은 이미 너무 익숙하고 당연한 주제여서 일일이 거명할 필요도 없을 것 같다. 식민지기 안석주나 1960년대 초 김승옥의 신문 만화를 통해 당시 사회상을 살펴본 연구들도 있지만, 일본이나 외국의 신문 · 잡지 등에 실린 풍자(만)화를 통해 조선의 식민지화 과정과 러일전쟁을 검토한 한상일 · 한정선(2006), 석화정(2007)은 수집한 자료의 범위나 설명의 꼼꼼함이 돋보인다. 한민주(2013)는 식민지 말기 각종 매체를 뒤덮었던 총동원체제의 선전미술을 모아 분석했다. 해방 직후, 한국전쟁기에 난무했던 삐라 자료를 정리한 김현식 · 정선태 편저(2011), 이임하(2012), 그리고 우표라는 특이한 소재를 자료로 이용한 內藤陽介(2012a, 2012b) 등도 주목할 만하다.[21]

이미지를 이용한 대다수 연구들은 주제의 형상화 방식과 작가의 의도, 미학적 요소와 이데올로기적인 효과 등에 주목하지만, 그려진 대상에 꼼꼼하게 천착한 연구들도 있다. 『화성성역의궤(華城城役儀軌)』나 『무예도보통지(武藝圖譜通志)』에 나오는 그림들, 기록화나 풍속화는 과거의 건축이나

21) 이미지의 활용도가 높아지고 있지만, 이미지 아카이브의 구축 · 공개는 아직 조금 더딘 것 같다. 물론 국가기록원이나 각급 도서관 · 박물관에서 개별적으로 이미지를 제공받을 수 있지만, 특기할 것으로는 국립민속박물관(http://www.nfm.go.kr)의 소장유물 사진 아카이브가 있다. 홈페이지 오른쪽 위 '통합검색(FAMS)' 으로 키워드 검색을 하고 바뀐 창 왼쪽 메뉴 열에서 '소장유물' 을 선택하면 소장유물의 사진과 해설을 볼 수 있다.

복식, 음식, 무예 등의 연구에 중요한 자료가 된다. 그 폭을 더 넓힌 연구로는 정조의 화성 행차를 기록한 『원행을묘정리의궤(園幸乙卯整理儀軌)』와 거기 실린 반차도(班次圖)를 가지고 그려진 인물들과 사물들을 하나하나 따져본 한영우(1998)를 비롯해서, 개항 이후의 기록화에서 인물의 배치, 음식과 집기를 확인하면서 서구적 현대성과 조선적인 것의 조합 또는 착종(錯綜)을 생각해 본 주영하(2004), 18세기 풍속화에서 상민(常民) 남성의 옷차림을 확인해 본 이영훈(2006) 등을 들 수 있다. 사진이나 그림에 등장하는 인물과 사물을 하나하나 확인한다는 것은 지난(至難)한 작업이겠지만, 1906년에 찍은 한 장의 가족사진을 가지고 거기 찍힌 인물과 배경이 되는 병풍그림을 추적해 간 윤진영(2011)에서 보듯이, 때로 그 성과는 놀랍고도 흥미롭다.

한편, 1990년대 후반 이래 한국의 사회사/역사사회학이 천착해 온 한 가지 독특한 대상은 역사적 사건의 기념공간/기념물이다. 소안도라는 작은 섬의 항일 기념탑 건립을 다룬 정근식(1995), 백 년 가까운 시간 동안 전국적으로 조성된 다양한 동학농민전쟁 기념물을 다룬 박명규(1997), 동작동 국립묘지를 다룬 김종엽(1999)의 연구 이래 최근의 연구로는 광주의 5·18과 '5월운동'의 기념 문제를 다룬 최정기(2008), 정호기(2012), 거창양민학살사건의 기념공간을 다룬 김백영 · 김민환(2008) 등에 이르기까지, 특히 제주도 4·3항쟁, 한국전쟁과 그 전후의 민간인 학살, 이후의 민주화운동 등과 관련된 다양한 역사적 사건의 기념공간/기념물에 대한 연구가 축적되었다. 관련된 역사적 사건들이 대개 비극적 결말로 귀결된 격심한 갈등이었던 만큼, 이들 연구에서 다룬 기념공간/기념물들은 지금도 미처 다 해결 · 해소되지 않은 역사의 앙금과 현재적 갈등을 품고 있다. 가해자와 피해자, 군인과 민간인, 좌익과 우익, 국가와 시민사회, 한 지역과 다른 지역 등 당시와 현재의 다양한 갈등이 이들 기념공간/기념물과 기념사업을 가로지른다.

다른 많은 경우에도 그렇겠지만, 이런 기념공간/기념물이나 기념사업 연구에서는 기념공간 자체의 공간적 배치와 구조, 각 기념물들의 예술적 형상화에서부터 기념되는 사건과 인물, 기념사업 추진 과정에 대한 전국적, 지역적 또는 집안 수준의 문헌자료, 주민들과의 구술면접 등 필요하고 가능한 자료들이 다양하게 또 복합적으로 동원된다. 공간적 배치와 역사적 시간성을 결합한다는 점에서, 조선시대의 읍지(邑誌)나 지금도 각 시·군·구에서 주기적으로 펴내고 있는 관찬 지역사 종류에도 관심을 가져볼 만하다. 최근에는 한국학중앙연구원과 각 지방자치체가 "향토문화전자대전" 사업을 추진하고 있기도 하다(홈페이지 http://www.grandculture.net/). 조금 다른 형태의 흥미로운 자료로는 서울시내 특정 지역의 세밀한 공간적 배치와 주민들의 구술, 생활사를 결합시킨 서울역사박물관의 서울생활문화자료조사 시리즈도 있다.[22]

5. 나가면서

이 장에서는 사회사/역사사회학의 자료에 대해, 정말 아주 간단히 살펴보았다. 한두 가지 양해를 구하면서 글을 맺고자 한다.

우선, 제한된 분량 안에서 새로운 자료, 또는 묵은 자료를 새롭게 보는 시각의 전환과 그런 자료와 시각에 적절한 새로운 방법 등을 강조하려다 보니, 한국의 사회사/역사사회학이 중점적으로 다루어온 자료보다는 그렇지 못한 자료, 사회학이 아닌 다른 역사 관련 연구의 성과들이나 우리가 앞으로 다루었으면 하는 자료 쪽에 이야기가 치우치고 말았다. 2, 3, 4의 항목 구분도 그렇지만 선행연구 사례의 선별도 자의적인 것이다. 또, 이 글에

22) 시리즈를 따로 분류해 놓지 않았는데, 서울역사박물관(http://www.museum.seoul.kr/) > 자료실 > 박물관 간행물 > 출판도서에서 pdf로 다운받아 볼 수 있다.

서 소개한 것은 이미 선행연구들에서 발굴해서 다룬 자료들이 대부분이므로, 따지자면 아주 '새로운' 것은 아닌 셈이다.

자료를 하나하나 들기가 뭣해서 기본적인 역사자료 웹 DB와 아카이브를 몇 가지 소개했지만, 이 소개도 완벽은커녕 내가 가진 관심과 정보의 범위 안에서 자의적으로 뽑은 맛보기 같은 것이다. 또 언제라도 새로운, 더 좋은 DB와 아카이브가 생겨날 수 있음은 물론, 기존 사이트가 없어지거나 주소가 변경될 수 있다는 점도 양해해 주었으면 한다.

제 3 부

한반도와 동아시아 사회 변동의 거시적 설명

제 8 장

한국의 민족주의, 민족과 국가

| 정일준(고려대학교 사회학과) |

1. 문제제기 : 한국 민족주의 이해를 위하여

우리는 대한민국(大韓民國) 국민(國民)이다. 대한민국은 1948년에 건국되었다. 그렇다면 그 전에 우리는 어떤 집단정체성을 가지고 살았을까? 일본 제국주의의 식민지배 아래서 대부분의 동포는 식민지 피지배층이었다. 노예의 삶을 살았다. 조선인은 한 핏줄인데 이민족인 일본인의 지배를 받고 있다는 민족의식(民族意識)이 싹텄다. 조선시대에는 왕조의 신민(臣民)이었다. 일부 지배층을 제외하고 백성 대부분은 정치적 자유와 경제적 풍요를 누리고 살기 어려웠다. 더욱이 강력한 신분제 질서 아래 살았기 때문에 하나의 민족이라고 상상(想像)하기는 쉽지 않았다. 고려시대와 그 이전으로 거슬러 올라가면 어떠할까? 거기서 우리는 '우리' 라 부를 수 있는 같은 민족을 발견할 수 있을까? 역사적 문헌자료에는 타 민족이 멀리서 보기에 한민족(韓民族)이라고 지칭했던 사회집단이 있었다. 그렇지만 그들이 어느 정도로 "우리는 같은 민족"이라는 의식을 가졌는지, 그리고 '그들' 이 바로 오늘날 우리의 조상이라고 확정할 수 있을지는 의문이다. 따라서 "한민족은 5,000년 역사를 가졌다"라는 주장은 당연시하기보다 의문시해야 한다. 그렇지만 이러한 주장이 허구라거나 아무런 근거가 없다는 이야기는 아니다. 언제부터, 어떤 계기를 통해 역사적 사회집단으로서의 민족이 우리를 규정하는 일차적이고도 가장 중요한 사회집단이 되었는지를 확인해야 한다는 주장일 따름이다. 민족주의를 역사화할 필요가 있다. '단군의 자손' 이라는 '우리' 가 누구인가를 알기 위해서는 먼저 " '단군' 은 누구인가?" 그리고 " '우리' 는 과연 언제부터 어떤 과정을 통해 '단군' 이 우리 조상이라고 믿게 되었을까?"를 물어야 한다는 말이다. 답변은 열려 있다.

1945년 제2차 세계대전이 미국을 중심으로 하는 연합국의 승리로 끝나면서 한반도는 해방되었다. 그렇지만 한반도는 북위 38도선을 경계로 남한과 북한으로 분단되었다. 결국 1948년 각각 대한민국(이하 남한)과 조선민주주의 인민공화국(북한)이 수립되면서 한 민족 두 국가 체제가 들어섰다. 길게는 통일신라 짧게는 고려왕조 이래 수백 년 동안 공통의 정치체제 아래서 살아오다가 분열된 것이다. 해방 직후부터 지식인들과 정치 지도자들을 비롯한 대부분의 한반도 주민은 통일된 독립국가를 원했다. 한 민족이 두 개의 상이한 국가로 나뉜다는 것은 상상할 수 없었다. 그렇지만 국제정치의 현실은 달랐다. 한반도는 미군과 소련군이 군사점령했다. 남한과 북한 내부의 통일지향 세력들의 노력이 무산되고 남북한 단독정권이 들어섰다. 넓지 않은 한반도에서 문화전통을 공유하는 같은 민족구성원을 두고 각기 민족정통성을 주장하는 두 개의 국가가 수립된 것이다. 1950년 6월 25일 북한의 전면적인 공격으로 한국전쟁이 발발했다. 전쟁은 3년 넘게 진행되며 동족상잔(同族相殘)을 낳았다. 민족통일을 표방한 전쟁이었지만 서로 간에 사상자가 너무 많았다. 한국 민족주의는 크게 상처받았고 좌절했다. 한 민족이라는 말이 무색할 지경이 되었다. 더욱이 전쟁은 민족 내부에 국한되지 않았다. UN군의 깃발 아래 미국을 중심으로 하는 16개국이 남한을 구하러 참전했다. 한국군과 UN군이 38선 너머로 진격하자 이번에는 북한을 구하러 중국군이 개입했다. 한국전쟁은 사실상 제3차 세계대전의 대리전(代理戰) 성격을 가진 국제전이었다. 이 전쟁을 통해 세계수준에서 냉전체제가 수립되었다. 한민족은 두 개의 국가로 나뉘었을 뿐 아니라 이 분단체제(分斷體制)를 미국과 소련을 정점으로 하는 세계수준의 냉전체제(冷戰體制)가 단단히 뒷받침했다. 이런 역사적, 국제정치적 맥락에서 한국 민족주의(nationalism)는 남북한의 역학관계뿐 아니라 국제정치적인 역학관계의 변화에도 연동되는 복합적(複合的) 성격을 가지게 되었다. 바로 이 점이 한국에서 민족과 민족주의를 이야기하거나 연구할 때 항상 고려해야 할 역사성(historicity)과 지구성(globality)의 중첩이다. 나아가 서구에서 발달한 민족과 민족주의 이론을 통해 한국 민족주의를 이해하고자 할 때 이해보다는 오해를 낳게 되는 배경이기도 하다. 따라서 한국 민족주의의 고유성을 충분히 고려하면서도 세계적인 맥락에서 비교 역사사회학적으로 이해하기 위해서는 성찰성(reflexivity)이 요구된다. 이 작업은 아직도 진행 중이며 이중해석학(double hermeneutics) 아니 다중해석학(multiple hermeneutics)을 요청하는 난제(難題)이다.

2. 국가/국제체제와 민족/민족주의 : 이론적 고찰

역사상 인류는 '우리'를 '그들'과 구분하는 다양한 기준들을 통해 다양한 집단들을 형성했다. 민족도 그러한 집단의 하나이다. 그렇지만 민족의 '생존' 또는 '영광'을 위해서 사람들은 기꺼이 자신을 희생하기도 하고 남들을 죽이기도 한다. 1, 2차 세계대전과 그 후의 민족독립투쟁에서 민족주의의 깃발 아래 수백만, 수십만이 죽었다. 더욱이 냉전체제가 해체된 후 구공산권을 중심으로 민족단위의 독립국가 수립 물결이 거셌다. 그리고 현재도 민족단위의 분쟁이 세계 도처에서 진행 중이다. 세계화, 지식정보화, 지구적 소비문화, 유럽통합, 세계시민주의(cosmopolitanism)를 이야기하는 현재에도 민족은 여전히 중요한 사회집단인 셈이다.

인류가 특정 영토를 중심으로 종족집단(ethnic group)을 이루어 살기 시작한 지는 매우 오래되었다. 중국 문헌에는 기원전 5세기 전국시대(戰國時代) 이래로 지배민족인 한족(漢族)과 여타 민족들 사이의 구분이 이루어졌다. 성경(聖經) 창세기에도 민족 개념이 나타난다. 그리스 역사학자 헤로도투스의 『역사』와 철학자 아리스토텔레스, 플라톤의 저작에서도 '그리스인' 또는 '헬레네인'과 타인들을 구별했다. 그런데 이러한 구별 짓기가 지금도 재현되고 있다. 대만인은 대륙의 중국인과 구별한다. 체첸인과 우크

라이나인은 러시아인과 구별한다. 쿠르드인은 이라크인이나 터키인과 구별한다. 슬로바키아인과 체코인은 서로 분리되어 각기 국가로 독립했다. 카시미르는 인도의 일부가 아니라고 보기도 한다(Grosby, 2005). 무엇보다도 단일민족(單一民族)임을 믿어 의심치 않는 한민족(韓民族)은 분단된 채 두 세대가 넘게 지났다.

현대는 국가들의 세계이자 동시에, 어쩌면 더 중요하게, 민족들의 세계이다. 우리가 살고 있는 세상은 사실, 바다에서 가까스로 머리를 내민 육지이기도 하고, 용암층에 가까스로 얹힌 얄팍한 지각(地殼)에 불과하기도 하다. 간헐적으로 지층을 뚫고 분출하는 용암을 보며, 우리는 세상이 그리 단단치 않다는 엄연한 사실을 가끔씩 지각(知覺)한다. 20세기는 '민족주의의 세기' 라고도 불렸다(카, 1945; 박찬승, 2007). 21세기는 '지구시대(Global Age)' 라고도 한다. 그렇다면 민족과 민족주의는 철 지난 유행에 불과한가? 이성적으로 사고하면 그런 것 같기도 하다. 그렇지만 우리 모두는 때때로 자기도 모르게 민족감정(民族感情)에 휩싸이곤 한다. 일본이 독도에 대해 영토시비를 걸어올 때, 중국이 동북공정(東北工程)을 통해 한반도 북방에 대한 역사적 경계(境界)를 문제 삼을 때 그러하다. 2002년 훈련 중이던 미군 장갑차에 효순 · 미선 학생이 치어 죽었을 때, 2008년 미국산 소고기 수입반대운동을 할 때 그러하다. 2002년 나가노 동계 올림픽에서 김동성 선수가 금메달을 박탈당했을 때, 2014년 소치올림픽에서 김연아 선수가 은메달에 머물렀을 때 그러하다. 2012년 가수 싸이(Psy)의 강남스타일이 세계적으로 공전의 히트를 쳤을 때, 중국이나 동남아 멀리 중동과 유럽까지 한국 드라마와 영화가 퍼져나갈 때 갑자기 개인으로서의 나보다는 한민족의 일원이라는 사실이 자랑스러워진다. 물론 대한민국이라는 국가의 국민이라는 점을 자랑스러워할 수도 있다. 그렇지만 해외동포들의 반응도 열렬한 것을 보면 애국심과는 다른 감정인 것 같다. 지금, 여기서 내가 정서적으로 몰입해 있기 때문에 민족주의는 현재형이다. 과거로부터 물려받은 반성되지 않은 낡은 의식이거나, 위로부터의 동원 이데올로기만이 아닌 것이다. 그렇다면 무엇이 우리를 열광하게 만드는가? 왜 우리는 배울 만큼 배우고 또 발달한 통신기기를 통해 전 지구적인 소통이 가능한 이 시대에도 민족단위로 정체성을 상상하는가? 이는 연구하고 토론해야 할 주제이지 피하거나 비난할 일과성 현상만은 아니다. 인간은 이성적(rational) 존재이자 동시에 민족적(national) 존재이기도 하다.

민족주의는 "특정 인구 집단 구성원 중 일부가 그 집단이 실제적으로나 잠재적으로 '민족'을 구성한다고 믿으면서 민족자결, 민족통합 그리고 민족정체성을 확립하고 유지하려는 이데올로기적 운동이다"(Smith, 2010). 이처럼 민족주의의 목표는 민족자결, 민족통합, 그리고 민족정체성의 세 가지이다. 이때 민족주의는 국가주도형(state-led) 아니면 국가추구형(state-seeking)이다(Tilly, 1995). 그런 점에서 국가와의 관련을 빼놓을 수 없다. 결국 이론적으로나 실천적으로, 과거에나 현재 또는 미래에도, 민족주의와 민족 그리고 국가의 관계가 문제다.

1) 국가와 국제체제

현재 세계 지도는 국가들로 빈틈없이 채워져 있다. 각각의 국가는 영토(領土, territory)와 국민(國民, citizen)으로 이루어져 있다. 그리고 모든 국가는 국가임(statehood)을 국제사회에서 승인받아야 주권(主權, sovereignty)을 가질 수 있다. 영토와 국민은 국가의 필요조건이지만 충분조건은 아니다. 주권을 가져야 비로소 국가가 된다. 여기서 특히 중요한 사실은 대외적 주권의 인정이 상호적으로 이루어진다는 점이다. 그리고 점점 더 많은 국가들이 이러한 주권의 상호인정과정에 참여하면서 주권은 점차 국제규범의 성격을 띠게 된다(김준석, 2011). 그렇다고 모든 주권국가가 국가다움(stateness)의 조건을 갖춘 것도 아니다. 독립했지만 국민의 최소한의 경제적 생존이나 정치적 자유를 보장하지 못하는 국가도 있다. 실패한 국가들(failed states)이다. 현재 존재하는 모든 국민국가(nation state)는 국가 간 체제(inter-state system)안에서 역사적 투쟁을 통해 형성되고 변형되었다. 그런 의미에서 현대 국가들은 예외 없이 역사성과 지구성을 담고 있다. 이런 존재론적 차원과 밀접히 연결되어 있으면서도 각국의 현재 상황을 어떻게 인식하고 평가하느냐 하는 별개의 차원이 있다. 특정한 국민국가의 구성원들이 자기 조국(祖國)이 처한 국내외적, 역사적 상황에 만족하느냐 아니면 불만이냐 하는 것이다. 이것이 성찰성이다.

시야를 한반도로 돌려보자. 남쪽과 북쪽에 각각 남한과 북한이 자리 잡고 있다. 남한과 북한은 건국 당시부터 서로를 국가로 인정하지 않았다. 그런데 1991년 남한과 북한이 동시에 UN에 가입했다. 지구성이라는 차원에서 남한과 북한은 각기 하나의 주권국가로서 국제사회로부터 인정받고 있는 셈이다. 그런데 역사성이라는 차원에서 살펴보면 문제는 사뭇 다르다. 남북한을 막론하고 한민족(韓民族)은 5000년 유구한 역사를 가졌다고 가르치고 또 배운다. 남한에서는 가상의 개국시조(開國始祖)로 알려진 단군(檀君)을 북한에서는 실존인물이었다며 묘까지 발굴, 보존하고 있다는 정도의 차이가 있을 뿐이다. 한때 우리는 서기(西紀)가 아닌 단기(檀紀)를 쓰기도 했다. 적어도 민족이라는 차원에서는 하나임을 남북한 공히 인정하고 있다. 현실로서의 남북분단(南北分斷)과 두 국민국가, 역사이자 이상으로서의 하나의 민족국가, 이 사이에서 한국 민족주의의 딜레마가 발생한다. 국가를 '현실'로 보고 민족을 '이상'으로 보느냐, 아니면 민족을 '현실'로 보고 국가를 '이상'으로 보느냐에 따라 다양한 민족주의의 스펙트럼이 드러난다.

지금 한반도에 존재하는 두 국민국가는 현실이다. 155마일 휴전선은 가상의(imaginary) 선이 아니라 실제의(actual) 선이다. 그렇지만 우리는 남북한 국민이 사실상(virtual) 하나의 민족 구성원이라고 믿는다. 이러한 감정은 너무도 사실적(real)이어서 "우리의 소원은 통일"이라는 노래가 자연스럽기만 하다. 물론 그 자연스러움도 만들어진 자연스러움이다. 세대와 각자의 사회적 위치에 따라 '자연스러움'의 정도는 다르다. 하나의 민족이 하나의 국민국가를 형성해야 한다는 정치적 신념을 민족주의라고 할 때, 한국 민족주의는 통일 민족주의(統一民族主義)를 지향한다. 그런데 통일 민족주의는 현상타파(現狀打破)를 지향한다는 점에서 변혁적(變革的)이다. 현실로서의 두 개의 주권국가, 당위로서의 하나의 민족국가 이 사이에서 시기와 입장에 따라 수많은 변종(變種) 민족주의가 명멸했다. 그리고 지금 이 순간에도 어떤 민족, 어떤 민족주의를 상상하느냐(imagine)에 따라 현실 권력으로서의 남한과 북한에 대한 입장과 태도에는 차이가 있다. 한국 민족주의가 여전히 논쟁적(contentious)일 수밖에 없는 까닭이다.

국가에 초점을 맞추면 어떠한가? 한반도는 물론이고 중국 대륙과 바다 건너 일본에도 고대(古代)부터 국가가 수립되었다. 물론 이때의 국가는 근대 국가(modern state)와는 여로 모로 다르다. 그렇지만 유럽에서 비롯된 근대 국가의 형성과 국가 간 체제 형성 이전에 동아시아에서는 나름의 국가들과 국가 간 체제가 존재했다. 요컨대 동북아에서는 자본주의 산업화와 근대 국민국가 형성을 축으로 시작된 민족형성 그리고 민족주의의 발흥과 구분되는 다른 경로(path)가 있었다. 동아시아에서의 국가, 민족 그리고 민족주의의 궤적은 비록 서구의 경로에 의해 영향을 받고 상당 부분 그것을 차용했을지라도 고유한 역사성과 지역성(regionality)을 가지고 있었다. 이 점이 한국, 중국 그리고 일본의 민족주의를 이해할 때 서구의 이론틀로만 바라볼 수 없는 이유이다(Mitter, 2013; Moore, 2013).

2) 민족과 민족주의

민족주의는 인종주의(racism)나 맹목적 애국주의(jingoism), 외국인 혐오증(xenophobia)과 동일시되기 쉽다. 따라서 용어상 나쁜 인상을 준다. 배외주의(排外主義)라는 혐의가 짙다. 또 민족주의는 간헐적으로만 대중적인 주목을 받는다는 점에서 위기(危機)나 예외적인 사건과 연결된다. 전쟁이나 경제위기 같은 위기 때가 아니면 월드컵이나 올림픽 같은 스포츠 이벤트 또는 특정 사건을 둘러싸고 민족주의가 발동한다. 민족주의는 이데올로기이자 사회운동이며 상징이기도 하다. 민족주의의 의미는 시대와 장소에 따라 다양하며 기원도 다양하다. 사회학, 역사학, 정치학, 국제정치학, 인류학 등의 학문분과에 걸쳐 있는 주제이다. 종족과 공동체가 민족과 민족주의의 역사적, 사회적 배경이 된다.

민족주의 이데올로기가 생겨나기 이전부터 민족이라는 사회집단의 형태는 존재했다. 따라서 두 개념은 밀접하게 연결되어 있음에도 불구하고 혼동하면 곤란하다.

(1) 민족 개념 : 객관적, 주관적 정의

민족이라는 개념은 나라마다 표현방식이 다르다. 또 역사적으로 의미가 변했다. 나아가 보통사람들의 일상용어와 학자들의 용법이 다르다. 영어에서 nation은 state 또는 country와 동의어로 일정한 정치체제 아래 통일된 집단을 말한다. 또한 정치적으로 통일되어 있을 뿐 아니라 인종(人種, race), 언어, 종교, 전통과 같은 여러 연대(連帶)에 의해 통일된 집단을 말하기도 한다. 민족 구성원은 공통의 문화를 가진다. 프랑스어의 nation도 영어와 같이 두 가지 의미로 사용되지만 정치적인 의미가 강조된다. 독일어 volk는 육체적으로나 정신적으로 공통한 혈통을 지닌 인간 집단을 표시한다. 민족이라는 사회집단은 자연적인 혈연적 기초에서 발단하지만 문화적 형태로 발전하고 정치집단을 의미하게 되는 과정에서 여러 가지 단계를 이루게 되었기 때문에 다양한 의미를 내포한다. 따라서 학자에 따라서는 volk를 자연적 자생공동사회로, nation을 문화공동사회로 보기도 하고, 다른 학자들은 volk를 문화공동사회로, nation을 정치적으로 형성된 의지공동사회로 보기도 한다.

〈표 1〉은 민족에 대한 대표적인 두 가지 대조적 개념화이다. 민족을 전자의 개념으로 접근하느냐, 아니면 후자의 시각에서 파악하느냐에 따라 민족을 대하는 태도에 상당한 입장차가 날수밖에 없다. 따라서 누군가 민족과 민족주의 일반 또는 한국 민족과 한국 민족주의에 대해 논할 때는 어떤 민족 개념에 입각해 있는지를 먼저 살펴야 한다. 그래야 오해를 줄일 수 있고 쓸데없는 논쟁에 시간과 정력을 소모하지 않는다.

민족은 출생과 밀접하게 관련이 있다. 민족은 기본적으로 혈연과 지연을 기초로 하는 사회집단이다. 공통의 조상과 고토(故土) 또는 현재 더불어

〈표 1〉 민족에 대한 두 가지 개념화

분야	프랑스 개념	독일 개념
원천	계몽주의, 프랑스혁명	독일 낭만주의
유형	'시민적-영토적'	'종족적-계보적'
이름	국가민족(*Staatsnation*)	문화민족(*Kulturnation*)
규범적 근거	계약(선택적)	근본적 성격(종족적)
사회적 근거	시민사회(*Gesellschaft*)	공동체(*Gemeinschaft*)
집합적 근거	개인적	전체적
멤버십 기준	자발적	유기적
멤버십 정의	주관적 데이터	(유사) 객관적 기준
지향	미래개방형 구조	과거에 뿌리내린 전통
철학적 원칙	자유	결정론
인민의 기원	시민권	조상
정치적 소속	'매일의 국민투표'	혈연과 민족어
법적 소속	속지 *jus soli*	속인 *jus sanguinis*
대표적인 논자	르낭, 「민족이란 무엇인가?」(1882)	피히테, 「독일민족에게 고함」(1807~08)

사는 영토가 기본이다. 민족의 특징은 유전된다. 민족의 경우에 유전은 가족이나 씨족처럼 생물학적일 뿐만 아니라 문화적이다. '피와 흙' 은 민족을 정의할 때 본질적 요소이다. 민족은 시간적으로 오래되고 공간적으로 확정된 전통을 수반한다. 민족은 시간의 흐름에 따라 공간적으로 확장 또는 수축된다. 그러면서 민족의 전통도 변형된다. 이처럼 민족은 객관적으로 존재하는 사회집단이다. 이때 혈연과 영토 등이 민족이 사회집단으로 존립하게끔 하는 객관적 요소들이다. 언어와 종교 등도 민족이라는 사회집단의 형성을 뒷받침하는 객관적 요소들이다. 이렇게 객관적 지표들을 통해 민족을 정의하는 방식을 민족에 대한 객관적 정의라고 한다(장문석, 2011).

민족은 대면적 관계를 초월하는 집단이다. 민족은 "상상의 공동체(imagined community)"이다(Anderson, 1993). 베네딕트 앤더슨에 따르면, 16세기에 인쇄 자본주의(print capitalism)가 발전하면서 같은 종류의 신문, 잡지, 소설을 보던 주민들이 스스로를 하나의 민족으로 상상하기 시작했다. 여기서는 민족 공동체의 상상 과정에서 이성적 추론의 요소를 강조한다. 그렇지만 정서적 공감(情緒的 共感)이 상대적으로 더 중요할 수도 있다. 민족은 제도적 구성물 또는 실체나 본질이라기보다 민족 성원에 의해 "상상되고 의지되며 느껴지는 공동체", 즉 세대에서 세대로 이어지는 운명공동체라는 감각과 종족성의 각종 신화와 상징을 공유하면서 형성된 문화적 친근함에 의해 규정되는 "느낌공동체(felt community)"이기도 한 것이다(Smith, 2008).

이렇게 보면 민족은 객관적 요소들에 의해서뿐만 아니라 주관적 요소들에 의해서도 규정되는 것임을 알 수 있다. 민족 구성원의 적극적인 소속감(所屬感)과 소속의지(所屬意志)를 민족의 가장 중요한 지표로 설정하는 게 민족에 대한 주관적 정의이다. 민족을 선택하고 민족에 소속되려는 욕구와 결단은 본질적으로 정치적이다. 따라서 민족에 대한 주관적 정의는 곧 민족에 대한 정치적 정의라고도 볼 수 있다. 일찍이 19세기에 르낭(Ernest

Renan)은 『민족이란 무엇인가』에서 민족을 두고 "매일매일의 인민투표"라고 정의했다. 민족이란 한 번 구성됨으로써 영구히 안정화되는 것이 아니라 그 구성원들에게 끊임없이 선택되고 확인받아야 하는 유동적인 생성체임을 지적한 것이다(르낭, 2002).

(2) 민족의 기원

씨족(氏族)으로부터 부족(部族)으로 그리고 부족에서 부족국가(部族國家)로 인류는 발전했다. 부족은 민족이 아니다. 또 부족국가에서 국가는 근대국가가 아니다. 그렇지만 부족사회가 국가를 통해 민족을 형성했다고 볼 수는 있다. 그렇다면 민족은 부족에 비해 인구가 많고, 문화수준이 높다. 이는 다수 부족이 통합되고 정치적 통일과정을 통하여 언어, 습관, 제도 등 특수한 문화유산을 발전시켰기 때문이다. 이처럼 민족은 역사적 산물이요 운명공동체(運命共同體)이다. 민족은 자연적 기초 위에 결성된 정신공동체(精神共同體)이자 문화공동체(文化共同體)이고 무엇보다도 생활공동체(生活共同體)이다(김두헌, 1946; 박극채, 1947).

서구 학자들은 대부분 민족을 근대의 산물이라고 본다. 원시공동체(原始共同體)는 외적의 침입과 자연의 횡포에 맞서기 위해 공동체를 결성했을 뿐 민족은 아니었다. 오직 자본주의적 상품생산이 발달한 근대에 이르러서야 민족이 성립했다는 것이다. 근대의 상품경제는 서구의 여러 민족들이 세계적으로 접촉하게 하는 동시에 민족의 자기형성을 강화했다. 세계시장(世界市場)에서의 이익대립이 민족 사이의 대립을 낳았고 그것이 민족통일(民族統一)을 이루게 했다는 것이다. 민족통일이 이루어지고 이를 통해 세력이 강화되면 될수록 이윤이 커졌기 때문이다. 또 이와 발맞추어 국어가 발달하고 문학, 예술 등의 민족문화(民族文化)가 형성되었다. 근대 민족이 자본주의적 상품경제의 발달에 따라서 통일된 민족성을 형성하게 된 것은 사실이다. 또한 근대 자본주의의 발달에 따라 봉건적인 지역적, 신분적 제한을 타파하여 민족이 그 전에 없던 고도의 통일을 이루게 된 것은 엄연한 사실이다. 그렇지만 민족의 기원과 민족주의의 발생을 혼동하면 안 된다.

서구의 많은 학자들은 민족주의의 연원을 1789년의 프랑스혁명에 두고 있다. 또한 다수의 학자들이 19세기 초 프랑스의 나폴레옹에게 침략당한 독일을 민족주의의 진정한 발원지로 지목한다. 민족주의의 기원을 1789년 이후로 잡는 근대주의는, 민족주의를 민족의 독립과 통일과 자유를 추구하는 정치 이데올로기로 정의하는 입장이다. 콘(Hans Kohn)도 민족이 제각기 국가를 가져야 한다고 주장하게 된 것은 극히 최근의 일에 불과하다고 본다. 민족주의가 공적인 감정이 된 것은 명백히 18세기 말의 일이라는 것이다(Kohn, 1961). 콘 이후로도 많은 학자들이 민족주의를 정치 이데올로기로 간주했다. 케두리(Elie Kedourie)도 민족주의란 19세기 초에 유럽에서 발명된 일종의 정치 교의라고 본다(Kedourie, 1960). 이는 민족주의가 먼저냐 아니면 민족이 먼저냐 하는 중요한 쟁점을 제기한다.

신용하 교수는 일찍이 서구의 이론들이 민족을 근대 국민국가 그리고 근대 자본주의의 성립의 결과이자 그와 궤도를 같이하여 근대에 형성된 역사적 범주의 인간집단이라고 설명하는 것은 전 인류 사회에 적용할 수 없다고 주장했다. 전근대 시대에 민족을 형성한 민족들이 많고, 현대에 민족을 형성 중인 경우도 많다는 것이다. 따라서 민족형성이론에서도 '선민족(先民族)', '전근대민족(前近代民族)', '근대민족(近代民族)', '신민족(新民族)' 등의 개념을 새로 정립하여 종래의 민족 개념에 추가할 필요가 있다고 본다. 그래서 다음과 같은 5가지 유형을 제시했다(신용하, 1984).

제1유형은 고대나 중세에 중앙집권적 통일국가를 장기간 이루었던 아시아의 여러 민족들과 아랍의 민족들, 아프리카의 이디오피아 민족에 적용된다. 한국 민족은 이 유형에 속한다. 이 유형에서 민족은 전근대시기에 '전근대민족'으로 형성된다.

〈표 2〉 민족형성의 유형

제1유형	부족 → 선민족 → 전근대민족 → 근대민족
제2유형	부족 → 선민족 → 근대민족
제3유형	부족 → 이주민 → 근대민족
제4유형	이주민 → 근대민족
제5유형	부족 → 선민족 → 신민족

제2유형은 고대에 분권적 도시국가와 중세에 지방분권적 봉건사회를 장기간 경험한 지역에 적용되는 유형이다. 서구 사회학 이론들이 일반 이론으로 정립해서 보급했던 유형이다. 이 유형에서 민족은 근대 국민국가 및 근대 자본주의의 성립과 궤도를 같이하여 근대에 성립된다.

제3유형은 근대 초기에 이주민들이 다른 대륙으로 이동하여 원주민 부족들과 여러 수준으로 결합하면서 근대 민족을 형성한 경우이다. 주로 중앙아메리카와 남아메리카의 민족들이 이 유형에 속한다.

제4유형은 근대 초기에 이주민들이 다른 대륙으로 이동하여 원주민 부족들을 학살하거나 구축해서 사실상 대부분 소멸시켜 버리고 이주민만으로 새로이 분화된 근대 민족을 형성한 경우이다. 주로 미국, 캐나다, 오스트레일리아, 뉴질랜드 등이 이 유형에 속한다.

제5유형은 제2차 세계대전 종전까지 부족이나 선민족 상태에 있다가 이후에 새로이 부족들이나 선민족들을 통합하여 '신민족'을 형성하고 있는 유형이다. 이는 '국가-민족'이라고도 부를 수 있다.

이처럼 세계사를 어떤 관점에서 바라보느냐에 따라 민족, 민족주의 그리고 근대 국가를 해석하는 다양한 접근이 가능하다.

(3) 민족주의 패러다임

최근 학계의 연구 성과를 중심으로 분류한 민족주의 패러다임으로는 원초주의(Primordialism), 영속주의(Perennialism), 종족-상징주의(Ethno-Symbolism), 근대주의(Modernism), 탈근대주의(Post-Modernism) 등을 들 수 있다. 다음에 제시한 [그림 1]은 시공간에 따른 민족과 민족주의의 다양한 패러다임들이다. x축은 시간을 나타낸다. 시간이 지날수록 현재화된다. y축은 국가공간이다. 위로 갈수록 민주화가 진행된 정도가 높다. z축은 지구공간이다. 탈근대주의의 화살은 지구공간 쪽으로 휘어져 있다. 탈근대주의는 세계화가 진행되면서 민족정체성이 점차 약화되거나 해체될 것이라 전망한다.

원초주의는 민족을 까마득한 옛날부터 혈연(血緣)이나 지연(地緣)을 통해 주어진 운명공동체(運命共同體)였다고 보며 이는 앞으로도 그러할 것이라고 본다. 민족 없이는 개인도 없다. 영속주의도 민족의 초역사성(超歷史

[그림 1] 시공간에 따른 민족과 민족주의 패러다임

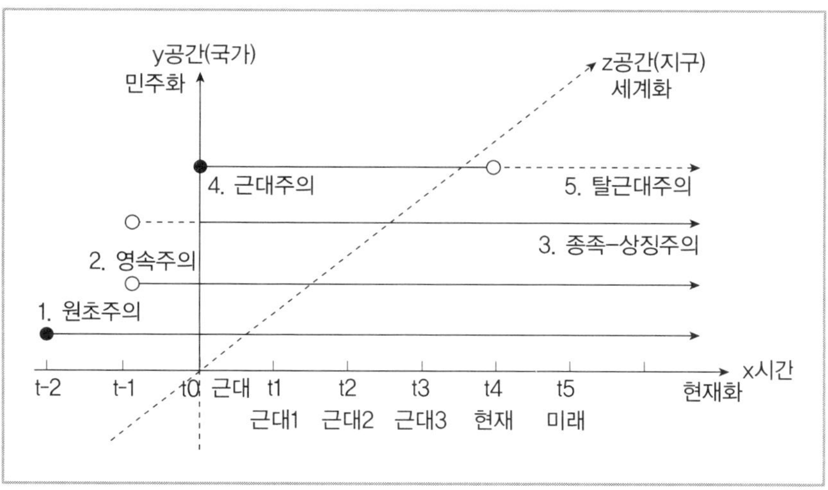

자료 : Smith(2010)에서 재구성.

性)에 동의하지만, 혈연이나 생물학적 속성의 연속성보다는 문화적으로 형성된 특성의 장기지속(長期持續)에 주목한다. 근대주의는, 다양한 학자에 따라 조금씩 입장차이가 있기는 하지만, 대체로 민족주의와 민족을 근대의 산물로 본다. 민족이 근대의 산물이라면 시간이 지남에 따라 해체(解體)되고 민족을 넘어선 다른 무엇으로 재구성될 수도 있다. 이런 관점이 탈근대주의이다. 종족-상징주의도 민족주의 자체는 기본적으로 '근대적' 이데올로기로 본다. 그렇지만, 민족 형성의 원인은 근대의 정치적 · 사회적 조건에만 있는 것이 아니라고 지적한다. 오히려 전근대에 연원을 둔 종족(種族, ethnic group)의 문화적 정체성, 즉 다양한 상징(象徵)과 전통(傳統)과 기억(記憶)과 신화(神話)에 근거를 둔 종족적 주체의 경험적 실천과 의미 부여야말로 민족 형성의 으뜸가는 조건이라고 본다. 민족이 근대 이전의 시대에 기원을 둔다고 믿는 사람들은 자본주의나 국가와 같은 요인들보다는 좀 더 영속적으로 보이는 다른 요인들을 강조한다. 언어와 종교가 그것들이다. 언어와 종교는 그 자체로 민족 형성의 충분조건이 될 수는 없지만 많은 경우에 필요조건이었다. 근대 이전의 원형적 민족 정체성을 형성하는 중요한 질료들이었다.

민족주의가 언제부터 존재했는지의 문제는 민족주의를 둘러싼 논쟁에서 핵심 쟁점이었다. 이 논쟁에서 민족주의를 인간의 생득적 의식으로 보는 원초주의를 반박하고 민족주의를 역사적 구성물로 파악하는 근대주의 시각이 등장하여 학계의 정설로 자리 잡았다고 볼 수 있다.

겔너(Ernst Gellner)에 따르면, 민족주의는 오직 산업사회라는 맥락에서만 나타날 수 있는 원리이다. 산업사회에서는 반드시 문화적 표준화가 일어나게 마련이다. 고급문화가 민족문화로 바뀌면서 표준화된 민족문화의 영역이 곧 민족의 경계가 된다. 이와 동시에 민족의 문화적 경계와 정치적 경계를 일치시키려는 민족주의라는 정치원리가 등장한다는 것이다 (Gellner, 1983). 다른 근대론자들은 근대 국가의 정치논리를 앞세워 민족주의의 등장을 설명한다. 근대 국가와 민족주의의 역사적 상관관계에 대해서는 역사사회학자인 기든스(Giddens, 1987; 1990), 틸리(Tilly, 1975; 1995)와 만(Mann, 1995)을 참조할 수 있다. 이들에 따르면 근대 국가는 국가제조자, 지방엘리트, 인민 사이에 벌어진 복합적 갈등과 협상 과정을 통해 주조되었다. 17, 18세기 유럽에 만연했던 전쟁에서 살아남기 위해 국가는 사회의 인적 자원과 물적 자원을 추출하는 데 주력했다. 이 과정에서 국가제조자는 인민의 협력을 얻는 대가로 정치적 권리를 부여하고 정치적 대표성을 인정하지 않을 수 없었다. 그리하여 인민은 국가의 정치구조와 정치생활에 점차 편입되기 시작했다. 결국 민족의 이념으로서 민족주의가 정치통합을 정당화하게 되었다. 이처럼 근대 국가가 완성되어 가는 역사흐름에서 민족형성 과정이란 다른 한편에서는 국가구성 과정이기도 했다. 이처럼 겔러의 기능적 근대주의와 틸리, 만의 정치적 근대주의는 민족주의를 근대적 상황의 산물로 본다는 점에서는 마찬가지이다.

종족-상징주의를 대표하는 스미스(Anthony D. Smith)는 민족이 "물리적인 혈통이 아니라 세대에서 세대로 이어진다는 느낌, 공유된 기억과 집단적 운명, 즉 주민들을 경계 짓는 문화적 단위에 의해 유지되는 신화, 기억, 상징과 가치 속에서 구체화한 문화적 친근함에 의해 구성된다"고 본다(Smith, 1986; 2008). 요컨대 민족감정(民族感情)은 시대착오적인 복고취향이 아니라, 지금/여기에서 '우리'와 '그들'을 구분하는 매우 강력한 구별짓기 기제로 작동하고 있다는 점이 중요하다는 것이다. 스미스의 종족-상징주의에서 중요한 것은 종족이며, 민족주의의 기원을 검토하기 위해 근대 이전 시기인 중세와 고대까지로 거슬러 올라가야 한다. 이런 점에서 종족-상징주의는 영속주의의 일종이라고 볼 수 있다. 영속주의는 민족과 민족주의의 생물학적 결정론을 거부한다는 점에서 원초주의와 다르고, 민족과 민족주의의 역사적 뿌리를 근대 이전으로 설정하여 강조한다는 점에서 근대주의와 다르다.

겔너 같은 근대주의자들에게 민족은 명백히 민족주의의 산물이다. 그러나 스미스 같은 종족-상징주의자나 영속주의자들에게 민족은 이데올로기로서의 민족주의가 등장하기 훨씬 전부터 존재한 역사적 실체이다. 그와 같은 민족 또는 종족들이 특정한 역사적 조건들 속에서 민족주의로 표출되었다는 말이다. "민족 없이 민족주의 없다"가 후자의 신념이다. 그런데 근대주의자들은 바로 그러한 사고야말로 민족주의가 낳은 환상에 불과하며 민족은 본질적으로 근대적 구성물이라고 주장한다. 근대주의는 이론에는 강하나 역사에는 취약하다. 영속주의는 역사에는 강하나 이론에는 약하다. 원초주의는 환원주의로서 이론도 취약하고 '이상화된 과거' 말고는 실제 역사에도 취약하다. 종족-상징주의는 방법론을 세련시켰지만 과학적 이론을 발전시키기보다는 역사적 실증에 충실하고자 한다.

민족주의를 이데올로기도 아니요 정체성도 아닌 담론구성체(discursive formation)로 보는 견해도 있다. 민족정체성은 기본적으로 전근대 시대의 소규모 공동체들로부터의 개인의 해방, 즉 근대적 개인주의의 진전을 전제로 한다. 이러한 개인이 다시 추상적 범주로 호명되어 '총체화되는' 정체성이라고 할 수 있다는 것이다. 이때 민족주의는 인간의 인식과 행동을 근저에서 규정하는 모종의 사회적 상상계(social imaginary)로 간주될 수 있다. 공동의 인식과 실천에 필요한 어휘와 문법, 표상과 감각을 제공하는 것이 바로 사회적 상상계이다. 상상계로서의 민족주의는 이데올로기로서의 민족주의보다는 폭이 넓고, 정체성으로서의 민족주의보다는 폭이 좁은 정의이다(Calhoun, 1997; 2007).

다음에 제시한 〈표 3〉은 학자들이 제시한 민족주의 이론을 근본원칙과 결정인에 따라 분류한 것이다. 결정인은 주로 사회구조변동에 주목하느냐 정치적 경쟁을 주요 변수로 상정하느냐에 따라 구분되고, 근본원칙은 사회-정치적 지배가 주가 되느냐 아니면 사회응집이 주가 되느냐에 따라 나뉜다.

〈표 3〉 민족주의 이론 분류

근본원칙	근저에 있는 결정인	
	사회구조변동	정치적 경쟁
국가-사회관계의 정치적 지배	사회적 해방 정체성 재순환	정치적 요구 정치적 정당성
사회응집	사회적 소통 문화적 동질화	문화적 상호작용 문화적 재생

사회학에서의 연구는 주로 사회구조변동과 관련된 것이었다. 국제적·국내적 정치적 경쟁이라는 차원은 소홀히 했다. 역사학에서는 민족주의 운동에 주목했다.

(4) 민족주의의 유형들

[그림 2]에서 보는 바와 같이 국제정치학(International Politics)과 국제관계론(International Relations)에서는 각국의 민족주의를 지정학적인 맥락에 위치시켜 파악하고자 한다. 역사학에서의 민족주의 연구는 주로 각국 또는 각 민족 내부의 정치적, 사회적 대응에 주목한다. 사회학에서는 이론적으로 인종이나 종족과 구분되는 민족정체성 형성의 역동성에 관심을 가진다. 여기서 알 수 있는 것은 지금, 여기서 특정한 민족정체성을 이해하기 위해서는 역사적 타자, 내부적 타자 그리고 현재적 타자를 모두 식별할 수 있어야 한다는 점이다. 사실 이는 이미 주어진 타자를 발견하고, 인식하는 사회과정이라기보다 특정 사회집단을 구별하고, 배제하는 정치과정이다. 민족주의는 이 과정에서 현실적 힘으로 작용하는 프리즘이자 틀(frame)이다.

[그림 2] 사회학, 역사학, 국제정치학에서의 민족주의 연구

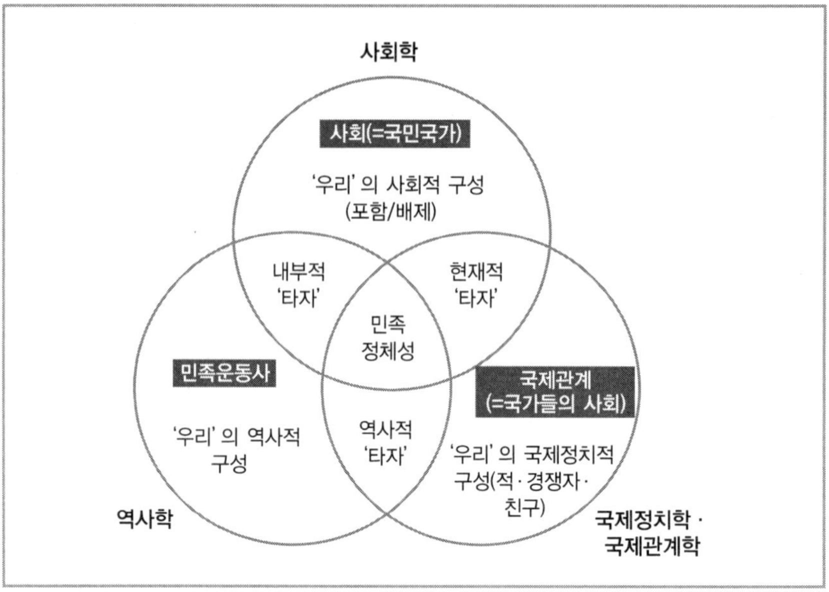

이처럼 민족주의를 일국 차원의 역사 축뿐 아니라 지구 차원의 역사 축에서 파악하면 중심부냐 주변부냐에 따라 상이한 유형으로 나눌 수 있다. 〈표 4〉는 세계를 중심부와 주변부로 나누었을 때 발생하는 상이한 유형의 민족주의와 역사적 사례들이다.

〈표 4〉 민족주의의 유형과 예

핵심집단	지배적 특징	역사적 사례
중심부의 핵심	통합주의적 민족주의 영토통일 문화통합	프랑스혁명과 프랑스 문화전파 독일통일
주변부의 중심	식민지 민족주의 크레올 민족주의	아르헨티나: 스페인으로부터의 독립과 원주민에 대한 지배력 확립
주변부의 주변	분리 민족주의 주변부 민족주의 반식민지(anti-colonial) 민족주의	에스토니아: 러시아로부터의 정치적 독립과 독일로부터의 문화적 독립 한국: 중국으로부터의 문화적 독립과 일본으로부터의 정치적 독립

근대로의 전환기에 동아시아 삼국, 즉 한국, 중국 그리고 일본 중에 성공적인 근대 국가로의 이행을 이루어 낸 것은 일본뿐이었다. 중국은 서구열강의 반식민지(半植民地)로 전락했으며 한국은 일본의 식민지로 전락했다. 한국은 중국으로부터 문화적 독립을 이룩함과 동시에 일본으로부터 정치적 독립을 이룩해야 했다. 주변부(周邊部)의 주변으로 밀려난 한국이 주변부로 복귀한 것은 2차 대전 이후였다. 이후 종속적 발전을 거쳐 1980년대에 이르러서야 반주변부(半周邊部)로 올라설 수 있었다. 이 과정에서 남한은 정치군사적으로는 미국과 연결되었고, 경제적으로는 일본과 연결되었다. 한국전쟁 이후 30년이 지난 1980년대에 남한에서 민주화운동의 진전과 더불어 민족주의 이데올로기가 다시금 대두한 데는 국제적, 국내적 배경이 있었다.

3. 한국의 국가, 민족주의, 민족 : 역사적 · 국제적 고찰

한국에서는 20세기 초 일본 제국주의의 식민지 시기에 혈연을 강조하는 원초주의가 강력했다. 20세기 중반 분단과 전쟁 그리고 분단체제 아래서 남과 북 모두 민족적 정통성을 주장하며 각기 문화적 연속성을 강조하는 영속주의가 우세했다. 남한에서는 북한식 주체 민족주의에 대한 대립과 반발로 권위주의 시대에는 '국가 민족주의' 또는 '관제 민족주의' 라는 근대주의가 득세했다. 민주화 이후에는 민족의 사회적 구성 또는 '상상된 공동체' 라는 또 다른 버전의 (탈)근대주의가 득세했다. 전자가 민족주의의 정치적, 사회적 측면을 강조한다면, 후자는 문화적 재현을 강조한다는 점에 차이가 있다. 반면에 북한에서는 핏줄 중심의 원초주의가 더욱 강화되는 흐름을 보였다. 한국 민족주의를 역사적, 국제적 맥락에서 성찰적으로 인식하기 위해서는 일국 차원뿐 아니라 국제적 차원을 항상 염두에 두어야 한다. 그리고 남한과 북한의 민족주의를 동시에 살펴보아야 한다. 한국 민족주의는 다양한 민족주의들의 스펙트럼 안에서도 매우 독특하다. 따라서 한국인들이 민족주의를 어떻게 이해해 왔는지를 주의 깊게 살펴볼 필요가 있다.

1) 한국 민족주의의 역사적 흐름 : 국가 민족주의 대 저항 민족주의

한국 민족주의는 시기별, 주체별 그리고 과제별로 크게 나뉜다. 다음에 제시된 〈표 5〉는 일반 목표에 따른 민족주의의 분류이다.

〈표 5〉 일반 목표에 따른 민족주의 분류

<table>
<tr><th>국민국가 형성시기</th><th>민족주의 일반목표</th><th colspan="2">민족의 조건</th><th>민족주의 목표의 구체적 내용</th></tr>
<tr><td rowspan="2">국민국가 형성 이전</td><td rowspan="2">민족형성
국가형성</td><td colspan="2">왕조체제</td><td>왕조체제의 근대국가로의 전환
신민(臣民)의 국민(國民)화</td></tr>
<tr><td colspan="2">식민지</td><td>제국주의 축출, 친제국주의 세력 척결</td></tr>
<tr><td rowspan="4">국민국가 형성 이후</td><td rowspan="4">식민유산
청산
국민통합
국가발전</td><td colspan="2">단일민족 국민국가</td><td>국민통합, 국가발전</td></tr>
<tr><td rowspan="2">다민족
국민국가</td><td>지배민족</td><td>자민족중심의 국민창출</td></tr>
<tr><td>피지배민족</td><td>권력장악을 통한 자민족중심 국민창출
또는 자민족만의 독립된 국민국가 건설</td></tr>
<tr><td colspan="2">민족분단/민족이산
(diaspora)</td><td>통일국민국가 건설</td></tr>
</table>

자료 : 전재호(1997: 20).

먼저 국민국가 형성 이전이냐 이후냐에 따라 민족주의의 목표와 구체적 내용이 다르다. 왕조체제 아래서는 근대 국가로의 전환과 더불어 신민을 국민으로 전환시키는 과제가 중심이었다. 조선왕조는 이러한 과제를 실행하는 데 실패했다. 조선은 특이하게도 서구 열강 중 어느 나라의 식민지가 된 것이 아니라 이웃 나라인 일본에 의해 식민지가 되었다. 청일전쟁(1894~1985), 러일전쟁(1904)이라는 두 차례의 전쟁에서의 승리가 주요 계기가 되어 일본이 조선을 병합할 수 있었다. 일본은 서구 제국주의 국가들의 축복 속에 당당히 제국주의 클럽의 일원으로서 조선을 군사적으로 점령하고 정치적, 경제적, 문화적으로 지배했던 것이다. 그렇지만 제2차 세계대전에서 나치 독일, 파시스트 이탈리아와 더불어 추축국으로 전쟁을 일으킨 일본은 영미 연합군에 의해 패퇴했다. 여기서 과거 일본제국의 식민지였던 조선이 독립하는 계기가 주어졌다. 전후 한반도 문제 처리에서 주도권을 행사한 나라는 태평양전쟁을 승리로 이끈 미국과 미국의 요청에 의해 대일전쟁에 참전하게 된 소련이었다. 미국은 만주에 주둔한 일본 관동군의 전력을 과대평가했다. 그래서 미국 대통령 트루만은 소련 지도자 스탈린에게 아시아 전쟁에 참전해 줄 것을 요청했다. 소련군이 참전하자 일본 관동군은 급속히 무너졌다. 소련군은 만주에서 일본군을 격파하고 한반도 북쪽 지방에 진주했다. 소련군의 신속한 진격 속도에 놀란 미국이 소련에게 38선을 경계로 남과 북을 군사적으로 분할점령하자고 제안했다. 이것이 전후 남북분단의 군사적 계기였다. 히로시마와 나가사키에 미국의 원자폭탄이 투하된 이후 일본은 항복했다. 전범국가(戰犯國家)인 일본이 아니라 한반도가 분할점령된 것은 어떤 이유로도 정당화할 수 없었다. 미국과 소련은 한반도의 남과 북을 점령하고 있는 상황은 잠정적이며 통일된 민주국가를 수립한 이후 한반도에서 철수하겠노라고 공약했다. 그리하여 1945년 12월 모스크바에서 미국, 영국, 소련의 외상(外相)이 모여 한반도의 전후 처리 문제를 논의하고 합의에 도달했다. 이것이 '모스크바 3상회의'이며 여기서의 결정 내용이 바로 미소공동위원회(美蘇共同委員會)를 통한 남북한 단일 정부 수립과 최고 5년에 달하는 신탁통치(信託統治)였다.

미국은 미·영·중·소 4개국 대표에 의한 신탁통치를 제안했다. 소련은 민주주의적 임시정부 수립을 주장했다. 회의 결과 12월 28일 다음과 같은 내용이 발표되었다. “첫째, 한국을 독립국가로 재건하며, 민주주의적 원칙 하에 발전시키고, 일본 통치의 잔재를 빨리 청산할 조건들을 조성할 목적으로 민주주의 임시정부를 수립한다. 둘째, 연합국이 한국 임시정부의 수립을 원조 · 협력할 방안 작성은 민주주의적 정당 · 사회단체들과의 협의를 통해 미소공동위원회가 수행한다. 셋째, 5년 이내를 기한으로 하는 4대 강국에 의한 신탁통치의 협정은 한국 임시정부와의 협의를 거쳐 4개국이 심의한 후 제출한다.” 이 협정내용이 전해지자 우익 정치세력은 신탁통치반대운동을 전개했다. 반면에 좌익 정치세력은 3상회의 결의를 한국의 임시정부 수립을 위한 국제합의로 받아들였다. 이러한 좌우익의 대립에 미국과 소련의 대립이 복합적으로 작용하여, 미소공동위원회를 통한 통일임시정부의 수립이라는 3상회의의 결정사항은 결국 실현되지 못했다(심지연, 1989). 협상을 통해 평화적으로 통일을 이룩할 기회의 창은 밖으로부터 주어졌지만 안에서 닫아버린 셈이다. 그리고 남한과 북한은 단독정부 수립과 전쟁으로 가는 충돌 코스로 치달았다.

2) 한국 민족주의의 국제적 맥락 : 통일 민족주의

[그림 3]은 민족주의가 전개되는 국면을 일국적 차원과 국제적 차원을 겹쳐서 보여준다.

민족주의는 먼저 문화적 · 역사적 특수성에서 출발한다. 그렇지만 강력한 외부의 군사적, 경제적 도전이 밀려올 때 여기에 동화되어 흡수당할 수 있다. 이를 이겨내고 문화적 분화에 성공했을 때, 즉 문화공동체를 이룩해냈을 때 비로소 민족을 형성할 수 있다.

그렇지만 문화공동체를 이룩한 것만으로는 민족을 형성할 수 없다. 지정학적 맥락에서 정치적 동원을 통해 정치공동체를 수립해야 한다. 한국

[그림 3] 민족주의 전개의 국면들

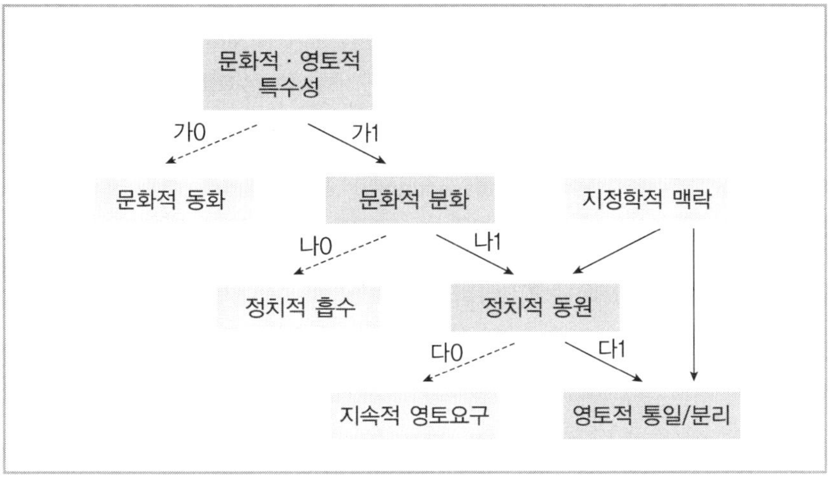

자료 : Coakley(2012).

[그림 4] 국제관계이론에서 본 민족주의의 역사적 형태

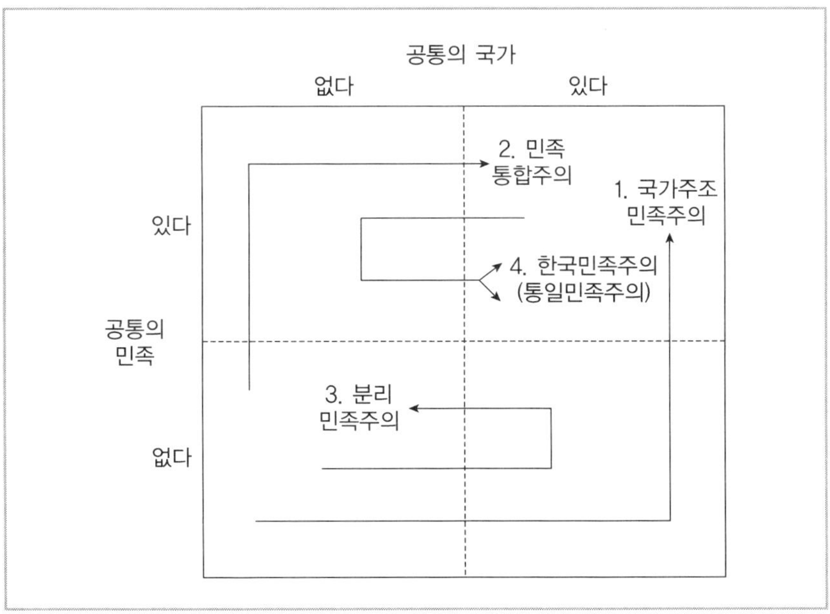

자료 : Cederman(2002: 411)에서 재구성.

민족주의는 이 단계에서 실패했다. 북한의 군사적 침략에 정치적으로 흡수당하지 않았지만 군사적으로 통일을 이룩하지도 못했다. 국가주도로 위로부터 민족주의적 동원을 하는 데는 성공했지만 국가의 논리와 민족의 논리는 비슷하면서도 달랐다. 앞의 [그림 4]는 국제적 맥락을 중심으로 본 민족주의의 역사적 형태이다.

제1유형인 '국가주조 민족주의'는 영국과 프랑스의 경우이다. 자본주의적 산업화와 전쟁을 통해 국가가 먼저 형성된 다음 다양한 국가정책을 통해 민족을 형성했다. 민족주의를 고양시켜 민족 형성을 도모했다는 점에서 혈연보다는 시민권(citizenship)을 강조했다. 그리하여 자유주의적인 국가형태를 취하였다.

제2유형인 '통합 민족주의'는 강력한 국가가 주변에 있는 조건에서 국가를 형성하기 위해 혈연을 기초로 하는 '문화민족'이 국가 수립 이전에 존재했다고 주장한다. 이 유형은 파시스트 국가형태로 귀결되었다. 나치 독일과 파시스트 이탈리아 그리고 군국주의 일본이 이 유형에 속한다. 이러한 파시즘 국가유형은 인종주의(人種主義)를 통해 인종학살(genocide)을 저질렀다. 유대인을 비롯하여 약소민족, 소수민족, 소수자를 학살하고 약탈했다. 그리하여 유럽을 비롯한 서구 전반에서 '민족주의=악'으로 인식하게 만들었다.

제3유형인 '분리 민족주의'는 탈냉전과 더불어 나타난 유형이다. 제2차 세계대전 이후 아시아, 아프리카, 라틴 아메리카에서 많은 독립국가들이 탄생했다. 식민지배를 받다가 독립한 국가의 국민들은 '민족주의=선'으로 믿었다. 그렇지만 신생독립국들은 영토와 주민 그리고 정치권력이 일치하지 않는 경우가 많았다. 이는 과거 서구 식민지배 당시의 국경선과 국민 그리고 제도를 물려받았기 때문이다. 소련과 미국으로 대표되는 동서냉전의 와중에 신생국들은 국제사회로부터의 주권은 부여받았다. 민족자결주의(民族自決主義)가 대세였기 때문이다. 그렇지만 정작 국가 내부의 국민구성은 여러 종족으로 이루어져 매우 복잡했다. 또 영토도 자연스럽게 구획되기보다는 식민지 시기에 인위적으로 구획된 유산을 그대로 물려받아 실제 종족의 생활권과는 괴리가 있었다. 따라서 탈냉전과 더불어 외부의 압력이 사라지자 자연스럽게 영토 재구획과 종족별 재조직화가 일어났다. 이 과정에서 내전이 벌어져 '인종청소(ethnic cleansing)'가 벌어지기도 했다.

제4유형인 '통일 민족주의'는 한국에만 적용되는 독특한 유형이다. 한반도에는 이미 전근대시기에 중앙집권적인 통일국가가 형성되었다. 세계사적으로 독립국가가 대규모로 형성되던 2차 세계대전 이후 분단되었다. 따라서 한국 민족주의는 역사성보다는 지구성, 즉 강대국 권력정치에 의해 규정되었다고 볼 수 있다. 이처럼 다민족 일국가(多民族一國家)가 분리 민족주의로 전개되는가 하면, 일민족 다국가(一民族多國家)의 통일 민족주의 추구도 있다.

3) 국가정체성과 민족정체성 : 국가와 민족의 사회적 구성

민족과 민족주의 연구에서 민족성(national character) 또는 민족의식(national conscience)이라는 용어를 쓰다가 지금은 민족정체성(national identity)이라는 개념을 많이 쓴다. 이는 민족의 특유한 유산을 구성하는 가치, 상징, 신화, 기억, 전통 형태를 지속적으로 재생산하고 재해석하는 한편 이를 개인들에게 전달하여 문화요소들과 일치시키고자 하는 것이다. 민족정체성은 분석적으로 집단 수준과 개인 수준으로 구분되며 지속성과 변화 사이의 관계도 문제이다. 정체성의 수준은 다양하다. 가족, 성별, 직업, 지역, 정당, 종파, 종족, 인류에 이르기까지 다중정체성(multiple identity)을 가질 수 있다. 집단정체성은 계급 같은 이해관계보다 카스트, 종족공동체, 종파, 민족처럼 문화적 요소에 입각할 때 훨씬 강력하고 오래 지속된다.

다음의 〈표 6〉은 국제관계이론에서 본 국가정체성과 민족정체성이다.

민족정체성이나 국가정체성 양자를 포괄해서 보여준다. 이를 통해 국가나 민족 어느 한쪽을 정당하게 고려하지 않거나 또는 물상화시키는 오류를 벗어날 수 있다.

〈표 6〉 국제관계이론에서 본 국가정체성과 민족정체성

국가 정체성 / 민족 정체성	부재	물상화	사회적 구성
부재	다원주의	국가 근본주의 (주류국제관계이론)	국가중심적 구성주의
물상화	근본주의 인류학	1. 이중 근본주의: 김구, 김규식(분단정권 수립 반대)	2. 체계적 민족 근본주의: 이승만 정권, 북한 정권(김일성, 김정일, 김정은)(통일 민족주의: '북진통일', '조국은 하나')
사회적 구성	구성주의 인류학	3. 비교 사회적 민족 구성주의: 박정희, 전두환, 노태우, 김영삼, 이명박, 박근혜 정권(반공 민족주의: '조국 근대화', '선진화', '세계화')	4. 체계적 민족 구성주의: 김대중, 노무현 정권(국가도 민족도 구체적 시공간 속에서 민주적으로 만들어짐: '햇볕정책', '평화번영정책')

자료 : Cederman(2002: 413)에서 재구성.

한 민족 두 국가라는 딜레마에 처한 한민족(韓民族)은 국가정체성과 민족정체성이 교차하면서 역사적, 국제정치적으로 다양한 유형을 낳고 있다. 탁치논쟁정국에서 가장 전투적으로 신탁통치에 반대한 세력은 김구를 중심으로 하는 임시정부 계열의 인사들이었다. 이들은 나중에 남북협상을 주장하며 남북한 단독정부 수립에도 반대했다. 이들의 논리에 따르면 한민족의 국가정체성과 민족정체성은 이미 존재했다. 한국 정부 수립은 1919년 3·1운동의 성과로 수립된 임시정부가 미군정과 소군정으로부터 통치권을 넘겨받으면 되는 문제였다. 미국과 소련을 모두 외세로 보고 민족이익에 반하면 적으로 대할 수도 있었다. 이승만과 김일성의 생각은 달랐다. 해방

이 우리 스스로의 힘만으로 이루어진 것이 아닌 이상 미국, 소련과의 협조는 필수적이라고 보았다. 나아가 현재 남북한에서 살고 있는 주민들의 의사를 확인하는 과정이 필요하다고 보았다. 이는 하나의 민족이라는 민족정체성을 주어진 것이라고 보면서도 국가정체성을 사회적으로 구성해 나가야 한다고 보는 관점이다. 다만 국제관계에서 미국을 친구로 보고 소련을 적으로 보느냐 아니면 그 반대냐 하는 차이가 있을 뿐이었다. 한국전쟁 이후로도 남한과 북한은 원초주의라 할 수 있는 민족근본주의를 버리지 않았다. 이승만 정권은 집권 기간 내내 '북진통일'을 주장했다. 비록 미국의 이중봉쇄(dual containment) 정책에 의해 현상변경을 실천해 옮기지는 못했지만 분단체제를 타파하고자 했다. 북한도 전쟁을 통한 민족통일 시도가 실패한 후 평화적인 통일노선을 타진했다. 그렇지만 한국전쟁은 남한과 북한이 한민족(韓民族) 혈연공동체이자 운명공동체라는 명제에 의문을 제기했다. 더욱이 분단이 장기화되면서 경제공동체, 문화공동체로서의 동질감은 점차 희석되고 각기 국가를 중심으로 새로운 정체성을 형성해 나가기 시작했다. 바야흐로 국가정체성이 민족정체성을 압도하기 시작한 것이다. 다음 [그림 5]는 국제체제 아래서 한국 정권의 대응에 따른 국가의 성격변화를 나타낸다.

현재 한국 국가의 기본적인 특징들은 해방 이후 미군정 시기와 한국전쟁 시기에 대부분 형성되었다. 현대 남한의 국가건설 과정은 다음과 같은 두 가지 특징이 있다. 첫째, 안보국가(national security state)의 성격이다. 한국전쟁을 거쳐 휴전체제가 성립되면서 군대와 경찰, 정보기관 등 국가안보 관련 분야의 국가기구 비중이 시민사회와의 관계에서 과잉성장했다. 둘째, 발전국가(developmental state)의 성격이다. 1공화국 몰락 이후 한국의 국가는 경제발전을 주도했다. 남한에서 국가가 경제에 개입하는 방식은 대단히 권위주의적이었다. 한국의 발전국가는 1990년대부터는 지구화(globalization) 담론과 결합되면서 급속하게 신자유주의적 성격을 가지게 되었다.

[그림 5] 국제체제 아래서 한국 정권의 대응에 따른 국가의 성격변화

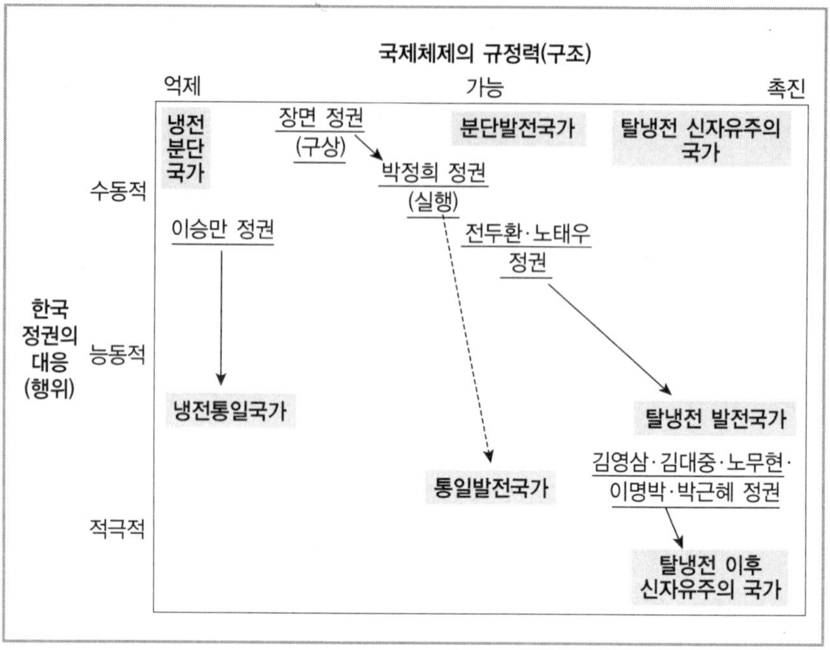

자료 : 정일준(2009).

1950년대 이승만 정권은 냉전체제의 제약에도 불구하고 민족통일을 추구했다(냉전통일국가). 1960년대 장면 정권은 분단을 안고서 발전을 추구하고자 했다. 이 구상은 박정희 정권에 의해 실행되었다(분단발전국가). 1970년대 박정희 정권 2기인 유신체제는 민족통일의 주체적 준비를 내걸었다(통일발전국가). 1980년대 제5공화국은 신자유주의를 추진했다. 이는 대내적인 민주화와 맞물려 진행되었다. 민주주의로의 이행 이후 남한의 국가는 탈냉전 발전국가를 추구했다. 1997년 IMF 위기 이후 급속히 탈냉전 이후 신자유주의 국가로 변모했다. 이 과정에서 민족, 민족주의와 관련하여 주목할 만한 변화가 일어났다.

4. 한국 민족주의의 전망 : 열린 기획으로서의 한국 민족주의

지난 이십여 년 동안의 민족주의 연구를 통해 다음과 같은 인식에 도달했다. 즉 민족주의를 국가 그리고 국가를 둘러싼 국제정치의 맥락에서 이해해야 한다는 것이다. 국가가 민족을 만들었지 민족이 국가를 만든 것은 아니라는 현실 정치적 인식이다. 국가를 배제하고, 국가를 등한시하고 민족주의를 연구할 수는 없다. 또 국가를 둘러싼 국제정세를 무시하고 민족주의를 이해할 수도 없다. 민족주의는 항상 국가를 추구하거나 국가가 주도했다. 그리고 민족주의가 정점에 달한 순간은 국가를 수립한 직후였다. 민족주의는 산업주의나 인쇄 자본주의의 산물이라기보다 현대의 지정학적 조건에서 경쟁에 살아남기 위해 정치지도자가 선택한 전략적 대응의 결과로 탄생한 우연한 산물에 가깝다. 따라서 민족의 종족적 기원이나 속성보다는 국제정치무대에서 민족 형성의 정치적 동학이 민족주의 연구에서 더 중요하다.

민족주의의 핵심 교의(核心教義)는 다음과 같다. 첫째, 인류는 민족으로 나뉘어졌고, 각 민족은 독특한 성격, 역사, 그리고 운명을 가지고 있다. 둘째, 민족만이 정치권력의 유일한 원천이다. 셋째, 민족에 대한 충성심은 다른 모든 충성심에 우선한다. 넷째, 자유롭기 위해 인간은 민족에 속해야 한다. 다섯째, 민족은 최대한의 자율성과 자기표현이 가능해야 한다. 여섯째, 전 지구의 평화와 정의는 자유로운 민족들의 다원성에 기초해야 한다. 이러한 민족주의는 남한과 북한에서 여전히 강력한 영향력을 가지고 있다.

한국에서는 20세기 초 일본 제국주의의 식민지 시기에 혈연을 강조하는 원초주의가 강력했다. 20세기 중반 분단과 전쟁 그리고 휴전체제 아래서 남과 북 모두 민족적 정통성을 주장하며 각기 문화적 연속성을 강조하는 영속주의가 우세했다. 남한에서는 북한식 주체 민족주의에 대한 대립과 반발로 권위주의 시대에는 '국가 민족주의' 또는 '관제 민족주의'라는 근대주의가 득세했다(강정인, 2012; 김동노, 2010; 전재호, 1997). 민주화 이후에는 민족의 사회적 구성 또는 '상상된 공동체'라는 또 다른 버전의 근대주의가 득세했다(임지현, 1999; 권혁범, 2000; 2009). 전자가 민족주의의 정치적 · 사회적 측면을 강조한다면, 후자는 문화적 재현을 강조한다는 차이가 있다.

이러한 사회구성주의적 접근은 민족주의에 대해 다음과 같은 견해를 공유한다. 첫째, 민족이 민족주의를 낳기보다는 민족주의가 민족을 창출했거나 지속적으로 창출한다. 둘째, 민족주의는 현대성이 낳은 최근의 새로운 현상이라고 믿는다. 셋째, 민족은 엘리트의 의식적인 노력에 의해 사회공학적으로 구성된 문화적 인공물이다. 넷째, 민족은 민족주의자들이 다양한 문화미디어와 사회의례를 통해 다수 대중에게 재현함으로써 '발명하고' '상상한' 것이다. 다섯째, 오직 현대적인 조건 아래서만 전통의 발명과 공동체의 상상이 가능하다고 믿는다. 여섯째, 지구시대의 도래로 현대성과 더불어 민족의 시대도 대체될 것이라는 감각이다.

그렇지만 앞에서 이론적, 역사적으로 살펴보았듯이 민족은 어디까지나 실천의 범주이다. 민족체(nationality) 민족임(nationahood)은 제도화된 문화적 · 정치적 틀로, 민족다움(nationness)은 우연한 사건이나 발생으로 파악하는 것이 사실에 가깝다(Brubaker, 1996).

현대는 '국가들의 세계'이면서 동시에 '민족들의 세계'이다. 만약 모든 국가가 일민족 일국가로 이루어졌다면 문제는 간단하다. 국가, 민족 그리고 민족주의 사이에 복잡한 함수관계가 성립할 필요도 없다. 현실은 복합적이다. 즉 단일민족이 하나의 국가를 형성하는 경우는 오히려 예외적이다. 대개의 국민국가(nation-state)는 다민족국가(multi-national state)이다. 90%가량의 국가가 다종족으로 이루어졌다. 미국과 중국이 대표적이다. 그런가 하면, 우리가 과거 일제 식민지를 겪을 때처럼, '국가 없는 민족들(nations without a state)' 도 여전히 존재한다. 다민족국가에서는 분리 독립을 주장하는 분리 민족주의(separatist nationalism)가 대두하곤 한다. 또 국가 없는 민족들은 제 각기 민족국가를 수립하고자 하는 독립 민족주의(independence nationalism)를 추구할 수 있다. 한국은 독특하게도 일민족이국가체제(one nation, two state)로 통일 민족주의(unification nationalism)를 지향한다.

국가는 주어진 영토 안에서 폭력과 조세징수권을 독점하고 있는 상대적으로 자율적인 일련의 제도들로 정의되는 데 반해, 민족은 역사적인 문화공동체로 가장 잘 묘사할 수 있다는 점에서 구별된다. 마찬가지로 애국심은 국가에 속하고, 민족주의는 종족공동체나 민족공동체에 속한다는 점에서 구별된다. 실천적으로 볼 때 민족주의는 자칫 사대주의(事大主義) 또는 국수주의(國粹主義)라는 양대 편향으로 귀결될 수 있다. 기존의 민족주의 연구는 민족주의를 이미 발생한 역사적 사건으로 이해하고자 했다. 앞으로는 특정 시기에 민족주의가 왜 그러한 형식과 내용을 취했는지의 인과기제를 구명해야 할 것이다. 민족주의는 '우리' 의 정체성을 확립하려는 이념(理念)이자 운동(運動)이다. 정치이념과 사회운동으로서의 민족주의는 항상 '우리' 의 경계(境界, boundary)를 확정하고 내부 구성원의 충성심을 확보하고자 한다. 이때 우리와 구분되는 '그들' 을 상상(想像, imagine)하는 일이 매우 중요하다. 평상시에는 민족주의적 열정이 잠복해 있다.

민족주의는 해당 민족(nation) 또는 종족집단(ethnic group)이 어떤 시폭(temporality)에서 안팎의 도전에 직면하느냐에 따라 다른 모습으로 나타난다. 이때 중앙집권적인 국가의 형성 여부가 중요하다. 씨족이나 부족 형성 단계에서냐 아니면 어떤 수준에서건 중앙집권적인 국가기구가 형성된 상태에서 외부세력의 도전을 받느냐는 커다란 차이가 있다. 또한 역사 축에서뿐 아니라 지구 축에서 비교사회적으로 보는 동시에 현재적 관점에서 성찰적으로 접근해야 한다.

끝으로 열린 기획(open project)으로서의 한국 민족주의의 과제를 다음과 같이 정리하고자 한다. 첫째, 열린 기획으로서의 한국 민족주의는 국가와 함께 국가를 넘어서야 한다. 이제는 이념과(理念)과 운동(運動)으로서의 민족주의에서 제도(制度)와 실천(實踐)으로서의 민족주의로 나아가야 한다. 둘째, 한국 민족주의는 민족성, 민족정신을 포기, 소홀, 우회할 것이 아니라 포착, 강화, 정면 돌파해야 한다. 셋째, 열린 기획으로서의 민족주의는 외부뿐 아니라 내부로도 열려야 한다. 종족 민족주의적 요소보다 시민 민족주의적 요소를 강화해 나가야 한다. 넷째, 한국 민족주의는 미래로뿐 아니라 과거로도 열려야 한다. 대한민국의 오늘이 있기까지 저항(抵抗) 민족주의뿐 아니라 건설(建設) 민족주의도 정당하게 평가해야 한다. 또 북한의 민족주의에 대해서도 일정한 재평가가 이루어져야 한다. 다섯째, 열린 기획은 지금, 여기에서 출발해야 한다. 역사성, 지구성을 각기 배타적으로 강조하던 일방성에서 벗어나 성찰적 민족주의를 추구하는 복안적(複眼的) 시선을 도입해야 한다. 이는 역사의 흐름과 지구성의 압력으로부터 일정한 거리를 확보하려는 실천적 자세를 의미한다. 여섯째, 단일민족이라는 단절적 신화(神話)를 민족 형성의 역동적 과정으로 승화(昇華)시켜야 한다. 즉 신화로 부과된(imposed) '단일민족주의'를 여러 요소들의 이합집산을 통해 국면적으로 발현되는(emergent) 구성적 민족주의(constitutive nationalism)로 재조직해야 한다. 일곱째, 열린 기획으로서의 한국 민족주의는 지금, 여기서 우리 모두의 과제이자 동시에 각기 다른 사회적 위치에서 각자 다르게 수용, 대응, 연대하는 개인적 프로젝트(individual project)임을 명심해야 한다. 이를 통한 밑으로부터의 민족정체성 형성과정이 중요하다. 여덟째, 열린 기획으로서의 민족주의는 남북한 각각의 국가 수준에서 사회분열을 봉합하는 통합이데올로기로 먼저 효과를 발휘해야 한다. 아홉째, 유동적 현대(liquid modern)에 맞는 유연한 민족주의를 추구해야 한다. 이는 우리와 타인을 구분하는 경계가 시시각각으로 변하고 사안에 따라 좁은 의미의 민족정체성을 가로지르는 연대의 형식을 상상하는 것을 의미한다. 끝으로 우리가 때때로 민족주의적(nationalistic)이 된다고 해서 우리가 모두 민족주의자(nationalist)인 것은 아니다. 또 민족감정이나 민족의식, 민족주의적 열정을 드러내 보이지 않는다고 해서 민족정체성이 없는 것은 아니다. 주관적 민족의식이 없어도 충분히 같은 민족체(nationality)에 속할 수 있다. 이처럼 민족주의라는 상상계를 통해 현실의 다양한 사회적 차별과 차이를 봉합해 나가는 실천적 지혜가 필요하다. 이는 민족통일이라는 '오래된 과제'에 수동적으로 끌려 들어가는 게 아니다. 한민족의 꿈(Korean National Dream)을 상상하고 실현하는 과정에 능동적으로 참여하는 일이다. 그리고 이 꿈이 실현되면 한민족뿐 아니라 다른 민족과 국가 그리고 인류 전체에게 이롭고도 의로운 일임을 널리 알리는 일이다.

한국 민족주의의 전성기는 아직 오지 않았다. 열린 기획으로서의 한국 민족주의의 성패는 얼마나 많은 이들이 함께 꿈을 꾸고 동참하느냐가 관건이다. 개인이 민족정체성을 다른 정체성과 더불어 중시하며, 민족이라는 집합적 상상이 국제정세의 권력관계를 가로지를 때, 민족통일과 민족중흥은 우리가 만들어 가는 공동의 미래가 될 것이다.

제 9 장

전쟁의 사회사

| 정근식(서울대학교 사회학과) |

1. 전쟁과 폭력의 사회학

전쟁에 관한 세계적 고전을 동서양에서 하나씩 선택해 보라고 한다면, 아마도 많은 사람들이 『손자병법』과 클라우제비츠의 『전쟁론』을 들 것이다. 손자병법이 전쟁에서 승리하는 방법을 가르치고 있다면, 클라우제비츠는 전쟁이 정치의 연장임을 가르치고 있다. 인간의 전쟁과의 관계를 설명하는 이론은 마키아벨리나 홉즈의 인간관을 따르는 전통과 루소나 칸트의 인간관을 따르는 전통으로 구별되지만, 폭력이나 전쟁은 인간본성으로 환원되는 것이라기보다는 복합적이고 역동적인 사회적 갈등으로 설명하는 것이 더 적합하다.

전쟁은 사회적 삶을 근본적으로 규정하고 변화시킬 뿐만 아니라 근대성의 형성에서 결정적인 요인이었다. 그러나 근대의 사회사상가들은 대체로 역사의 진보를 신봉한 나머지 폭력과 전쟁에 관하여 충분한 설명을 하지 못했다(Joas and Knöbl, 2012). 사회학의 주류적 전통 또한 전쟁을 매우 일시적인 삶의 조건으로 간주해 왔다. 물론 고전적인 사회이론가들이 조직적 폭력에 대한 설명을 전혀 하지 않은 것은 아니다. 마르크스가 자본주의와 이에 대한 혁명적 폭력을 제시했다면, 베버는 폭력을 통한 합리화를 언급하였고, 뒤르켐은 분업의 발전과 유기적 연대를 설명하면서 집합적 폭력을 곧 사라져버릴 역사적 유물로 생각했다. 그러나 이들이 전쟁이나 집합적 폭력에 관하여 충분한 설명을 한 것은 아니다.

전쟁이나 폭력에 관한 적극적 통찰은 트라이취케나 오토 힌체, 칼 슈미트의 독일계 국가주의 이론에서 발견된다. 이들은 사회적 · 정치적 삶에서 강제력(coercive power)이 중심적인 위치에 있으며, 국가는 폭력을 통해 만들어지고 유지되는 전능하고 독립적인 정치적 힘이라는 두 가지 명제를 공유한다. 이들이 구조적이고 거시역사적인 설명을 시도했다면, 집단 간 갈등이 사회생활의 핵심적 특징이라고 보는, 행위자(agency) 중심의 설명을 굼플로비츠나 라젠호퍼, 워드 등이 시도하였다. 국가의 기원에 폭력적 강제력이 있다는 명제를 공유하지만, 이들과는 달리 매우 반국가주의적 설명을 하는 사람들이 오펜하이머나 러스토프(Rustow) 등이다. 파레토나 모스카와 같은 사회학의 대표적인 엘리트론자들, 그리고 스펜서나 섬너와 같은 사회진화론자들도 폭력에 관한 설명을 하였다. 소렐이나 짐멜은 폭력을 사회에서 필연적으로 존재할 수밖에 없는 현상으로 인식했다.

이런 전쟁과 폭력에 관한 사회학적 이론들은 2차 대전 이후 자본주의적 산업사회의 발전에 따라 한동안 잊혀졌다가 1980년대 중반에 와서 다시 비교정치사회학이나 역사사회학을 통해 부활하였다. 전쟁이나 집합적 폭력에 관한 오늘날의 사회학적 설명은 크게 사회생물학적 사유에 기대고 있거나 경제적 합리성의 프리즘을 통하여 이루어진다. 집합적 폭력에 관한 경제학적 설명은 사회질서가 경제적 합리성의 논리에 의해 만들어진다는 가정을 공유하고 있다. 이들과 달리 전쟁과 폭력을 문화주의적 패러다임으로 설명하려는 시도도 있다. 전쟁은 기본적으로 문화적 충돌에 의해 발생한다는 것이다.

이런 사회생물학적 시각, 도구주의적 시각, 그리고 문화주의적 시각 이외에, 좀더 사회학적 함의를 많이 가진 이론적 패러다임이 조직적 유물론(organisational materialism)이다. 이런 접근은 국가의 기원, 사회적 권력, 그리고 근대성의 탄생과 확산에 초점을 맞추고, 강제를 중요한 설명변수로 채택한다. 마이클 만(Mann, 1986; 1993), 랜달 콜린스(Collins, 1974), 찰스 틸리(Tilly, 1992), 앤서니 기든스(Giddens, 1985), 존 홀(Hall, 1985), 지안프랑코 포지(Poggi, 1978) 등이 이런 이론적 전통에 속한다.

사회학이 19세기 후반에 새로운 근대학문으로 성립한 이래 사회학적 사유의 가장 핵심적인 개념이 '사회구조' 였다면, 이에 못지않게 중요한 개념이 '사회질서' 이다. 구조가 근대 국민국가 안에서 각종 사회관계와 인간적 삶이 영위되는 공간적 틀을 의미한다면, 질서는 사물이나 인간들이 권력에 의해 배치되는 형식들을 의미하며, 국가적 경계에 한정되지 않는다. 사회질서를 폭력적으로 재편하는 가장 보편적인 계기가 전쟁이었다. 전쟁은 정치적일 뿐 아니라 경제적이며 또한 사회적인 것이다. 사회사적 시각에서 전쟁을 이해할 필요가 있는 것은 그것이 단지 군사적 전투나 정치적 견해의 물리적 충돌이 아니라 인간의 삶의 조건으로서의 사회를 근본적으로 재구성하는 계기이기 때문이다.

전쟁은 대립하는 국가들의 무력적 조직을 동원한 충돌로, 상대방의 물적 · 인적 역량을 파괴하고, 이를 통하여 자신의 의지를 관철하려는 집합적 폭력이다. 정치폭력으로서의 전쟁은 매우 다양한 유형과 스케일을 가지고 있다. 전쟁의 양상은 근대국가의 정치적 이념이나 과학기술의 발전에 따라 크게 변화되어 왔다. 근대의 전쟁은 징병제에 기초한 상비군을 갖춘 국가와 국가의 전쟁으로 이루어졌다. 전쟁은 내전과 국제전, 그리고 다수의 국가나 시민들이 참여하는 세계전 등으로 구분된다. 20세기에 이르면 국가나 사회의 일부가 아니라 모든 구성원과 자원이 동원되는 총력전, 그리고 국제질서가 근본적으로 바뀌는 세계전쟁이 출현하였다. 공간적으로 보면 전쟁은 전투가 이루어지는 전장을 만들어 내며, 전선에 따라 전방과 후방으로 지역을 구분해 왔다.

전쟁은 거의 언제나 나름대로의 정당한 이유를 추구하고 대중적 지지를 이끌어 내려고 한다. 전쟁은 국내적으로 내적 연대를 고조시키며, 이 과정에서 전쟁영웅을 창출하고 또한 적을 재구성한다. 또한 전쟁은 새로운 질서의 창출을 목표로 한다. 전쟁은 전투와 이와 연관된 정치사회적 조치들, 그리고 경제적 비용을 수반한다. 또한 전쟁은 파괴와 함께 점령과 재건의 과정을 수반한다. 전쟁의 결과는 승자와 패자를 나누고 국제질서와 국내의 정치권력의 지형이나 구조를 바꾸며, 국가권력의 성격을 바꾼다.

근래에 이런 근대적 전쟁관은 근본적으로 와해되거나 부식되고 있다.

국가의 군대와 명확하게 규정된 전선을 가진 전쟁이 줄어들고, 점차 내전적 요소와 국제전적 요소가 혼합되고 뒤엉키고 전선이 분명치 않은 전쟁으로 성격이 바뀌고 있으며, 징병제에 의존하던 전투원의 충원도 자발적 참여에 의존하는 경향으로 변화되고 있다. 최근에는 패권국가의 정치군사적 · 경제적 이해를 관철하기 위한 수단으로 전쟁이 선택되는 경향도 생겨났다. 이에 따라 전쟁과 사회에 관한 시각에서 경험적이고 행태과학적 연구가 증대하고 있는데, 이들은 패권국가의 전쟁의 정당성 만들기 전략과 전쟁비용의 문제를 주목하게 되었다.

2. 20세기의 전쟁들

세계의 근대사는 전쟁으로부터 시작되었다고 해도 과언이 아니다. 스페인과 네덜란드, 그리고 영국으로 이어지는 해양 패권에 기초한 제국들의 시대는 전쟁을 통해 시작되었다. 스페인과 네덜란드 간의 80년 전쟁이나 독일의 30년 전쟁을 끝낸 베스트팔렌조약은 새로운 근대적 국제질서를 창출하였다. 프랑스혁명의 물결도 전쟁을 통해 유럽으로 확산되었고, 19세기에 시작된 서구의 동아시아에 대한 지배 또한 아편전쟁을 시작으로 시작된 수차례의 전쟁과 불평등조약을 통하여 이루어진 것이었다.

20세기에 인류는 두 차례의 세계대전을 겪었다. 제1차 세계대전이 식민지 재분할 전쟁이었다면, 제2차 세계대전은 선발 자본주의 국가와 후발 자본주의 국가들 간의 제국주의 전쟁이면서, 동시에 후발 자본주의와 사회주의 간의 전쟁이었고, 식민지 민족해방투쟁의 요소가 결합된 전쟁이었다. 제2차 세계대전은 크게 보면 유럽전쟁과 아시아전쟁으로 구분되는데, 유럽에서 독일과 소련의 전쟁이 주요 전선을 형성했다면, 아시아에서는 중일전쟁의 연장선상에서 진행된 일본과 영국 및 프랑스 간의 전쟁, 그리고 일본과 미국 간의 태평양전쟁으로 구성된다. 아시아에서의 전쟁은 유럽과는 달리, 식민지나 반식민지의 상태에 놓여 있던 지역을 전장으로 하였다.

이 두 차례의 세계대전은 군대만이 아니라 해당 국가의 전 사회가 참여하고 동원되는 총력전이었다. 이 전쟁들은 이전의 전쟁과는 비교할 수 없을 정도의 규모와 범위, 파괴력을 가진 것으로, 전쟁이 어떻게 사회를 조직하며, 세계의 질서를 창출하는가를 잘 보여주었다. 뿐만 아니라 두 차례의 세계대전에서 거의 7천만 명의 인류가 목숨을 잃었다. 제1차 세계대전에서 공군의 개념이 등장하고 전쟁은 육·해군 중심의 2차원 전쟁에서 3차원 전쟁으로 변화하기 시작했다. 특히 제2차 대전의 종전과정에서 미국이 사용한 원자폭탄은 과학과 전쟁이 어떻게 결합하여 인류를 재앙에 빠트릴 수 있는가를 극적으로 보여주었을 뿐 아니라 어떻게 하면 전쟁을 피할 수 있는가라는 과제를 제기하였다.

제2차 세계대전이 끝난 이후에도 전면적인 평화는 오지 않았다. 연합국으로서 세계적 전쟁을 치른 미국과 소련은 서로 대립하고 경쟁하였다. 냉전 속의 열전이 한국과 베트남에서 발생하였지만, 세계적으로는 치열한 냉전이 한 세대 동안 세계를 휩쓸었다. 결국 세계 사회주의 체제는 해체되었지만, 세계는 다시 새로운 전쟁으로서의 테러전과 반테러전을 겪고 있다. 폭력과 전쟁의 양상은 극적으로 변하고 있다.

한국인들은 두 차례의 세계대전을 포함하여 19세기 후반기부터 국가의 운명과 동아시아의 질서를 결정하고 재편하는 전쟁에 휘말려 왔다. 1894년 동학농민혁명으로부터 비롯된 일본과 중국의 군사적 충돌은 청일전쟁으로 나아갔다. 이 전쟁의 전투현장은 조선으로부터 시작하여 중국의 요동반도와 산동반도로 번졌다. 이 전쟁으로 인하여 중국 중심의 동아시아 질서가 와해되고, 일본은 대만을 식민지화하면서 제국으로 발전하는 계기를 마련했다.

조선의 식민지화는 1904년 러일전쟁에 의해 촉진되었다고 할 수 있다.

러일전쟁도 조선의 바다나 육지, 그리고 요동반도에 걸쳐 진행되었고, 다수의 조선 주민들이 동원되었다. 이 전쟁은 서구와 아시아가 싸워 최초로 아시아가 승리한 것으로 선전되었으나, 사실은 러시아를 견제한 영국의 일본과의 동맹이 작동한 것이다. 일본의 승리는 조선의 외교권 상실로 이어졌고, 나아가 동아시아에서 40년간의 일본 중심의 질서가 만들어지는 결정적 계기가 되었다.

제1차 세계대전은 직접적으로는 한국과 관련이 없었으나 전쟁의 처리과정에서 제창된 윌슨의 민족자결주의와 파리 평화회담은 주권을 상실한 한국의 민족지도자들을 고무시켰고, 이는 식민지 시기의 최대 민족운동이었던 3·1운동을 만들어 내는 중요한 요인의 하나였다. 상해 임시정부의 성립은 이 세계적 전쟁 이후에 국제적으로 고양된 평화운동과 민족주의의 맥락에 놓여 있다.

1930년을 전후하여 발생한 세계적 공황과 이 과정에서 발생한 일본의 만주침략이나 중국과의 전쟁은 한국인들의 생활과 민족운동에 큰 영향을 미쳤다. 만주지역으로의 대규모 인구이동과 함께 1937년에 시작된 중일전쟁은 한국인들을 전시체제라는 극단적인 사회질서에 종속시켰다. 일본의 황국신민화정책은 이념, 교육, 신체규율, 자원 등의 측면에서 한국인들을 조직화하려고 시도한 것이다.

1941년에 시작된 태평양전쟁은 한국인들을 노무자나 병사로 동원하는 계기였다. 조선총독부는 한국의 청년들을 지원병이나 학병으로, 그리고 끝내는 징병제에 의한 병사로 동원하였고, 또 징용이라는 이름으로 노무자로 동원하였으며, 여성들도 정신대라는 이름으로 동원하였다. 한국인들은 식민지 권력의 동원계획에 따라 국내나 해외에서 전쟁을 경험하였고, 많은 희생을 당했다. 그러나 일본의 영토 밖에서 생활했던 한국인들은 다양한 군대에 소속되어 일본군과 싸우는 기회를 얻기도 했다.

제2차 세계대전의 결과에 의해 한국인들은 광복을 되찾았으나 그것은 국가와 사회의 분단을 동반하는 고통스러운 경험의 출발이었다. 전쟁 침략국이었던 독일이 분단된 유럽과는 달리 아시아에서는 전쟁 침략국이었던 일본 대신 그 식민지였던 한국이 미군과 소련군에 의해 분할 점령되었다. 38선의 분할은 임시적인 군사 조치였으나 1946년부터 뚜렷해진 미국과 소련의 대립이 세계적 냉전으로 변화하면서, 점차 정치사회적 분단의 경계선으로 변화되었고, 급기야 1948년 남북한에는 서로 다른 국가가 형성되었다.

오늘날의 한국의 분단체제와 동아시아의 지역 질서는 1949년의 신중국의 성립과 1950년에 발발한 한국전쟁에 의해 주형된 것이다. 한국전쟁은 1950년 6월, 북한의 침략에 의해 시작되었으나 곧바로 국제연합의 결정에 의해 미국을 비롯한 국제연합군이 참전하고, 10월에 이르러 중국이 참전함으로써 동아시아 지역전쟁으로 확대되었다. 당시 미국은 제2차 세계대전의 최대 승전국으로서, 자유주의적 국제 질서를 창출하는 데 관심을 가지고 있었으며, 이에 따라 북한의 침략을 저지하기 위하여 전쟁에 즉각적으로 개입하였다. 전쟁 초기와는 달리 전쟁의 양상이 유엔군과 한국군에게 절대로 유리한 양상으로 전개되자, 중국은 '항미원조'를 명분으로 참전하였다. 당시 중국은 새로운 국가를 선포한 지 1년도 되지 않았고, 내전에서 완전한 승리를 거두지 않은 시점이었으므로, 전쟁에 참여하는 것을 반대하는 의견이 많았으나, 전쟁 참여를 결정하였고, 이에 따라 북한은 큰 위기를 넘기게 되었다.

한국전쟁의 전장은 한반도 전체에 걸쳐 있었고, 전선이 극단적으로 이동하였다가 원래의 분단 경계선과 유사한 경계선으로 종료되었다. 전쟁은 엄청난 물적 · 인적 피해를 남긴 채, 명확하게 승자와 패자를 가려내지 못하고 종료되었다. 1953년 7월에 이루어진 한국의 정전체제는 이후 한국의 분단뿐 아니라 중국과 대만을 가로질러 동아시아의 분단을 만들어 냈고 유럽과는 다른 아시아 냉전을 초래하였다. 세계적 차원의 냉전이 미국과 소련을 중심으로 전개되었다면, 동아시아에서는 미국과 중국을 중심으로 전개되었다. 1953년에 체결된 한국과 미국의 군사동맹과 1960년에 체결된 북한과 중국의 군사동맹은 동아시아 냉전을 지탱하는 축이었다. 결국 역사적 대사건으로서의 한국전쟁은, 일본의 패전, 중국의 내전과 함께 현대 동아시아 질서를 만들어 낸 연속전쟁의 일부이자 마지막 국면이었다고 할 수 있다.

한국전쟁에 참여한 국가들은 모두 한국전쟁을 자신의 입장에서 명명하는데, 이런 서로 다른 명칭들은 전쟁의 원인과 성격, 그리고 그 결과를 서로 다르게 해석하는 것과 연관되어 있다. 1970년대부터 중요한 전쟁 당사국이었던 미국과 중국, 그리고 한국과 중국은 차례로 화해의 길로 접어들었다. 1990년을 전후한 세계적 탈냉전에도 불구하고 한국은 남북으로 분단된 채, 전쟁의 유산을 어떻게 처리해야 하는가를 둘러싸고 여전히 논쟁 중에 있으며, 북한과 미국도 여전히 갈등 중에 있다. 한국전쟁이 만들어 낸 정치사회적 질서는 많은 변화를 겪었으나 여전히 분단한국을 지배하고 있는 대사건이다.

사회사적 맥락에서 한국인들에게 상당한 영향을 미친 전쟁경험이 베트남전쟁이다. 1960년대 중반부터 1970년대 초반까지 한국정부는 베트남전쟁에 파병하였고, 많은 건설업체나 노동자들이 베트남에서 활동하였다. 전후 일본이 한국전쟁을 부흥의 계기로 삼았던 것처럼, 당시 한국의 근대화나 경제성장에 베트남의 전쟁경제가 큰 역할을 하였다. 또한 민간인 학살문제나 현지결혼에 따른 부정적 유산도 남겨 두었다. 한국은 2000년대에 이르러 아프가니스탄이나 이라크에 소규모의 지원부대를 파병하기도 했다. 이런 활동은 지구적 차원의 평화유지를 위한 노력으로 간주되었다.

한국전쟁은 현대 한국사회를 만들어 낸 결정적 사건이었고, 남북한의 국가권력과 사회 모두를 관통한 포괄적 경험이었다. 한국전쟁은 엄청난 민족적 고통을 남겨주었고, 동시에 전쟁사회학이나 전쟁의 사회사의 발전을 위한 경험적 토대를 제공했다. 그러나 이런 잠재적 가능성은 아직 현실화되지 않았다. 전쟁사회학은 거의 형성되지 않았고, 전쟁과 폭력에 관한 사회사적 연구도 충분한 것은 아니다.

그러나 1990년대 초반에 발생한 걸프전과 2001년 9·11사건 이후, 세계의 전쟁은 새로운 단계로 접어들고 있다. 시간과 장소를 가리지 않고 발생하는 테러와 이에 대한 진압이나 예방은 과거의 전쟁의 양상과는 전혀 다른 모습을 보여주고 있다. 폭력과 전쟁이 시민들의 일상생활 속에 깊숙하게 각인되고, 또한 이로 인해 발생하는 난민들이 크게 증가하면서 세계 곳곳에서 새로운 폭력과 전쟁에 대한 사회학적 연구들이 출현하고 있다. 한국에서의 전쟁에 관한 사회학적 연구도 우리가 경험한 한국전쟁이나 베트남전쟁의 경험을 넘어서서 새로운 양상의 집합적 폭력과 테러, 난민 등에 관한 관심으로 확장되지 않을 수 없다.

3. 한국전쟁 연구의 흐름과 성과

1) 전쟁 기원과 발발에 관한 연구

한국전쟁이 휴전 또는 정전의 형식으로 종료된 후 북한이나 중국은 곧바로 이 결과를 승리라고 표현했지만, 한국이나 미국은 이 결과를 승리나 패배의 이분법적 틀로 규정하지 않았다. 한국에서 한국전쟁 연구는 1960년대에 표준적 관점이 마련되었다. 이 표준적 관점에서 한국전쟁에 관한 공식적 역사는 1967년 국방부 전사편찬위원회가 9권으로 간행하기 시작한 『한국전쟁사』이다. 이에 뒤이어 이 위원회는 1977년과 1979년에 『한국전쟁사』 1~2권의 개정판을 간행했는데, 이것이 한국전쟁에 관한 종합적인 전사였다. 한국전쟁사는 한국보다 북한과 미국에서 먼저 출간되었다. 북한은 1959년에, 미국은 1961년에 종합적인 공식 전쟁사를 출간하였는데, 이들은 모두 한국전쟁을 자신의 입장에서 해석하고 있다.

1970년대 후반에 한국학계에서는 '현재'의 한국 사회가 '분단시대'라는 역사인식이 싹트고 있었다. 강만길의 『분단시대의 역사인식』(1978)은 비록 한국전쟁에 관한 직접적인 연구는 아니더라도 한국전쟁이 주형한 역사적 사회체제에 대한 자기 성찰이 담겨 있었다.[1] 이와 함께 한국전쟁을 포함한 한국현대사에 대한 새로운 시각의 대두를 알리는 것이 『해방전후사의 인식』(1980)이었다. 이 책은 한국현대사를 폭발적인 학문적 관심이 되도록 만들었다. 광주민주항쟁에서의 미국의 역할에 대한 대중적 의문은 한국이나 동아시아에서의 미국이라는 존재를 다시 인식해야 한다는 문제의식을 낳았고, 미군정 시기에 무슨 일이 일어났는가를 질문하도록 했다. 이의 연장선에서 브루스 커밍스의 『한국전쟁의 기원』(1981)은 한국전쟁 연구를 전환시켰다. 그는 한국전쟁의 기원을 소련보다는 미국의 전략에서 찾거나 한국의 내부적 요인들에서 찾았는데, 이를 수정주의적 입장이라고 한다. 이 연구는 미국에서 공개된 자료에 입각하여 기존의 전통주의적 해석과는 다른 시각으로 접근함으로써 큰 충격을 주었다.

한국전쟁 발발 40주년이 되던 1990년은 한국전쟁 연구의 하나의 전환점이 되는 해로 보인다. 한국전쟁에 참전하였던 주요 국가들이 모두 나름대로의 기념사업을 시작하였고, 동시에 탈냉전의 흐름이 형성되었다. 한국에서는 1980년대에 고조된 한국전쟁에 관한 관심이 여러 저작의 출간(최장집 외, 1990)으로 이어졌고, 한국정치연구회도 『한국전쟁의 이해』(1990)를 냈다. 이들은 모두 한국전쟁의 원인이나 점령 정책 등에 초점을 맞추었다. 박명림은 미국의 자료를 기반으로 하여 『한국전쟁의 발발과 기원』 Ⅰ, Ⅱ(1996)를 출판했으며, 이를 통해 전쟁의 '결정과 발발', '기원과 원인'을

1) 이것이 남긴 영향은 상당히 커서 구중서의 『분단시대의 문학』(1981), 이효재의 『분단시대의 사회학』, 변형윤 등의 『분단시대의 한국사회』(1985) 등이 계속 출판되었다.

탐구하였다.

한국전쟁에 관한 전통적인 관점을 벗어나기 시작한 것이 1980년대라고 한다면, 이 시기는 냉전하의 전쟁관이었던 전통주의로부터 수정주의로 전환하면서도 여전히 문제의 초점을 전쟁의 기원이나 발발 원인에 두는 시기였다. 1990년대 후반부터 새로운 연구의 흐름들이 시작되었다. 세계적 냉전이 종료되면서 찾아 온 한국전쟁 연구에서의 가장 큰 변화의 하나는 소련측 자료가 공개된 것이고 이에 따라 북한의 주도에 의한 전쟁계획과 소련 및 중국과의 협의과정이 드러난 것이다.

2000년 이후 한국전쟁의 기원 또는 원인의 문제를 보다 철저하게 파고든 것이 이완범의 연구(2001)와 정병준의 연구(2006)이다. 이완범은 38선 획정의 과정을, 정병준은 '1949년'의 중요성을 강조했는데, 그는 38선을 관념적 분단선으로, 휴전선을 물질적 경계선으로 개념화했다.

최근에 한국전쟁 연구에서 공백지대였던 미국과 국제연합의 참전의 논리 및 과정에 관한 연구가 진전되었다. 김학재(2015)는 제2차 대전 후에 이루어진 미국의 자유주의적 기획과 한국전쟁에서 이것이 실패하는 과정을 설명하였다. 또한 중국의 연구자들에 의해 이루어진 중국의 참전과정에 관한 연구성과도 많이 소개되었다.

2) 전쟁과정에 관한 경험적 연구의 발전

세계적 탈냉전의 흐름은 한국에도 영향을 미쳤다. 1990년 남북 기본합의서의 채택, 러시아나 몽골과의 수교, 나아가 1992년 중국, 베트남 등과의 수교가 이루어졌다. 그러나 이 시기의 동아시아 냉전의 해체는 비대칭적인 것이어서 북한은 미국이나 일본과의 관계 정상화를 이룩하지 못했으며, 이후 북한의 어려운 경제현실이 한국 정부나 시민들에게 가시화되기 시작했다.

이런 변화를 민감하게 포착하면서 남북관계를 새로운 시각에서 보려고 한 것이 백낙청의 '분단체제론'이다. 냉전하에서 남북한의 적대적 상호의존성을 이론화하고 이의 해체를 향한 방안을 모색한 그의 연구(1994; 1998)는 큰 영향력을 미쳤다. 분단체제론은 한반도뿐 아니라 동아시아 전체에 적용할 수 있는 이론적 상상력이었다.

사회학계에서 한국전쟁에 관한 본격적인 문제제기는 강정구의 『좌절된 사회혁명: 미군정하의 남한 · 필리핀과 북한』(열음사, 1989)이다. 이 책은 '순수해방공간'이라는 이념형적 시공간에서 '미군의 개입 여부'를 변수로 삼아 혁명에 관한 비교연구를 시도하면서 분단국가의 형성과 한국전쟁에 접근하였다. 한국사회학회는 최초로 한국전쟁에 관한 심포지움을 개최하고, 『한국전쟁과 한국사회변동』(1992)을 출판하였다. 여기에서는 인구 및 가족, 이데올로기, 권력구조 등의 측면에서 한국전쟁에 접근하고, 또 북한과 일본의 전쟁경험에 관하여 분석을 시도하였다. 이와 유사한 맥락에서 한국정신문화연구원(1999)도 인구, 정치, 경제, 종교(사회의식과 문화)의 측면에서 한국전쟁에 접근하였다.

탈냉전과 한국사회의 민주화는 한국전쟁의 구체적인 과정과 결과에 관한 연구를 자극하였다. 이런 맥락에서 가장 큰 관심을 끈 것이 전쟁의 가장 어두운 측면이었던 민간인 학살 문제이다. 1995년 한국전쟁 중에 발생한 대표적 '양민학살'로서의 거창사건이 재평가되었고, 이어 제주도 4·3사건과 노근리사건에 관한 진실규명이 진행되었으며, 2000년부터는 국가폭력에 의한 민간인 학살 문제를 보다 종합적으로 접근하려는 사회운동과 연구가 함께 진행되기 시작하였다. 이런 움직임은 2000년에 이루어진 남북정상회담과 화해정책에 큰 영향을 받았다. 한국전쟁 연구는 좀더 이념적으로 민감했던 쟁점들을 다루기 시작하였고, 또한 일상생활에서의 전쟁경험, 또는 지역적 맥락에서의 전쟁기억을 다루도록 고무하였다.

이 시기의 연구는 자료의 측면에서도 큰 변화가 있었다. 2000년을 전후한 시기에 옛 소련의 자료들이 한국에 소개되기 시작하였고,[2] 미국의 국립문서보관소의 자료도 더욱 넓게 활용되기 시작하였다. 또한 중국에서의 한국전쟁연구가 소개되기 시작하였다. 중국에서의 한국전쟁관은 전쟁 당시의 참전을 정당화한 "항미원조 보가위국"의 논리에 입각하였다. 그러나 이런 논리는 중국의 한국전쟁 연구자인 션즈화(沈志華) 교수가 고백하듯이 "일반적으로 전쟁을 일으킨 당사자는 충분한 준비를 했을 터인데 왜 한국군은 전쟁 초기에 지리멸렬하여 계속 남쪽으로 도주할 수밖에 없었는가?"라는 의문을 만들어 낼 수밖에 없었다.

한국전쟁에 관한 사회학적 연구는 주로 전쟁 발발 이후에 발생한 사회적 현상들에 초점을 맞추었고, 2000년 김동춘의 『전쟁과 사회』(2000)가 출간되면서 새로운 방향을 잡기 시작하였다. 그는 『전쟁과 사회』에서 한국전쟁을 피난, 점령, 학살이라는 세 가지 키워드로 보는 시각을 제시했다. 이 책은 전투원이 아닌 일반 시민들의 전쟁경험을 일상적 담론에서 사회학적 연구의제로 끌어올리는 데 결정적으로 기여하였다. 그는 분단체제하에서 학살된 주민들이 '양민'이었다는 담론을 '민간인 학살'이라는 개념으로 바꾸도록 하였다.

민간인 학살 문제를 국가폭력의 측면에서 바라보고 이에 대한 진상규명운동이 시작된 것은 2000년이다. 이런 진상규명운동은 시민사회와 유족, 연구자들 간의 협조를 요구했으며, 특별법 제정에 기초하여 '진실 화해를 위한 과거사정리위원회'의 설치로 결실을 맺었다. 2004년 결성된 한국제노사이드연구회가 구체적인 사례들에 관한 분석을 진전시켰다. 또한 전쟁포로에 관한 관심과 함께 전쟁에서 발생하는 여러 사회적 존재의 범주

2) 예컨대 소련 측 자료를 소개한 글로는 유리 바닌 외(기광서 역), 『러시아의 한국연구: 한국인식의 역사적 발전과 현재적 구조』(풀빛, 1999); 朴鍾涍 編譯, 『러시아 國立文書保管所 所藏 韓國 關聯 文書 要約集』(한국국제교류재단, 2002); 국사편찬위원회 편, 『소련군정문서, 남조선정세보고서』, 1946~47(국사편찬위원회, 2003).

들, 예컨대 피난민, 납치자와 이산가족, 상이군인이나 '미망인', 전쟁고아 등에 대한 관심이 증폭되었다.

2000년을 전후한 시기에 새롭게 시작된 한국전쟁 연구의 또 한 가지 갈래는 국민국가 단위의 연구보다 전쟁을 직접 경험한 사람들에 대한 경험적 연구를 지향하면서, 필연적으로 전장이었던 지역사회에 주목하는 공동연구들의 출현이었다. 한국의 지역사회 연구의 맥락에서 한국전쟁의 의미를 연구하는 경우, 한국전쟁에서의 집단 간 갈등이나 신분투쟁의 양상에 주목하게 되며, 주로 지역정체성의 형성에 어떤 영향을 미치고 있는가를 질문하였다(정근식 외, 2003; 박찬승, 2010). 이런 연구는 전쟁을 직접 경험한 사람들에 대한 면접, 증언과 구술을 듣는 방식으로 진행된다. 면접은 '그때 여기에서 무슨 일(사건)이 있었는가'를 질문하는 방식과 '그때를 어떻게 기억하고 있는가'를 질문하는 방식으로 구분된다. 그에 대한 답은 '사실에 대한 증언'이면서 동시에 과거의 경험에 대한 '기억의 표현'인데, 이런 복합적 성격 때문에 현지 면접은 역사적 사실을 추구하는 지방사적 연구와 주체에 따라 어떻게 동일한 사건들을 다르게 기억하는가에 초점을 두는 문화적 기억 연구로 구분되었다.

한국전쟁에 관한 연구에서 가장 취약한 점의 하나는 오랫동안 전쟁 기억과 기념을 국가가 독점함으로써 새로운 각도에서 바라볼 수 있는 자료들을 충분히 생산하지 못했다는 점이다. 분단/냉전문화 아래에서 각종 전쟁 기념물과 대규모 기념관이 조성되었지만, 한국전쟁에 관한 개인적 경험과 증언을 체계적으로 수집하지 않았다는 반성과 함께, 전쟁을 직접 경험한 사람들로부터 전쟁기억을 듣고 이런 기억들이 어떻게 구성되어 있는가를 탐구하는 작업이 이루어지기 시작하였다. 이는 강력한 분단/반공국가의 기억과는 다른 기억, 또는 억압되거나 배제된 기억을 드러내는 작업이기도 했다.

한국에서 구술사에 대한 이론적 관심은 1980년대 후반에 형성되었는데, 이를 한국전쟁 연구에 적용시킨 것은 인류학자와 사회학자들이다. 김귀옥은 1990년대에 속초 지역에서 월남민 연구를 체계적으로 수행하였고(1999), 이어 이산가족에 관한 연구(2004)를 진전시키면서 생활세계에서의 전쟁의 영향을 추구하였다. 윤택림의 연구(2003)나 표인주 등의 연구(2003)로부터 시작하여 본격적인 전쟁 기억과 기념에 관한 연구로 이동하였다. 또한 일상생활과 구술사에 입각하여 월남가족과 월북자를 둔 이산가족, 상이군인, 월남전 참전자 등에 대한 연구가 구술사적 접근을 취하고 있다. 이임하(2004)는 전쟁과 젠더의 관계를 질문하고, 나아가 전쟁 미망인의 문제를 체계적으로 분석하였다(2010).

한국전쟁에 관한 구술사적 접근은 중국의 지원군이나 북한의 인민군으로 한국전쟁에 참여한 자들에 대한 조사연구로 확대되었다. 연변에 살고 있는 조선족 중에서 한국전쟁에 참여한 사람들의 경험도 채록되었다(정현수 외, 2006).

전쟁의 구체적인 국면과 다양한 형태의 전쟁전략이나 전술, 그리고 개별 전투에 대한 연구도 진전되었다. 김태우(2013)는 미국 공군의 전략적 운용을 폭격을 중심으로 정리하였다.

3) 국가 형성과 국민 만들기에 관한 연구

최근 한국전쟁 연구는 전쟁과 국가/국민 형성의 관계를 좀 더 치밀하게 탐구한다. 이런 흐름에서 전쟁기의 토지개혁과 이후의 경제원조와 재건(이현진, 2009), 교육제도의 정비, 기독교의 확산(한국정신문화연구원 편, 1999) 등과 함께, 전쟁 기억과 기념에 관한 연구, 전쟁 후의 심리전에 관한 연구가 진행되었고, 이것은 세계적 냉전문화 연구와 연결된다.

2000년 이후 한국전쟁 연구에서 나타나는 중요한 특징의 하나는 전쟁과 국가형성의 상호관계에 관한 주목이었다. 1948년 제주도 4·3항쟁과 불가분의 관계에 있는 여순사건에 관한 연구는 1948년 12월의 국가보안법, 그리고 1949년에 조직된 보도연맹의 결성으로 이어지는 분단/반공국가 형성과 국민 만들기(Nation Building)의 측면을 주목하도록 하였다. 김득중(2009)은 1948년 하반기의 여순사건에 관한 심도 있는 분석을 통해 이를 계기로 냉전/반공국가가 형성되어 갔음을 밝혔다. 또한 이를 계기로 국가보안법을 비롯하여 각종 국가건설에 필요한 법률들이 '예외상태'를 전제로 하면서 제정되기 시작했고, 잠재적인 사회적 타자들을 관리하는 조직으로 1949년에 보도연맹이 결성되었다. 전쟁을 통한 국민 만들기는 이념적 차원뿐 아니라 매우 구체적인 법률들을 통하여 진행되었다.

전쟁은 헌법제정권력이 자신의 모습을 그대로 드러내는 짧은 시기이다. 전쟁은 흔히 '무법상태'라고 생각하기 쉽지만, 실제로는 국가폭력이 법의 이름으로 집행되는 합법적 공간이다. 최근 새롭게 대두하고 있는 예외상태론은 국가의 본질로서의 주권의 문제와 함께 법의 문제를 새로운 각도에서 조명하도록 한다. 법은 무질서나 폭력을 배제하는 것이 아니라 그 자체가 집단폭력이거나 집단폭력을 만들어 내는 원천이 될 수 있다.

국민 만들기는 한편으로는 통제와 규율화를 통해 이루어지지만, 다른 한편으로는 삶의 정치, 또는 구호와 지원을 통해 한계상황에 몰려 있는 인구를 끌어들임으로써 진행된다. 이에 관한 연구인 『죽엄으로써 나라를 지키자』는 1950년대의 한국사회를 전쟁과 불가분의 관계에 있는 '반공, 동원, 감시'의 시대로 규정하였다. 한국전쟁 과정이나 전쟁 후의 피난민정책, 구호 및 원조정책 또한 국가/국민형성의 필연적 계기였을 뿐 아니라 비국가/비국민을 만들어 내는 과정이었고, 이것이 정치공동체의 분단의 현실화였다(서중석 외, 2010).

전쟁과정에서 이루어진 학살은 국가권력이 국민과 비국민을 가르고, 비국민을 절멸시키는 생명정치의 극단적 사례이다. 이것은 예방학살과 보복학살로 구분되며, 전자의 가장 중요한 부분을 차지하는 것이 보도연맹원과 정치범들에 대한 학살이다. 이는 국가의 형성과정에서 사회적 타자로 간주되거나 위험에 직면할 때 사회적 타자로 활동할 개연성을 가진 사람들을 조직적으로 통제하고 관리하기 위하여 만든 조직이, 실제로 전쟁 상황에 직면하여 어떻게 처리되는가를 보여준다. 보도연맹원에 대한 학살은 이른바 예방학살의 전형적 사례로, 이에 관한 종합적인 연구가 이루어졌다(강성현, 2012). 이와 함께 민간인의 피해는 익명의 방식으로 이루어지기도 하는데, 미군의 공중 폭격에 의한 희생이 이에 해당된다.

1948년에 발발한 제주 4·3항쟁과 여순사건, 1950년의 한국전쟁은 전쟁과 국가형성, 그리고 분단사회라는 질적으로 다른 주제들을 동시에 서로 얽히게 만듦으로써 우리의 인식을 압도해 왔다. 중국이나 대만도 사실 혁명과 내전, 국가형성, 그리고 분단을 동시적으로 경험한 사례이다. 이런 사례들을 독일의 경험과 비교할 수 있다. 독일의 경우는 전후 분단과 국가형성을 경험했지만, 내전을 겪지는 않았다. 이 때문에 국가형성이나 분단에서 전쟁의 역할을 검증하려면 독일과 한국의 비교연구가 필요하다.

4) 심리전

한국전쟁 연구에서 2000년 이후 새롭게 주목된 것이 심리전이다. 한국전쟁에서 전쟁 당사자들은 모두 적극적으로 심리전을 수행하였다. 심리전은 대적 심리전뿐 아니라 대내 심리전과 대외 심리전으로 구별된다. 유엔군은 대적 심리전의 경우 중국어와 한국어를 병행하여 사용하였다. 만화나 사진을 활용한 전단지를 분석해 보면, 한국전쟁을 바라보는 시각, 특히 세계적 냉전의 틀이 어떻게 짜여지고 있었는가를 잘 알 수 있다.

한국전쟁기의 심리전이 중요한 것은, 첫째 이것이 전쟁 중에만 수행된 것이 아니라 휴전 이후에도 지속적으로 진행되어 한국의 분단/냉전문화 형성에 큰 축이 되었다는 점, 둘째 심리전의 수행에서 문화적 지식인들이 여기에 대거 참여하여 집합적 심성을 창출했다는 점이다. 주지하듯이 심리전은 적뿐 아니라 국민 내부의 '심장과 마음'을 지배하는 것이어서 일단 한 번 형성되면 매우 오랫동안 효과를 발휘한다. 전후 심리전에서 나타나는 특징은 사회체제의 우월성을 선전하는 것과 함께 내부적으로 끊임없이 '잠재적 적'을 창출하는 것이다. 이는 한국뿐 아니라 대만에서도 확인되며, 이런 '방첩' 문화는 식민지하에서 이미 경험한 것이기도 하다.

한국전쟁에서의 심리전 연구는 심리전을 담당한 사람들이 어떻게 민군협조체제하에서 활동하였는가를 연구한 로빈(Robin, 2001)의 뒤를 이어, 암스트롱이 1945년부터 1950년까지 미군정의 문화활동을 미군의 심리전이라는 틀로 파악하였고, 전쟁과정에서의 북한의 심리전도 언급하였다. 한국에서는 2000년에 한림대 아시아연구소에서 이에 관한 자료집을 출간하였고, 다시 한국학중앙연구원에서 『6·25 전쟁기 미군 심리전 관련 자료집』(2005)을 출판하면서 한국전쟁 당시에 이루어진 심리전의 양상이 알려지게 되었다. 이 주제에 관한 연구와 자료수집은 정용욱(2004)에 의해 진전되었는데, 그는 심슨의 심리전에 관한 책을 번역하여 소개하였다. 김영희는 언론학의 영역에서 북한군의 남한 점령기의 언론활동, 그리고 전단이나 방송을 통한 심리전을 연구하였다.[3] 이임하(2012)는 미국 국립문서청의 자료를 활용하여 심리전의 실태를 전단지를 중심으로 상세하게 분석하였다.

심리전은 한국전쟁뿐 아니라 이후의 분단 · 냉전기에 일상화되었고, 상당히 치열하게 전개되었다. 전후 사회가 평화로 이어지지 못했기 때문이다. 따라서 한국의 전후사회를 심리전의 시각에서 새롭게 조명할 필요가 있다.

---

3) 김영희, "한국전쟁 기간 북한의 대남한 언론활동," 『한국언론정보학보』 40(2007); 김영희, "한국전쟁 기간 삐라의 설득커뮤니케이션," 『한국언론학보』 52-1(2008.2.); 김영희, "한국전쟁기간 미국의 대한 방송활동," 『한국언론학보』 53-2(2009.4.).

5) 전쟁 기억과 기념에 관한 연구

전쟁과정에서 심리전의 수단으로 재현된 전쟁 기억과 기념 양식은 점차 공식화되고 제도화되는 과정을 밟는다. 우선 공식 전사가 쓰여지고 기념일과 기념의례가 형성되며, 기념물이 조성된다. 분단/냉전문화와 심리전 체제는 개인이나 사회의 전쟁경험이나 전쟁기억을 자유롭게 표현하는 것을 억제하고 이를 국가적으로 독점해 왔다. 전쟁경험/기억은 문자적 재현으로서의 문학, 시각적 재현으로서의 사진, 회화, 그리고 영상(영화)이라는 수단을 가진다. 또한 기념물이나 기념관과 같은 신체적(공간적) 재현수단도 있다. 물질적 자원이 많이 필요한 영역일수록 국가적 기억이 전유할 가능성이 커진다.

전쟁기억이 깃들어 있는 장소는 너무나 다양하고 다층적이다. 문학작품들은 오래전부터 전쟁기억을 재현하는 중요한 매체로 간주되어 왔는데, 근래에는 시각적 영역에서의 전쟁기억의 재현이 관심의 대상이 되고 있다. 문학작품들 외에 시각적 재현은 사진, 회화, 영상, 조각 및 기념공간 등으로 구별된다. 이 가운데 사진(김형곤, 2007)이나 회화는 가장 기초적인 시각적 재현으로, 2차적 재현으로서의 기념관을 조성하는 필수적 요소로 기능한다.

전쟁을 재현하는 영상은 다큐멘터리와 영화로 구분된다. 한국전쟁에 관한 영상은 흥미롭게도 한국보다는 북한과 중국에서 더 많이 생산되고 활용되었다. 한국에서는 한국전쟁을 재현하는 '반공영화'가 많이 제작되었으나 2000년 이후 과거와는 시각이 다른 영화들이 제작되고 있다. 그러나 한국전쟁 영화들에 대한 종합적이고 체계적인 연구는 아직 미진하다.

전쟁기억에서 가장 국가적 기억이 많이 담겨 있는 매체는 기념물과 기념관이다. 다른 매체에 비해 바용이 많이 들고 국가나 지방자치단체에서 이의 건립을 주도하기 때문이다. 이들의 대부분은 전투기념비나 위령비, 충혼비의 형태를 지닌다. 대부분 이 기념물들은 전쟁에서 죽은 군경을 '조국을 위한 숭고한 희생자'로 개념화하고 있다. 한국전쟁 기념물들은 한국전쟁 후 10년마다 주기적으로 건립되는 양상을 보이며, 50주년이었던 2000년을 전후로 하여, 국가적 기억과 이에 경쟁하는 기억을 재현하는 기념물들이 많이 건립되었다. 흥미로운 것은 학살된 민간인들에 추도의 과정에서 '승리를 외치고 국가를 지키는 군인'이 아닌 '민간인 학살'을 참회하고 용서를 비는, 실제로 그런 것이 아니라 유족들이 그렇게 했으면 좋겠다는 원망을 담은 기념비도 건립되었다.

전쟁기념관은 국립묘지와 함께 한국의 대표적인 전쟁관련 기념시설이다. 전쟁기념관은 전쟁기억을 담은 여러 기본적 매체들이 동원될 뿐 아니라 보통 정부가 건립에 직접 개입하므로 국가적 기억을 대표하는 공간이자 매체이다. 한국의 전쟁기념관은 한국전쟁 40주년이었던 1990년에 기공하여 1994년 6월에 개관하였다. 이 기념관의 건립과정에서 전쟁을 기념한다는 것에 대한 많은 논란이 있었다.

한국전쟁에 관한 기념관은 한국보다는 북한에서 먼저 건립되었다. 한국의 전쟁기념관과 대비되는 것이 미국 워싱턴에 있는 한국전쟁 기념물이며, 중국 단동에 있는 '항미원조기념관(抗美援朝紀念館)'이다. 이들은 대체로 한국전쟁 휴전 40주년에 맞추어 건립된 것으로 탈냉전의 시기에 냉전적 기억을 재생산하는 현상을 보여준 것이다.[4] 북한은 최근에 자신의 전쟁기념관을 크게 확장하였다.

전쟁기념관의 가장 중요한 기능은 전쟁에서 희생된 자들에 대한 추모이고, 전시를 통해 공식적인 전쟁 기억을 재생산하는 것이다. 전쟁기념에 대한 대응 개념은 평화증진이다. 이를 위한 움직임인 평화기념사업은 주로 공원조성과 기념관의 형태로 자리 잡았다. 이것은 일본의 피폭경험을 평화로 개념화하는 히로시마나 나가사키의 사례를 필두로 하여, 오키나와에서

4) 이에 관한 연구들이 Cross-Carrets에 특집으로 게재되었다.

성립하였고, 1990년대에 동아시아의 국가폭력에 의한 희생자 문제가 쟁점화되면서 제주도나 타이완에 평화기념공원들이 연속적으로 조성되었다(김민환, 2012). 한국에서 평화는 베트남전쟁에 대한 반성적 성찰이나 미군기지에 관한 사회운동에서 중심개념으로 형성되었으나 전쟁기념에 비해 훨씬 미약한 실정이다.

4. 앞으로의 과제들

지난 10년간 한국전쟁에 관한 연구들은 여러 학문 분야에서 활발하게 전개되었고, 전쟁원인론, 전쟁과정론, 전쟁결과/효과론, 전쟁기억론 등의 영역에서 많은 성과를 보여주었다. 역사학계의 경우, 한국역사연구회 현대사분과(2010)는 한국전쟁 발발 60주년을 맞이하여 최근 10년간의 연구성과를 정리하였는데, 한국전쟁 연구가 사실 지향적 연구로부터 총체적 인식에 이르게 되었다는 점을 책의 부제로 표시하였다. 이 책은 1부를 전쟁과 국제정치, 2부를 전쟁과 군사전략, 3부를 전쟁과 사회로 구성하였다. 여기에서 드러나는 것처럼, 한국전쟁 연구는 다양하고 풍부해졌으며, 사회사적 접근도 널리 수용하고 있다. 또한 한국의 한국전쟁 연구는 미국뿐 아니라 중국의 연구들을 시야에 넣게 되었다. 그렇지만 아직도 많은 과제들이 남아 있다.

첫째, 국가형성과 전쟁의 상호작용과정에 관한 연구가 좀 더 분석적으로 진행될 필요가 있다. 국가형성을 특정 시점에서 완성된 사건이 아니라 장기적인 과정으로 보고, 한국전쟁을 이 과정의 일환으로 본다면, 전쟁의 정치경제적 의미와 함께 사회적 의미가 좀 더 새롭게 해석될 수 있다. 이런 맥락에서 한국전쟁이 한국에 미친 영향뿐 아니라 북한이나 중국에 미친 영향도 검토되어야 한다.

둘째, 전쟁은 국가의 원리와 사회(공동체나 가족)의 원리가 충돌하는 역사적 현장이다. 전쟁은 수많은 이산가족을 만들어 낸다. 가족이산은 전선의 이동에 따른 피난, 경계를 넘는 자발적인 이주와 납치 등에 의한 강제적 이주 등이 섞여서 매우 복잡한 양상으로 전개되었고, 여기에 이들에 대한 정치사회적 평가가 따른다. 그러나 전쟁 이후의 한국사회는 이산에 따른 고통을 호소할 수 있는 사회적 공간을 허용하지 않았다. 남북 간의 이산가족 상봉은 1985년에 처음으로 이루어졌고, 2000년 남북정상회담에 따라 비로소 정례적인 것이 되었으나 너무나 소규모로 진행되었다. 이산가족의 고통과 재결합은 중요한 사회사적 연구주제로 남아 있다.

셋째, 한국의 전쟁의 사회사를 좀 더 세계적인 맥락에서 체계화할 필요가 있다. 전쟁이 가져온 사회적 유산이나 문화적 효과, 정치경제나 사회문화의 영역에서 나타나는 미국화라는 세계적 현상이 한국에서 어떻게 진행되는가를 포착하고, 체계적인 분단/냉전문화연구를 수행하며, 이를 국제적 비교연구로 진척시킬 수 있어야 한다. 이런 맥락에서 역사문제연구소(2010)가 출판한 『한국전쟁을 이해하는 11가지 시선』은 독일과 한국의 경험을 비교하고 있다는 점에서 전쟁연구의 새로운 지평을 열고 있다고 할 수 있다.

넷째, 전쟁연구에서 역사연구와 기억연구의 상호관계는 무엇이며, 정치경제학적 접근과 문화연구는 어떻게 결합될 수 있는지에 관해 우리는 별로 질문이 없었던 듯하다. 한국전쟁 연구는 아직도 불균형과 공백지대를 안고 있다. 따라서 따라서 한국전쟁 연구는 이념적 장벽을 넘어 좀 더 체계적으로 전쟁경험을 수집하고 정리할 필요가 있다.

다섯째, 전쟁연구가 어떻게 화해와 평화를 촉진할 수 있는가를 생각해 볼 필요가 있다. 전쟁연구는 전쟁이 지니고 있었던 과거의 적대를 재생산할 위험을 안고 있다. 따라서 우리는 전쟁연구를 통해 국가폭력을 재발견했지만, 이것이 어떻게 화해나 평화를 이끌어 낼 수 있는지에 관해서 좀 더 성찰할 필요가 있다.

제 10 장

'역사의 새' 가 본 동아시아 근대 500년

| 김상준(경희대학교 공공대학원) |

서. 역사의 새

시간의 대지와 바다 위를 높이 나는 역사의 새가 있다고 하자. 그의 시각을 우선 사로잡는 것은 무엇일까? 어떤 일정한 모양을 갖추고 있다가 풀어지고, 풀어졌다 또 다른 형태로 모양을 이루는 거대한 형체의 스펙타클한 변환 과정, 파노라마일 것이다. 일단 그의 눈에 들어온 하나의 큰 형태[形]는 비행의 상당 시간 제 모습을 유지하고 있을 것이다. 그러다 어느 순간 새로운 흐름[流]들이 하나둘 눈에 띄면서 이 흐름들이 거대한 형태를 조금씩 변형해 가기 시작함을 본다. 이 흐름들은 하나둘 합쳐져 어느 순간 거대한 세[勢]를 이루어 큰 형상의 중심까지를 침식해 들어간다. 몇 갈래로 형성된 이 거대한 세는 또 어느 순간 기존의 거대한 형태 자체를 바꾸어 놓고야 만다. 그 결과 새로운 형태[形′]가 생겨난다. 이 새로운 형태[形′]가 이루어지고 나면, 거세던 세는 잠잠해지고 새로운 형태는 또 상당한 기간 제 모습을 유지한다. 요약하면, …–形–流–勢–形′ –…로 연속되어 이어지는 광대한 파노라마다.

이 글은 이러한 시각을 동아시아[1] 근대사에 적용해 보려 한다. 이 조감(鳥瞰)에서 우선 가장 두드러진 것은 '形의 복귀' 현상이다. 21세기 들어 형성되고 있는 동아시아사의 큰 형국이 19세기 초와 매우 흡사한 모양으로 되돌아가고 있다. 크게 ① 세계사 전체 속에서 동아시아가 차지하는 비중, ② 그 안의 동아 3국의 영토 획정과 각국 문화와 자국의식의 통합 정도

1) 이 글에서 '동아시아'란 통용되는 여러 범위 중 가장 좁은 의미의 것, 즉 한중일(남한과 북한, 중국과 대만, 그리고 일본)로 국한한다. 동아시아를 크게 보면 우선 동남아가 들어오고, 여기에 몽골과 극동 러시아도 포함될 수 있다. 한중일에 국한하는 것은 인접성, 구 유교권이라는 공통성, 그리고 서술 분량상의 고려 때문이다. 그러나 서술의 흐름에 따라 필요할 경우 넓은 의미의 동아시아도 언급될 것이다. 또한 동아시아의 역사에 주요 행위자로 개입해 들어왔던 영국, 미국, 러시아 등 주요 서구세력들도 해당 역사 장면들 안에 당연히 등장할 것이다.

③ 동아 3국의 비중과 역관계에서 그렇다. 그렇다면 그러한 큰 형국[形]이 형성된 시점은 어느 즈음인가? 17세기 명청 교체기 청–조선–도쿠가와 막부의 정립(鼎立) 시기이다. 이 시기 동아 3국의 국가 결집도, 문명과 생활 수준은 같은 시기 영국, 프랑스, 스페인, 네덜란드 등 유럽의 당시 선두 국가들과 대등한 상태였다. 이때 형성된 동아 3국, 동아시아사의 큰 형국이 19세기 초엽까지 큰 변화 없이 지속된다. 이 시기는 동아시아의 '200년 평화'의 시대였기도 하다.

그러다 19세기 중엽부터 동아시아에서 이러한 큰 형국[形]을 변형시키는 다양한 흐름[流]들이 생기기 시작한다. 아편전쟁이 시작이었다. 이러한 흐름들은 형(形)의 변경(邊境)을 허물어 가다 19세기 후반이 되면 거대한 세(勢)로 변하여 형(形)의 기틀과 중심을 무너뜨리기 시작한다. 그중 압도적으로 강하고 거셌던 것은 물론 이 지역에 새롭게 출현한 구미열강의 서세(西勢)였다. 이어 탈아입구를 표방한 일본이 가세하여 동아시아 형국의 균열을 심화시키고 복합골절의 중상으로 만든다.

그러나 동아시아에서 새로운 세가 기존의 형을 가장 거세게 흔들어 놓았던 것은 20세기였다. 먼저 일본이 서세를 대체하여 동아시아, 더 나아가 아시아 전체의 패자(覇者)가 되려 했다. 우선 청일전쟁과 러일전쟁을 통해 대만과 조선을 차례로 강점하고, 이어 1, 2차 대전으로 내분에 빠진 구미열강이 중국과 동남아시아에 남겨 둔 빈자리를 일본이 차지하려 함으로써였다. 그러나 일제(日帝) 대동아주의의 맹렬했던 세는 태평양전쟁의 패전으로 순식간에 물거품이 된다. 이어 20세기 후반기에는 냉전체제의 초강대국 미국이 동아시아, 아시아의 맹주가 되려 했다. 일본을 제압한 미국이 과거 일본이 차지했던 자리를 이제 일본을 종속적 파트너로 삼아 차지하려 했던 셈이다. 1980년대 말 동구권과 소련의 붕괴 이후 미국은 타 지역에서와 마찬가지로 동아시아에서도 유일 패권자로 군림하는 듯했다.

이렇듯 거대한 세의 연속된 파고는 17세기에 형성된 동아시아의 기본

형국을 크게, 그리고 반복적으로 흔들어 놓았다. 그러나 그럼에도 결코 완전한 변형, 형(形)의 대체에 이르지 못했다. 이를 상징하는 것이 20세기 마지막 20년 중국의 급속한 부상이다. 21세기에 이 추세는 더욱 가속화되고 있다. 물론 동아시아의 약진은 1950년대 중반 이래 일본의 회복과 그를 이은 동아시아 4룡의 급속한 성장으로 이미 예비되고 있었다. 다만 여기에 중국의 급부상이 더해지고 그 선두가 일본에서 중국으로 바뀜으로써 '동아시아의 약진'은 그 이전과 크게 다른 의미를 갖게 되었다. 동아시아의 기본 형국—세계 속 동아시아의 상대적 비중, 동아 3국의 정립 상태와 힘 관계—이 19세기 초의 모습으로 되돌아가고 있음이 불현듯 선명해진 것이다.

그렇지만 이 현상을 단순한 되돌아감이라 부르기 어렵다. 큰 형국에 있어 유사하나 그 내용에서 이미 큰 변동을 수반했기 때문이다. 가장 대표적인 것은 동아 각국 정체(政體)의 현저한 변화다. 동아시아의 오랜 정치체제는 유교 왕조체제였다. 한중일 그리고 베트남이 그러했다. 그러나 이제 이 네 나라 모두 공화국이다. 특히 세계사상 가장 오래되고 강력한 유교 관료 왕조체제의 역사를 가진 중국이 혁명을 통해 왕조체제를 뿌리 뽑았다는 것은 매우 중요한 사건이다. 아울러 유교 전통이 강했던 동아시아에서 20세기 내내 공화주의, 민주주의, 사회주의 지향이 매우 강했다는 사실은 일견 역설로 보인다. 그러나 역사적으로 유교의 이념과 행동 내부에 시종 군권(君權)을 내파(內破)하는 경향이 있었음을 고려하면, 역설이되, 어쩌면 필연적인 역설이라 할 것이다.

물론 상징적이라 하나 아직도 일본에 천황제가 의연히 남아 있고, 북한은 사회주의 국가로서 최고 권력자 3대 세습을 감행하는 기형을 보이고 있다. 그러나 불완전한 민주주의란 일본과 북한만의 것이 아니고, 상대적 차이가 있을 뿐, 동아시아 전체의 문제이며, 또한 동아시아만의 현상이 아니라 전 지구적인 문제이기도 하다. 이러한 현상이야말로 역사적 근대가 전

지구적 차원에서 아직 지속 중임을 보여주는 표징이다. 역사적 근대의 지구적 전개 과정은 비대칭적이고 불균등했다. 특히 식민-피식민 근대라고 하는 중간항이 그러했고, 이 과정은 소위 '서구-비서구' 사이에 깊은 차별선과 불균등 발전의 상처를 남겼다. 식민주의는 피식민국만이 아니라 식민 본국에도 동일한 깊이의 왜곡과 상처를 남겼다. 그 결과 서구-비서구가 당면한 문제들의 현상은 조금씩 달라 보이지만 문제의 뿌리는 하나로 연관되어 있다.

이 시간 비행에서 역사의 새가 목격하였던 '형(形)의 복귀'가 갖는 의미는 무엇일까? 19세기 중반 이래 동아시아에 깊게 파여 온 식민-피식민, 서구-비서구의 차별과 불균등의 상흔을 거꾸로 지워가는 흐름으로 보인다. 동아시아만이 아니었다. 인도와 이슬람권, 그리고 남미에서도 유사한 흐름이 진행되고 있다. 이 흐름에는 경제적 성장과 함께 민주주의의 확장이 동반되고 있다. 이 글로벌한 복류(復流, feedback flow)가 만들어 낼 미래를 미리 알 수는 없다. 다만 이 복류는 마치 필름을 거꾸로 돌리는 것처럼 시간을 되감는 것이 아니라는 것, 그것은 불가능할 뿐 아니라, 바람직하지도 않다는 것을 안다. 그러나 그 과정의 음미를 통해 우리가 처한 형국을 보다 깊이 이해하고, 이를 통해 우리가 택해야 할 방향에 관한 교훈을 얻을 수 있을 것이다. 이제 본론에서는 17세기로부터 시작하여 오늘에 이르는 동아시아 역사적 근대의 형-류-세-형'의 큰 추세를 몇 개의 절로 나누어 시대별로 개괄해 보기로 한다. 결론에서는 이러한 큰 추세의 현재적 의미를 최근 활발히 전개되고 있는 '후기 근대' 논의와 연관하여 음미해 볼 것이다.

1. 형(形)의 정립 : 동아시아 200년 평화

1636년 청의 조선출병(병자호란) 이후 200여 년, 동아시아 3국은 평화와 번영을 유지했다. 국토와 인구, 군사력과 경제력에서 3국 중 청이 압도적으로 우위에 있었으나 청은 이 기간 조선과 일본에 출병하거나 내부 문제에 개입한 적이 없다. 역대 중국 왕조에 비해 청의 국력이 약했기 때문이 아니다. 오히려 어느 역대 왕조보다 강한 편이었다. 그러나 청의 안보상의 관심은 주로 몽골, 신장, 티벳, 즉 서북에 쏠려 있었다. 그 결과 조선과 일본이 군사적 압박에서 면제된 점도 있다. 이와 연관하여 청이 인접한 나라들과 국경을 획정하였다는 사실은 주목할 만한 일이다(1689년 러시아, 1712년 조선, 1728년 베트남). 청이 이들을 청국 밖의 독자적인 주권과 영토를 가진 국가로 인정하였다는 것을 보여준다.

청과 주변국의 책봉-조공 관계는 후일 제국주의 시대 식민본국-식민지 관계와 달랐다. 주권이 인정되고 동등한 교역이 이루어졌다. 당시 청-조선 관계는 오늘날 한미 관계나 미일 관계와 크게 다르지 않다. 오히려 한국과 일본에 거대한 군사기지를 두고 있는 오늘날 미국의 대 한국-일본 영향력이 당시 청의 조선과 일본에 대한 것보다 강하다 할 수 있다. 당시 한중일 3국간 교역은 오늘날처럼 활발하지는 않았지만, 조청 간의 연행사나 조일 간의 통신사를 통한 공식 교역 또는 민간 국경 무역 등을 통한 기본적 교역은 이루어지고 있었다.

대외관계에서 청의 탄력성은 공식적인 책봉-조공 관계를 맺지 않은 국가들과의 교역도 상당히 자유롭게 허용했다는 데서 알 수 있다. 1683년 마지막까지 저항하던 타이완의 쩡청공공(鄭成功) 세력을 평정한 후 해금(海禁) 정책을 완화하고 샤먼, 광저우, 닝보, 상하이 네 곳에 해관(海關)을 두어 대외 무역을 허용했다. 일본, 포르투갈, 네덜란드, 영국 등이 이를 통해 중국과 교역했다. 이렇듯 책봉-조공 관계없이 무역만 하는 나라를 호시(互市)국이라 분류했다.

이 시기 조선과 중국은 문인 과거(科擧) 관료제 국가, 일본은 무인 봉건 관료제 국가였다. 3국 모두 지방 귀족이 분할통치를 하는 중세봉건형 분권

단계를 넘어선 초기근대형 중앙집권 국가였다. 작위와 영토를 세습하는 귀족 신분제의 해체는 초기근대의 주요 징표다. 중국에서 귀족 신분제는 이미 당송교체기부터 크게 약화되어 이후 송원명을 거치면서 소멸했다. 남아 있는 세습 귀족은 황족뿐이었다. 한반도에서는 고려-조선 교체 과정에서 지방 귀족세력이 결정적 타격을 입고, 조선 중기가 되면 중세적 세습 귀족은 사라진다. 국가는 과거에 의해 선발된 문인관료에 의해 운영되었다. 시험으로 선발하는 관료제는 이미 근대적이다. 그러나 이러한 체제가 봉건적인 세습 왕조를 위해 가동되었다는 점에서, 조선과 중국의 국가체제는 근대적 요소와 봉건적 요소가 섞인 상태였다.

양 요소가 혼합되어 있다는 점에서 일본도 마찬가지였다. 260여 번(藩)은 다이묘가 세습통치하는 봉건 영지였지만, 모든 다이묘는 조세, 군사, 상업, 심지어 거주와 혼인까지 에도[江湖=東京] 막부의 강한 중앙 통제 아래 있었다. 오랜 전란을 종식시킨 일본 막부체제는 잠재적 위험 세력인 무사층을 농촌에서 분리하여 중앙통제 아래 귀속시켰다(병농분리). 이로써 일본의 무인은 도시에 거주하면서 오직 영주의 녹봉에 의지하여 살아가는 소비계층이 되었다. 그 결과 그들의 사회 기반은 토지에 여전히 결합해 있던 조선과 중국의 문인층에 비해 불안정했다. 일본 무사층의 이러한 불안정성은 후일 외적 변화에 대해 조선 · 중국의 문인층보다 민감하고 모험적인 방식으로 대응하였던 경향과 무관하지 않다.

당시 동아 3국의 정치체제, 주권 형태는 유교, 특히 주자학(=정주학)의 큰 영향을 받았다. 유교 주권의 특징은 유자 · 사대부층이 군주권에 대해 매우 큰 도덕적 · 정치적 영향을 행사했다는 점에 있다. 그 강도는 나라마다 달랐다. 우선 조선은 주변국으로부터 '신권이 군권을 능가한다' 또는 '군신(君臣)이 공치(共治)하는 나라다' 라는 평을 들을 만큼 유자 도덕 권력과 그 사회적 기반이 강했다. 유교 이념의 핵심은 패도(覇道), 즉 군주의 군사적 헤게모니를 부정하고 비판하는 문치주의다. 조선은 동아 3국 중 문치주의가 가장 강한 나라였다. 중국은 유교 이념의 종가로서 도덕적 문치전통이 강했지만 황제의 군사적 동원력 역시 막대했다. 유교 문치전통은 한족 문화의 주요한 특징인데, 전사(戰士) 문화를 가진 유목 민족이 중원을 정복하여 왕조를 세웠을 경우 유교 문치주의의 황권 견제는 현저히 약화되었다. 17~18세기 청대에는 강력한 정복 황제들이 '문자의 옥(獄)'을 통해 유자들의 비판적 언론 · 학술 활동을 크게 제약했다.

도쿠가와 일본의 경우에는 무인층이 유교 이념의 담당자가 되는 역설적인 상황이 전개되었다. 막부는 전국시대가 종식된 이후 잠재적인 군사적 위협세력인 무인층을 순화시키기 위해 유교를 권장했지만, 여기에는 근본적 한계가 있었다. 무인층의 상황인식은 그 존재조건으로 인해 늘 전국(戰國)적이었고, 이는 이들의 정치관에 큰 영향을 주었다. 도쿠가와 막부 시대 일본 무인관료층의 성격은 유교가 국교화된 중국 한(漢)대 이후의 유자층이라기보다는 고대 춘추전국시대 제자백가의 사(士)층에 가까웠다. 이는 일본 무인 유자들이 당시의 일본을 '봉건'이라 부르며 자부했던 자의식과 일치하는데, 당시 어법에서 봉건이란 진나라 통일 이전의 춘추전국시대를 말한다. 따라서 무인관료들의 군주와의 관계도 유교형의 도덕적 계도가 아닌 전국(戰國)형의 절대적 주종관계와 군사적-행정적 실무 서비스 제공이 지배적이었다.

당시 중국과 동아시아가 세계 GDP상 점하는 비율은 1600년 39.3(중국 29.0)%, 1700년 34.1(22.3)%, 1820년 41.1(32.9)%로 매우 높았다. 생산의 가장 중요한 기반은 당시 동아시아에 정착한 수도작(水稻作=물대는 벼농사) 소농생산체제였다. 이는 좁은 농지에 가족노동을 투여하여 토지의 한계생산성을 극한까지 끌어올리는 노동집약적 생산양식이다. 또한 이는 베짜기, 양잠, 유채 등 다양한 부업을 통해 인근의 활발했던 상업적 수공업망에 연계되었다. 동아 3국의 국가는 품종개량, 저수지와 관개수로 건설을 주도하여 농업생산력 증대에 능동적 역할을 하였고, 상공업 활동에 대해서도 우호적이었다. 그 결과 중국의 경우 17세기 중반에서 19세기 초반 사이 인구가 대략 1억 5000만에서 4억으로 급증하는데, 전(前) 산업사회에서 이러한 템포의 인구증가는 기적에 가깝다. 조선과 일본의 상황 역시 비슷했는데, 이러한 동아시아 전반의 인구증가를 지탱할 수 있었던 생산력의 바탕에 동아시아 수도작 소농체제가 있었다. 이 시기 동아시아의 농업 생산력 수준이 고른 수준에 도달했다는 것은, 그만큼 동아시아 광역교역권이 그 이전 시대부터 활발하게 작동되어 왔음을 보여준다. 그 결과 정치제도나 문화문물뿐 아니라 농법과 기술도 널리 전파 · 공유된 것이다.

그 교역망은 동아시아 내부에 국한되지 않았다. 16세기부터 동남아와 남중국에 포르투갈이 출현했고, 이어 에스파냐, 네덜란드(17세기), 영국(18세기)이 차례로 동아시아 교역권에 가담했다. 유럽 세력의 출현은 과거 오랜 시간 존속했던 동아시아–동남아시아–남아시아–서아시아로 이어지는 해상교역의 템포를 빠르게 했다. 여기에 신대륙 아메리카의 신품종 작물(고추, 담배, 옥수수 등)과 귀금속(주로 은)이 유럽 세력을 매개로 대량 동아시아에 도달했다. 반면 동아시아의 차, 후추, 도자기, 비단 등이 유럽에 도달했는데, 유럽 측의 주요 결제 수단은 은이었다. 당시 유럽으로서는 동아시아에서 내놓을 만한 경쟁력을 가진 물품이 은 이외에는 거의 없었다. 그 결과 1500년부터 1800년까지 신대륙(주로 중남미)에서 생산된 은의 4분의 3이 중국으로 유입되었다. 중국이 그만큼 규모가 큰 경제인데다 은을 통화로 쓰고 있었고 은의 가격이 상대적으로 높았기 때문이다. 19세기 초 인구 50만 이상의 도시 열 개 중 일곱(베이징, 광저우, 장닝, 양저우, 수저우, 항저우, 에도)[2]이 동아시아에 위치했다는 사실은 17~18세기 동아시아 번영의 상태를 증언한다.

2) 나머지 셋은 런던, 파리, 암스테르담이었다.

2. 흔들리는 동아시아 : 서구 열강의 진출과 새로운 류(流)의 형성

17세기 이래 형성된 동아 3국의 안정된 형국에 균열을 내기 시작하는 흐름은 남쪽 바다로부터 왔다. 가장 큰 세력은 18세기 중반 플래시 전쟁 이후 인도의 주권을 확실히 장악한 영국이었다. 영국은 점차 동남아시아로 발을 뻗어 네덜란드 등 경쟁국을 압도하면서 중국 교역에서도 두드러진 세력으로 부상했다. 한편, 러시아는 17세기 말 청과의 국경조약 이후에도 계속 동진하여 18세기 중후반에 이르면 사할린과 북해도 일대까지 출몰하였다.

영국, 네덜란드 등 유럽 해양 세력은 1757년 이후 광둥 한 곳으로 축소시킨 상관(商關)의 수를 늘리고 교역을 확대해 줄 것과 대등한 외교 조약을 체결할 것을 지속적으로 청 조정에 요구했으나 번번이 거절당했다. 이때 영국 국왕의 사절, 그리고 네덜란드 동인도회사의 대표가 중국 황제와 관헌을 만나기 위해 해로와 육로를 통해 북경과 열하를 여행하고 남긴 기록들을 보면 이들이 중국의 국력 상태를 매우 세심하게 점검하고 있었음을 알 수 있다. 여기에는 중국이 크기에 비해 군사적 약점을 안고 있음을 지적하는 대목들도 있다. 당시 유럽 국가들의 군사적 자신감은 유럽 내부와 유럽 밖 여러 해양에서의 오랜 군사적 경쟁과 경험, 그리고 이 과정에서 강화시킨 군사력에서 비롯된 것이었다. 영국이 거대한 인도 무굴제국을 제압했다는 사실이 시금석이 되었다. 유럽 세력은 이제 아시아의 최대 · 최강국가인 중국의 군사적 역량을 내심 점검해 보고 있었다.

이러던 중 18세기 말부터 영국의 중국산 차 소비가 급증하면서 중국과의 무역 역조가 크게 벌어지기 시작했다. 이 역조를 해결할 방법으로 영국은 아편 밀무역을 택했다. 먼저 인도에 영국산 면직물을 비싸게 팔아 그 이득으로 인도에서 아편을 대량 재배하여 중국에 밀수출했다. 중국산보다 효과가 좋았던 인도산 아편의 밀무역은 큰 이득을 남겼고 그 결과 중국의 은이 대량 유출되어 중국의 물가가 크게 인상될 정도가 되었다. 1820년대 중반부터는 아편 밀수가 급증하여 수입이 수출을 초과하게 되었다. 중국의 은 보유량도 1793년 7,000만 냥에서 1820년 1,000만 냥으로 급감했다.

17세기 동아체제의 균열선은 인도산 영국 아편의 유입로를 따라 그어지기 시작했던 셈이다. 1830년 후반에는 최소한 200만 명 이상의 중국인이 아편에 중독되었다. 이로 인한 국부의 유출 역시 심각했다. 아편 밀무역에는 영국만이 아니라 미국, 프랑스, 네덜란드, 에스파냐, 스웨덴, 덴마크 등 여러 나라가 참여했으나, 그 수익의 80% 이상을 영국이 차지했다. 이윽고 1839년 청 황제는 아편 엄금 강경론자인 린쩌쉬(林則徐)를 전권대신(흠차대신)에 임명해 광둥에 보냈고, 그는 1,300톤에 달하는 아편을 몰수하여 불태웠다. 당시 영국은 수많은 전쟁 끝에 유럽의 최종 도전자인 프랑스를 여유 있게 따돌리고 산업혁명의 절정에 올라 있었던 유럽의 최강국이었다. 자본가 계급과 영국 해군은 이제 드디어 중국과의 일전을 치를 때가 왔다고 판단했다. 영국 의회는 중국과의 전쟁을 승인했고(지주 계급인 보수당은 반대했다) 영국 해군은 정예함대를 동원해 2년 동안 광둥에서 상하이, 난징에 이르는 남중국의 해양과 내륙지대를 제압하여 청을 굴복시켰다. 그 결과 난징조약(1842년)과 후먼조약(1843년)이 맺어졌다. 홍콩 할양, 막대한 배상금, 다섯 항구의 개항, 개항장에 영사권과 영사재판권의 허용, 공행(公行=대외무역을 특허상인에게만 허용하던 청의 제도) 폐지, 저관세, 최혜국조항, 개항장의 군함 정박권 등을 보장한 '불평등조약'이 체결되었다. 아편 무역에 대해서는 일언반구가 없었다. 이후 연속될 모든 동아시아 불평등조약의 원형이었다.

이 패배에 대해 청 황실과 사대부층은 놀랍도록 무감각했다. 패배라는 의식조차 가지고 있지 않았다. 아편전쟁에 대한 청의 공식기록은 이를 '정무(征撫)'라 표현했다. 천하의 남쪽 한 귀퉁이에서 벌어진 '소동을 누르고 다독거렸다'는 뜻이다. 사나운 오랑캐의 소동 때문에 남쪽 영토의 몇 점(點)을 내주었으나, 그것은 천하의 극히 일부에 불과하고, 결국 이들을 달래 황제의 위엄을 지켰으니 큰 문제가 아니라는 의식이었다. 2,000년된 중국의 뿌리 깊은 중화적 천하관·제국의식이 한 번의 패배로 뒤바뀐다는 것이 무망한 일이었기도 했다.

중국이 서양 사정에 전혀 어둡기만 했던 것은 아니었다. 이미 명말에 마테오 리치 등 유럽 선교사들과의 지속적인 접촉이 있었고, 청대에도 남중국의 해관 무역을 통해 서양 사정에 대해 어느 정도의 지식을 가지고 있었다. 일례로 린쩌쉬 자신이 아편전쟁 이전부터 유럽의 국제법과 역사서를 번역한 바 있고, 이 작업은 그의 친구인 웨이위안(魏源)에 의해 계속되어 아편전쟁 직후인 1844년 『해국도지(海國圖誌)』라는 제목으로 초판 50권이 나왔다(1852년 100권의 저서로 증보·완성되었다). 이 책은 세계 각국의 사정과 흐름을 상세히 묘사했고 서양의 배나 대포 등을 그림으로 도해했다. 서양의 장점을 배워 서양의 침략을 제압하자(師夷制夷)는 적극적인 주장을 담은 책이다. 그러나 막상 중국의 고관들과 사대부들 간에는 이 책이 오랫동안 무시되다가 1894년 청일전쟁의 패배 이후에야 뒤늦게 크게 주목받기 시작했다.

아편전쟁에서 청의 패배를 커다란 충격으로 진정 심각하게 받아들였던 쪽은 오히려 일본이었다. 일본은 나가사키를 통해 네덜란드와 지속적으로 접촉해 온 터라 세계 판도와 서구 세력의 힘에 대해 상당히 현실적인 인식을 가지고 있었다. 또 일부에서는 북으로부터 남하해 오는 러시아에 대한 경계심도 싹트고 있었다. 일본은 아편전쟁의 전황과 영국 군사력의 우위, 그리고 중국의 패전 소식을 네덜란드인들을 통해 사실적으로 전해 듣고 있었고, 그 결과 커다란 위기감을 품게 되었다. 『해국도지』에 대한 관심도 중국보다 훨씬 뜨거워 1854년 미국에게 개항하기 이전에 이미 수십 종의 판본과 번역이 거듭 간행되었다. 또한 이미 이 시기부터 서양의 위협에 맞서려면 무력을 강화하고 조선 등 자신보다 약한 나라로 보고 있던 국가들에 대한 정벌을 통해 적극적으로 안전을 도모해야 하며, 더 나아가 중국까지도 대결의 상대로 생각해야 한다는 전국(戰國)적 정세관 · 세계관이 표출되고 있었다.

『해국도지』의 전래는 일본보다 조선에서 더 빨랐다. 1845년 연행사절이 초판본 50권을 들고 왔고 그 요약본이 곧 발간되었다. 김정희, 최한기, 박규수 등 청국으로부터의 정보에 빨랐던 이들이 즉각 이 책을 읽었고, 박규수의 문하에서는 후일 김옥균 · 박영효 · 김윤식 · 유길준 등 개화파가 자라났다. 그러나 아편전쟁에 대한 정보는 청국의 조정을 통한 '공식정보'였던 만큼 청 조정의 안이한 사태판단이 함께 묻어 들어왔던 것이고, 그런 까닭에 이 사태의 위기적 징후에 대한 감각도 일본만큼 강렬할 수 없었다. 어디까지나 아직도 중국이 중심이고, 중국에 의지한다는 생각을 벗어나지 못했다. 또한 개혁을 선창(先唱)했던 일본의 지사(志士)층이 에도 막부체제에 불만을 품은 하급 사무라이 그룹이었던 데 비해, 조선의 개화파는 오히려 조선왕조의 최대 기득권층인 경화사족(京華士族) 출신들이었다. 체제 자체를 바꿔야 한다는 긴박함이 그만큼 약했다.

당시까지 동아 3국의 경제 체제나 생산력 수준은 비슷했다. 그런데 왜 위기 발생 이후 3국의 대응 방식에서 큰 차이가 생겼을까? 3국의 조세 수취율의 차이에서 그 중요한 단서를 엿볼 수 있다. 조선과 중국의 조세율은 총생산량의 5% 내외, 일본은 16% 정도였다. 이러한 차이는 동아 3국이 유교소농체제였다는 점에서 같지만, 거버넌스 양식에 있어서는 상당한 차이가 있었음을 말해 준다. 조선과 중국에서의 징세는 지주이자 면세 혜택을 받는 향촌의 민간 사족의 협조에 의해 이루어진 반면, 일본에서는 지방관인 다이칸(代官)이 농민들에게 직접 수취했다. 조선과 중국의 국가는 향촌사족과의 협치 체제였고, 일본은 일단 중앙 수취를 거쳐 그 일부로 무인관료에게 녹봉을 지급하는 방식이었다. 통치 구조상 통치 파트너가 되는 계층의 위상에 차이가 있었던 것이다. 일본의 무인은 토지와의 관계가 끊겼지만, 조선과 중국의 사족은 향촌에서 땅의 근거가 여전히 강했다. 그 결과 일본은 중앙권력의 위기가 바로 중간층(특히 하급 무사층)에게 파급되지만, 조선과 중국의 향촌 사족은 근거지에서 그런대로 안정을 유지할 수 있었다. 조선-중국과 일본의 10% 내외의 조세율 차이는 결국 조선-중국의 사족층이 면세나 중간 수취의 방식을 통해 점유한 비율로 설명할 수 있을 것이다. 19세기 초중반에 이르면 동아 3국의 생산력이 공히 정체되는 현상을 보이는데, 이러한 상황은 서세동점의 외환과 겹쳐 위기적 징후로 나타나게 된다. 그러나 그 위기에 대한 체감도와 긴박성에서 조선-중국과 일본의 체제관리층 간에 차이가 발생했던 것이다. 최고 통치층의 태도 역시 달랐다. 조선과 중국의 유교체제가 끝까지 사족층에 의존하였고, 사족층 역시 최후까지 기존 체제에 안주하려 했던 반면, 일본의 막부체제는 위기 이후 불만 무사층과 대립하다 결국 이들에 의해 타도된다.

또 한 가지 의문이 남는다. 17~18세기까지 힘의 균형을 이루고 있던 동아시아와 서구가 왜 19세기 중반에 이르러 현저한 불균형에 이르게 되었던 것일까? 분명하게 드러나는 것은 동아시아 3국이 내부의 밀도를 높이고 확장하는 내장(內張)형 체제였다면, 서구는 식민지 확보를 통해 밖으로 뻗어가는 팽창형 체제였다는 점이다. 서로 달랐던 이 두 개의 체제를 우리는 동아시아 근대체제와 서구 근대체제라 부를 수 있다. 내장형 체제는 집약노동과 내부 분업의 강화를 통해 생산력을 높여 가지만, 팽창형 체제는 식민지를 통한 시장확장과 인적 · 물적 자원약탈이 주요 성장 메커니즘이 된다. 서구 확장형 체제의 주역이 중상주의적 경제정치 부르주아였다면, 동아시아 내장형 체제의 주역은 내치지향의 유교적 국가정치 부르주아였다. 중상주의는 본국에서도 공유지 약탈, 빈민 탄압 등 폭력적인 자원집중 · 계급정치를 추구하지만, 내장형 체제는 상평창, 환곡 등의 재분배 경제를 통한 소농항산 · 소민보호에 치중한다. 칼 마르크스는 서구 중상주의 부르주아의 국내와 세계 차원의 '성공적인' 폭력적 약탈을 '원시 축적(primitive accumulation)'이라고 부르고 이것이 서구 부르주아 세계제패의 비밀이었다고 주장한다. 반면 내장형 체제의 국가 부르주아는 그러한 정도로 폭력적이고 폭발적인 '원시적 축적'을 추구하지 않았다. '원시 축적'은 서구 산업혁명의 한 배경으로 간주된다. 서구 자본주의 체제는 이 산업혁명을 전후로 본격화되고 이후 그 성장은 강한 가속도를 얻게 된다. 이에 비교하여 내장형 확장은 성장 속도가 상대적으로 느린데, 그 자체가 문제인 것은 아니었다. 저성장의 체제도 얼마든지 지속 가능하다. 문제는 우월한 군사력으로 무장한 서구 팽창체제가 동아시아에 도달하여 맞부딪치게 되었다는 역사적인 상황이었다.

1860년 영국-프랑스 연합군 2만 명은 베이징까지 진출하여 청을 굴복시키고 강압적으로 베이징 조약을 맺었다. 2차 아편전쟁의 결과였다. 이 기간 청은 태평천국 운동(1851~1864)을 진압하느라 이미 심각하게 약화된 상태였다. 수도인 베이징이 영불 연합군에 유린됨으로써 이제 청은 1차 아편전쟁 때 그랬던 것 같은 '정무'니 뭐니 하는 자기기만적 언어조차 사용할 수 없게 되었다. 조선은 큰 충격을 받았고, 일본은 중국에 대한 미련을 버렸다. 일본은 이미 미국을 위시 영국, 러시아, 네덜란드 등에 개항을 하고 조약을 맺은 이후였다. 양측 모두가 불평등 조약이었으나 전쟁에 지고 맺은 중국 조약의 불평등이 일본보다 더 컸다. 영국과 프랑스는 중국 내륙 깊이 자유롭게 들어왔고, 러시아는 우수리강 동쪽을 러시아령으로 공인받았다. 이 시기 조선의 연안에도 영국, 프랑스, 미국 등의 함선이 개항을 요구하며 들어오기 시작했으나, 1864년 집권한 대원군은 쇄국정책을 더욱 강화하며 개항 요구에 맞섰다. 조선이 개항한 것은 1874년으로 이미 팽창노선으로 전환한 일본의 압박에 의한 것이었다.

개항 이후 일본의 도쿠가와 막부는 곤경에 몰리고 있었다. 막부는 1860

년 대규모 해외사찰단을 보내는 등 나름대로 서구를 알고 서구에 대응하자는 실용적인 대처를 하고 있었다. 그러나 쵸슈(長州), 사츠마(薩摩) 등 서남부 번(藩)의 하급 무사층이 주도한 반 막부 세력은 '존왕양이'의 명분론을 들고 나왔다. 힘을 모아 서양 오랑캐를 물리쳐야 하는데(攘夷), 막부가 치욕스럽게도 이들의 힘 앞에 굴복했으니, 막부를 타도하고 천황을 옹립(尊王)하여 서구 세력에 맞서야 한다는 것이었다. 이 명분 아래 이들은 서양에서 수입한 총포와 함선으로 무장하여 막부에 도전했다. 쵸슈나 사츠마는 그 위치상 서구 세력과의 접촉이 가장 오래 되고 활발했고 그만큼 서양 사정과 서구 국가의 성격에 대해 잘 알고 있었다. 명분에서 밀리고 내부 결속에 실패한 막부는 점차 위신을 잃어갔고, 그만큼 반막부 세력의 힘은 커갔다. 최종적으로 1868~1869년 반막부 세력은 막부군을 무력으로 격파하고 권력을 장악했다. 이를 '메이지 유신'이라 한다. 이때 이들의 양이 구호는 이미 개국(開國)으로 바뀌어 있었다. 군사적으로 서구를 이길 수 없다는 것을 누차 경험했기 때문이다(1863년 쵸슈가 영불미화 연합함대에 패한 사건 등). 동시에 이미 이때부터 동아시아형 내장체제에서 서구형 팽창체제로 전환하려는 동향이 형성되고 있었다.

일본의 체제전환은 신속했다. 엄격했던 봉건적 신분제도를 철폐하고 평민들에게 성(姓)을 허용했으며 법 앞의 만민평등을 선언했다(1869~1871년). 봉건적 번체제를 폐지하고 중앙집권적 현(縣)체제로 바꿨으며(1871, 폐번치현), 징병제를 실시했다(1873년). 그렇다고 옛 번체제의 지배세력이나 관습이 하루아침에 사라진 것은 아니었다. 격변 속에서 높아진 사회적 압력은 높아진 세금과 징병의 형태로 농민들과 도시 하층민, 그리고 위치를 잡지 못한 하급무사들에게 집중되었고, 이들의 저항은 그만큼 커졌다. 신정부는 이를 강경하게 무력 진압하는 한편, 해외진출에서 분출구를 찾기 시작했다. 1874년 대만출병이 시발이었다. 대만에 표류한 류큐 어민들을 살해한 데 대한 응징을 명분으로 대만을 침공한 것인데, 여기서 일본은 청의 양보와 사과를 받아내고 이를 통해 류큐 합병의 발판을 마련한다. 다음 해 일본은 강화도로 함선을 몰고 가 조선의 개항을 유도해 낸다. 류큐 합병은 1879년 마무리된다.

17~18세기 형성된 동아시아의 형(形)의 균열의 시작은 영국을 위시한 서구 팽창 세력의 침공으로부터였지만, 그것이 복합골절의 중상으로 깊어지기 시작한 것은 청일전쟁(1894~1895년)으로부터다. 이제 동아의 일부인 일본이 '탈아입구'를 내세워, 즉 스스로 아시아가 아닌 구라파가 되어, 조선과 중국을 침공하는 길로 나선 것이다. 전장은 조선과 동해 그리고 중국의 요동, 산동 일대였다. 이 승전으로 일본은 요동반도와 대만을 할양받고 일본의 4년분 예산에 해당하는 막대한 배상금을 확보했다. 대만은 중앙 조정의 조약을 거부하고 저항에 들어갔고, 일본은 출병하여 진압한 이후에야 대만을 차지할 수 있었다.

청일전쟁은 조선에 대한 청과 일본의 주도권 경쟁 와중에 발발했다. 봉기한 동학 농민군에 밀리던 조선의 조정이 어리석게도 청에 지원 요청을 한 것이 화근이었다. 호시탐탐 기회를 노리던 일본이 청과 거의 동시에 조선에 출병했다. 조선의 장악에 국운을 걸고 있던 일본은 애초 조선 출병을 결정한 순간부터 청과의 결전을 각오하고 있었다. 전쟁에서 일본에 패배한 청은 큰 충격에 빠졌다. 그러나 승전 이후 일본의 동아 주도권 장악이 순조로웠던 것은 아니다. 조약 직후 러시아 · 프랑스 · 독일이 개입하여 요동반도를 청에 돌려줄 것을 요구했다(소위 '3국 간섭'). 일본은 미국과 영국의 협조를 구했으나 거절당했다. 서구 세력이 일본을 견제한 것이다. 일본은 별 수 없이 배상금을 더 받는 조건으로 요동반도를 돌려줬다. 러시아가 대신 요동반도를 조차(租借)했고, 조선에서도 영향력을 키웠다. 일본은 청과의 전쟁에 이겼으나 조선도 요동도 다 놓친 것이다. 일본은 절치부심, 다음 전쟁의 준비에 전력을 다했다. 청으로부터 받은 배상금이 군비증강에 큰 몫을 했다.

'탈아입구'란 매우 상징적인 구호다. 애초에는 중국처럼 서구 열강에게 불평등을 강요당하는 나약한 나라가 아니라 서구 열강과 동등한 조약 관계를 맺는 당당한 나라가 되겠다는 뜻이 있었다. 그러나 그 실상은 여기에 그칠 수 없었다. 당시 '구라파가 되겠다(入歐)'는 것은 결국 '서구 열강'들이 그래왔던 것처럼 약한 나라에 불평등 조약을 강요할 수 있는 나라가 되겠다는 뜻과 무관할 수 없었다. 그러한 체제는 해외 침략으로 얻은 이득으로 국내의 강경한 계급통치에 따르는 불만을 무마하려 한다. 1874년 대만출병 이후 태평양전쟁까지 일본은 쉬지 않고 바로 이 길을 달렸다. 70년 연속 전쟁, 연속 침략이었다. 그 대상은 물론 아시아였다. '아시아를 벗어난다(脫亞)'란 '아시아를 침략한다(侵亞)'가 되지 않을 수 없었다.

이 도전 앞에 조선·중국의 내장형 유교왕조체제는 시종 무기력했다. 일본이 하극상의 군사혁명을 통해 봉건막부체제를 타도하고 강력한 중앙집권체제를 구축했을 때, 조선과 일본에서는 왕조의 말기 증상, 즉 지방 유력 세력이 강해져 귀족화·봉건화하고 중앙 조정은 약체화하는 현상이 벌어지고 있었다. 일본이 경제잉여를 산업화·군사화에 집중시킬 때, 조선과 중국의 잉여는 밑 빠진 독처럼 분산되고 있었다. 신무장한 무인국가 일본이 내부의 농민봉기를 무자비하게 그리고 성공적으로 진압할 때, 조선과 중국의 왕조체제는 외세의 힘을 빌림으로써만 이를 진압할 수 있었다. 태평천국운동 때 서구 열강의 군사력을 끌어들인 중국, 동학농민전쟁 때 청 그리고 결과적으로 일본의 군사력까지 끌어들였던 조선은 결국 망국의 자충수를 두고 있었던 셈이다. 청왕조가 청일전쟁 이후 변법운동을 벌이고(1898년) 의화단 사건과 러일전쟁 이후 입헌군주제로의 전환을 시도(1909~1910)하거나, 조선왕조가 일본-러시아의 상호 견제 상태를 이용해 대한제국으로 국호 변경을 하고 일련의 개혁을 시도해 보았지만(1898~1903) 너무 늦었다. 이미 사멸해 가는 왕조체제 내부에는 개혁을 강하고 일관되게 밀고 나갈 힘이 존재하지 않았다.

일본이 드디어 명실상부한 '입구(入歐)'를 선언할 수 있게 된 것은 러일전쟁(1904~1905)의 승리를 통해서였다. '서구 열강'의 하나인 러시아를 이김으로써 일본은 이제 서구(?) 열강의 일원으로 인정받게 되었다. 이 승전으로 일본은 조선을 경쟁자 없이 사실상 장악했고, 만주에서도 러시아와 동등한 지분을 확보할 수 있게 되었다. 이 승리는 서구 내부의 균열과 위기의 산물이기도 하였다. 영국, 미국, 프랑스 등 선두 국가들에 독일, 러시아 등 후발 국가들이 거세게 도전하고 있었다. 이들 사이의 식민지 경쟁이 점점 치열해지고 그 결과 일본과 같은 국가가 동아시아에서 그 틈을 이용할 가능성도 커졌다. 이후 일본의 동아시아 공략이 러시아와 독일을 주 경쟁상대로 하고, 영국과 미국을 후원 파트너로 삼았던 것은 이러한 상황 때문이었다. 또 하나, 러일전쟁에서 일본의 승리는 1905년 혁명으로 권력 중추가 혼란에 빠진 러시아 정부의 상태와도 무관하지 않았다. 러일전쟁에서 일본의 승리는 적지 않은 피억압 아시아인들에게 일본이 서구 침략에 맞설 수 있는 아시아의 보루가 될 수 있지 않겠느냐는 환상을 주기도 하였다. 너무도 빨리 깨어질 환상이었다.

3. 세(勢) I : 일본의 팽창과 동아시아 전쟁체제

1910년 조선, 1912년 청이 멸망했다. 그러나 왕조가 죽었지 사회가 죽은 것은 아니었다. 왕조가 죽은 자리에 공화국이 출현했다. 외세에 의해 형편없이 유린되고 있던 청왕조는 쑨원이 주도한 혁명파의 봉기에 의해 이윽고 타도되었다. 그 자리에 '중화민국(The Republic of China)'이 들어섰다(신해혁명). 2500년 중국 왕조사에 마침표를 찍는 획기적인 사건이었다.

반면 조선에서는 일본의 국권 강탈 형태로 왕조가 종식되었고, 이에 맞서는 반일투쟁의 흐름 속에서 임시공화정부가 세워졌다. 조선의 반일항쟁은 1894년 동학군 봉기 그리고 1895년 명성황후 피살과 단발령에 대한 항의로 전개된 의병운동 때부터 시작되었다. 의병운동은 1905년 을사조약에 대한 항의로 다시 고조되었고, 1907년 군대 해산 이후 해산된 군이 합세하여 크게 확대되었다. 국권이 완전히 넘어간 1910년 전후로 많은 이들이 만주 · 중국으로 빠져나가 반일투쟁을 이어갔다. 이렇듯 형성된 국내외 반일운동의 흐름은 1919년 3·1운동 직후 상하이에서 '대한민국 임시정부(Provisional Government of the Republic of Korea)' 의 수립으로 이어졌다.

청일 · 러일전쟁에서 승리했지만 동아시아에서 일본의 힘은 구미 열강에 비해 아직 약했다. 이러던 중 발발한 제1차 세계대전을 일본은 크게 반겼다. 유럽 열강들끼리 싸우면 일본이 동아시아에서 어부지리를 취할 수 있다는 속셈이었다. 원로 정치인 이노우에 가오루는 이를 "하늘이 일본에 준 기회"라고 하였다. 조선에 이어 이제 중국을 차지할 기회였다.

그 의도는 1915년 중국에 대한 '21개조 요구' 로 표출되었다. 청은 망했으나 중국의 공화국은 아직 미약했다. 각처에 군벌이 난립했다. 일본은 영국 편을 들어 독일에 선전포고하고, 우선 산둥의 독일령을 빼앗았다. 그리고 나서 베이징의 위안스카이 정부에 과거 조선에 대한 을사조약에 가까운 수준의 치욕적인 조약을 강요했으니, 이것이 '21개조 요구' 였다. 그러나 영미는 중국에서 일본의 힘이 과도하게 커지는 것을 원치 않아 확장을 견제했다. 그러나 유럽에서 전쟁이 확산되고 미국도 여기에 참전하게 되면서 힘이 분산됨에 따라 점차 중국에서의 일본의 지분을 인정해 주게 되었다. 이는 일본이 영미에 도전할 의사가 없음을 여러 교차 조약을 통해 확약해 주었기 때문이기도 하다. 그러나 1차대전 종전 이후에는 다시 일본을 억제하는 쪽으로 중심이 이동한다.

'21개조 요구' 는 중국인들을 크게 경각시켰다. 일본은 베이징 등 각처의 군벌들을 강압 · 회유하여 친일 세력화하는 데 성공했지만, 이러한 사태가 오히려 쑨원의 광둥 국민정부에 대한 민심의 지지를 넓혔다. 중국민중의 대대적인 반일운동은 1차대전 종전 직후인 1919년 5·4운동으로 크게 격발된다. 같은 해 조선의 3·1운동은 중국의 5·4운동에 큰 자극을 주었다. 북경의 진보언론 『매주평론』 등은 "일본의 압박을 받고 있는 조선 인민의 독립운동은 중국 인민을 뒤흔든 최대의 사건"이라고 3·1운동을 평했다. 이로써 중국의 반일운동은 큰 물결을 타게 되었고 이 물결 위에 국민당 정부의 북벌과 중국 공산당의 창당 및 성장이 이루어질 수 있었다.

쑨원 사후 국민당의 지도자가 된 장제스는 1928년 베이징 군벌을 몰아내고 북벌을 완료했다. 그러나 이때는 이미 한때 같은 배를 탔던 공산당과 결별한 후였다. 국민당이 공산당의 성장을 경계하여 대대적인 탄압을 하였던 사건을 4·12쿠데타라고 부른다(1927년). 국민당과 공산당의 성장에는 1917년 혁명으로 출현한 사회주의 러시아(소련)의 역할도 있었다. 레닌이 지도하는 혁명 러시아는 제정 러시아 시대 확보한 중국의 여러 이권을 모두 포기하고(이권반환 · 무배상 · 무병합 · 민족자결 원칙), 국민당 등 민족세력에 대한 지원을 아끼지 않았다. 중국 공산당이 한때 국민당과 합당하여 같이 북벌에 나섰던 것(제1차 국공합작)도 러시아의 협력과 요청에 의거한 바 컸다.

한편, 러시아 혁명 이후 일본은 1918년부터 1920년까지 7만여 명의 대규모 병력을 시베리아에 파견하여 간섭전쟁을 벌였다. 러시아의 반혁명 세력인 백군(白軍)을 지원하는 서방 간섭군에 가담한 것인데, 그 파견규모가 가장 컸고 개입 기간도 가장 길었다. 일본으로서는 극동 시베리아 일대가 만주 이권과 관련된 중요한 요충지였기 때문이다. 이 전쟁에서 만주 시베리아 일대의 조선 독립군은 혁명 러시아 적군(赤軍)과 함께 대일 항전을 벌였다.

1차대전 후 10여 년간 일본에서는 양당체제가 성립하여 의회정치의 외양을 띠었고, 중국에서는 상하이 등 대도시를 중심으로 한 사회적 활력과 재통일(북벌) 운동의 기운이 높았으며, 조선에서는 활발한 문화 · 사회 · 정치 운동이 전개되었다. 이 시기 조선의 천재 시인 이상은 「생물의 스포츠」라는 제목의 흥미로운 에세이에서 "패자는 생존권을 잃고 마는가. 결코 잃지 않는다. … 패자는 패자로서의 생존과정을 형성해 가고 있는 중이다. … 전위 · 변형 … 그것들은 적용의 원리에 의해 변형 · 전위한 데 지나지 않는다"라고 썼다. 그 자신 가난과 병고 속에 있었으나 조국의 미래에 대해 희망을 버리지 않고 있었던 것이다.

물론 분명한 한계가 있었다. 일본은 절대적 천황제와 군벌-귀족 지배구조가 압도하고 있어 의회정치의 입헌주의란 지극히 제한된 공간 안에서 허여되는 것에 불과했다. 중국에서 외세와 결탁한 군벌과의 투쟁과정은 험난했고, 이어 국민당과 공산당이 투쟁관계가 됨으로써 중국은 내전 상태에 빠지고 말았다. 조선에서 3·1운동으로 마련된 '문화통치'의 공간이란 물론 비슷한 시기 일본에서의 그것에 비해서도 훨씬 협소한 것이었다. 그럼에도 그 전후 시간에 비해 상대적으로 안정적이었던 이 시기는 일본의 또 한 번의 군사적 팽창주의에 의해 마감되고 말았다. 만주사변(1931년)~중일전쟁(1937년)이 그것이다.

1차대전 후 열강들 간의 세계체제 정비는 주로 1921~1922년간의 워싱턴회의에서 이루어진다. 여기서 서구 열강들은 일본의 군비증강과 중국 진출에 제동을 건다. 국민당 북벌군이 친일군벌들을 하나둘 타도해 올라올 때도 일본은 두 차례 출병하긴 하였지만 전면적으로 개입할 수 없었다. 일본 군부와 보수파의 불만은 쌓여갔다. 1929년 전후 개시된 세계 대공황은 일본 팽창주의자들의 모험주의를 자극했다. 대공황을 영미체제의 불안정성으로 읽고 그 힘의 공백을 일본이 장악하자는 것이었다. 만주의 일본 관동군은 1931년 철도 폭파사건을 조작하여 이를 빌미로 만주사변을 일으켰다. 본국 민간정부의 통제도 벗어난 군사행동이었다. 관동군은 개전 4개월 만에 일본국토의 4배에 해당하는 동북3성을 장악하고, 이곳에 괴뢰국인 '만주국'을 세워 '오족(五族) 협화의 낙토(樂土)'라는 허황한 이념을 씌웠다. 일본족, 한족, 만주족, 조선족, 몽고족이 평등하게 협동하는 지상낙원이라는 뜻이었다. 소위 '지식인', '학자'들이 그러한 이데올로기 작업에 앞장섰다. 그러나 이곳의 중국인들과 조선인들은 항일유격대를 조직하여 일본에 맞섰다. 1945년까지 장장 14년 동안이었다.

사태는 일본의 뜻대로 돌아가지 않았다. 중국 국민당 정부는 이 사건을 국제연맹에 제소했고, 국제연맹은 영국의 리턴을 단장으로 하는 리턴조사단을 파견했다. 리턴조사단 조사보고서의 골자는 중국의 만주 주권 인정과 만주국 불인정으로서 일본의 의도와는 상반된 것이었다. 1933년 2월 국제연맹 총회는 이 보고서를 찬성 42, 반대 1(일본), 기권 1(태국)로 가결했다. 이에 반발한 일본은 한 달 후 국제연맹을 탈퇴했다.

이 시기 일본에서는 민간 우익과 군부가 결탁한 테러활동과 쿠데타 시도가 이어졌다. 1932~33년에 걸쳐 3,000여 명의 사회주의자, 공산주의자, 노동조합 간부들이 체포되었다. 이어 문화, 학술, 정치계의 자유주의자들이 비난과 탄압을 받기 시작했다. 최대의 쿠데타는 1936년 2·26사태로, 육군 1,500여 명이 도쿄 도심을 장악했다. 비록 주모자는 처벌되었으나, 이 사태를 계기로 군부강경파가 결정적으로 국가의 실권을 잡게 되었다. 이 사건을 정점으로 일본은 거대한 전화(戰禍)의 불구덩이 속으로 걷잡을 수 없게 질주해 들어갔다. 1937년 중일전쟁, 1941년 7월 동남아 침공, 1941년 12월 진주만 기습이 이어졌다. 모두 일본의 선제 공격을 통해서였다.

확대될수록 일본에게는 감당하기 힘든 전쟁들이었다. 당시 일본 내에서도 확전의 매 순간 그런 의견들이 적지 않았다. 그러나 빼앗은 영토가 더 많은 영토를, 이긴 전쟁이 또 다른 전쟁을 요구했다. 몸집이 커질수록 더 많은 음식물을 갈구하는 몸뚱아리와 같았다. 이 욕구를 가로막는 것은 무엇이든 무자비하게 짓밟았다. 조선을 안전하게 확보하기 위해(이하의 모든 '위해'는 모두 '위해서라고 주장하면서'의 준말이다), 그리고 세계 공황으로 인한 국내의 곤경을 타개하기 위해 만주를 침공했고, 만주를 러시아로부터 지키기 위해, 중국과 러시아가 동맹하여 일본에 맞서는 것을 막기 위해 중국을 공격했고, 대중국 전쟁의 막대한 자원소모를 충당하기 위해 동남아가 필요했고, 마지막엔 대일본 팽창의 최후의 오랜 벽이자 억압자이며, 동남아 침공 이후에는 석유 공급까지 끊고 압박해 오는 영미를 최종 격멸하기 위한 '성전'을 선포했다. 여기엔 유럽전선의 초기 판도에서 독일의 압도적인 승리라는 요인도 있었다. 영국이 독일에 무너지면 세계 판도는 영미 중심에서 독일-일본 중심으로 이동한다는 계산도 있었다. 독일에 무너진 영국이 동남아에서 버틸 수 없으며, 양 대양으로 나뉜 미국의 해군과 태평양에서 겨루어 볼 만하다는 판단도 있었다. 1940년 9월 일본이 독일-이탈리아와 영미 연합군에 맞서 동맹을 맺었을 때 이미 그러한 견적을 내리고 있었다. 물론 이미 그 이전에 독일-이탈리아와 일본의 파시즘은 너무나 흡사해져 있었다. 진주만 기습 직전까지도 일본 권력 중심부에 극소수나마 대미 개전 신중파가 존재했다. 그러나 전시동원비상체제로 가동되는 거대한 전쟁기계 앞에서 그러한 소수는 너무나 미미했다. 시민사회의 반대파는 이미 숨조차 제대로 쉬지 못하고 엎드려 있었다.

이 전쟁들의 경과와 결말은 잘 알려진 것이니 여기서 상술할 필요는 없겠다. 다만 그것이 동아시아의 기존 형(形)에 가한 변화를 검토해 보기로 한다. 중국 전역이 전장이 되었고, 조선, 대만, 그리고 일본은 후방 전쟁 기지가 되었다. 중국 중심으로 3국이 병립하는 내장(內張)형 동아시아 체제는 확실히 무너졌다. 그러나 그렇다고 새로운 형(形)으로의 전환이 완료된 것도 아니었다. 만일 일본이 중국을 조선, 대만처럼 복속시켰다면 동아시아가 중국 중심의 내장체제에서 일본 중심의 확장체제로 형의 전환이 이루어졌다고 할 수 있었을 것이다. 그러나 일본은 중국이라는 수렁에 빠졌다. 1938년 신속한 남경점령으로 중국을 굴복시킬 수 있을 것이라는 예측은 오판으로 드러났다. 일본군이 북경, 남경, 상해 등 주요 거점을 장악했다고 중국이 무너지는 것은 아니었다. 오히려 저항이 외곽으로 넓게 퍼지면서 더욱 강화되었다. 국민당과 공산당은 내전을 중지하고 다시금 힘을 합쳐 일본에 맞섰다(제2차 국공합작). 미영과 러시아는 외곽루트를 통해 중국의 항일전쟁을 지원했다. 혹독한 조건 속에서 장기항전을 견지한 중국의 국제적 지위 상승이 뚜렷해졌다.

동아시아의 형의 전환이 완료된 것은 아니었지만, 그 형에는 중대한 변화가 발생했다. 일본만이 아닌 동아시아 전체가 전쟁체제가 되었다. 전쟁체제란 민간의 모든 힘을 국가가 호출하여 빨아들이는 체제다. 전쟁국가는 민간의 일체의 권리와 향유를 정지하고 압수하며, 적으로 규정된 모든 것을 무제약적으로 제거할 수 있는 무한권력을 쥐게 된다. 전선과 적대의 편만성과 모호성, 그리고 그러한 상태에서 언제, 어느 곳에서든 적을 규정하고 색출하여 처분할 수 있는 힘이 전쟁국가 절대권의 근거이자 본질이다. 권력의 이러한 무제한적 성격은 제국주의 침략 진영에만 아니라 여기에 맞서는 반제 진영에도 형성되기도 했다. '총력전시체제'라 불리는 이러한 극한의 전쟁체제는 1차세계대전 때 출현하여 2차대전 때 완성되었다. 그전까지 이러한 유형의 무제한적 국가체제는 동서 어느 곳에서도 존재하지 않았다. 중일전쟁 이후 동아시아 전역, 2차대전 중 유럽 전역이 이러한 상태가 되었다. 영토 내에서 직접 교전이 벌어지지 않았던 영국과 미국에서도 그 강도(强度)는 낮았지만 역시 같은 체제가 가동되었다.

이렇듯 1, 2차 세계대전을 통해 형성된 전쟁체제에는 동서를 관통하는 보편성이 있다. 그러나 이 시기 동아시아 전쟁체제 나름의 특징도 존재한다. 먼저 장기성과 조기성이다. 이 체제의 정점이자 축은 일본 제국주의였다. 일제의 침략에 맞서면서 동아시아 전역이 점차 전쟁체제로 전환되기 시작했다. 일본의 전쟁체제화는 매우 빨랐고(조기성), 오래 지속되었다(장기성). 메이지 시대 전쟁체제로 전환한 일본이 최초로 인접국가에 군대를 보내 전투를 시작한 것은 1874년의 대만출병이다. 그 이후 무려 70년 동안 일본은 쉬지 않고 침략전쟁을 벌였다.

물론 17세기 이래 성립된 동아시아 평화체제를 흔들어 놓기 시작한 것은 일본이 아닌 서구 제국주의다. 그러나 청일전쟁, 러일전쟁, 만주사변, 중일전쟁을 연이어 일으켜 동아시아의 전화(戰禍)를 확장 · 장기화시킨 것은 일본이었다. 일본의 연이은 침략에 따라 동아시아 전역이 전쟁지대로 변했다. 유럽의 상황은 달랐다. 역사가들은 1815년에서 1914년까지를 '유럽의 100년 평화시대' 라고 부른다. 1차대전 전까지 유럽은 해외에서 전쟁을 벌이고 식민지를 경영하되, 내부에서는 전면적 전쟁체제로 돌입하지 않고 있었다. 19세기는 유럽 도약의 절정기다. 높은 수준의 문화예술과 과학기술, 민주주의와 사회운동의 착실한 진보가 이 시기에 이루어졌다. 피억압국의 많은 지식인 · 혁명가들이 이 시대 유럽의 진보 사상에 영감을 받았다. 반면 이 시기에 이미 동아시아는 장기 전쟁터가 되어 있었다. 아무리 탈아를 외쳐도 결국 지리적으로 아시아에 속했고, 서구 열강에 뒤처진 후발 제국주의 국가였던 일본은 일찍이 그 자신부터 총체적 전쟁체제로 변모시켜야 했다. 그런 의미에서 총체적 전쟁체제의 세계적 선구는 1873년 징병제 도입, 1874년 대만출병, 1894년 조선출병 전후 흐름 속의 일본이었다 할 것이다.

일본이 메이지 유신을 통해 신속하게 전쟁체제로 돌입할 수 있었던 것은 일본 막부체체의 무인적 · 전국(戰國)적 성격과 무관하지 않다. 중국과 조선에서는 일찍이 무인귀족층이 사라지고 이를 문인관료층이 대체했지만 일본에서 무인지배의 기본골격은 1945년 종전까지 유지되었다. 17세기 초 성립한 도쿠가와체제란 그 이전 150여 년의 전국(戰國)적 폭력 상황을 봉합했던 것이었지만, 그 법체계인 각종 핫도(法度)는 무인의 군법 원리에 기초해 있었다. 문치체제-평화체제로의 전환은, 적극적으로 평가한다 하더라도, 아직 반보의 진행에 머무르고 있었다. 이후 군함을 앞세운 서구 제국주의가 동아시아를 침탈하였을 때, 이러한 상태가 이점으로 작용했다. 문치의 중국과 조선은 무기력했던 반면 무치의 일본은 신속하게 적응하여 그 세를 크게 확장할 수 있었다. 동아시아 내장형 체제는 유교 이념과 수도작 소농주의에 기반해 있었다. 반면 메이지 이후 일본이 택한 확장형 체제는 유교적 내장체제의 반대명제에 가깝다. 그럼에도 메이지 일본은 '교육칙어' 등으로 표현된 유교적 이념을 내세웠다. 유교적 수사를 쓰고 있지만 그 내용은 천황에 대한 절대적 충성을 강조하는 것으로써 조선, 중국의 유교와는 근본적으로 달랐다. 메이지의 이념체계란 무인적 군법원리의 연장으로서 문치적 유교이념을 거꾸로 뒤집어 놓은 것이었다. 애초에 무인지배체제를 정당화하는 논리로 형성되었던 도쿠가와 시대의 무인형 유교가 메이지 이래 전쟁국가의 유교이념으로 다시금 쇼군에서 천황으로 머리만 바꾸어 연장된 것이다.

이 시기 동아시아 전쟁체제의 또 다른 특징은 내향성과 불균등성이다. 이 역시 유럽과의 비교에서 분명해진다. 1, 2차 대전에서 유럽은 유럽 밖 식민지 지배권을 놓고 싸웠고, 상쟁하는 유럽 내 블록들 간의 산업생산력, 군사력 상태는 대등했다. 반면 일본의 팽창은 동아시아 안으로 국한되었고, 침략국 일본과 피침략국들의 상태에는 큰 격차가 존재했다. 일본의 팽창은 서구의 동아시아 침탈에 대한 대항이라는 명분을 썼다. 침략하면서 그것을 서구에 맞서는 아시아 연대라고 말했다. '동문동종(同文同種)', 즉 같은 문명이요, 같은 인종이라는 미명이 동원되었다. 동양평화론을 외친 안중근의 이토 히로부미 저격은 침략을 연대와 동의어로 만드는 바로 그 기만을 쏘았던 것이다. 진정한 동양평화론, 아시아연대론이라면 무엇보다 우선 아시아 국가 상호 간의 침략이 없어야 한다. 일본의 아시아 침략이 노골화되기 전까지는 조선과 중국 등 여타 아시아 국가들에서도 일본을 대상으로 한 선의의 아시아연대론이 존재했다. 그 환상은 곧 깨지고 말았다. 일본은 철저한 힘의 논리에 따라 대만, 조선, 만주를 차례로 점령하고 중국과 동남아시아마저 차지하려 했다. 최종 단계에서 태평양전쟁을 일으킨 것도 동아시아 장악을 완결하기 위한 것이었다. 일본은 자중지란에 빠진 서구를 대신해, 그리고 일시적으로 형성된 우월적 지위를 이용해, 아시아의 지배자가 되려 했던 것인데 그 지배와 침탈 방식은 서구 열강보다 오히려 가혹하고 전면적이었다. 우선 장기 전쟁터가 된 중국의 피해가 가장 컸고, 가혹한 전시동원 체제하에서 인명과 물자 공급지 역할을 해야 했던 식민지 조선과 대만의 피해도 막심했다. 일본의 민중 역시 예외가 아니었다.

4. 세(勢) Ⅱ : 미국 주도하의 동아시아 냉전체제

일본 패전과 함께 동아시아 전쟁체제도 종식되었는가? 불행히도 그렇지 못했다. 미소 냉전 시대가 이어졌고 동아시아에는 새로운 전쟁체제가 들어섰다. 냉전의 제1선에 남북한과 중국-대만이 섰고, 일본은 제2선으로 물러났다. 과거 세Ⅰ의 시대에 전쟁체제의 축은 일본이었지만, 이제 세Ⅱ의 시대에 열전의 현장은 한반도와 대만해협이 되었다. 그 결과 전쟁체제가 필연적으로 유발하는 사회적 긴장과 비상상태의 독재현상도 제2선 일본을 떠나 제1선 한반도와 중국-대만으로 전이되었다.

일본의 패전 직후 미군은 일본 열도와 한반도 38선 이남에, 소련군은 만주와 38선 이북 한반도에 진주했다. 2차대전을 통해 미국과 소련은 세계 양대 강국으로 부상했다. 전후 영토문제와 동서 세력권을 획정한 얄타, 포츠담 회담에서부터 미소는 날카롭게 대립하였으나 주도권은 국력에서 월등한 미국 쪽에 있었다. 동아시아에서도 소련은 교전국 일본에 대해 구 영토인 사할린의 회복 이외에는 별다른 권리를 행사하지 못했던 반면, 미국은 일본 전토를 장악하고 강력한 군사기지를 설치하였으며 지금까지도 오키나와에 이를 유지하고 있다.

애초 미국은 장제스의 국민당 정부가 아시아에서 소련 저지의 제1보루가 될 것으로 보고, 구 적성국인 일본을 철저히 민주화시켜 과거 군국주의 전쟁체제의 기득권 세력을 약화시키려 하였다. 전범 재판과 사회 각 부문에서 전쟁 협조자 축출, 전쟁체제에 협조했던 재벌의 해체, 그리고 신헌법 9조의 비무장 평화조항 등이 그 징표였다. 그러나 종전 직후부터 벌어진 국민당과 공산당 간의 중국내전에서 공산당이 1947년부터 예상을 뒤집고 우세를 보임에 따라 미국의 아시아 전략, 특히 대일 정책은 크게 변하기 시작했다. 국민당의 패색이 짙어진 1948년경부터는 중국 대신 일본을 아시아 반공의 보루로 삼는 쪽으로 바뀌었다. 그 결과 일본의 전쟁책임 세력 축출이 그치고, 이젠 반대로 전쟁책임을 묻는 좌파 세력이 사회 각처에서 축출되기 시작했다. 정치, 경제 각 분야에 구 기득권 세력이 속속 복귀했다. 한반도에서의 남북 간 긴장과 대립의 수위도 점차 높아져 1948년 8월 남한에 대한민국이, 9월 북한에 조선민주주의인민공화국이 각각 수립되어 상호 적대하였다. 미국에서도 소련과 공산당에 대한 공포가 커지고 이러한 상황은 냉전시대판 마녀사냥인 매카시즘 확산(1950~1954년)의 근거가 되었다.

내전에서 승리한 중국 공산당은 1949년 10월, 중화인민공화국을 수립했고, 국민당은 본토에서 밀려나 대만으로 퇴각했다. 이어 한반도에서는 1950년, 중국 공산당의 승리에 고무된 북한의 남한 침공으로 한국전쟁이 발발했다. 남한에는 미군을 주축으로 한 UN군이, 북한에는 중국군이 가세하여 제3차 세계대전의 위기까지 불러일으켰던 한국전쟁은 3년간 지속되었다. 중국내전과 한국전쟁, 이 두 사건은 전후 동아시아의 기본 판도를 결정했다. 한반도가 동서 냉전의 가장 뜨거운 접점이 되었고, 미-중 사이에 선명한 적대관계가 형성되었다. 종전이나 평화조약이 아닌 정전협정으로 마무리된 한국전쟁 이후의 한반도는 남북의 극한대치, 항시적 전시체제가 되었다. 한국전쟁에서 미군과 직접 교전했던 중국 역시 대만, 오키나와, 남한에 진주한 미군의 군사적 압박하에 놓이게 되었다.

반면 일본은 한국전쟁으로 특수(特需)를 누려 급속한 경제회복을 이루었고, 미국이 주도한 1951년 샌프란시스코 강화조약을 통해 서구체제의 정규멤버로 당당하게 복귀할 수 있었다. 1945년 미 군함 미주리호 선상에서의 굴욕적인 항복 문서 조인 장면과는 크게 대조되는 모습이었다. 이 샌프란시스코 강화조약은 패전국 일본과 연합국 간의 종전 및 평화조약이었지만, 주요 연합국인 소련은 서명하지 않았고, 중국과 대만, 남북한은 회의에 초청받지도 못했다. 미국은 한국전쟁 중인 1951년 일본과 안전보장조약을 체결하여 일본을 아시아 반공전선의 제1파트너로 삼았다. 샌프란시스코 조약의 발효(1952년 4월)와 함께 일본은 주권국가로 국제사회에 정식 복귀했다. 1955년 보수정당인 자유당, 민주당의 합당으로 성립한 자민당 정부는 2009년 선거에 패해 민주당에게 일시적으로 정부를 내어주기까지 무려 54년을 연속 집권했다. 이 시기 자민당 체제는 "비무장을 인정하고 경제성장에 주력한다"고 하는 요시다 노선(요시다는 1955년 당시의 수상)에 기초해 있었다.

이로써 일본의 오랜 침략과정에서 성립했던 동아시아 전쟁체제는 전후 새로운 양상으로 재정립되었다. 그것은 한편으로 미국을 축으로 일본-한국-대만이 도열하고 다른 한편으로 소련을 중심으로 중국-북한이 여기에 대치 · 대립하고 있는 자본주의 대 사회주의 냉전체제였다. 가장 치열한 접면은 남북한을 가로지르는 비무장지대(DMZ)였고, 그 다음은 중국과 대만 사이의 대만해협이었다. 이 구도 속에서 전쟁체제는 또 다른 모습으로 존속했다. 과거 동아시아 전쟁체제가 일본의 침략과 그에 맞선 항전의 전쟁체제였다면, 한국전쟁 이후의 그것은 동서 냉전의 전쟁체제였다. 냉전이 가하는 압력이 강한 나라일수록 전쟁체제의 성격이 강했다. 그 압력은 냉전접면과의 거리가 가까울수록 강하고 멀수록 약했다. 또한 대립관계에서 상대적 힘 관계가 약한 쪽일수록 그 압력이 컸다. 그 결과 남북한과 대만이 가장 선명한 전쟁체제가 되었고, 중국과 일본이 그 뒤를 이었다. 그러나 일본의 전쟁체제는 자국의 무장이 아닌 자국 내 미군의 주둔에 대한 전면적

보장과 협조의 형태로 이루어졌다는 점에서 차이가 있었다.

'동아시아 냉전의 전쟁체제'란 냉전과 열전의 혼합이며 이를 묶어 냉전체제로 불러도 무방하다. 냉전체제의 특징은 대립하는 초강대국 미소 양국 사이의 직접 교전은 없지만, 그 사이 접면 국가들 사이에 전쟁이 발발한다는 점이었다. 냉전의 긴장이 유럽보다 아시아에서 더욱 높았던 것은 미-소 세력판도가 안정되어 있지 않아 불확실성이 컸기 때문이다. 중국내전과 한국전쟁이 그 결과였고, 이 두 전쟁은 동아시아 냉전체제의 기본틀을 형성했다. 동아시아 냉전체제는 미소 대립을 축으로 하고 있지만, 그 내용에서는 과거 침략과 항전의 전쟁체제의 연속선상에 있다. 그러나 과거 침략-항전 시기, 동아 전쟁체제의 축이자 발원지였던 일본은 냉전체제에서 제2선으로 물러섰고, 대신 한반도와 대만-중국이 냉전체제의 제1선이 되었다.

냉전체제 제1선의 현실은 참혹했다. 남한에서는 1987년 6월 민주화대항쟁에 이르기까지 폭력적인 이승만-박정희-전두환 독재정권이 통치했다. 1951년 거창 양민학살에서 1980년 광주 민주화 항쟁에서의 시민학살에 이르기까지 국민에 대한 크고 작은 국가폭력이 이어졌고, '공안사건'의 이름으로 수많은 인사들이 고문 과정에서 목숨을 잃거나 장기 투옥되었다. 1972년 박정희 정권의 '유신체제'가 보여주듯 국민의 기본권은 크게 제약되었는데, 이러한 권리 박탈과 자유 실종은 '북의 위협'으로부터 국가를 수호한다는 명분으로 정당화되었다. 이러한 초법적이고 폭력적인 공포통치는 전쟁체제의 전형적 특징이다.

북한에서는 한국전쟁 과정에서부터 김일성 권력 독점 현상이 발생했고 1950년대 후반 '반종파 투쟁'을 통해 김일성 유일체제가 확립되었다. 이후 김일성의 가계(家系)가 신성화되었는데, 이는 1970년대부터 권력승계를 시작한 김정일에 의해 완성되었다. 국가의 정통성은 김일성 가계의 신성한 권위와 일체화되었다. 국가의 공식노선에 대한 일체의 비판이 금지되었고,

특히 최고지도자와 그 가족에 대한 비판, 또는 존경 표현의 미비는 '최고존엄' 에 대한 모독으로 혹독히 단죄되었다. 권력의 신성화와 비판의 터부화는 '미제국주의 위협' 으로부터 조국을 수호한다는 명분으로 절대화되었다.

대만 냉전체제의 비극은 1947년 국민당 정부의 대만인 대량 학살(2·28 민중항쟁)로부터 시작되었다. 이후 장제스가 대만으로 건너온 1949년부터 1987년 7월까지 대만은 38년간 비상계엄체제를 유지했다. 계엄체제란 국민 기본권이 유보되는 전형적인 전쟁체제 현상이다. 대만의 비상계엄 해제는 동년 6월 한국에서 군부통치에 대한 대규모 국민항쟁이 이어지고 여기에 밀린 전두환 정권이 노태우를 앞세운 6·29조치를 통해 직선제 등 민주화 양보를 한 지 불과 2주일 만에 이루어졌던 조치였다.

오랜 내전을 갓 끝낸 중국에게 세계 최강의 미군과 맞서야 하는 한국전쟁 참전은 큰 부담이었다. 미 항공모함에 의한 대만해협 봉쇄도 커다란 위협이 되었다. 한국전쟁 이후 수십 년의 오랜 전란으로 피폐해진 중국 경제의 회복을 위한 대약진운동(1958~1962)은 대실패로 끝났다. 실제 생산량은 떨어지고 있는데 지방당에서는 경쟁적으로 생산량을 부풀려 상부에 보고했다. 그 결과 농민이 중앙에 내야 하는 할당량은 곱절로 감당할 수 없는 중압이 되었다. 흉년까지 겹쳐 3~4천만 농민이 사망한 것으로 추정된다. 대약진운동이 파국으로 막을 내리자, 마오쩌둥은 문화혁명(1966~1976년)으로 이를 만회하려 했다. 공산당 내 우파와 관료주의에 대한 투쟁을 내세웠지만, 실제로는 중국 도시 문화에 깊이 훈습되어 오던 중국의 오랜 문화 전통에 대한 너무나도 거친 공격이 되고 말았다. 주로 도시 주민들, 특히 교양층, 지식인들이 커다란 상처를 입었다.

반면 냉전의 제2선, 그리고 미국의 동아시아 제1파트너의 입장에 놓인 일본은 고도성장의 바람을 탔다. 한국전쟁이 발발했을 때 일본 재계가 '천우신조' 라고 반겼던 데는 분명한 근거가 있었다. 한국전쟁으로 인한 호경기와 '동아시아 자유진영의 쇼윈도' 로 만들기 위한 미국의 지원에 기반하여 일본은 제조업 수출대국으로 급속히 성장했다. 요시다 노선의 1955년 체제는 안정다수의 자민당과 약세좌파인 사회당의 보수혁신 공존 체제이기도 하였다. 군국주의-제국주의의 과거를 비판하고 민주주의 확장을 요구하는 민주파의 활동 공간도 일정하게 보장되었다.

혹독했던 냉전체제의 제1선을 뚫고 이루어낸 한국의 민주화는 세계인의 관심을 받았다. 1960년 4·19혁명 이래 한국의 민주화 운동은 군부독재의 폭압 속에서도 강인하게 지속되었다. 1960년대 한일회담 반대운동, 1970년대의 유신철폐운동, 1980년대의 군사독재타도운동을 통해 민주화는 국민적 대의가 되었다. 이 과정에서 미국과 일본 등 주변국 진보진영의 한국의 민주화운동 지지 · 지원도 힘이 되었다. 반면 한국의 역대 독재정권은 항상 민주화운동 세력에게 친북 혐의를 씌우려 하였다. 이를 빌미로 가혹한 탄압과 민심 조작이 가능했기 때문이다. 이러한 지형 자체가 냉전체제 제1선의 전시적 상황이 만든 구조적 결과였다.

냉전의 제2선에 물러서 있게 된 일본에서는 상대적으로 정치적 자유의 공간이 넓었다. 그 결과 1948년 미군정하의 첫 선거에서 일본 사회당이 승리하고, 샌프란시스코 조약 시 일본의 비무장 중립을 내걸고 미일동맹을 내세운 보수파와 대립하기도 하였다. 1960년에는 일본 내 군사기지를 미군이 보다 자유롭게 사용하는 것을 내용으로 하는 미일안보조약 수정에 맞서 대대적인 항의 투쟁이 벌어졌는데, 이는 반핵평화운동, 반전운동(베트남전 반대) 등으로 확산되어 1960년대 내내 지속되었다. 이는 일본 헌법 9조의 평화조항이 단순히 미국의 요구에 의한 것만이 아니고, 일본 민중들 속에 넓은 지지 근거를 가지고 있음을 보여주었다. 반면 무장혁명을 내세운 극좌파는 고도성장기인 1970년대 들어 민심의 지지를 잃고 소멸되어 갔다.

대만에서는 1979년 대만 본토인의 국민당 독재에 대한 항의에서부터 민주화운동이 시작되어(가오슝 사건) 장제스의 아들인 장징궈 체제의 유화국면을 거쳐 1986년 민진당 창당과 1987년 계엄해제 이후 점차 민주화되었다. 한국과 대만의 민주화는 전쟁체제의 비상상태에서 탈피하여 평화상태로 접근해 가는 과정이었다. 사회주의권인 중국과 베트남에서도 유사한 과정이 전개되었다. 중국에서는 1980년대 이후 개혁 · 개방이 확장되면서 정치와 행정체제에서의 정상화도 꾸준히 진행 중이다. 베트남의 정치개혁은 중국보다 더 과감하고 빠르다. 반면 북한에서 전쟁체제 이완의 징후는 뚜렷하지 않았다. 이는 냉전체제의 압박이 북한에서 여전히 어느 곳보다 강하게 존속하고 있기 때문이다.

동아시아 냉전체제의 강고함은 두 측면에서 균열, 이완되어 갔다. 한편으로 각국의 민주화운동이 냉전체제의 압박에 정면으로 맞서 싸우면서 그 벽을 허물어 갔다. 다른 한편 의외의 사건들의 의도되지 않은 결과가 동아시아 냉전체제의 균열과 이완을 야기했다. 그 '의외의 사건들' 은 중소분쟁과 베트남 전쟁, 그리고 일본 및 '동아시아 4룡' 의 고도성장이었다.

중소분쟁은 스탈린 사후 소련 공산당 후임 서기장인 후르시쵸프가 1956년 스탈린을 비판한 것에 대해 중국 공산당이 반발하면서 비롯되었다. 사회주의 혁명의 역사와 전망에 대한 이견 차이에서 비롯한 분쟁은 1960년대 양국 간 국경분쟁으로 확대되었다. 중소국경 전역에 군사적 긴장이 높아졌고, 1968년 소련의 체코 침공을 본 중국은 소련의 중국 침공 가능성을 두려워했다. 이로써 중국은 미국보다 소련을 더욱 가까운 위협(주적)으로 간주하게 되었다.

한편, 동남아의 연쇄 공산화를 막기 위해 시작한 미국의 베트남 전쟁 개입은 1968년 북베트남과 베트남 민족해방전선의 구정 대공세로 수세로 돌아섰다. 이 전쟁의 비인도적 실상을 언론을 통해 알게 된 많은 미국인들이 대대적인 반전운동에 나섰다. 이길 수 없는 전쟁임을 인정한 미국은 베트남에서 발을 빼면서, 그로 인한 영향력 감소를 만회하기 위한 새로운 세계전략을 모색했다. 여기서 미국과 중국의 이해관계가 맞아 떨어졌다. 둘이 손을 잡고 소련을 견제하면 미중 모두에게 이익이 된다는 것이었다.

1970년부터 미중 물밑교섭이 이루어지고 1971년 중국은 UN에 가입하여 안전보장이사회 상임이사국이 되었다. 반면 전임 상임이사국 대만은 중국의 정부 대표권을 상실해 UN에서 탈퇴했다. 1972년 2월 미국 대통령 닉슨이 중국을 방문해 마오쩌둥을 만났다. 이로써 미국의 중국봉쇄정책이 풀리고 양국은 데탕트(긴장이완, 압력감소) 시대에 진입했다.

미중 데탕트에 대한 동아시아 각국의 대응은 불균등했다. 남북한은 이를 오히려 불확실성이 커진 위기 상황으로 간주하고 체제를 경직시켰다. 반면 일본은 신속히 대응하여 1972년 중국과 수교하고 대만과 단교했다. 중국은 원조와 투자를 얻고 일본은 시장을 얻었다. 일본을 앞세워 중국과 간접 교역하던 미국은 1978년 중국과 정식 수교하여 직접 교역 관계로 들어갔다. 최대 피해자가 된 대만은 일시적으로 계엄상태를 강화했으나 장제스 사망(1975년) 이후 서서히 계엄상태를 완화시켜 갔다.

미중 간 긴장이 완화되었던 1970~80년대에는 한국, 대만, 싱가포르, 홍콩이 일본에 이어 고도성장을 이루었다. 그 이전 베트남 전쟁으로 인한 전쟁특수도 성장의 계기로 작용했다(특히 참전국 한국). 싱가포르, 홍콩은 금융과 중계무역으로, 한국과 대만은 수출지향 제조업으로 국제경제 분업 질서에 자리 잡았다. 이미 경제대국으로 성장한 일본과 이들 '동아시아 4룡'의 경제발전은 중국과 베트남을 크게 자극하였고, 양국은 개혁 · 개방정책으로 과감하게 전환하였다. 중국은 1980년대에 농업생산력이 획기적으로 높아졌고, 이를 기초로 1990년대는 외자유치-수출정책을 펴 2000년대에는 '세계의 공장'이 되었다. 그 결과 2010년에는 일본을 제치고 미국에 이어 GDP 규모 세계 2위의 국가가 되었다.

동아시아 냉전체제의 균열과 이완은 1989년 베를린 장벽 붕괴와 1991년 소련해체로 새로운 국면에 접어들었다. 2차대전 이후의 냉전체제란 미소대립을 전제로 하는 것이었으므로, 소련의 해체는 냉전의 해체가 되는 것이었지만, 실제 경로는 그렇게 단순하지 않았다. 소련의 해체 이후 미국은 중국을 제1 가상 주적으로 전략 변경하였다. 소련해체 이전에는 중국과 악수하여 소련을 압박하는 전략이었다면, 소련해체 이후로는 미일 동맹을 강화하여 중국을 견제하는 쪽으로 옮겨간 것이다. 그러나 과거 미소 간의 냉전양상이 미중 간에 되풀이되고 있는 것은 아니다. 이미 중국과 미국의 상호의존관계가 돌이킬 수 없을 정도로 깊숙이 진행되어 있기 때문이다. 중국과 아시아 주변국들 간의 관계에서도 과거 미소 냉전기와 같은 선명한 대립 전선은 더 이상 존재하지 않는다. 소련해체를 통해 중소 대립도 해소되었고, 이후 중국과 러시아는 우호적인 관계를 유지하고 있다. 이런 의미에서 소련해체 이후 동아시아는 분명 '냉전 이후' 의 시대에 접어들었다.

'냉전 이후' 의 상태를 극적으로 보여주는 것은 중국-대만 간의 '양안화해' 다. 중국은 1980년대부터 '1국 양제' 즉 하나의 중국과 두 개의 체제를 주장해 왔고, 1992년에는 양국 간에 이러한 원칙하에 '92 컨센서스' 를 이루었다. 2001년부터는 무역, 우편, 항해에서의 양안 3통 정책이 개시되었고, 2005년에는 공산당과 국민당이 공동으로 '양안의 평화적 발전에 관한 공동선언' 을 발표하여 60년간의 적대관계를 청산했다. 2010년에는 양국 간에 '경제협력기본협정' 이 맺어졌다. 2011년 현재 8만여 대만 기업이 중국에 진출해 있고, 중국 50개 도시와 대만 9개 공항 간 직항편이 매주 600여 편 운행되며, 대만 무역의 23%, 해외투자 50%가 중국을 대상으로 이뤄지고 있다.

반면 한반도에서는 여전히 위태로운 냉전 상황이 지속되고 있다. 과거 미중 데탕트 이전의 '중국봉쇄' 가 오늘날에는 '북한봉쇄' 의 형태로 잔존하고 있다. 동구권 붕괴 이후 한국은 과거 '적성국' 이던 러시아, 중국과 각각 1991년, 1992년 수교했다. 1991년에는 남북이 UN에 동시 가입했다. 1995년 과거 교전국이던 미국과 베트남의 수교도 이루어졌다. 그러나 미국은 북한과 수교하지 않았고, 2002년 일본의 북한 수교 움직임에도 제동을 걸었다. 한국은 김대중, 노무현 정부 시기 북한과의 화해를 추진하였으나 이후 이명박, 박근혜 정부는 이를 백지로 돌리고 다시 냉전 대결 정책으로 회귀했다. 반면 북한은 선군(先軍)주의와 핵무기 개발로 체제 생존을 보장받으려는 '벼랑 끝 전술'을 고수하여 냉전적 긴장을 증폭시키고 있다.

5. 21세기 동아시아와 후기근대 (the late modern age)

400년 동아시아 역사적 근대의 흐름을 다시 돌아보자. 17~18세기 동아시아 평화는 아편전쟁 이후 20세기 후반까지 크게 흔들렸다. 우선 서구의 침탈, 이어 일본의 확장으로 동아시아 전체가 전쟁체제가 되었다. 2차대전 이후 냉전체제는 또 다른 형태의 전쟁체제였다. 특히 냉전의 제1선에선 남북한과 중국-대만, 그리고 베트남이 그러했다. 그러나 2차대전까지의 동아시아 전쟁체제와 그 이후의 냉전체제에는 다른 점이 있었다. 주권을 강탈하는 식민지 지배가 더 이상 가능하지 않았고, 그 결과 신생국의 성장이 가능했다. 또한 냉전은 비상한 시기에 국지적 열전이 벌어지지만, 동시에 일상적 시기에 체제의 우월성을 놓고 경쟁이 진행된다. 이러한 틈새를 이용해 미소 체제경쟁에서 우월한 진영에 속해 있었던 일본, 한국, 대만 등은 민주화와 고도성장을 이루었다. 이후 중국 역시 미소 대결의 틈새를 이용하여 '중국봉쇄'를 풀고 고도성장과 제도 개혁의 길을 가고 있다.

21세기 동아시아 상황은 아편전쟁 이후 19세기와 냉전의 20세기에 비해 크게 변화했다. 먼저, ① 150여 년 지속돼 왔던 동아시아 내의 전시적 긴장이 크게 완화되었다. ② 동아 3국의 국력격차가 크게 해소되었으며, 중국이 동아시아 경제권의 중심으로 부상하고 있다. 이러한 상황은, 이 글의 '서'에서 밝혔듯, 17~18세기 동아시아 200년 평화 상태와 그 형국이 비슷하다. 여기엔 옛것과 새것, 전통과 도입과 창조가 섞여 있다. 이 글에서 살펴본 〈형-류-세1-세2-형′〉의 순환의 양 끝, 즉 〈형과 형′〉의 큰 모습은 유사해 보이나 그 사이 겪어온 과정의 충적(沖積)은 그 내용을 크게 변화시켰다. 그 층은 크게 셋, 즉 ① 200년 평화기의 유교체제, ② 아편전쟁에서 태평양전쟁 종전까지의 식민-피식민 체제, ③ 해방 후 오늘날까지의 냉전체제로 이루어져 있다. 그 연속과 불연속, 그리고 이 세 층위가 중첩하여 구성하고 있는 동아시아 중층(重層)근대의 독특한 양상에 대해 숙고해 보아야 한다.[3] 단순한 되돌아감은 목적이 될 수 없다. 평화의 틀을 유지하고 체제의 내용을 승화시켜 가야 한다. 특히 앞으로의 미중관계가 파국적 패권경쟁으로 빠지지 않고 건설적인 공존으로 나가는 것이 중요하다. 이 문제는 남북한의 평화로운 공존과 깊이 맞물려 있다.

끝으로 동아시아에서 이러한 거시적 형(形)의 전환의 의미를 글로벌한 차원의 역사 단계와 관련하여 살펴보기로 하자. 이는 최근 자주 언급되고 있는 '후기근대'가 이 시기 동아시아의 상태 · 위상 · 전망과 어떻게 연관되어 있는가? 라는 문제다. 후기근대에 관한 상세한 논의는 별도의 논고가 필요한 만큼,[4] 여기서는 가능한 간략하게 큰 외곽을 제시하는 데 그치려 한다.

사회학계 내부의 논의로 국한해 보면, 후기근대라는 개념은 1991년 앤서니 기든스가 *Modernity and Self-Identity: Self and Society in the Late Modern Age*에서 제기했고, 그 배경에는 1986년 울리히 벡이 *Riskogesellschaft: Auf dem Weg in eine andere Moderne*에서 제시한 '또 하나의 근대' 또는 '2차근대'라는 개념이 놓여 있었다. 이후 '후기근대'는 '새로운 근대', '또 다른 근대', '성찰적 근대', '고도 근대'라는 말을 포괄하는 개념이 되었다. 이후 2000년, 지그문트 바우만은 *Liquid*

---

3) 이에 관한 이론적 정리는 김상준(2007: 242-279) 참조. 이 논문을 보완 · 확장한 내용은 김상준(2011)의 1장과 2장에서 볼 수 있다.

4) 김상준(2014a) 참조.

*Modernity*라는 저서를 통해 '유동 근대'[5]라는 개념을 여기에 추가하였다.

벡이 애초에 제기한 '2차근대' 또는 '성찰근대'란 양면적인 개념이었다. 한편으로 후기근대의 복합기술 현상이 낳은 증대하는 불확실성(=원칙적으로 과학적인 예측이 불가능한 현상들의 증대)에 대한 우려와 함께, 이 속에서 동시에 밑으로부터 성장하는 새로운 성찰적 합의(=하위정치)의 가능성을 타진하고 있었다. 그러나 이 발상은 이후 기든스에 의해서 자기정체성 구성에서 불안정과 불안의 심화를 강조하는 방향으로 이동한다. 이어 바우만은 사회시스템의 총체적 불연속성, 불안정성과 환경적 파국 양상을 전면에 부각시키고 이 속에 처한 개인 상태의 총체적 황폐화를 강조한다. 바우만에 이르면 후기근대의 유동성이란 기존의 모든 견고한 사회 안전망과 관계망이 해체된 상태에서 개인이 처한 극단적으로 불안정하고 위태로운(precarious) 상황을 집약하는 상징이 된다.

잘 알려져 있듯이 이러한 시대진단은 독일형 사회국가, 그리고 영국형 복지국가 모델의 약체화, 해체현상에서 연원하고 있었다. 2차대전 이후, 영국 역사가 홉스봄이 '황금기(the golden years)'라고 불렀던 시기[6]에 형성되었던 서유럽의 안정된 사회복지국가 모델의 동요와 붕괴 현상을 반영한 것이다. 이제 바우만에 이르면 이러한 현상의 가속화와 함께 사회주의체제 붕괴 이후 동구권의 비참한 상황을 아울러 표현하고 있다고 할 수 있다. 물론 복합기술의 적용 증대와 개인화 현상은 구미나 동구권에만 국한되는 현상이 아니므로 이러한 분석이 오직 이곳에만 적용 가능한 것이라고 말할 수는 없다. 그러나 희망과 불안이 교차하던 벡의 분석으로부터 시작해서, 영국노동당의 구 복지모델의 포기를 전제로 한 제3의 길의 모색(기든스)을

---

5) 한국어 번역판에서는 '액체 근대'라 옮겼지만(『액체근대』 이일수 옮김, 강, 2005), 바우만이 말하는 liquid, liquidity란 액체와 기체의 성질을 말하는 것이니, '유동(流動) 근대'가 보다 정확한 번역이 되겠다.

6) Eric Hobsbawm(1994). 최근 출간된 피케티의 저작도 1945~1973년의 기간이 유럽의 절정기였음을 보여주고 있다(Piketty, 2014).

경유한 후, 제3의 길 노선조차 신자유주의의 흐름에 휩쓸려 떠내려간 파국적 상태의 묘사(바우만)의 흐름은 분명 유럽발 '후기근대' 론이 비관적 상황 인식으로 일방향적으로 변이해 왔음을 잘 보여주고 있다.

그러나 글로벌한 차원에서 넓게 보면 이러한 상황 인식은 사태의 전모가 아닌 부분만을 말해 주고 있다. 동일한 시기, 즉 1980~90년대를 경유하여 21세기의 첫 십여 년을 경과하고 있는 구미권 밖의 상황은 어떠했는가? 1980년대에는 중국, 1990년대에는 인도, 21세기 첫 10년에는 브라질을 필두로 한 남미 전반, 그리고 두 번째 10년에는 이슬람권의 급속한 성장과 약동을 목격하고 있다. 이 경제적 성장과 정치적 약동은 눈덩이 구르듯 서로 맞물려 상호 확대 · 확산되고 있는 추세다. 결국 '후기근대' 란 총체적 하강이 아니라 한편의 하강, 즉 서구 사회 안전망의 해체와 세계지배력의 약화, 그리고 다른 한편의 상승(비서구 사회의 성장)이 맞물리고 있는 시대다. 그렇다고 상승하고 있는 비서구 지역들에서 벡, 기든스, 바우만 등이 언급하는 후기근대의 불안정 현상이 나타나지 않는 것은 아니다. 그러나 그 양상은 서구 사회와 상당히 다르다. 대부분의 비서구 사회에서는 서구 학자들이 회고적으로 언급하고 있는 잘 조직된 사회 안전망이 애초에 존재하지 않았다. 이러한 상태에서 초보적이나 복지의 틀을 구축하는 방향으로 이동하면서 여기에 유동 근대 현상이 동시에 수반되는 2중 양상이다. 이 과정에서 많은 비서구 사회들에서 전에 없던 경제적, 정치적 약동과 새로운 실험들이 진행되고 있다. 따라서 일부 서구 사회학자들이 묘사하고 있는 후기근대의 총체적 비관론을 비서구 사회에 그대로 '대입(代入)' 시키려 하면 엉뚱한 진단이 나올 수 있다.

필자가 다른 연구에서 '비서구 민주주의' 라는 시각에서 관찰한 현상들의 사례는 아래와 같은 것들을 포함한다.

> 브라질의 포르투알레그리 시민참여 예산편성 제도, 보우사 파밀리아(저소득층 기본소득제도), 인도의 판차야트 개혁(합의체 지방자치제도), 시민법정(민간분쟁조정기관)과 케랄라주의 시민플랜(주 예산편성 주민결정제도, 포르투알레그리 모델을 확대 · 심화시킨 것), 중국 수억 농민들이 자발적으로 이루어낸 향촌 단위의 촌민위원회, 농지와 향진기업의 공동체 소유와 운영방식, 일부 도시에서 시도된 시민의회(무작위 선발된 시민들로 구성된 의회), 무분별한 무한성장의 가치보다 자연의 권리를 택한 에콰도르와 볼리비아의 좋은 삶(부엔 비비르)의 헌정체제, 군대 없는 나라를 선택한 코스타리카가 성취한 한 차원 높은 평화와 자유, 힌두와 이슬람권에서 널리 관찰되는 밑으로부터 형성되는 수많은 합의체 기구 등.[7]

이러한 진취적 사례들은 물론 위에서 열거한 사례들에 그치지 않는다. 더욱 주목할 사실은 이러한 성취들이 오랜 종속과 피지배의 부정적 후과(後果)를 뒤집고 치유해 가면서 힘겹게 한발 한발 이루어지고 있다는 점이다. 그러나 세계지배의 오랜 혜택을 누려온 서구에 비해 비서구의 상황은 여전히 크게 열악하다. 그렇지만 동시에 이곳에서는 새롭게 상승하는 힘, 긍정적이고 진취적인 새로운 제도를 창출하는 힘이 동 시대의 서구보다 오히려 더욱 강하고 싱싱한 측면이 있음을 주목해야 한다. 이러한 양 측면을 함께 볼 때 후기근대의 전체상은 비로소 가능하다.

후기근대의 세계상에서 또 하나 빼놓을 수 없는 것은, 그 전체상이 서구의 세계지배 이전의 세계 상황과 비슷하게 움직여 가고 있다는 점이다. 이 글에서 관찰한 형-류-세-형′의 패턴은 동아시아만에 국한된 현상이 아닌 것이다. 힌두 자치전통, 이슬람의 합의문화, 그리고 라틴 아메리카 전통에서의 '자연과 함께하는 균형 있는 삶(수막 카우사이)'의 배경이 드러나고 있다. 이 글 서두에서 언급했듯, 서구 세계지배 이전의 세계시간을 역사학자들은 '초기근대'라 부른다. 따라서 역사적 근대의 세계시간은 여러 문

---

7) 김상준(2014b: 331)을 인용하면서 괄호 안의 설명들을 추가했다.

명이 동등하게 공존했던 '초기근대'를 거쳐, 서구 지배의 '본격근대'를 경유한 후, 이제 다시금 여러 문명이 동등한 상태로 접근해 가는 '후기근대'로 접어들고 있다고 말할 수 있다. 필자는 그 변곡점이 "중국과 인도의 부상이 분명해지고, 남미 전반이 워싱턴 컨센서스를 탈피하여 독자적 부흥의 틀을 분명히 한 21세기의 첫 10년"이라고 생각한다.[8] 초기근대–본격근대–후기근대, 이 세 개의 단계 속에서 후기근대의 상은 비로소 근대 세계역사의 전체상 속에서 제 위치를 찾게 된다.

후기근대에 성장과 약동의 가능성이 가장 큰 곳이 다름 아닌 동아시아다. 이곳에서 우리는 글로벌 자본주의의 유동화 작용이 진행되는 한편, 동시에 새로운 사회 시스템과 지역질서를 구축하려 하는 창조적인 힘이 역동적으로 생성되고 있음을 함께 보아야 한다. 최근 서구 사회에서 나온 후기근대, 유동 근대에 대한 논의는 대부분 파국적 비관론으로 경도되고 있다. 그러나 이는 일면적이고 단순하다. 문제의 전체, 역사의 전모를 보여주지 못하고 있다.

끝난 것은 서구의 세계지배 기획으로써의 근대성이었지, 근대성 자체가 아니었다. 끝난 것은 서구가 세계를 지배했던 근대 세계역사의 제2단계였지, 근대(the modern age)라고 하는 역사적 시대 자체가 아니었다. 이제 근대 세계역사의 제3단계, 아마도 근대역사의 마지막 단계가 될 후기근대의 시대가 시작되고 있다. 근대의 세계역사는 여러 문명이 동등한 역할을 했던 초기근대를 경과해, 서구의 세계지배로서의 본격근대를 거쳐 이제 비서구 문명권이 다시 세계사의 주역으로 등장하는 후기근대의 단계로 접어들고 있다.

그렇다면 이제야 비로소 근대 세계역사의 전모가 드러나고 있다고 말해야 한다. 아울러 "미네르바의 부엉이는 황혼 녘에 날개를 편다"고 하였

---

8) 김상준(2014c: 21).

던 헤겔의 『법철학』 서문에서의 경구는 이제야 비로소 진정한 의미를 갖게 되었다고 말해야 한다. 헤겔이야말로 근대성 문제를 본격적으로 역사화하고 체계화시킨 대철학자였다. 그는 자신이 근대역사의 마지막을 보고 있다고 생각했다. '역사의 종말'이라는 발상도 여기서 나왔다. 그러나 그가 보았던 것은 서구의 세계지배 기획으로서의 서구 근대성이 비로소 날개를 펴기 시작한 순간이었을 뿐이다. 그는 '미네르바의 부엉이'를 언급한 바로 앞 문장에서 철학이란 회색 위에 회색 칠을 하는 늙은 시대의 작업이라 말했다. 우리는 달리 말하겠다. 철학은 영원히 새로운, 영원히 젊은 시대의 작업이라고. 헤겔은 자신을 늙은 시대를 살아가고 있는 늙은 목격자로 생각했다. 그러나 우리는 또 하나의 새로운 젊은 시대를 살아갈 새로운 젊은 이들, 또 하나의 신청년을 기다린다.[9]

---

9) 마지막 두 문단은 상게서(김상준, 2014b: 234-235)에서 가져왔다.

제 4 부

한국 사회문화 변동의 미시적 이해

제11장 도시의 사회사
제12장 여성/젠더사의 쟁점과 연구성과
제13장 일상생활의 사회사
제14장 소수자와 인권의 사회사

제 11 장

도시의 사회사

| 김백영(광운대학교 인제니움학부대학) |

1. 도시를 어떻게 연구할 것인가 : 사회학적 관점과 역사적 관점의 중요성

도시가 사라진 문명, 도시가 없는 역사의 발전을 상상할 수 있을까? 도시의 역사는 인류사 그 자체라고 해도 과언이 아닐 정도로, 도시라는 용기(容器)는 유사 이래 인류가 만들어 낸 거의 모든 것을 보듬어 온 공간이다. 도시는 인간이 살아가는 만국 공통의 공간 언어이며, 시공을 초월한 모든 문명의 담지자이자 전승 장치다. 현대인은 도시적 삶의 경험을 통해 형성되었고, 현대 사회는 도시 사회를 모델로 하여 그 조직 · 구성 · 운영의 원리를 만들어 냈으며, 현대 문명은 도시 간 네트워크를 추동력으로 하여 인류 사상 전대미문의 급속하고도 전면적인 발전을 이룩할 수 있었다. 도시야말로 현대 자본주의 경제 발전의 주인공이자 추동력이며, 도시화는 현대화의 불가피한 결과물이자 필수 불가결한 전제조건인 것이다. 오늘날 지구상의 인구 가운데 절반가량을 차지하고 있는 도시인들은 2030년이 되면 3분의 2까지 그 비중이 늘어날 전망이다.

도시는 인류사의 흥망성쇠와 그 운명을 함께해 온 시공간적 편재성을 띤다. 유럽 문명의 역사적 발원지로 간주되는 아테네의 아고라, 찬란한 고대 오리엔트 문명의 산실인 알렉산드리아와 바빌로니아, 중세 유럽 봉건제의 바다에 떠오른 상업혁명의 섬을 형성했던 적지 않은 수의 키비타스(Civitas)와 부르구스(Burgus), 그리고 전통시대 세계 최대의 거대도시였던 시안(西安)과 뤄양(洛陽), 도쿠가와(德川) 바쿠후(幕府)의 안정과 번성의 중심지였던 에도(江戸)와 오사카(大阪) 등 전근대 농경사회의 각 문명권을 대표하는 도시들은 물론이거니와, 산업혁명 이후에 등장한 근현대 도시들도 그 시공간적 산포(散布)만큼이나 각양각색의 역사적 · 지리적 · 문화적 특색을 띤다.

따라서 도시에 대해 보편타당한 개념적 정의를 내리거나 이론적 일반화를 적용하기란 쉬운 일이 아니다. 기원전 360년경 『공화국(*Republic*)』을 쓴 플라톤이나 1516년 〈유토피아〉를 쓴 토마스 모어, 그리고 격자형 대로와 빛나는 수직형 마천루로 장식된 거대도시에서 문명의 미래를 발견한 르 꼬르뷔지에는 모두 도시에서 문명의 이상향 건설의 가능성을 꿈꿨다. 반면 도시를 "문명의 가래침"이라고 저주한 루소, 만악의 온상인 도시를 절멸시키고 농업을 기초로 하는 '청결'하고 '건전'한 사회를 건설한다는 기치하에 참혹한 대학살극을 저지른 캄보디아의 폴포트, 그리고 21세기 인류 문명이 만들어 낼 도시는 "공해와 배설물과 부패가 덕지덕지 들러붙은 슬럼 도시"일 것이라는 비관적 견해를 설파한 마이크 데이비스는 도시문명의 어두운 이면에 주의를 기울여야 함을 역설한다.

도시는 단일한 분과학제, 하나의 이론적 관점으로 그 전모를 파악하기 어려운 입체적이고 복잡다단한 구성물이다. 도시를 알기 쉽게 두 가지 측면으로 단순화해서 파악하는 한 가지 방식은 그 물리적 차원과 사회적 차원으로 나눠보는 것이다. 이 경우 건물, 도로 및 각종 기반시설 등의 건조환경(built environments)과 이들의 배치에 따라 형성되는 공간구조는 전자의 구성요소가 되고, 이를 생활의 터전으로 삼아 살아가는 주민들과 이들의 사회적 관계 및 문화생활은 후자를 구성한다. 도시연구의 광범위한 학제적 영역에 도시계획학, 건축학, 조경학, 환경(공)학 등과 같이 도시의 물리적 특성에 초점을 맞춘 학문분과들뿐만 아니라, 그 사회적 특성에 좀 더 관심을 갖는 도시사, 도시사회학, 도시지리학, 도시인구학, 도시경제학, 도시정치학, 도시인류학, 지역(사회)학, 문화(사회)학, 사회계층론, 산업사회학, 가족사회학, 여성학, (지방)행정학 등 다양한 학문분과들이 포괄되는 것은 이 때문이다. 이런 맥락에서 볼 때 도시사회학이 사회학의 다른 어떤 분야보다도 인접한 다른 분과학문에 대한 의존도가 높고 학제간 연구의 필요성이 두드러지는 분야라는 특성을 띠는 것은 지극히 자연스러운 현상이다.

그럼에도 불구하고, 실용적 · 공학적 접근이 압도적으로 지배적인 비중을 차지하고 있는 이 영역의 특성상 도시에 대한 사회학적 접근의 역할은 학문적으로뿐만 아니라 사회적으로도 매우 중요하다고 할 수 있다.

도시사회학에서 도시를 바라보는 관점은 결코 단일하거나 균질적이지 않다. 도시사회학의 이론적 다양성의 전통은 마르크스, 베버, 뒤르켐 등 사회학의 고전적 거장들의 논의에서부터 비롯된다. 가령 근대 도시를 글로벌 자본주의의 공간적 거점이자 동시에 계급투쟁이 펼쳐지는 역사적 장으로 볼 것인가, 아니면 청교도윤리와 부르주아문화, 관료주의와 혁신주의, 형식합리성과 실질합리성의 모순이 발현하는 사회적 장으로 개념화할 것인가, 혹은 직업적 결사체와 시민사회, 유기적 연대에 바탕을 둔 새로운 공동체의 실현 가능성으로 파악할 것인가를 둘러싼 관점의 차이는 매우 복합적인 사회(학)적 쟁점들을 제기한다. 고전사회학 이래 도시사회학의 이론적 흐름은 더욱더 분기(分岐)하여, 도시를 '문화적 변동의 장'으로 파악하는 문화주의 도시론(퇴니스, 짐멜, 벤야민 등), 도시를 '생물학적 생존의 공간'으로 정의하는 생태주의 도시론(파크와 버제스, 워스 등), 도시를 '갈등과 투쟁의 장'으로 바라보는 신마르크스주의 도시론(르페브르, 카스텔, 하비 등), 도시를 '사회적 자원을 둘러싼 분배와 조정 기제'라는 측면에서 분석하는 신베버주의 도시론 등 다양한 학문적 흐름을 발전시켜 왔다.

이러한 학문적 논의들은 다양한 시각과 문제의식을 지닌 도시연구자들이 제각기 그들이 직면한 서로 다른 도시사회의 현실 문제들에 대한 사회학적 해법의 일환으로 고안해 낸 것이므로 이론이나 관점 그 자체만으로 직접적으로 비교를 하거나 우열을 가리려 하는 것은 그다지 바람직한 접근법이라고 보기 어렵다. 그보다는 각각의 구체적인 도시들에서 이처럼 다양한 도시이론과 그에 바탕을 둔 새로운 사회적 해법이 제기되는 사회적 · 역사적 맥락을 이해하는 것이 도시이론의 다양성을 제대로 이해하고 음미하기 위하여 필수적인 우회로일 것이다. 도시연구에 있어서 사회사적 · 역사사회학적 접근이 긴요한 것은 이러한 이유에서다. 도시연구는 언제나 특정한 시공간적 조건하에 실존하는 구체적이고 가변적인 대상에 대한 연구일 수밖에 없기 때문이다.

2. 뒤늦은 출발, 급격한 성장 : 한국 도시사 연구의 주요 흐름

우리 학계에서 도시사 연구가 학문적 시민권을 획득하기 시작한 것은 언제부터일까? 굳이 19세기 급격한 산업화와 도시화의 영향으로 20세기 초부터 등장하기 시작한 서구 도시사 연구의 축적된 성과에 빗대어 보지 않더라도, 한국 도시사 연구의 학문적 역사가 매우 일천함은 부인하기 어렵다. 서구 학계에서도 정치 · 경제 · 사회 · 문화사를 아우르는 종합적 연구로서 도시사가 학문적 전성기를 맞이한 것은 1960년대 이후의 일에 불과하다는 점을 고려하더라도, 2008년에야 도시사를 다루는 전문학회가 출범한 우리 학계의 상황은 실로 걸음마 단계에 있다고 해도 과언이 아니다. 대략 1960년대부터 도시사 연구가 시작되어 1980년대부터 '에도도쿄학(江戶東京學)'을 필두로 하는 독자적인 도시사 연구가 붐을 형성한 일본의 경우[1]나, 1980년대 개혁개방 이후 국가적 지원하에 스키너(G. William Skinner) 등의 서양 학자들의 영향을 받아 급성장을 이루기 시작한 중국 도시사 연구의 경우[2]와 비교해 보더라도 한국의 도시사 연구가 매우 뒤늦게

1) 일본에서 도시사 연구는 1960년대 후반 이후 출현하기 시작하여, 고도성장기의 급격한 도시화로 인한 '변화'의 시대가 끝난 1980년대부터 다양한 도시연구의 흐름이 본격적으로 형성되었다. 成田龍一, "近代日本都市史研究の現在,"『比較都市史研究』 4(1), 1985; 成田龍一 · 增谷英樹, "方法としての都市史,"『歷史學硏究』, 1990, p.612 참조.

2) 유해암 · 크리스틴 스테이플턴, "중국 도시사 연구의 현황과 전망," 도시사연구회 엮음, 『공간 속의 시간』(심산, 2007), p.268.

출발했음은 분명한 사실이다.

이러한 지체 현상의 원인을 학계 내부에서 찾는다면, 근대, 특히 일제 식민지기 사회문화사에 대한 오랜 연구관심의 공백, 농촌 · 농민 · 농업경제 중심의 지배적 전근대사 인식, 국가사 · 민족사 · 거시사적 관점 위주의 역사 인식으로 인한 지방사 · 도시사 · 미시사에 대한 상대적 무관심, 정치사 · 경제사적 연구에 비한 사회사 · 문화사적 연구의 상대적 지체 등 여러 가지 요인들을 떠올릴 수 있을 것이다. 1990년대 이전 국내 역사학계의 도시에 대한 관심은 전통 시대 왕조의 도읍지 형성과 변화 과정이나 지방 행정체제에 대한 관심에서 비롯된 것으로, 한국 전통도시의 문명사적 특수성에 대한 이해나 한국의 도시적 근대의 독특성에 대한 성찰과 같은 학문적 고민보다는 매우 현실적인 필요에 의해 추동되었다. 1970~80년대에 근현대사 연구자들은 사회경제적 변화를 도시라는 구체적 공간 속에서 분석하여 개항장 도시나 식민지도시의 공간구조, 도시의 상공인 계층, 도시사회의 갈등구조 등에 대한 선구적 성과를 내기도 했지만, 손정목과 같은 예외적 인물을 제외한다면, 1990년대 이전까지 한국학계의 도시사 연구는 극히 간헐적이고 산발적인 성과를 내는 데 그쳤다.

우리 학계에서 근대 도시가 본격적인 학문적 관심의 대상으로 부각되기 시작한 것은 한국 사회의 압축 근대화와 고도 경제성장 이후 19세기 말~20세기 우리 사회가 경험한 급격한 근대화와 도시화에 대한 성찰의 필요성이 제기되면서부터라고 볼 수 있다. 그 결과 1990년대 말 이후 도시사 연구의 성장은 적어도 양적으로는 폭증하는 현상을 나타내고 있다. 그럼에도 불구하고 1990년대 이후 현재까지의 도시사 연구 경향을 분석해 보면, 여전히 그 연구대상이 시공간적으로 매우 제약되어 있음을 알 수 있다. 그 관심은 이제 시기적으로는 전통시대보다는 개항기와 식민지기에 대한 연구가 훨씬 더 큰 비중을 차지하고 있지만, 지역적으로는 여전히 지방도시보다는 서울에 대한 관심이 압도적으로 많다. 서울의 도시사에 대한 연구의 시발점은 서울시사편찬위원회에서 1960년대부터 발간한『향토 서울』로 거슬러 올라가지만, 그것이 제도적 아카데미즘의 토대 위에서 전개된 것은 정도(定都) 600주년을 전후로 서울학연구소가 본격적인 활동을 전개한 1990년대 이후의 일이다. 최근에는 부산, 인천, 군산, 목포, 마산 등 항구도시들을 중심으로 근대 지방도시에 대한 연구 성과들이 급격히 늘어나고 있다는 점도 특기할 만한 변화이며,[3] 2008년 출범한 도시사학회나 대학 연구소들을 중심으로 학회활동이나 공동연구도 급속히 발전하는 추세를 보이고 있다.

도시연구는 학제적 구성이나 지역적 배경에 따라 매우 다양한 성격을 띠고 있으므로 그 연구 동향을 하나의 학문적 흐름으로 정리하기란 쉽지 않다. 또한 도시라는 연구대상 자체가 시기나 지역에 따라 큰 차이를 띠므로 이를 포괄적으로 이해하기 위해서는 연구영역을 광범위하게 설정하지 않을 수 없다. 하지만 실제 연구과정에서는 이 가운데 특정 영역으로 범위를 좁혀서 연구문제를 구체화하는 과정이 불가피하다. 이 글에서는 한국 도시사 연구의 주요 쟁점들을 근대 초기(개항기), 식민지 시기, 해방 이후의 세 가지 시기로 나누어 선행연구의 성과와 향후 연구과제를 간략히 정리해 보고자 한다. 따라서 본고의 주된 논의 대상은 시기적으로는 근대 이후의 도시로 한정된다. 전근대 도시에 대해서는 근대 이후의 도시와 관련하여 꼭 필요한 경우에 한해서 간략히 다룰 것이다.

---

3) 부산근대역사박물관은 최근 엽서 · 사진 등 시각자료를 중심으로 다양한 근대 도시 자료를 발굴하여 출간해 왔으며, 부산대학교의 '로컬리티의 인문학' HK연구팀과 해양대학교의 '해항도시의 인문학' HK연구팀 등 지방도시를 근거로 한 연구소들도 풍성한 연구성과를 만들어 내고 있다. 인천대학교의 인천학연구원과 목포대학교, 군산대학교 등의 연구도 활발하다.

3. 전통 읍치에서 근대 도시로의 전환

근대화는 산업혁명이자 동시에 도시혁명이었다. 근대 도시는 근대 자본주의 문명의 쌍생아로 출현했다. 근대 도시연구의 학문적 전통이 처음 형성된 서유럽에서 도시연구가 산업혁명기 사회변동 연구에서 비롯된 것은 이 때문이다. 그렇다면 한국의 경우는 어떠했을까? 이 질문에 대한 해답을 찾기 위해서는 한반도의 전통도시들이 어떤 성격을 띠고 있었으며, 개항 이후 어떤 변화를 겪었는지에 대해 먼저 살펴볼 필요가 있다.

전통시대 한국의 도시, 이른바 읍성(邑城) 또는 읍치(邑治)는 조선시대 주요 지방행정 거점지에 설치된 오늘날의 시에 해당하는 행정단위였다. 읍성은 삼국시대부터 나타나지만, 본격적으로는 여말~선초에 왜구의 침입을 방비하기 위해 (특히 삼남 지방을 중심으로) 각 군현 소재지에 만들어지기 시작했는데, 양란 이후 그 숫자가 많이 줄어들었음에도 불구하고 조선 후기 전국적으로 100여 개가 있었다고 전해진다. 현재 서울대학교 규장각한국학연구원에 소장되어 있는 각 군현의 지도를 살펴보면 이들 읍성의 모습이 잘 나타나 있는데, 왕조의 공식의례가 열리거나 중앙에서 파견된 관헌이 머무는 객사(客舍), 군수나 현감 등 수령이 행정 실무를 담당하는 동헌(東軒), 지방 향리들이 근무하는 관아(官衙) 등이 그 중심부를 형성하고 있었다.

개항 이후 근대 도시 형성과정에 대한 연구는 이러한 각 지역 읍성의 근대적 변화과정에 대한 사례연구에 다름 아니다. 그 변화의 양상은 도시 간 네트워크의 변화라는 단위 도시 외적인 변화와 읍성의 해체 혹은 확장이라는 단위 도시 내적인 변화 양 측면으로 나누어 살펴볼 수 있다. 우선 전자의 측면은 농업경제와 수운 네트워크를 중심으로 짜여진 전통적 도시 간 체계에서 상공업경제와 철도 네트워크를 중심으로 한 근대적 도시 간 체계로의 변화로 요약할 수 있다. 시야를 더 확장해서 동아시아 지역체제의 장기 · 거시적 구조변동과 한반도 지역거점의 변화라는 관점에서 보면 이러한 변화는 '서세동점'과 더불어 전통적인 화이론(華夷論)적 질서가 붕괴되고 만국공법적 질서가 새롭게 대두되면서[4] '중화(中華)'로 대표되는 대륙세계와의 소통 위주로 형성되어 있던 지역체제가 개항 이후 서양과 일본이라는 해양세력과의 소통을 중심으로 재편되는 과정에서 일어난 국토체제의 변화라고 볼 수 있다. 이러한 변화를 선도한 것은 강화도조약(1876) 이후 조계나 거류지가 형성되고 외래 문물이 급격히 도입되기 시작한 개항장(開港場)과 개시장(開市場) 도시였다. 이 시기 이들 지역의 사회적 · 공간적 변화에 대해서는 대표적인 개항장이라고 할 수 있는 부산, 인천, 목포 등의 항구도시를 중심으로 활발한 연구가 축적되고 있다.

후자의 단위 읍성 내적인 사회적 · 공간적 변화와 관련한 연구는 지역에 따라 차이가 많지만, 조선시대 지방행정 중심지였던 유서 깊은 각 지역 거점지들은 대개 내륙도시였으므로 개항 직후 급격한 변화를 경험한 도시는 많지 않으며, 대개 철도와 도로망이 정비되면서 본격적인 근대 도시화가 이루어지기 시작했다고 볼 수 있다. 그런데 러일전쟁을 계기로 일본군의 필요에 의해 속성으로 부설된 경부선과 경의선을 주축으로 한 한반도 간선철도는 일제의 한반도 식민화와 대륙 침략의 도구적 성격을 강하게 띤 것이었다. 따라서 내륙 지역의 근대 도시 형성과정은 일제에 의한 식민도시화 과정과 불가분의 관련성을 띤다.

대부분의 내륙 읍성 지역들이 러일전쟁 이후 일본인들이 한반도 전국 각지로 대거 이주해 오면서 급격한 사회적 · 공간적 변화를 경험한 것은 이 때문이다. 전통 읍성이 근대 도시화되는 과정은 대개 지역 경제구조의 변화에 따른 도심부의 변화와 도시인구의 증가에 따른 시가지의 형성과 확장을 필연적으로 수반하게 되므로 도심부의 변화는 물론 과거 읍성 안팎의

---

4) 이에 대해 자세히는 이 책 10장의 내용을 참조할 것.

경계를 허무는 일도 진행되었다. 도시공간의 변화라는 측면에서 살펴본다면, 일본인들의 읍내 진출에 가장 큰 물리적 장애물이었던 성벽은 가장 먼저 헐렸고, 조선왕조를 상징하는 건물로서 각 지방 읍성의 대표적 랜드마크였던 객사도 규모가 아주 큰 경우를 제외하고는 대부분 철거되었다.[5] 하지만 그 진행 양상과 추후 도시화에 미친 영향은 지역과 사례에 따라 많은 편차를 나타내므로 흥미로운 비교연구의 주제가 된다.

개항기에 이루어진 변화와 관련하여 그동안 단연 가장 많은 연구자들의 관심의 대상이 되었던 사례는 지난 600여 년간 한반도의 압도적인 '도시 중의 도시' 였던 서울이다. 개항기 한성부와 관련해서는 도시계획사, 건축사, 주거사, 사회사, 문화사 등 각 분야별로 연구성과가 축적되어 왔는데, 이들을 종합하여 이 시기의 도시사적 변화를 전체적으로 평가하고 해석하는 문제는 여전히 중요한 학문적 쟁점으로 남아 있다. 특히 대한제국기 한성부 도시개조사업이나 개화파의 치도사업, 구한말 궁궐을 중심으로 한 한성부 도시공간의 변화 양상 등에 대한 선행연구들은 주목할 만한데, 대한제국의 황도(皇都) 건설사업을 어떻게 평가할 것인가의 문제나 러일전쟁 이후 대한제국과 조선통감부의 '이중권력' 상황에서의 서울의 변화를 어떻게 볼 것인가의 문제 등은 중요한 쟁점으로 남아 있다.

개항기 도시 변화에 대한 연구 경향을 전체적으로 평가하자면, 전반적으로 개항장 · 개시장에 대한 관심이 비교적 높은 데 비해 내륙 읍성도시들

---

5) 일본 본토에서의 사정을 고려해 보면, 이를 단순히 조선왕조의 전통 문화유산에 대한 일본인들의 침략적이고 야만적인 반달리즘(Vandalism)이라고 악의적으로만 해석하는 것은 곤란하다. 일본 본토의 경우에도, 메이지유신 이후 일본 정부는 강력한 중앙집권 정부를 수립하기 위해 각 지방 다이묘(大名)들의 권력 거점지인 성과 천수각(天水閣)을 철거하라는 '폐성령(廢城令)' 을 내린 바 있었다. 그 과정에서 270여 개에 달했던 옛 번주(藩主) 권력의 상징물들 가운데 살아남은 것은 60여 개에 지나지 않았으며, 그나마도 그 이후 전쟁 등으로 인해 훼손되어 오늘날까지 남아 있는 것은 12개에 불과한 형편인 것이다. 따라서 이러한 폭력적 철거는 메이지유신 이후 일본의 '탈아입구(脫亞入歐)' 정책에 의해 초래된 일련의 전통 파괴행위로 규정할 수 있을 텐데, 물론 그 양상이 식민지에서는 더욱 야만적 폭력성을 띠면서 전면적으로 나타났음은 두말할 나위도 없다.

의 변화에 대해서는 상대적으로 연구가 부족한 편이다. 이는 해안 지역에 비해 내륙 지역의 도시화가 철도 부설 이후에야 본격적으로 전개되었다는 점과 무관하지 않다. 그런데 경부선과 경의선을 중핵으로 하는 한반도 간선철도망은 러일전쟁기 일본군의 주도하에 군용 철도로 건설되었다. 한국의 근대 도시 형성과정을 이해함에 있어서 식민지 시기에 전개된 식민지 근대 도시화의 다양한 사회적 · 문화적 양상과 더불어 일제의 군 주도적 식민화 전략에 대한 분석을 논외로 할 수 없는 것은 이 때문이다.

4. 식민지 근대 도시화를 어떻게 볼 것인가

국내외 한국학계에서 근대 도시에 대한 관심이 급증한 것은 '식민지 근대(colonial modernity)' 에 대한 문제제기가 본격화되면서부터였다고 해도 과언이 아닐 정도로 일제하 식민지도시에서 나타난 근대성을 어떻게 볼 것인가의 문제는 지난 십여 년간 한국학의 대표적 연구주제 가운데 하나로 자리 잡아 왔다. 식민지기에 우리가 경험한 도시성은 과연 무엇이었을까? 지금 우리는 그것을 어떻게 이해해야 할 것인가? 오늘날 한국의 독특한 도시성의 형성에 있어서 '식민지 근대' 의 역사적 경험은 과연 어떤 사회적 · 역사적 영향을 미쳤을까?

일반적으로 식민지도시는 철도망이 발달한 항구도시로서 대개 경제적 수탈의 창구 역할을 주로 수행한다. 그것은 거시적 · 외적인 도시 간 체계의 측면에서는 식민지 제국의 광활한 영역을 연결하는 도시 네트워크의 일부로서 식민통치의 거점이자 식민지 착취의 중추신경 역할을 수행하는 공간으로 규정되며, 미시적 · 내적인 도시사회의 구성이라는 측면에서는 식민모국으로부터 이주해 온 외래 인구집단이 집주하는 공간이자 외래 식민자와 토착 피식민자 간의 일상적 상호작용이 전개되는 공간이라고 할 수 있다. 따라서 식민지도시는 상당히 이질적이고 대조적인 성격을 띠는 식민자의 집주공간과 피식민자의 집주공간이 병존하는 이중도시(dual city)적 특성을 띠므로 근대화, 문명화, 도시개발이라는 측면과 극단적인 빈부격차와 인종 간 · 민족 간 차별의 측면이라는 대조적인 두 가지 사회현상을 통합적으로 읽어내는 사회학적 · 역사적 상상력이 요구된다.

그런데 상대적으로 원격지 제국주의적 성격을 띠는 서양열강이 건설한 식민지도시에 비해 근린(近隣) 제국주의적 특성을 띠는 일제가 건설한 식민지도시는 도시인구의 양적 · 질적인 속성에 있어서 중요한 차이가 발견된다. 우선 구미의 식민지 도시인구에서 서양인 식민자들이 차지하는 비율은 대개 한 자리수의 %에 그치는 반면, 일제의 식민지 도시인구에서 일본인들이 차지하는 비율은 13~28%에 이른다. 또한 후자의 경우 가족 단위의 영구 정착형 이주가 많다는 점에서 서양열강의 경우가 '일시거주형'에 가까운 성격을 띤다면 일제의 경우는 '영구정착형'에 가깝다고 볼 수 있다.[6] 또한 일제의 식민정책을 주도한 것은 적어도 1930년대 중반 이전까지는 농업 중심 정책이었다. '조선의 쌀'과 '대만의 사탕수수'와 '만주의 콩'은 일본 제국을 지탱한 핵심적 농업자원이자, 각 식민지를 대표하는 생산물들이었다. 그런데 이러한 농산품의 생산에 있어서 서양열강의 식민지 농업경영에서 주류를 점한 대규모의 기업적 플랜테이션 농업—이를 위해서는 노동력의 대규모 국제이동이 필수적이다—과는 달리, 대개 현지인의 노동력을 주축으로 하는 소규모 농업생산이 주류를 이루었다. 일제의 이러한 농업 중심적 식민정책은 서양의 식민지에 비해 현저하게 낮은 인구의 도시화 현상을 야기하였다는 점에서 '농촌형' 식민지를 낳았다고 할 수 있다.[7]

---

6) 이에 대해 자세히는 김백영, 『지배와 공간 : 식민지도시 경성과 제국 일본』(문학과지성사, 2009) 제3장의 논의를 참조.

7) 일제시대 조선의 도시화는 "한마디로 수위도시가 식민지 착취의 단독 중심으로서 모든 다른 도시들과 농촌지역을 지배하지 못했다. 오히려 일본은 식민지의 중심을 비교적 다양화 시킴으로써 식민지를 직접 효과적으로 지배하는 정책을 조선에 적용하였다고 할 수 있다.

하지만 1930년대 중반 이후에는 대륙 침략으로 인한 병참기지화 정책이 본격화됨에 따라 지역에 따라서는 식민지도시에 대한 공업투자가 본격화되고, 공업노동력의 유입으로 인해 도시인구가 급증하기도 한다. 따라서 이 시기의 도시화 현상이나 식민지에서의 중화학공업 개발을 평가함에 있어서는 단지 개별 지역 단위만을 고려하는 것이 아니라 식민지 제국 전체의 지리적 판도의 변화를 염두에 두고 이해해야 할 것이다.

한반도에서 일본인들에 의한 식민도시화는 내륙지방의 전통 읍성보다는 항구를 중심으로 형성된 신도시를 위주로 이루어졌다. 강제병합(1910) 이후 1914년 조선총독부가 지방행정구역을 개편하면서 전국에 설치한 12개의 부(府; 오늘날의 시) 가운데 서울(경성부), 평양, 대구를 제외한 9개 부(인천, 군산, 목포, 부산, 마산, 진남포, 신의주, 원산, 청진)는 구도시나 내륙도시가 아니라 신도시이자 항구도시였다. 이는 근현대 한국의 도시 발달이 전반적으로 전통도시와는 상당한 단절성을 띠면서 출발했음을 의미한다. 오늘날 초거대도시로 성장한 한국의 대표 항도(港都) 부산과 인천은 이러한 단절의 양상을 보여주는 대표적 사례라고 할 수 있다.

그 결과 식민지 시기 한국 주요 도시들을 '성장'과 '쇠퇴'의 두 가지 유형의 도시군으로 구분해 보면, 그것은 대체로 항만과 철도라는 근대적 교통망에 연결되어 식민도시화 과정에서 일본인들이 활발하게 진출한 도시와 그렇지 않은 도시 간의 구분과 일치한다. 즉 1876년 이후 개항장으로 새롭게 도시화가 시작된 부산, 원산, 목포, 군산, 마산, 진남포 등의 항구도시들은 뚜렷한 도시화 양상을 보인 반면, 광주(廣州), 양주, 홍주, 상주, 성주, 경주, 나주, 원주, 안주, 정주, 길주 등 대부분 내륙에 위치한 구도시들은 상대적인 쇠퇴의 길로 접어들게 된 것이다. 물론 내륙도시라고 해서 모두 몰락의 길을 걷기만 한 것은 아니다. 앞서 말한 서울과 평양 이외에도,

---

이러한 점은 유럽 여러 나라의 라틴 아메리카 및 동남아의 식민지 지배형태와는 근본적으로 양상을 달리한다."(권태환 외, 1997: 269-270)

수원, 청주, 공주, 전주, 광주(光州), 대구, 진주, 해주, 평양, 의주, 춘천, 함흥, 경성(鏡城) 등과 같은 각 도의 중심도시[道治]들은 각급 재판소, 경찰서, 세무서, 보통학교, 사범학교, 우편관서, 전신전화국 등이 설치됨으로써 근대 행정도시로서 그 기능과 면모를 일신하게 된다. 특히 경부선과 경의선 등 철도가 개통됨으로써 내륙도시가 성공적으로 근대 도시로 전환한 경우도 있다. 대표적인 내륙 신도시인 대전 이외에 전통도시 가운데에도 김천, 천안, 개성, 황주 등은 철도가 놓이면서 근대 도시로 재탄생할 수 있었다. 이하에서는 도시공간, 도시문화, 도시정치라는 세 가지 주요한 연구주제를 중심으로 각 영역별 연구 동향을 간략히 살펴보고 향후 연구과제를 제기해 볼 것이다.[8]

1) 근대 도시계획과 도시공간의 변화

근대 도시계획에 대한 이해는 도시공간의 근대화 과정을 이해하기 위한 첫 단추에 해당한다. 일제하 도시계획은 시기별로 크게 두 가지로 나눌 수 있다. 식민화 초기 시구개정령에 의해 시행된 시구개수사업과 1930년대 조선시가지계획령에 의해 시행된 시가지구획정리사업이 그것이다. 1920년대 일본 본국의 도시계획 흐름이 조선에 유입되면서 재경성(在京城) 일본인 세력을 중심으로 도시계획운동이 일어났는데, 식민지 조선에서 도시계획의 제도화는 1920년대 후반 일본의 재정 악화와 세계 경제공황으로 인해 지연되다가 1934년 조선시가지계획령이 발포되면서 1930년대 후반부터 시행된다.

또한 지역과 사례에 따라서는 군대와 군사시설도 식민지도시 연구에 있어서 중요한 변수로 고려할 필요가 있다. 예컨대 서울의 초기 식민도시

8) 이하 1), 2), 3) 각 항의 내용에 대한 좀 더 자세한 논의는 김백영(2011b)을 참조하기 바란다.

화 과정에서는 청일 · 러일전쟁을 계기로 한 일본군의 진주가 결정적 요인으로 작용했으며, 일제말 전시체제기에 도입된 지방계획과 국토계획에 대한 연구에 있어서도 군의 전략적 판단은 지역 개발에 매우 중요한 변수로 작용했다.

지방도시에 대한 연구는 부산, 인천, 목포 등 개항 이후 신도시로 발전하기 시작한 항구도시에 대한 연구가 상대적으로 활발히 전개되어 왔다. 내륙 지방도시에 대한 연구로는 서북지역을 대표하는 전통 역사도시이면서 식민지 공업도시로 개발된 평양, 내륙 철도망의 허브로 식민지 신도시로 성장한 대전, 그리고 전통 읍성도시로서 지역 거점도시로 발전한 대구 등과 관련한 연구들이 있다. 이들 도시가 전근대, 식민지 시기, 해방 이후를 거치면서 어떠한 공간적 변화를 겪었는가의 문제와 관련하여, 각 지역별 사례들을 아우르는 종합적인 연구는 향후의 과제로 남아 있다.

2) 근대 도시문화와 식민지 도시성

식민지 시기 도시문화에 대한 연구는 1980년대 후반부터 나타났는데, 이때 주된 연구대상은 토막민과 같은 도시빈민의 생활과 문화였다. 식민지 도시문화에서 나타난 근대성(현대성)에 주목하는 움직임은 1990년대 말부터 급격히 늘어나기 시작했다. 그 신호탄이 된 것은 '모던뽀이 · 모던걸'로 대표되는 경성의 소비문화에 대한 풍속지적 연구였는데, 이후 문화사, 건축사, 여성사, 일상생활사 등 각 방면에서 연구가 봇물 터지듯 쏟아져 나와 각 지역별로도 다양한 자료가 수집 · 정리되고 연구성과가 축적되고 있다.

이러한 사회문화사적 관심은 일제하 재조선 일본인 사회에 대한 연구로 이어져 일본인 시가지의 공간적 확장 현상이나 일본인 커뮤니티의 일상과 의식에 대한 연구 등도 이루어졌다. 최근에는 여행과 관광의 장소로서 식민지 시기 도시와 지역 정체성이 어떻게 변화했는지가 새로운 연구주제로 주목받고 있다. 특히 '문화정치' 이후 조선에 대한 관광 이미지 생산이 활성화되면서 지역성의 식민지적 재발견 현상이 나타났는데(김백영, 2014), 부관연락선과 같은 정기항로를 통해 '내지'와 조선을 연결하는 접경 공간이었던 부산이나, 월미도와 송도 유원지를 갖춘 경성 부근의 '행락지' 인천, 그리고 금강산이나 동래온천과 같은 휴양지 형성 등에 대한 연구가 있다. 비슷한 맥락에서 1930년대 일제의 고적조사보존사업도 평양, 경주, 부여 등 역사도시의 새로운 지역 정체성 개발과 식민지 관광 활성화와 연관하여 연구된 바 있다. 그 밖에도 사회문화사와 관련한 새로운 연구로 주거공간의 변천, 철도와 도로 등 교통망의 변화, 야시와 백화점 등 소비문화, 카페와 유곽 등 유흥문화, 상하수도와 전염병 등 도시위생 문제, 범죄와 도시질서 등 최근 들어 점점 더 다양하고 흥미로운 연구주제에 대한 발굴이 이루어지고 있는 추세이다.

3) 식민지 도시문제와 도시 · 지역정치의 전개

식민지 시기 도시사회와 지역정치에 대한 연구는 일제의 폭압적 지배에 대한 지역적 차원에서의 저항운동에 대한 관심에서 출발했다. 이들 연구는 대부분 '민족사'적 관점에서 이루어져, 지역성이나 공간적 변수는 단순히 배경으로 처리된 경우가 많았다. 하지만 근대 지역사회, 특히 도시사회에서는 계급 · 계층 · 젠더 · 세대 · 지역 등 '민족'으로 환원할 수 없는 다양한 집단적 정체성과 이해관계 갈등의 축들이 나타나기 마련이다. 경성 전기 부영화나 경성부 교외지역 전차 문제를 둘러싼 사회적 논란, 도시계획과 도시개발 노선을 둘러싼 사회적 갈등, 도시 공공재 확보를 둘러싼 정책 당국과 지역주민 간의 갈등 양상 등을 다룬 선행연구들을 통해 근대 도시계획과 도시문제와 관련된 지역정치의 전개 양상을 확인할 수 있다. 이처럼 도시와 지역 차원에서 제기되는 다양한 사회문제들은 한편으로는 주민들의 절박한 생존권 문제와 직결되지만, 다른 한편으로는 지역 차원의 통치체제에 대한 분석의 필요성을 제기한다.

그 결과 도시에 대한 사회사적 연구의 발전은 식민지 시기 정치사 연구의 공백을 해소할 중요한 단초를 제공하기도 한다. 지역이나 도시 단위의 제한된 공간적 범위에서 제기된 정치적 이슈를 다루는 것은 '식민지 조선의 정치사' 나 '조선총독부의 성격 규정' 과 같은 총체적이고 본질적인 문제에 접근하기 위한 전략적 우회로로서 충분한 의미가 있다. 최근 수년간 식민국가론, '협력' 론, 식민지 공공성론 등 식민지 정치를 둘러싼 여러 논제들이 새롭게 제기되어 왔는데, 이는 도시사 · 지역사 차원에서 전개되어 온 경험적 연구의 축적과 무관하지 않다.

특히 그동안 학계의 관심이 집중되어 온 서울에 비해 지방도시는 상대적으로 중앙(국가) 수준의 제도와 사건이 일방적으로 반영되는 수동적 위치에 있는 것으로 인식되어 역사 서술의 능동적 주체로 간주되지 못해 왔다. 이 점에서 일제하 지역 개발과 주민 갈등의 문제는 최근 새롭게 대두되고 있는 흥미로운 연구주제로 주목할 만하다. 지역 유력자층을 중심으로 한 지역정치의 전개 양상에 대한 분석은 지수걸과 윤해동 간에 전개된 지역통치 시스템을 둘러싼 논쟁으로 전개되기도 했는데, 이는 식민권력의 지배력이 도시 · 지역사회의 기층구조에 어느 정도까지 실질적 지배력을 발휘했는지에 대해 해명할 필요성을 제기한다. 일제하 서울의 경우, 특히 1930년대 정동회와 총대, 방면위원제도 등을 활용한 지역사회 통합정책에 대해서는 연구된 바가 있지만 주로 제도적 · 정책적 측면에 치중하여 미시적 차원의 통치성의 실질적 효과에 대해서는 충분히 해명하지 못한 한계가 있다. 이러한 한계점들을 포함하여 총력전 체제하 애국반 등 전시 파시즘적 조직이 해방 이후 한국 사회에 어떤 탈식민 유산을 남겼는지의 문제에 대해서는 향후 좀 더 심도 깊은 이론적 · 실증적 천착이 필요할 것이다.

5. 압축근대화 시대 한국 도시변동 연구의 과제들

해방 이후 한국 도시사회는 한마디로 설명하기 어려운 우발적 사건들과 복합적 변수들에 의해 파란만장한 변화를 겪어 왔다. 분단과 전쟁, 독재와 민주화, 산업화와 고도성장, 국제화 · 세계화와 초거대도시화, 탈산업사회화와 대중문화의 발전 등 각양각색의 변화의 계기들이 불과 반 세기 남짓한 우리 도시의 짧은 성장사 속에 농도 짙게 응축되어 있다. 제국주의 식민 지배를 경험했던 대부분의 아시아 · 아프리카의 국가들에서 그랬듯이 한국도 근대화 과정에서 서양과 일본의 근대 도시 모델이 도입되면서 전통적 도시체계를 대체했는데, 탈식민 이후에도 식민지 경험이나 서구 도시문명에 대해 성찰적으로 이해할 여유를 갖지 못한 채 도시를 산업화와 경제성장의 근거지로 전환시키면서 전대미문의 급격한 도시화의 시대를 맞이하게 되었다.

제3세계 도시화의 일반적 모델에 비춰볼 때 한국의 사례에서 나타나는 몇 가지 특징적 양상을 꼽자면, 탈식민 직후 한국전쟁이라는 참화를 겪으면서 전 국토가 폐허화되었다는 점과 그 이후 한반도 분단체제와 동아시아 냉전체제라는 군사적 긴장이 지속되었다는 점, 그리고 '한강의 기적'이라는 개발독재와 압축고도성장을 달성했다는 점 등을 들 수 있다. 따라서 한국의 도시사적 경험의 독특성을 구미 사회의 역사적 경험으로부터 도출된 시각이나 이론틀을 단순히 적용하여 설명하기는 어려우며, 20세기 제3세계의 도시화 과정에 대한 설명에 곧잘 이용되어 온 과잉도시화(over-urbanization)론이나 도시비공식부문(urban informal sector)론으로도 그 독특한 역사적 의미를 충분히 파악해 내기란 불가능하다. 본 절에서는 이러한 한국 현대 도시의 변화 양상을 인구 · 체계, 정치 · 경제, 사회 · 문화라는 서로 연관되지만 분석적으로 구분되는 세 가지 영역으로 나누어 살펴볼 것이다. 각 영역의 핵심적인 이론적 내용과 주요한 연구문제들을 간략히 살펴보면 다음과 같다.

1) 도시화와 도시체계 : 인구변동과 공간체계

우리 사회는 지난 반 세기 동안의 기록적인 '도시집적(urban agglomeration)' 의 결과, 도시민이 전 인구의 90% 이상을 점하는 사실상의 '도시국가' 로 변모해 왔다. 현대 한국 도시화의 역사적 출발점은 식민지 시기를 거치면서 이산(離散)되었던 해외교포들의 해방 직후 귀국 러시와 한국전쟁으로 인해 고향으로부터 '뿌리 뽑힌' 난민들의 대대적인 도시 이주로부터 비롯되었다고 할 수 있다. 19세기 민란의 시대에서부터 비롯되어 식민화와 전쟁을 거치면서 한국 사회 전반에 큰 변화를 야기한 '뿌리 뽑힘' 의 경험은 한국적 도시사회 형성의 초기 조건으로 분석될 필요가 있다. 특히 한국전쟁으로 인한 퇴행도시화와 피난민으로 인한 도시인구의 급증에 대한 분석은 아직 도시사적 관점에서는 본격적인 연구가 거의 시도된 바 없는 영역으로 향후 중요한 연구주제로 남아 있다.

〈표 1〉 도시인구 변화 추이(1960~1995) (단위: 1,000인)

연도	1960	1966	1970	1975	1980	1985	1990	1995
총인구	24,989	29,193	31,469	34,709	37,449	40,467	43,410	44,606
도시인구 (%)	6,997 (28.0)	9,807 (33.6)	12,955 (41.2)	16,709 (48.4)	21,441 (57.3)	26,458 (65.4)	32,308 (74.4)	35,033 (78.5)
6대도시 인구(%)	5,229 (74.7)	7,331 (74.8)	10,063 (77.7)	13,565 (74.8)	15,588 (72.7)	18,339 (69.3)	20,644 (63.8)	21,327 (60.8)

주 : 6대도시(서울, 부산, 대구, 광주, 인천, 대전)의 인구비율은 도시인구 전체에 대한 것임.

자료 : 이기석(1998: 86).

〈표 1〉에서 드러나는 도시인구 변동을 중심으로 1960년대 이후 현재까지의 도시화 양상을 시기별로 나누어 개략적으로 살펴보자면, 우선 1960년부터 전개된 우리나라의 국토개발은 하향식 불균형 도시중심 개발정책으로 일관하였다. 그 결과 국토개발의 시행과정에서 지역주민의 의사가 충분히 반영되지 못하였고, 지역 격차가 심화되었으며, 도시와 농촌 간의 양극화 현상이 나타나게 되었다. 1970년대에는 급속한 산업화에 의한 도시화가 수도권과 남동해안 지역을 중심으로 집중되어 경부선 축에 따른 지역적 양극화 현상이 뚜렷하게 나타났다.[9] 1980년대의 도시화는 도시성장이 일반 중심도시와 신도시들에까지 파급되어 대도시 중심의 도시화 현상은 다소 둔화되었지만, 수도권 중심도시의 급성장과 서울 중심부 인구의 교외지역으로의 분산으로 인해 수도권의 과잉비대화 현상이 두드러지게 되었다. 전반적으로 1980년대는 '도시화 가속기'의 후반기로서, 도시인구가 전체 인구의 약 70%선을 넘어서면서 급증세가 눈에 띄게 둔화되어 완만한 성숙 단계에 진입한 양상을 나타낸다. 이후 1990년대를 거치면서 전체 도시인구에서 6대도시가 차지하는 비율은 현저하게 감소하는 반면, 도시인구의 비율은 계속 증가하는 도시의 전국적인 광역화 현상이 나타나고 있음을 알 수 있다. 이처럼 1960년대 이후 한국에서는 산업화와 도시화가 수도권과 영남권에 압도적으로 편중되어, 서울과 부산이라는 거점도시를 중심으로 형성된 양 도시권역과 경부선 축을 따라 형성된 거대한 도시회랑[10]을 중심으로 전국적인 도시화가 진행되어 왔다고 볼 수 있다.

---

9) 그 후유증은 현재까지 지속되고 있다. 산업구조 면에서 보자면, 전국 제조업 고용자 중 수도권과 동남권 지역이 차지하는 비율이 1966년에 각각 40.9%, 36.3%였으나, 1993년에 이르면 각각 46.7%, 35.9%를 차지하여 양 지역이 전국 제조업 고용자의 82.6%를 차지하고 있다(박양호, 1998: 62).

10) 도시회랑에는 국가도시회랑, 지역도시회랑, 지방도시회랑의 세 수준으로 구분해 볼 수 있다. 한국의 경우, 국가회랑으로는 서울-대전 회랑, 지역회랑으로는 울산-부산-마산 회랑과 군산-이리-전주 회랑, 지방회랑으로는 진주-사천 회랑, 마산-진해 회랑 등을 들 수 있다(김형국, 1996: 87-109).

한국 사회가 경험한 이 독특한 도시인구 변동과 도시체계 변화의 역사적 과정은 매우 다양하고 흥미진진한 연구주제를 제기하고 있다. 첫째, 개발독재와 압축고도성장 시대를 거치면서 산업화와 도시화, 중화학공업화 정책과 국토개발계획은 어떤 상관관계를 맺어 왔는가? 그 과정에서 고속도로 건설과 산업단지 개발은 어떤 역할을 수행했으며 '한국형 성장기계'로 전환하는 과정에서 도시사회는 어떤 변화를 경험하였는가? 둘째, 서울과 수도권의 초거대도시화 과정을 어떻게 볼 것인가? 1945년 인구 100만 규모였던 서울이 인구 천만의 초거대도시로 성장하고 수도권 메갈로폴리스가 형성되는 과정은 어떻게 설명할 수 있는가? 서울의 도심부 (재)개발과 수도권 신도시 건설은 어떤 상관관계를 맺고 있는가? 셋째, 서울과 수도권의 초거대도시화는 동아시아 세계도시 네트워크 형성과정이라는 거시적인 시공간적 맥락과는 어떤 상관관계를 맺고 있는가? 가령 글로벌 스포츠 메가이벤트와 도시개발의 상관관계라는 측면에서 볼 때 1964년의 도쿄와 1988년의 서울과 2008년의 베이징은 어떤 유사성과 차이를 띠고 있으며, 어떻게 서로를 참조했는가?

하지만 좀 더 거시적 차원에서 보면 이러한 도시체계의 변화도 자본주의 세계경제의 구조변동과 연동되어 있으며, 특히 세계적 차원에서 진행되는 거시적 산업구조 변동은 각 도시사회에 큰 영향을 끼친다.[11] 가령 1970

11) 이러한 접근은 전 세계의 도시들을 자본주의 세계경제의 피라미드적 위계질서 속에서 파악하는 세계도시체계론에서 대표적으로 드러난다. 예컨대 프리드만(Friedmann, 1986)은 '세계도시(world city, global city)'를 4개 계층으로 나눈다. 제1계층은 '지구적 금융결절(glbal financial articulation)'로서 뉴욕, 런던, 도쿄를, 제2계층은 '다국적 결절(multinational articulation)'로서 로스앤젤레스, 마이애미, 프랑크푸르트, 암스테르담, 싱가포르를, 제3계층은 '중요 국가적 결절(important national articulation)'로서 파리, 취리히, 마드리드, 멕시코시티, 상파울루, 서울, 시드니를, 제4계층은 '국가 내 지역적 결절(sub-national reginal articulation)'로서 오사카-고베, 샌프란시스코, 시애틀, 휴스턴, 시카고, 보스턴, 밴쿠버, 토론토, 몬트리올, 홍콩, 밀라노, 리용, 바르셀로나, 뮌헨, 뒤셀도르프를 꼽고 있다. 한국 도시들의 변동을 연구함에 있어서도 이러한 거시적인 세계도시체계의 변동을 염두에 두지 않을 수 없다. 서울과 부산을 비롯한 세계도시의 반열에 든 도시들의 경우는 직접적으로, 그렇지 않은 도시들의 경우에도 간접적인 영향으로부터 자유로울

년대 제조업 주도의 고도성장이 이루어지던 시기에는 경부선 축을 중심으로 한 울산, 포항, 구미 등 신흥 산업도시들의 성장이 급속도로 이루어진 반면, 1990년대 이후 한국 사회의 전반적인 산업구조 변동이 일어나면서 대도시와 중소도시 간의 도시발전에 있어서의 빈익빈 부익부 현상, 특히 수도권과 지방 간의 경제적 격차가 노골화되었고 이는 심각한 사회문제로 대두되고 있다. 도시체계 구조변동의 거시적 맥락을 이해하기 위해서는 단위 도시나 일국적 단위를 넘어서는 이론적 통찰력이 필요하다.

2) 도시 변동의 정치 · 경제적 동학(dynamics) 분석

도시사회의 정치 · 경제적 측면에 대한 연구는 분석적으로 보아 두 가지 영역으로 대별해 볼 수 있다. 첫째는 도시의 운명을 좌우하는 거시적 행위주체의 결정이다. 특히 국가권력이나 초국적 자본과 같은 강력한 도시외적 행위자의 선택에 따라 지방도시의 운명은 크게 변화된다. 다른 하나는 도시화(인구의 공간적 집중)로 인해 야기된 도시문제의 해결과 관련된 정치 · 경제적 진행 과정이다. 전자의 경우는 중앙정부나 대자본과 같은 거시적 동학이 주요 연구문제가 되는 반면, 후자의 경우는 지방도시 내부의 보다 미시적인 동학이 주요한 관심의 대상이 될 것이다. 양자 모두에 있어 도시 정치 · 경제 연구의 핵심적 과제는 집합적 행위자의 동학을 분석하는 작업이다.

전자의 논리를 제공하는 가장 유력한 이론은 마르크스주의적 설명방식이다. 그 대표자라 할 수 있는 데이비드 하비에 따르면 도시공간은 자본축적이 이루어지는 핵심적 장이다. 자본주의는 잉여가치의 전유를 통한 자본축적을 통해 유지되는데, 이윤율은 경향적으로 하락하기에 축적의 위기가 생겨나고, 이른바 '자본의 한계' 국면에서 자본은 언제나 새로운 투자 영

수 없기 때문이다. 남기범(1995), 사센(1998), 김인(2005) 등을 참조.

역을 개척해 낸다. 하비의 분석처럼 제조업 분야라는 제1의 자본순환 영역에서 과잉축적된 자본은 이윤율 하락을 막기 위해 건조환경이라는 제2의 자본순환 영역에 새롭게 투자됨으로써 생산과 소비를 촉진시키게 된다는 것이다(하비, 1995). 예컨대 포드주의-케인즈주의적 축적체제를 바탕으로 20세기 중반 호황을 구가했던 수정자본주의 체제의 서구 선진국이 1970년대 위기에 직면한 요인 가운데 하나는 저임금 장시간 노동에 기초한 개발도상국 상품들의 세계시장 잠식이었다. 경쟁력을 상실한 미국과 영국의 전통적 제조업 산업도시들은 유령도시가 되어 갔다. 이에 1980~90년대 이른바 도시재생(Urban Regeneration), 도시재개발(Urban Renewal) 사업이 활성화되어 도시경관을 대대적으로 변화시키는 재도시화(Reurbanization)가 진행되었던 것이다.

하비에 따르면 2차대전 후 고속도로망과 연계하여 미국의 대도시권역을 팽창시키고 중산층 교외주택을 통해 잉여생산물을 흡수함으로써 1950~60년대 미국인의 생활양식에 근본적 변화를 초래한 로버트 모제스의 대도시 교외 개발 전략은 그 대표적 예이다. 그 밖에 '악명높은 대혁명과 바리케이트의 도시' 파리를 스펙터클한 경관이 연출되는 소비 · 관광 · 쾌락의 중심지이자 철도망과 결합한 '모더니티의 수도'로 재탄생시킨 19세기 중반의 오스망주의나, 뉴욕, LA, 런던을 비롯하여 두바이, 상파울로, 산티아고, 뭄바이, 요하네스버그, 서울, 타이페이, 모스크바 등 세계 각지의 초거대도시에 전대미문의 장대하고 경이로운 건설 붐을 연출시켜 쇼핑몰, 멀티플렉스, 창고형 점포, 패스트푸드점, 수제품 시장, 부티크 문화를 탄생시킨 1990년대 말 이후의 신자유주의에 의한 '창조적 파괴'도 동일한 자본축적 논리에 의해 설명될 수 있는 현상이다(하비, 2014).

하지만 이러한 일반론을 특정 도시의 사례에 무매개적으로 적용하기에는 무리가 있다. 도시정치의 구도는 시기별 · 지역별로 다양한 변이가 존재한다. 가령 개발독재시대 한국에서는 도시개발을 둘러싼 경제적 의사결정이 중앙정치의 논리에 의해 지배된 경우가 많았다. 지방자치가 배제된 상황에서 전개된 1960~70년대 고도성장기 한국의 국가 주도적 개발형태는 관료들의 일방적 의사결정과 국가의 시장지배라는 독특한 상황을 낳았다.[12] 국가권력의 폭력과 전횡을 도덕적으로 견제할 지역 시민사회가 정치적으로 미성숙한 가운데, 지역사회 현안에 대한 시민적 참여의 책임성과 자발성이 부재한 아노미의 상황에서 무원칙적 경쟁과 획일주의적 통제가 횡행하게 되었다. 그 결과 의사결정 과정에는 연고주의에 호소하는 비합리적 의사결정 관행이 지배하게 되는 한편, 사회적으로는 물신주의, 한탕주의, 불신주의 등이 만연하게 되는 병폐를 낳았다(김원배, 1998: 153).

사정은 지역별로도 크게 다르다. 예컨대 한국의 6대도시 가운데 영남의 부산과 대구, 호남의 광주, 충청권의 대전, 그리고 수도권의 인천은 광역대도시로서 지방거점도시라고 할 수 있다. 이들은 각기 다른 역사적 경험을 거치면서 매우 다른 성격을 띠고 성장해 왔지만, 결과적으로 한국식 '개발'의 가장 큰 수혜지역이라고 할 수 있으며, 동시에 그로 인한 사회적

---

12) 지방자치는 이념적으로 지방분권 사상과 민주주의 사상에 근거한다. 한국은 왕조시대 이래 중앙집권적 전통이 강하게 내려왔으며, 이는 일제의 식민지배를 거치면서 강화되었다. 해방 이후 미군정기 지방자치 개념이 도입되었으나 한국전쟁과 이어지는 남북대치 상황에서 중앙집권은 더욱 강화되었다. 특히 1961년 집권한 군부정권은 주민자치를 '비능률'과 '낭비'의 대명사로 치부하여 지방의회를 해산하였다. 그 결과 지방에는 중앙권력의 행정적 대리자인 단체자치만이 허용되고 주민자치제는 사실상 봉쇄되고 말았다. 제3공화국 정부는 절대빈곤 극복을 위해 국가가 경제성장을 주도하는 중앙명령식 계획(central command planning) 방식의 국가자본주의를 채택했다. 1980년대 말 민주화가 이루어지면서 1991년 지방의회가 구성되어 주민자치의 골격이 회복되었고, 1995년 자치단체장을 직선함으로써 최소한의 지방자치의 제도적 요건을 갖추게 되었다. 하지만 여전히 현실은 자주재정권, 자치입법권, 자치조직권 등의 자치권한을 구비한 이상적 의미에서의 지방자치와는 거리가 멀다.—일반적으로 중앙집권과 지방분권이 적절한 조화를 이루는 황금분할 실현의 조건은 5 대 5 균형재정에 있다. 여전히 중앙정부는 과도한 권한을 쥐고 있고 지방정부는 권한보다 책임이 더 많이 부과되어 있는 실정이다. 따라서 20세기 한국 지방도시사 연구에 있어 중앙정치와 구분되는 지방도시의 독자적인 정치적 동학이 부각되는 경우는 극히 예외적인 사례에 국한된다. 이상 김경동 · 안청시 외(1985), 손정목(1992), 안청시 외(2002) 등 참조.

문제를 가장 많이 안고 있는 지역이기도 하다.[13] 한국의 고도 산업화를 이끈 추동력이 된 대기업들의 생산기지로서 성장해 온 울산, 포항, 구미, 창원 등과 같은 기업도시들도 흥미로운 연구대상이다.[14]

특히 세계도시체계의 경제적 영향력이나 중앙정부의 정치적 결정권이 지역사회의 현실에서 작동하는 구체적인 동학을 분석하기 위해서는 지방 도시사회의 정치적 동학에 대한 실질적 분석작업이 필요하다. 이와 관련해서 두드러지게 드러나는 연구대상은 크게 두 가지로 나눌 수 있다. 우선 첫째는 개발이익을 둘러싸고 전개되는 지역정치의 문제이다. 이는 다시 세 가지로 나눠볼 수 있는데, 개발자유구역이나 행정특화도시 또는 올림픽이나 아시안게임 등과 같은 산업시설이나 행정시설, 대형이벤트나 관광산업의 유치를 둘러싼 경쟁과 갈등, 이와는 반대로 안면도 핵폐기물처리장 반대운동과 같은 님비(NIMBY: not in my backyard)나 룰루(LULU: locally unwanted land use) 현상, 그리고 마지막으로 시가지 팽창과 도시개발에 있어 쟁점이 되어 온 그린벨트 해제 문제를 둘러싼 논란 등을 들 수 있다. 다른 하나의 연구주제로 들 수 있는 것은 선거지리 연구이다. 한국 사회는 전통적으로 '여촌야도(與村野都)' 현상이 특징적이었으나, 1971년 대통령 선거에서 '표의 동서 현상'[15]이 나타난 이후 한국에서 지역감정은 선거 때마

13) 이들 도시는 1960년대 이래 한국의 제조업 중심 산업화의 첨병으로 성장해 왔으나, 1990년경부터 한국경제가 서비스경제화하면서는 이러한 변화를 주도한 곳이기도 하다. 그 결과 제조업은 대도시 외곽으로 이전하는 경향을 보이는데, 부산은 인근의 김해, 양산 등지로, 대구는 영천, 경산, 달성, 칠곡 등지로, 그리고 광주도 인근 군지역으로 제조업의 상대적 분산이 이루어져 왔다. 이러한 대도시의 광역화와 인구 분산은 광역대도시만의 독특한 사회적 변화 양상을 보여주고 있다.

14) 특히 '현대시'와 '포철시'로 불리는 울산과 포항, 그리고 LG가 공단의 주축을 이루는 구미 등은 기업도시(company cities)의 대표적 사례라 할 수 있다. 이들 도시는 노사관계를 핵심으로 하여 기업과 주민 간에 내적으로 매우 독특한 사회적 관계를 형성하고 있는데, 이는 매우 흥미로운 연구주제가 된다.

15) 당시 영남을 비롯하여 강원, 충북, 제주, 부산 등 동쪽 지역에서는 박정희 후보에 대한 지지가 압도적이었고, 호남, 경기, 서울 등 서쪽에서는 김대중 후보가 더 우세했다. 이러한 표의 동서 현상은 단순한 지역의식 이외에 정부의 정책개발에 의한 혜택 여부에 영향을 받은 것으로 분석된다(길승흠 외, 1987: 91-92).

다 유권자들의 투표 성향을 결정하는 주요한 변수로 떠올랐다. 그 구체적 양상은 시기에 따라 가변적이지만 지방선거를 비롯한 정치적 의사결정에 있어 지역개발 문제는 여전히 중요한 이슈로 대두되고 있다. 또한 민주화 이후 '평화도시', '인권도시' 등과 같이 지역성이 정치적으로 재발견된 사례도 지방자치제 시행 이후 지방도시의 정체성 찾기와 관련하여 중요한 연구대상이 된다.

3) 도시민들의 삶 · 경험 · 의식 : 사회구조와 도시문화의 변화

인구 · 체계 연구가 도시화의 정도와 기본 성격을 분석하고, 정치 · 경제 연구가 도시 성장의 동학을 분석하는 작업이라면, 사회 · 문화 연구는 그것이 시민 일상생활에 초래한 사회적 효과를 분석하는 작업이라고 할 수 있다. 우선 경제성장 이후 삶의 질이 관심의 대상이 되면서, 과거 개발독재 시대에는 별로 문제시되지 않았던 도시경관과 생활환경의 문제가 새로운 연구의 대상으로 부각되어 왔다.[16] 산업화로 인해 초래된 한국의 도시공간의 황폐상은 자유방임적 도시개발 풍토가 만연한 가운데 전문가정치가 결여된 결과 빚어진 불가피한 결과물이라고 할 수 있다(이상헌, 2001). 그 대상으로는 비단 고도성장기 생산기지 혹은 '성장기계'로 건설된 공단도시의 열악한 공간환경뿐만 아니라, 대자본의 토지투기와 이윤극대화를 위한 개발로 인해 초래된 건축의 과밀화와 상업 논리에 의한 공공공간의 침해현상과 같은 비교적 최근의 현상까지도 포함된다. 뿐만 아니라 대도시 중산층 주거공간의 주류를 점하고 있는 고층 아파트 주거형태과 관련해서도 새

16) 최근 건축 · 도시공간 · 도시문화의 문제적 현상들에 대한 건축가들의 비평이 활성화되고 있는데, 이들의 비판적 문제의식과 창의적 발상은 시사하는 바 크다. 한국 현대 건축사 연구의 흐름에 대한 간략한 소개로는 박길룡(2003)을 참조.

로운 연구문제들이 제기되고 있다(줄레조, 2004). 이러한 문제들은 단순히 계층 간 불평등이나 공간의 차별화와 같은 전통적인 사회학적 · 지리학적 설명틀로는 해명할 수 없는, 한국적 도시공간의 독특성에 대한 비판적 자의식과 비교문화적 접근이 필요한 연구주제로서, 수많은 문제들이 연구자들의 분석을 기다리고 있다. 가령 용도지구제(zoning)가 결여된 한국 도시공간의 혼잡성은 도시생활에 어떤 영향을 미쳤는가? 부동산 투기는 중산층의 보수화와 어떤 상관관계를 맺고 있으며 그것은 도시공간의 변화에 어떤 효과를 낳았는가? 대단위 공동주거 형태는 어떻게 도입되었으며 지역커뮤니티에 어떤 변화를 가져 왔는가?

한국의 급격한 도시개발이 초래한 도시사회의 변화와 관련하여 또 하나의 중요한 연구주제로 대두되는 것은 지역커뮤니티의 변화와 사회적 약자의 문제이다. 우선 후자와 관련해서는 제3세계 도시사회학의 가장 전통적인 주제인 도시빈민 문제의 중요성은 두말할 나위도 없거니와,[17] 그 밖에도 철거민, 노숙자, 소수자, 이민자(외국인 노동자) 등과 같은 다양한 연구주제들이 있다. 지역커뮤니티 연구와 관련해서는 가령 산업도시의 노동자 주거단지 연구, 아파트 단지 연구, 신도시 연구 등을 들 수 있으며, 최근 활성화되고 있는 상업적 지역 활성화 전략에 대한 연구나 지역문화 이벤트의 역사적 맥락에 대한 연구의 필요성도 제기된다.

---

17) 도시로 이주한 이농민들은 시내의 산비탈이나 하천변, 또는 시 외곽의 유휴지에 조성된 판자촌에서 대개 가족 단위로 거주했고, 정부는 국공유지를 무단점거해서 거주하는 것을 묵인함으로써 저소득층 주택문제를 완화시키고자 했다. 특히 1970년을 전후한 집단재정착지 조성과 철거이주정책은 정부가 앞장서서 국공유지에 대한 '계획적인' 점유를 유도한 것으로, 그 결과 형성된 무허가정착지는 빈민들에게 값싼 주거지인 동시에 생존의 공동체였다. 그러나 1980년대 들어서면서 무허가정착지에 대한 민영화 개발 전략으로 급선회하면서 저소득층을 추방하였다. 1989년부터 저소득층을 위한 임대주택사업이 이루어져 왔으나, 공공임대 · 국민임대주택 등의 건립은 극히 제한적이거나 비현실적으로 높은 임대료가 문제로 제기되어 왔다. 참고로 2004년 현재 329,507호로 전체 주택재고의 2.5%에 불과한 데 반하여, 네덜란드의 경우는 공영임대주택이 41%, 영국 20%, 프랑스 16% 등이다.

관광산업을 비롯한 도시공간의 문화적 재구성은 탈산업시대 각 지방도시의 지역정체성 형성에 중요한 촉매제로 작용하고 있다(Zukin, 1991). 그것은 오늘날 전 세계 각 도시에 만연한 도시기업가주의의 산물로서 그 도시·지역·장소만의 고유성·진정성·독창성과 그것의 상품화·화폐화 가능성이라는 두 가지 모순적 속성이 결합되는 과정으로 볼 수 있다(하비, 2014). 한국에서 관광도시 개발을 처음 주도한 것은 중앙정부였지만, 1990년대 이후에는 지방자치제도의 시행과 더불어 지역적 차원에서 관광·문화이벤트 개발이 활성화되어 왔다. 우선 천혜의 자연환경으로 인해 한국을 대표하는 관광지로 꼽히는 제주도의 경우, 관광산업 개발은 크게 1980년대까지의 대중관광 개발과 1990년대 이후의 대안관광 개발로 구분되는데, 특권층만의 독점적 관광지였던 1960년대로부터 시작하여, 신혼여행객을 대상으로 대중관광이 본격화된 1970년대를 거쳐 1980년대에 이르면 단체 관광객들도 크게 증가하는 추세를 보인다. 하지만 해외여행이 활성화된 1990년대 이후에는 대중관광은 쇠퇴하는 대신 신중간계급을 주된 대상으로 하는 대안관광 개발이 본격화되는 새로운 경향성을 띤다. 반면 경주나 전주는 내륙 역사도시로서 전통문화유산의 보존을 핵심으로 하고 있다. 또 1990년대 이후로는 탈산업화시대 산업구조 조정의 영향으로 제조업 중심 도시로부터의 지역경제 전환의 차원에서 새롭게 관광산업, 문화이벤트, 역사경관의 복원 등을 통해 지역이미지 전환에 나선 사례들도 적지 않은데,[18] 이에 대한 본격적인 연구는 아직 미답의 상태라고 할 수 있다. 또한 테마파크 연구 등 대도시권 도시민들의 여가공간과 여가문화에 대한 연구도 연관되는 중요한 연구주제라고 할 수 있다.

---

18) 공업도시로부터 '문화도시'로 급격한 도시이미지의 탈바꿈을 시도하고 있는 부천의 경우가 대표적이다. 목포나 인천은 개항장 도시로서의 역사성을 도시 정체성 확보의 자원으로 활용한 대표적 사례다. 그 밖에 각 도시들마다 지역문화 이벤트가 활성화되고 있는데, 그 대표적인 성공 사례들을 꼽자면, 대도시로는 부산 국제영화제, 광주 비엔날레 등, 중소도시로는 청도 소싸움, 춘천 판타스틱영화제 등을 들 수 있다.

오늘날 일상의 삶에 큰 영향을 미치는 도시공간 구조와 도시의 각종 공공서비스, 인프라 망 등은 도시계획에 의해 형성되고 관리된다. 따라서 대부분의 사람들은 도시를 현대 과학기술의 산물로서, 도시계획자, 건축가와 조경설계가들의 전문영역으로 여긴다. 이런 상황에서 도시에 사람 사는 체취가 묻어나도록 인문학적 상상력과 성찰적 비판의 힘에 대한, 특히 도시의 역사적 의미에 대한 각성이 절실하다. 과거를 이해하지 못한 채 파악되는 현재성과 미래에 대한 전망은 사상누각에 불과할 것이다. 도시공간과 도시적 특성, 세계적 도시체제의 역사성에 대한 탐구, 도시적 주체들의 일상의 욕망과 환멸, 꿈과 좌절, 상상과 기획, 문화 다양성과 혼종성에 대한 심층적 연구는 우리의 도시를 보다 풍요롭게 하는 밑거름이 될 것이다.

6. 21세기 한국 도시사 연구를 위한 제언

지금 우리에게 '도시'는 적어도 다음 세 가지 차원에서 문제적이다. 첫째, 당면한 '지구도시화(glurbanization)' 라는 세계사적 차원의 대전환에 대해 도시와 지역 차원에서 어떻게 주체적으로 '응전' 할 것인지의 문제. 둘째, 20세기 한국사의 인식 틀을 지배해 온 내셔널리즘적 관점과 일국사적 내러티브의 독점적 영향력으로부터 벗어난 대안적 역사 인식의 하나로서, 도시와 지역의 관점에서 지배적 역사를 해체 · 재구성해서 지방사(local history)의 독자적 정체성을 어떻게 확보할 것인지의 문제. 셋째, 산업화와 고도성장 시대 위로부터 정부 주도적으로 형성된 일차원적 지역 담론을 대체하는 아래로부터의 시민 주도적 다차원적 지역사회 인식과 발전 전략을 모색하는 문제. 이는 20세기의 거시적 · 양적 차원의 발전 · 진보 담론을 대체하는 아래로부터의 미시적 · 질적 차원의 문화 · 환경 담론을 어떻게 정립할 것인가의 문제와도 연관된다.

오늘날 한국의 도시연구가 봉착한 난관은 단지 현대 한국의 독특한 '압축 근대화' 경험에 대한 학문적 성찰의 어려움 때문만이 아니라, 현대 도시 그 자체의 난해성에서 기인하는 측면도 적지 않다. 지금까지 도시연구는 도시사회학, 도시지리학, 도시계획학, 건축학, 조경학, 지역개발학, 도시행정학, 도시경제학 등 수많은 분과학문 연구자들의 관심의 대상이 되어 왔는데, 역설적으로 이것은 도시의 총체성에 대한 학문적 인식의 어려움을 보여주는 것이기도 하다. 최근 학제간 장벽을 뛰어넘는 다양한 방식의 공동연구가 모색되고 있는 학계의 상황이나, 전 지구의 도시화, 전 지구인의 도시민화가 진행 중인 오늘날 지구촌의 사회적 변화상에 비춰보건대, 도시연구의 중요성은 더욱더 커지고 있으며 그 대상과 영역은 사실상 모든 학문적 경계를 넘어 무한히 확장되고 있다고 해도 과언이 아닐 것이다. 향후 한국 도시사 연구가 이러한 여러 층위의 다양한 사회적 변화들을 염두에 두는 역사적 통찰력과 이론적 분석을 겸비할 것을 기대하면서 연구의 쇄신을 위한 몇 가지 제언을 더하는 것으로 본 장을 마무리하고자 한다.

우선 연구의 방법론과 관련하여 거시사와 미시사를 아우르는 유연한 관점을 확보할 필요가 있다. 도시문제는 세계적인 동시에 지역적으로 대두되고 있기에 개별 도시공간이나 도시의 한 구역, 공원, 광장, 거리 하나를 미시적으로 탐구하더라도 국민국가적 · 국제지역적 · 세계사적 역사 전개와 관련성을 고려하여 연구의 이론적 · 현실적 함의를 밝히고 그 확장 가능성을 열어둘 필요가 있다.

둘째, '전근대'와 '근대'라는 통념적 · 학제적 시기구분을 넘어서 그 연속과 단절의 문제에 대해 보다 깊은 문제의식을 가지고 천착할 필요가 있다. 특히 전통도시의 역사적 경험과 정체성에 대한 연구를 위해서는 공간의 장기지속성에 대한 연구가 매우 중요하다. 전통적 역사도시의 이곳저곳에 아로새겨진 장소성과 역사성에 대한 탐구는 모더니즘의 발전주의, 개발주의, 과학주의 등 기획된 근대의 이데올로기에 의해 망각이 강요되어 온 다양한 삶의 가치들을 복원시키는 한편, 모더니즘에 대한 포스트모더니즘 일부 조류의 냉소적 비관주의와 청산주의적 태도를 극복하는 데에도 기여할 것이다.

셋째, 공학, 행정학, 사회학, 지리학, 민속학 등의 도시 관련 연구 성과를 적극적으로 수용하고 가능한 범위에서 학제적 연구를 모색해야 한다. 도시는 본질적으로 학제간 연구의 대상이 되는 종합과학적 대상이다. 도시공간의 물질성, 근대 주체의 신체와 정서, 도시사회의 제도와 문화 등 도시를 구성하는 다양한 유무형적 요소들에 대한 분석과 종합의 방법론이 동원될 필요가 있다. 이를 통해 도시에서 작동하는 모든 요소들, 물리적 공간과 환경, 정치권력, 경제상황, 도시민의 사회적 힘, 문화 환경 등을 종합적으로 파악할 필요가 있다. 무엇보다도 인접한 관련 분야 사회과학의 근대 도시 문제에 대한 분석틀을 적극적으로 활용할 때 한국사에 대한 새로운 이론적 논의가 촉발될 수 있을 것이다. 한국의 근대 도시 연구에서 역사학과 사회과학의 대화가 긴요한 과제로 제기되는 것은 이러한 맥락에서다.

넷째, 비교도시사 연구를 심화해야 한다. 한국에서의 비교도시사 연구는 세계적으로 주목받는 성과물들을 산출할 수 있다. 한국의 도시들은 전근대 전통도시의 역사적 · 문화적 유산, 식민지도시의 경험, 압축적 도시화, 글로벌 도시변동의 흐름에 조응하는 사회문화적 변화 등을 특징으로 하기에 무한한 연구주제들을 내포하고 있다. 이를 다루기 위해서는 전근대 도시, 특히 동아시아 고중세와 근세의 전통역사도시들에 관한 연구도 참조될 필요가 있고, 지방 중소도시사의 더 많은 사례들이 발굴되고 연구될 필요가 있다.

제 12 장

여성/젠더사의 쟁점과 연구성과

| 김혜경(전북대학교 사회학과) |

| 김수진(대한민국역사박물관) |

1. 서론 : 여성사의 발견과 유형

여성사는 역사(history)가 남성들의 이야기(his-story)만을 다루어 왔다는 비판적 문제의식에서 출발하였다. 비교적 최근까지도 역사쓰기에서 여성들의 이야기(her story)는 예외적이거나 특수한 경우로서만 관심을 받았다. 유관순의 3·1만세운동은 여성이라는 점에서 관심을 끌며, 그것도 남성의 시각에서 "유관순 누나"의 이야기로 호명되어 왔다. 서구에서도 역사적 사례는 남성의 경험을 보편으로 한 것이어서, 여성이 등장할 때는 '여성', '여류' 라는 부가적 호칭이 첨부되어 이해된다. 예를 들어 미켈란젤로나 아이작 뉴턴을 이야기할 때 사람들은 남성으로서의 경험이 그의 예술과 과학에 어떤 영향을 미쳤는지에 대해서는 별 관심이 없지만, 퀴리 부인이 여성이라는 사실이 과학자로서 그녀의 삶에 어떤 의미를 가지는가에 대해서는 관심이 있다(위스너-행크스, 2006: 14). 그래서 우리는 "'남성' 화가 미켈란젤로", 혹은 "공자와 같은 '남성' 철학자"라는 표현에는 부자연스러움과 불편함을 느낀다. 남성은 예술과 철학을 대변하는 보편자로 여겨지기 때문이다.

여성사 연구의 필요성은 이처럼 남성의 경험과 그 역사가 보편적 역사로 이해되어 온 문제로부터 부상한 것이다. 그러므로 1970년대 이전 여성사의 초기 형태는 역사쓰기에서 누락되어 온 여성의 삶을 복원시키는 데 초점을 맞추었다. 여성사 연구자 거다 러너(Gerda Lerner)는 "역사 속에 여성을 위치짓기"라는 기념비적인 글에서 여성사 쓰기의 초기 유형은 보충사적 접근(compensatory history), 공헌사적 접근(contribution history)을 취하며, 이후 여성운동의 성장을 배경으로 주체로서의 여성, 여성의 저항운동이 부상하는 특징을 갖는다고 하였다(Lerner, 1975). 즉 1970년대 이전의 여성사는 역사의 기록 속에 "빠진" 소위 "여성 명사"의 삶을 끼워 넣는 보충적 전략(보충사), 혹은 노예폐지운동 · 도덕개혁운동 · 노동운동 등 국가 건설, 계급해방의 역사에 여성들이 어떻게 "기여"했는가를 밝히는 성격(공헌사)을 가졌다는 것이다. 그러나 공헌사의 관점에서 (여성들의) 기여란 남성의 시각에서 파악된 의미라는 한계를 갖고 있다. 이에 비해 1970년대 이후 여성사는 여성들에게 고유한 경험의 범주들에 가치를 부여하고 새로이 이해하고자 한다. 예컨대 노동자계급 여성운동에 대한 연구는 단지 노동운동에 대한 여성들의 기여라는 차원을 넘어서서, 재생산과 섹슈얼리티 등의 경험이 어떻게 관련되어 있는지를 분석한다. 혹은 20세기 초 마가렛 생어의 산아제한운동은 단순히 산아제한을 넘어 그간 대문자 역사에서 배제되어 왔던 여성의 몸에 대한 통제권이라는 새로운 가치를 통해 재조명되기도 한다.

1970년대 이후 여성사 연구에 발전을 가져온 배경에는 서구의 경우 1960년대 후반 활발했던 시민사회운동과 여성운동의 열기가 놓여 있었다(이창신, 2004). "개인적인 것이 정치적인 것이다"라는 여성운동의 구호는 지금껏 개인적 영역이라 하여 역사연구의 대상에서 비껴 있던 결혼과 섹슈얼리티, 출산과 몸, 낙태, 양육과 모성 등의 사생활에 대한 연구를 촉진시켰다. 다른 한편으로는 이것은 앞서 말한 대로 단지 끼워넣기가 아니라 역사를 해석하는 남성엘리트 중심의 틀 자체를 비판하는 관점 전환의 효과를 가졌다. 그러나 동시에 여성사가 새로이 주목을 받고 대학 내에서 하나의 학문영역으로 자리 잡기 시작하면서 그것이 갖는 실천성과 운동성, 페미니즘의 가치는 약화되었다는 비판을 받기도 한다.

한국의 여성사 연구는 아직 번역서가 중심인 단계에 머물고 있으나(정현백 · 김정안, 2011), 서구의 여성사 발전 단계와 유사한 측면이 있다. 1960년에서 2003년까지의 한국 근대 여성사 주요 문헌 333편을 대상으로 여성사 연구경향을 검토한 연구(김수진, 2003)에 의하면, 우리나라의 경우 1960~70년대는 교육, 문학, 종교, 법 등에서 여성의 지위를 추적하는 보충사의 경향을 보였으며, 1980년대에 들어서는 사회주의 운동과 노동운동, 민족운동에서 여성 역할에 대한 관심이 증가하면서 공헌사의 관점이 두드러진다고 한다. 한편, 1990년대는 민족문제에 대한 새로운 해석과 여성주체의 발견이 두드러지며, 1990년대 후반 이후 2000년대 초반까지 신여성 연구가 급증하였다. 특히 위안부 문제는 민족주의와 여성주의의 연결과 긴장을 보여주면서 여성사 연구의 중요한 영역으로 지속적으로 발전하였으며, 여성사 연구의 자료부족이라는 현실과 구술주체의 중요성에 대한 여성주의적 관심이 결합하여 다수의 구술사적 연구물이 양산되었다. 1990년대 이후로는 섹슈얼리티와 관련한 연구주제들이 상대적으로 활발한 전개를 보인 데 비해, 가족, 노동, 여성운동 관련 분야의 연구들은 필자가 제한되거나 연구물의 숫적 빈곤을 보이고 있다.

2. 이론적 동향의 변천

여성사 연구는 1960년대 이후 서구 역사학계에 불어온 사회사 분야의 발전과 함께 비약적으로 진전되었다고 할 수 있다. 아날학파, 인구사의 발전은 기존의 정치사, 지배엘리트 중심의 역사서술의 한계를 넘어서면서 사회사 발전의 계기를 제공하였는데, 특히 아날학파는 역사학에 사회과학의 이론과 방법론을 접목하여 연구주제를 확장시켜, 망탈리테, 젠더와 계급, 가족에 대한 분석의 시각을 제공하였다(김수진, 2006). 미국의 경우, 1960년대 신좌파의 사상적 흐름에 영향을 받은 역사가들은 역사의 저변에 존재했던 일반대중의 생활사, 흑인사, 미국 원주민사, 노동사, 지방사 등 백인 남성 중심의 정치사를 넘어선 사회사적 주제들을 연구하기 시작했는데 여성사에 대한 관심 역시 이러한 맥락 속에 있었다. 새로운 여성사 연구에서는 더 이상 남성이 중심이 되는 영역만이 아니라, 섹슈얼리티, 출산, 자녀

양육, 우정, 모성성, 동성애, 몸, 일상생활 등으로 역사연구의 주제를 확장, 변형시키기 시작하였다(정현백, 2007: 21).

한편 이론적 동향으로 볼 때, 중요한 패러다임적 전환의 축은 다음과 같은 세 가지 양상을 띤다. 첫째, 역사연구에도 영향을 미친 후기구조주의의 언어적 전회(linguistic turn)이다. 언어구성론적 인식틀에 따르면, 역사적 진실(truth)이란 단순한 사실(fact)과 동일시할 수 없으며, 경험적 증거(evidence) 또한 역사적 사건의 명징한 원천으로 단정할 수 없다. 왜냐하면 어떤 사건의 진실이나 경험은 해당 사회의 역사해석 틀, 지식체계와 담론, 그리고 연구자의 관점을 내포한 정치적인 맥락을 벗어나서는 존재할 수 없기 때문이다. 즉 역사적 사건과 주체의 경험은 그 해석의 틀을 만들어 내는 담론적 의미 망 속에서 만들어지는 것으로 보아야 한다는 것이다(Scott, 1992).

이렇게 역사를 언어적, 문화적 구성의 과정으로 보는 시각이 강해지면서 역사와 문학, 예술의 경계가 미약해지고, 재현에 대한 관심이 증대하였다. 그 결과 이미지, 영상을 소재로 한 문화연구의 경향이 여성사에 영향을 끼치기도 했는데, 특히 미국의 신문화사, 포스트모던 역사학이 그러하였다. 예컨대 린 헌트는 프랑스 혁명기 회화에 대한 분석을 통해 혁명이념이 갖는 가족주의 가치를 연구하였다(헌트, 1996). 영상자료에 대한 관심 증가 속에서 가족사진을 통해 가족사와 역사를 재구성하려는 연구들도 나타났다. 그러나 미국에서의 신문화사 연구는 지나치게 문화적 텍스트를 강조한다고 비판받기도 하는데, 예컨대 독일의 일상사적 연구들은 사회사적 입장과 함께 역사의 물질성을 강조하면서 신문화사 접근을 비판하기도 한다.

둘째, 포스트식민주의(postcolonialism) 역시 새로운 여성사 쓰기의 주요한 이론적 원천이다. 이것은 제1세계의 시선으로 쓰여졌던 식민지의 역사를 재해석하거나, 식민지적 흔적과 결합된 채 전개되는 포스트 식민 사회의 역사를 돌아본다. 포스트식민주의는 민족주의적 비판시각을 넘어서 있다. 특히 1980년대 초반부터 제기되어 왔던 인도의 대안적인 역사연구 그룹 〈서발턴 연구회〉의 문제의식은 민족, 계급으로 환원되지 않는 집단적 주체에 대한 관심을 환기시켰다. 애초 그람시(A. Gramsci)에서 유래한 '서발턴(subaltern)'이라는 용어는, 공식적 역사기술의 대상에서 제외되었을 뿐 아니라 스스로의 기록을 남기지 못한 비엘리트 또는 종속집단을 말한다. 여성은 그 자신의 경험과 삶을 풀어놓은 이야기가 역사기록에 별로 남아 있지 않은 대표적인 집단이라는 점에서, 여성사 연구는 서발턴 연구의 문제의식과 많은 공감대를 가진다(스피박 외, 2013).

셋째, 포스트식민주의 이론이 갖는 식민성의 역사성과 현재성에 대한 관심도 여성사 연구자들에게 많은 시사점을 주는데, 특히 "전통"에 대한 비판적 연구들에서 그러하다. 포스트식민주의 페미니즘은 "전통"에 대한 분석을 통해 여성이라는 기호가 어떻게 민족과 국가의 틀로 전유되었는지에 대해 지적한다. 예컨대 19세기 후반 인도의 민족주의 남성지식인들은 영국의 식민주의자들이 인도의 과부 순장제도인 "싸티(sati)"를 미개한 것으로 비판하자 그것을 전통으로, 민족적 저항의 상징으로 재의미화하였다(Mani, 1998). 일제강점기 한국에서도 부계승계 제도의 요소들은 일본식 가(家, 이에) 제도의 도입과정에서 중요한 법적 원천(法源)인 "전통"으로 윤색되었다(양현아, 2012).

3. 여성사의 쟁점들

여성사는 사회사의 분야 중 상대적으로 신생영역인 탓에 개념정의의 문제로부터, 이론적 · 방법론적 차원에 이르기까지 다양한 쟁점들을 가지고 있다. 이것은 첫째, 여성사라는 개념 자체의 문제, 즉 여성사와 젠더사 개념 사이의 긴장이며, 둘째, 여성 간 차이와 동일성이라는 주제, 그리고 이와 관련한 전체사 구성이라는 과제, 셋째, 여성사 자료의 부족에 대한 대안으로서 부상한 구술사 방법론이 가진 의의와 한계를 꼽을 수 있다.[1]

첫째, 여성사와 젠더사 사이의 개념적 긴장의 문제이다. 역사적으로 볼 때 여성사 연구에서는 1960년대 후반 미국과 유럽 등지의 민권운동과 학생운동의 흐름 속에서 상승된 "제2기" 여성운동을 한편으로, 다른 한편에서는, 생물학적 "섹스"와 사회문화적 "젠더"를 구분한 여성학적 연구 성과를 계기로 한 "젠더"가 역사연구의 중요한 범주로 떠오르게 된다(정현백, 2007: 23). 생물학적 여성보다는 사회문화적으로 규정된 젠더가 중시되자 여성사는 연구영역의 확대는 물론, 연구대상에 남성까지도 포함하게 되었으며, 연구자의 범위도 남성까지로 확대되었다.

그러나 생물학적 섹스(sex)와 문화적 젠더(gender)의 절대적인 이분법은 한계를 갖는데, 실제로 생물학과 문화에 대한 의도적인 구분 노력에도 불구하고, 일상적으로 섹스와 젠더는 혼용되는 경향이 있다. 이것은 한편으로는 몸을 전적으로 사회적 재현물로 이해하기 어렵다는 것을 시사하며, 다른 한편으로는 섹스/젠더의 구분 자체가 인위적일 수도 있음을 말해 준다(정현백, 2007). 실은 자연도 섹스도 역사를 가진 개념이기 때문이다. 이러한 입장에서 조운 스콧(Joan Scott)은 섹스, 젠더, 그리고 성차가 모두 정해진 실체를 가진 것이 아니라, 담론적 · 역사적으로 생산된 "효과"들일 수 있다고 강조한다. 그러므로 이제 질문은 선험적으로 가정된 성차와 젠더의 존재를 역사적으로 증명하기보다는, 법률 · 규칙 · 제도 등의 사회제도가 어떻게 성차를 언급하고 실행하는지에 두어지게 된다(스콧, 2001: 215-216). 예컨대 스콧은 프랑스혁명 이후 정치과정에서 여성들은 과거 일부 엘리트 여성들이 누리던 영향력조차도 상실하는 정치적 지위 하락을 겪었다고 설명한다. 즉 프랑스혁명 이후 정치가들은 남녀의 생물학적 차이와 여성의

---

1) 여성사의 쟁점은 정현백(2007)과 윤택림(2012)의 논의를 중요하게 참고하였다.

육아책임을 강조하며 이전에는 성차가 존재하지 않았던 정치적 공론장 영역에 성차를 결합시킴으로써 시민권에서의 여성배제를 합리화시켰는데, 이것은 성차가 여성배제의 원인이 아니라 여성을 배제한 결과로 산출된 것임을 보여준다는 것이다(스콧, 2001: 227).

둘째, 여성 간 차이와 동일성이라는 쟁점과 관련한 전체사 구성이라는 과제이다. "여성"이 단일한 생물학적 주체로 동일화될 수 없다는 문제의식은 흑인페미니즘, 제3세계 여성들의 경험에 대한 문제제기로부터 출발한다. 흑인페미니즘은 여성이라는 범주로 단일화될 수 없는 인종과의 교차지점이 핵심적이며(콜린스, 2009), 식민지 경험과 그 유제를 공유하는 제3세계여성들의 입장은 "서구의 시선"으로 일반화되기 어렵기 때문이다(모한티, 2005). 더욱이 여성 간의 계급 · 계층적 차이는 여성이라는 이름이 가진 복합성을 직접적으로 드러낸다. 백인 페미니스트들은 여성들의 핵가족 내 고립을 강조하고 이것을 마치 모든 여성의 보편적인 문제로 가정했지만, 흑인여성의 삶은 공동체에 더 많이 통합되거나, 그 스스로 공동체와 가족에서 정체성을 추구하는 경향이 높다는 점이 발견되었다. 따라서 페미니즘의 보편적 언명으로 제시되어 온 여성의 사회적 노동참여에 대한 강조나 가족에의 유폐라는 문제제기는 모성과 주부 역할의 선택 기회 자체가 제한된 흑인 빈곤여성들의 목소리를 담고 있지 않는다는 비판이 제기되었다. 그러한 문제의식에서 미국 여성사가 케슬러 해리스(Kessler-Harris)는 여성사의 중요한 가설인 자본주의의 등장과 여성의 가정 내 고립, 혹은 공/사 영역분리와 성별분업의 결합이라는 가정은 백인 중산층 중심의 역사라고 지적하였다(정현백, 2007: 28-29).

그러나 차이의 계기들은 인종, 계층, 국가, 종족(ethnicity) 간의 구분 이외에도 연령, 장애, 성적 지향성 등 무수하다. 따라서 이러한 차이들이 극단화될 경우 여성개념이 종국에는 해체되며, 그 결과 실천운동으로서의 페미니즘의 역할은 위축될 수 있다는 우려가 제기되기도 했다(정현백, 2007:

30). 그러므로 이러한 차이를 넘어서는 여성 간의 공통성에 대한 모색을 시도하는 다양한 연구들이 있다. 그 결과 성차별주의와 인종차별주의, 계급착취 등 복수적 차별체계의 연동(interlocking), 교차(intersectionality) 개념을 중심으로 하는 연구들이 2000년대 이후 대안적 접근으로서 지속적으로 증가하였다. 정현백(2007)은 여성 간의 차이와 공통성에 대한 세심한 고려를 바탕으로, 사회운동이나 혁명과정 등의 중요한 역사적 사건들에서 여성들이 어떻게 차이를 넘어서며 연대해 갔는가를 밝히는 일이 여성사가 다루어야 할 중요한 과제라고 제시한다(정현백 2007: 32).

셋째, 여성사 자료의 빈곤과 그에 대한 대안으로 부상한 구술사 연구의 위상이다. 주지하다시피 여성사 연구의 가장 큰 한계는 자료의 부족이다. 여성의 역사는 공식 자료에서 배제되기 쉬울 뿐 아니라, 여성 스스로도 대다수가 비문해인 까닭에 편지나 일기, 자서전과 같은 비공식적 자료조차도 남기기 어려웠기 때문이다. 이러한 상태에서 구술사 접근법은 여성사 연구에서 대안적인 방법론으로서 많은 관심을 받아 왔다. 여성구술사 연구가 발전한 미국에서는 1970년대 초 여성학자와 여성운동가가 함께 기층운동 차원에서 진행한 페미니스트 역사연구 프로젝트를 통하여 여성구술사 작업이 이루어지기 시작했다(윤택림, 2012: 51). 그러나 1970년대까지의 여성구술사 연구는 역사화되지 않았던 여성들의 삶과 경험을 가시화하는 것, 즉 "발견"이 주목적이었으며, 여성주의와의 이론적인 연결성은 1980년대 이후로 넘어간다.

한국의 구술사 연구에서 여성주의의 입장과 구술사의 관련성이 공식적으로 다루어지기 시작한 것은 1991년 한국여성학회가 "여성체험의 기술"을 부제로 하는 특집을 기획한 데서 찾아볼 수 있다(윤택림, 2012: 53). 애초 구술 자료는 구술자의 주관적인 구술에만 의지한다는 점에서 객관성의 문제가 제기되기도 했으나, 학문의 객관성과 중립성에 대한 전통적 해석을 비판하는 여성주의적 인식론이 구술사와 결합하자 여성구술사 연구는 빠른 속도로 발전하였다(윤택림, 2012). 여성주의자들은 구술이 아닌 문헌자료의 선택과 해석과정에도 역사가의 관점이 작용한다는 점을 강조하였다. 연구주제의 선정차원이나 해석과정이 연구자의 관심과 긴밀히 관련되어 있으며, 연구과정은 연구자와 연구대상의 상호작용으로 이루어지고, 구술의 생산과 해석은 당대의 사회규범과 떼어낼 수 없는 관계에 있기 때문이다(Rosenwald and Ochberg(eds.), 2005; Personal Narratives Group(ed.), 1989). 한국에서 "빨갱이" 연구나 "위안부" 연구가 부재하거나 제한된 방식으로 재현되었던 것은, 역사쓰기가 중립적인 사실 그대로를 재현하는 문제이기보다는 사회적 담론이나 연구자의 이해관심 위에서 이루어지는 일임을 잘 보여준다. 여성주의자들은 역사쓰기를 포함하여 이러한 지식생산의 사회적 맥락성과 위계적 권력관계 자체에 대한 성찰을 연구과정 속으로 끌어들일 것을 주장해 왔다.

한국 학계에서 여성주의와 연결된 구술사 연구물들이 나오기 시작한 것은 1990년대 말부터라고 보인다. 역사적 증언이나 과거사 진상규명과 같은 맥락에서 일본군 "위안부"나 "제주 4·3사건"과 같이 연구물이 나오기 시작한 것이다. 그러나 여성 구술생애사 연구가 발전하면서 자료의 수집을 통한 폭로 또는 증언을 넘어서는, 관점상의 변화에 대한 요구가 생겨났다. 그리하여 단순히 "여성" 구술사 연구가 아니라 "페미니스트" 구술사로 정립하려는 노력이 일어났고, 위안부를 단순히 "피해자"가 아닌 자신의 삶을 스스로 이야기하는 "증언자"이자 "구술자"로서 위치짓는 시도도 있었다(양현아, 2001).

2000년대 이후 구술(생애)사 연구는 여성학 연구는 물론, 역사학, 사회학, 문학 등 여러 분과학문으로 확대, 발전하는 양상을 보였다. 윤택림에 의해 이태리, 프랑스, 독일 등에서 연구된 구술사 관련 이론 문헌이 편역되고(윤택림 편, 2010), 방법론에 관련된 입문 자료가 소개됨으로써(국사편찬위원회 편, 2004; 윤택림 · 함한희, 2006), 구술생애사 연구를 위한 기초가 축적되었다. 그리하여 많은 연구자들이 구술생애사 접근을 사용하여, 한국전쟁 미망인, 월남여성, 개신교 여성 리더, 1970년대 새마을 부녀운동에 참여한 여성들, 1930~40년대 미용인, 재일조선인 여성, 원로 여성 영화인, 시집살이를 경험한 여성들, 여성 노인 등 여성의 위치와 입장에서 한국 근현대 사회의 변동을 조명하고 있다.

그런데 여성주의 구술사 연구는 일종의 '아포리아(aporia)' 적 성격을 가진다(김수진, 2013). 한편으로는 공식역사에서 간과되고 무시되었던 여성 민중들의 현실적 고통과 경험을 알리는 증언으로서 객관적이고 정치적인 성격을 가지지만, 다른 한편으로는 여성들의 주관적 세계와 자기표현을 포착하는 서사적 진실(narrative truth)이라는 성격이 서로 긴장관계에 있기 때문이다(김성례, 2002: 47-48; 윤택림 편, 2010: 87). 여성구술사가는 언어와 기억이 가지는 진실과 재현의 상대적 진실성을 놓치지 않으면서도, 동시에 여성들의 이야기를 역사화 · 맥락화할 책임이 있기에, 구술사 접근의 딜레마는 지속된다(윤택림, 2012: 53).

4. 한국 여성/가족의 사회사 연구 흐름과 성과

한국 근대사회 변동과 젠더체계의 변동은 상호 긴밀한 관계에 놓여 있다. 여성/젠더사 연구는 가족, 노동, 출산, 섹슈얼리티, 성역할 이념 등에 있어서 근대화와 식민지 경험, 그리고 전쟁과 분단을 거치면서 형성된 젠더 체계가 한국 사회에 어떻게 작용했고, 거꾸로 한국 사회의 거시적 변동이 여성들의 삶을 어떻게 직조했는지 탐구해 왔다. 특히 1990년대 이후 근대성에 대한 연구가 급증하면서 인문사회과학의 각 분과학문에서 여성에 관련된 새로운 연구주제와 자료들이 대거 조명되었고, 관련 자료집이나 통사 및 편서가 여럿 출간되었다. 이 중 역사사회학 분야가 중심이 된 단행본으로, 서울대 여성연구소가 펴낸 『한국현대여성사』(정진성 · 안진 외, 2004)와 『경계의 여성들 : 한국 근대여성사』(정진성 · 박정애 외, 2013)가 있다. 『한국현대여성사』의 경우 분단국가 형성, 개발국가 시기, 1980년대 민주화와 여성의 사회참여 확대, 1990년대 여성운동의 성장과 여성운동의 제도화로 나누어 여성운동, 여성노동자운동, 기지촌, 여성농민, 영화, 반성폭력운동 등의 주제를 싣고 있고, 『경계의 여성들 : 한국 근대여성사』에서는 가족의 변화, 새로운 직업의 탄생, 타자화된 성, 페미니즘과 민족주의의 주제 영역을 다룬 연구를 모았다.

1) '신여성', '신가정' 이념 및 가족법

'신여성'은 한국 근대사회 변동과 젠더가 교차하는 다양한 문제를 담고 있는 주제로 여러 분과학문에서 연구되었다. 1990년대에 들어서면서 신여성을 몇몇 여성 명사의 문제로 보는 시각을 벗어나서 근대적인 사회변동과 집합적인 여성에 관련된 문제로 접근하는 연구가 시작되었다. 초기에는 국문학계를 중심으로 신여성이라 불린 인물들이 발굴되고 그에 대한 생애 연구가 본격화되어, 특히 작가 강경애나 나혜석에 대해 작품과 연보가 정리되어 평전이 출간되었고(이상경, 2000; 서정자 편, 2001), 역사학계에서는 조신성이나 허정숙 같은 사회주의 운동가들의 삶을 다룬 연구도 발표되었다. 또한 근대적 여성 중고등교육 제도라든지, 일본의 '신여자운동'이나 자유연애론 등의 사상적 조류가 조선인 일본유학생들에게 미친 영향 등 신여성 현상과 관련된 사회적 조건들에 대한 관심이 이어졌다(문옥표 외, 2003; 박선미, 2007).

1990년대 후반 신여성 연구의 주요한 문제틀은 근대성과 여성 주체 문제이다. 역사사회학과 여성학 분야의 연구는 신여성 현상을 민족주의와 가부장제, 그리고 근대적 여성 주체가 교직하면서 만들어지는 집합적 사건으로 보기 시작했다. 근대성의 사회문화적 차원을 주목한 연구들은 신여성을 근대적 여성해방주의의 계보 위에서 개인주의와 자유주의를 담지한 근대적 여성주체이면서, 민족주의와 가부장제에 의해 타자화된 존재로 간주하였다(조은 · 윤택림, 1995). 김경일의 『여성의 근대, 근대의 여성』(2004)은 신여성에 관련된 사회사적 배경을 종합적으로 소개하고 신여성을 자유주의, 사회주의, 급진주의 등의 이념적 기준으로 구분하면서 신여성 문제를 전통과 근대의 경합과 갈등으로 해석하였다.

2000년대 중반 이후 연구에서는 19세기 말 20세기 초 세계 전역에서 일어난 사회문화 변동 및 젠더 체계의 변동이 가지는 트랜스내셔널(transnational)한 성격과 더불어, 식민주의적 젠더정치에 대한 인식이 심화되었다. 김수진의 『신여성, 근대의 과잉』(2009)은 이러한 맥락에서 서구와 비서구, 그리고 제국주의와 식민사회를 교차시킴으로써 신여성 현상을 접근하는 비교역사유형론의 문제틀을 제시하였다. 그에 따르면 조선의 신여성 현상은 근대성의 식민지적 차이를 체현하고 집약한 역사적 사건이다. 교육과 직업 구조, 그리고 조직화된 운동 면에서 조선의 신여성은 서구와 일본처럼 집합적인 사회 세력으로서 존재했다기보다는 담론정치의 대상이자 장(場)이었다. 조선의 신지식층들은 신여성이라는 프리즘을 통해 조선의 근대화 방향에 관련된 문제들을 논하고, 자신들의 분열적인 정체성을 투영하였다. 그리하여 신여성담론을 거치면서 한국의 근대적 여성성을 구성하는 원형적인 범주들이 만들어졌다.

일제 강점기 가족 관련 연구는 신여성 연구에 비하면 숫적으로는 열세이나 몇 가지 뚜렷한 경향성을 발견할 수 있다. 먼저 식민지적 수탈과 빈곤의 양상이 주목된다. 문소정의 연구(1991)는 노동사와 운동사에 치중되어 있었던 1980년대의 연구 경향을 벗어나, 빈농가족에 초점을 맞추어 가족의 생산 활동은 물론, 양육 · 출산 등 가족생활 전반을 연구함으로써, 연구주제와 영역 면에서 사회사의 지평을 확장하였다. 다른 한편 가족의 실체적 변화보다는 가족개념, 가족에 대한 이념의 변화를 다룬 접근도 시도되었다. 계보학적 방법론을 사용해서 일제 강점기 가족개념의 형성사를 살펴본 김혜경의 연구(1997; 2006)는 "어린이기"라는 독특한 현상에 주목하여 아동과 모성의 결합을 규범적 토대로 하는 근대가족의 성역할 강화 현상을 분석하였다. 서구적 모성권력의 기반이 되었던 가족에 대한 과학적 관리론과 육아지식 등 근대 지식권력이 식민지 조선사회에서 어떻게 작용하는지를 민족주의 세력, 일본 식민주의, 서구열강의 영향력과의 상호작용 속에서 살펴보았으며, 신식교육을 받은 여성들의 행위성에 주목하였다. 그러나 현실 가족이 처한 식민지적, 전통적 환경과 실체에 주목하는 연구들은 가족을 이념과 지식권력이 작동한 결과나 담론의 효과로서 분석하는 계보학적 입장과는 상당히 다른 측면을 제시한다. 특히 인류학적 접근을 취한 연구들은 식민지 시기 모성과 양육방식이 서구적 근대가정에서의 모성-아동 결합의 양상이나 신체에 대한 근대적 훈육방식과는 상당히 다른 것이었음을 강조한다(김은희, 2007; 강득희, 1994). 이들은 부부와 아동 중심의 근대적 핵가족구조와는 사뭇 다른 일제 강점기 대가족에서 양육이 갖는 전통적 방식을 발견하였다.

한편 한국 가족개념의 복합적 특성을 보여주는 핵심적 단서로 가족법 분야가 주요한 연구주제로 포착되었다. 법학이나 법사학 분야에서 이뤄진 연구들은 호주제가 일본제국의 민법상의 이에(家) 제도를 이식한 것으로, 한국의 전통을 왜곡했다는 견해를 가지고 있었다. 그러나 '순수한 전통 대(對) 전통의 왜곡'이라는 이러한 문제틀은 2000년대 초반 이래 양현아에 의해 전통과 근대의 "식민주의적 착종"이라는 인식틀로 수정 · 보완되었다. 양현아의 『한국 가족법 읽기』(2012)는 일본식의 근대적 가(이에)제도와 조선시대 가족에 대한 탈역사적 해석이 결합되어 탄생한 일제 강점기의 가족법, 그리고 그것을 "전통"에 대한 왜곡으로 간주하고 조선시대 가족상을 순수한 "전통"으로 도입하여 가족법을 만든 해방 이후의 법제정과정을 분석하면서, 가족법이 구성한 "전통"이 어떻게 부계계승적 가족 질서를 강화시키는지를 드러내었다.

2) 일본군 '위안부'

일본군 '위안부' 연구는 '정신대운동'과 더불어 시작되어 운동의 과제와 긴밀한 관련 속에서 이뤄지고 축적되어 왔다. 정신대운동은 1990년 여성운동단체들이 정신대문제대책협의회(이하 정대협)를 설립하면서 본격적으로 시작되어, 아시아 각국 시민단체들과의 국제연대운동으로 발전하여, 2000년 12월 일본 도쿄에서 〈일본군성노예국제전범 여성국제법정〉(이하 2000년법정)을 개최하는 데 이르기까지, 동아시아 근대 역사 패러다임을 둘러싼 논쟁과 새로운 역사연구 방법론에 입각한 연구를 활성화시켰다.

그동안 축적된 연구 분야는, 첫째 군위안소 정책이나 실태를 밝히는 실증적 연구, 둘째 증언 채록 및 피해 연구, 셋째 위안부 문제의 성격과 동아시아 역사 패러다임에 대한 이론적 논의, 그리고 기타 일본, 미국 등에서 있었던 재판소송과 국제운동에서 제기된 법률 연구로 나눠볼 수 있다.

(1) 위안소 제도 연구와 정신대운동

위안부에 대한 실증연구에서 중요한 연구주제는 군위안소정책, 군위안소의 위치, 일본군 위안부의 생활상, 위안부 생존자들의 수와 실태 파악 등이었다. 하지만 위안부 및 위안소 관련 자료들이 일본 군부와 정부의 수중에 있는 데다가, 전후에 일본 군부가 이를 조직적으로 폐기한 만큼, 문서자료에 접근하는 것은 매우 어려운 일이었다.

한국에서 위안부 문제가 사회적으로 공론화된 것은 1990년 1월 윤정옥 이화여대 교수가 한겨레신문에 "'정신대' 원혼서린 발자취 취재기"라는 기사를 연재하면서부터이다. 그해 5월에는 1980년대 후반부터 이 문제에 지속적인 관심을 가져 왔던 한국교회여성연합회가 자료집 『정신대 문제 자료집: 종군위안부 발자취를 따라서』를 발간하였다. 1992년 일본에서는 요시미 요시야키(吉見義明) 교수가 일본군의 개입을 부정하던 일본 정부의 답변을 결정적으로 반박하는 증거 자료를 발굴하여 『종군위안부 자료집』을 간행하였다. 이후 일본의 '위안부' 관련 연구는 '일본의 전쟁책임자료센터' 기관지인 『계간 전쟁책임연구』에 지속적으로 게재되었고, 단행본 『일본의 군 '위안부' 연구』(일본의전쟁책임자료센터 편, 2011)로 출간되어 한국어로도 번역되었다. 한국의 소장 학자들과 역사학자들 및 법률가들의 기고로 만들어진 『일본군 '위안부' 문제의 진상』(1997)은 위안부의 개념과 역사적 배경, 위안소 및 위안부 운영의 실태, 당시까지의 운동 역사, 그리고 일본군 위안부 문제의 해결을 위한 과제 등을 기술하고 있다. 정진성은 15여 년에 걸쳐 참여한 정대협 활동 및 국제연대 활동과 위안부 연구를 결산한 연구서, 『일본군 성 노예제: 일본군 위안부 문제의 실상과 그 해결을 위한 운동』(2004)을 출간하였다. 이러한 연구들로부터 일본군 '위안부'는 단순한 민간업자들의 행위가 아니라 일본 육군성과 조선총독부가 개입하여 조직적으로 입안되고 운영된 제도라는 사실이 밝혀졌다.

2000년 법정은 당시까지 이뤄진 위안부 관련 연구 성과와 운동의 에너지를 모두 집결하였다. 한국정신대문제대책협의회 진상규명위원회가 펴낸 '2000년 일본군성노예전범 여성국제법정 총서'는 그동안 이뤄진 연구를 종합하고 정리하였다. 역사 · 사회적 연구인 『일본군 '위안부' 문제의 책임을 묻는다』(2001c)에서는 일본군 위안소 제도의 성립, 일본군의 가해체계, 위안소에서의 범죄 행위, 오키나와 · 사할린 · 남태평양 위안소의 사례연구가 정리되었고, 타국에 남겨진 피해자, 생존자들의 귀국 후의 삶, 생존자들의 육체적 · 심리적 후유증, 일본 역사교과서에 위안부 문제를 다루는 방식, 그리고 생존자 증언을 어떻게 들을 것인가를 실었다. 그리고 법률위원회가 펴낸『일본군 '위안부' 문제에 대한 법적 해결의 전망』(2001b)은 국제법상의 위법성, 한일 청구권 협정, 미국과 일본에서 진행된 소송과 재판, 남북공동기소장의 의의 등을 싣고 있다.

(2) 증언 연구와 동아시아 역사 패러다임

생존자의 증언은 위안부 문제가 일회적인 사안에 그치지 않고 한국 정부와 일본 정부를 상대로 한 운동으로 자리매김할 수 있게 하는 근본적인 동력이라는 점에서 중요하다. 나아가 정신대운동의 초기 국면부터 꾸준히 이뤄진 위안부 생존자에 대해 증언채록과 연구는 문헌과 공식 기록 중심의 역사쓰기에 대해 도전하는 계기가 되었다는 점에서도 학계에 적지 않은 파장을 미쳤다. 1993년 정신대연구회와 정대협이 최초로 증언집을 낸 이후 2004년에 이르기까지,『강제로 끌려간 조선인 군위안부들』 시리즈 등 남한 생존자 증언집 6권, 중국생존자 증언집 1권, 그 외 북한과 미국에서 여러 종류의 증언집들이 출간되었다. 채록 초기에는 생존자들의 피해 경험과 그에 대한 기억을 은폐된 문서자료를 대신하여 위안부 제도의 진상을 구명하는 증거 자료로 위치시켰다면, 이후에는 증언에 대한 접근을 구술사의 지평으로 확대함으로써, 식민주의 경험을 가진 사회에서 억압되거나 지워진 민중들의 기억과 지식을 복원, 생산, 확장하는 새로운 역사쓰기의 일환으로 자리매김하였다(양현아, 2001; 김수진, 2013).

위안부 문제는 동아시아 제국-식민 체제 및 냉전의 역사를 보는 해석의 차이가 충돌하는 대표적인 사건이다. 해석의 차이와 논쟁적 쟁점은 위안부 문제가 사회적으로 공론화되기 시작한 1990년대 초부터 드러나기 시작했다. 당시 한국에서 위안부 문제의 성격을 이해하는 논점은 여성 억압을 강조하는 시각과 민족 모순을 강조하는 시각으로 대립되어 있었다. 전자가 '천황제 국가의 전시 성폭력' 론으로 대표되었다면, 후자는 '민족문제

우위' 론으로 이름붙일 수 있다. 위안부 제도를 일본의 공창제 정책의 연장선에서 보는 논의에 따르면, "국가가 여성의 성을 이용하여 여성을 성노예로 만들었다"는 점에서 공창제와 위안부 제도는 본질적으로 같은 구조를 가진다(강선미 · 야마시다 영애, 1993; 야마시다 영애, 1997). 나아가 한국은 일본의 식민지였기에 일본인 위안부와 한국인 위안부는 범주상의 차이가 없다는 주장도 제기되었다(우에노 치즈코, 2000). 이에 반해 민족문제의 차원을 강조하는 입장에서는 일본군 위안부 제도의 핵심이, 천황제와 군국주의가 여성들에게 저지른 보편적 인권침해에 있는 것이 아니라, "거대한 규모의 식민지 여성의 동원 가능성"에 있었다고 지적한다. 그리하여 군위안소의 기본발상과 운영기법이 공창제에서 연유하였다는 점에서 배경을 이루는 것이 사실이라 하더라도 공창제와 위안부 제도는 엄격히 구별된다고 주장하였다(정진성, 2004).

위안부 문제를 계기로 드러난 동아시아 근대 역사에 대한 인식은 이제 국가를 가로질러 서로 다른 경향으로 표현되고 있다. 기억과 역사쓰기, 지배와 동조 및 저항의 관계를 어떻게 볼 것인가에 대한 이해방식과 입장 차이가 확인되고 있다. 한편에서는 위안부 사건과 생존자 증언을 통해 침략자이자 가해자인 일본 대 종속국이자 피해자 한국이라는 이분법을 무화시킬 수 있다고 이해한다면(한일연대21 편, 2008), 다른 한편에서는 군위안부 제도를 국가의 전쟁범죄책임을 넘어서서 동아시아에서의 식민지배책임론을 구상하는 계기로 제기하고, 또한 2000년 법정에서 작동한 글로벌 페미니즘의 관점에 대한 비판적 성찰을 주장하기도 한다(한국정신대문제대책협의회, 2001a; 나가노 도시오 · 김부자, 2008).

국제적인 차원에서 이뤄지는 이러한 논쟁적 지형은 역설적으로 한국에서의 위안부 연구에 대한 성찰을 촉구한다. 사실 위안부 연구에 있어서 한국 민족주의에 대한 호소는 일본군위안부 문제의 복합적인 측면을 성찰하지 못하게 작용해 왔음을 부정하기 힘들다. 위안부 문제의 모든 책임을 일본으로 돌리는 한국 사회의 일반적 태도는 위안부 문제를 구성하는 또 다른 요인, 즉 한국의 가부장제와 친일 협력체제의 책임을 묻지 않고 공론화하지 못하도록 했기 때문이다.

3) 국가와 모성/재생산

근대 국가는 젠더 질서의 영향을 받음과 동시에 국가 자체가 젠더 질서의 구성요소를 생성하고 변형하는 역사적 과정에 개입하는 중요한 행위자이다. 1980년대 후반부터 젠더 연구자들은 국가에 대한 성맹적(gender-blind) 관점을 비판하고 젠더와 국가의 관계에 대한 새로운 이론을 구축하고자 했다. 이러한 시각에서 국가는 지배의 도구나 재생산의 기능적 장소라는 균질한 단일 범주가 아니라 다양한 세력관계가 경합하는 투쟁의 장으로 사고된다(황정미, 2001). 페미니스트 국가론이 제기한 주요한 통찰은 특정한 역사적 국면의 국가는 특정한 역사적 국면의 젠더체제(gender regime)와 상호작용 관계에 있다는 것이다. 그리하여 국가정책은 이미 존재하는 대상에 단순히 적용되기보다는 그 대상 자체를 만들어 낸다는 점에서 젠더체계를 생산하는 생성적 작용을 하기도 한다.

젠더 범주를 생산하는 대표적인 국가정책의 대상이 여성의 몸이다. 여성의 몸은 젠더 질서가 새겨짐과 동시에 발원하는 장소이다. 생명을 잉태하고 낳고 기르는 재생산과 모성의 장소이면서, 다른 한편으로는 성애적 실천의 대상이자 주체인 만큼, 근대 국가는 모성과 섹슈얼리티에 대한 통치와 통제를 행사해 왔다. 역사사회학적 관점에서 이뤄진 중요한 연구주제로는 모성제도의 역사적 변천, 국가의 여성정책, 가족계획사업 그리고 성매매 정책을 들 수 있다.

모성에 대한 역사사회학적 연구는 모성이 생물학적 보편주의로 설명되는 문제가 아니라, 역사적 · 제도적으로 구성되어 왔음을 밝히려는 데 노력을 기울였다(조혜정, 1991; 심영희 외 편, 1999). 대표적으로 조은은 조선전기의 상속제도, 신분제도의 변화과정을 추적하여 조선전기 가부장적 지배구조의 상당 부분이 가부장적 모성을 제도화시키는 것과 연결되어 있다는 사실을 밝혔다. 즉 재가녀자손금고법(再嫁女子孫禁錮法)이나 서얼의 차별제도 등을 통하여 여성이 어머니 신분으로, 아들의 어머니로 본질화되어 온 역사가 그러하다(조은, 1999). 이것은 가부장적 모성화가 한편으로는 신분질서의 공고화와 연결되어 있으며, 동시에 처·첩 지위의 분별을 통하여 여성들을 분화시키는 효과를 낳았음을 의미한다. 또한 조은은 조선전기 가부장제의 강화가 단순히 유교 이데올로기의 정착과정에서 기인하는 것이 아니라 물적 토대의 변화와도 깊은 관련이 있음을 설명하였다. 즉 재산상속에서 여성의 지위는 아들의 어머니라는 위치를 통해 보장받는 것이었으며, 이러한 변화와 함께 부인으로서의 지위는 약화되었다(조은, 2000).

19세기 말 20세기 초 동아시아 사회는 여성에 대한 새로운 이념의 창출을 공유하고 있었다. 특히 양처현모 또는 현모양처 이념의 형성 및 수용은 근대 국가의 수립과 서구화 그리고 식민화의 복합적인 지형 속에서 젠더체계의 이념적 변동을 집약하고 있다. 체계적이지는 않지만 근대적인 여성정책의 시발점이 된 일제시기 동안 식민권력은 초기에는 양처현모 교육을 위주로 여성정책의 방향을 만들었고, 1930년대 후반 총동원체제기에는 군국주의적인 모성정책에 집중하였다. 이와 관련하여 그동안 축적된 연구들은 오늘날의 통념과 다른 두 가지 사실을 밝혀냈다. 첫째, 양처현모 이념은 단순한 전통적 이념이 아니라 전통의 변형이자 서구의 가정성 이데올로기(domestic ideology)와 가사관리론을 수용하고 접합한 것이라는 점, 둘째 식민지 조선에서 현모양처 이념은 개화기 계몽사상가들이나 식민 당국의 정책, 그리고 지식인들에 이르기까지 환영되었다는 것이다. 특히 서구나 일본에서와 달리 신여성 이념 안에 양처 개념이 적극적으로 통합되어 있었다는 점도 주목되었다(김수진, 2009: 343). 1900년대 국권 위기 시기, 미래의 국민을 길러낼 모성이라는 점이 제도적인 여성 교육을 주창하는 근거로 주장되었지만, 1920년대부터 1930년대에는 양처의 자질과 임무로서 근대적인 육아법이나 지식의 중요성이 설파되었다(김혜경, 2006). 모성을 국가주의로 포섭하는 담론이 본격화된 것은 1930년대 후반 전시체제에 들어가면서부터이다. '내지' 일본에서 모성에 대해 제국의 신민을 기르는 사명을 부여하고 그에 따르는 모성보호 정책을 실시하였는데, 1940년대 식민지 조선에도 징병제를 실시하기 시작하면서부터는 '군국의 어머니' 담론을 적극적으로 설파하였다(안태윤, 2006).

독립 국가를 건설하는 과정에서 여성정책은 새로운 국면을 맞이하게 된다. 해방 직후 미군정은 부녀국을 설치하였는데, 그 정책 영역은 '부녀자' 대상의 계몽사업이나 전쟁 미망인에 대한 구호사업에 국한되어 있었다. 국가정책으로 본격적인 여성정책이 실시된 것은 박정희 정권 시기에 들어서부터이다. 황정미(2001)는 1960~70년대 개발 국가의 여성정책이 어떻게 여성에 대한 '문제 정의'를 만들어 냈는지 고찰하였다. 이에 따르면 박정희 체제기에 여성정책은 여성을 '요보호여성'과 '일반 여성'으로 양분하고, 도덕적 규제와 계몽의 대상이면서 국가 사업에 동원하는 존재로 간주하는 방향으로 전개되었다. 여성에 대한 이러한 문제 정의는 이후 상당기간 동안 한국 여성정책에 깊은 영향을 남겼다.

가족계획 사업은 통상 여성의 출산에 대한 국가의 성공적 개입과 통제의 사례로 이해되어 왔다. 그리하여 많은 경우 페미니스트 연구는 가족계획사업이 재생산 권리를 가진 여성의 육체를 미시적으로 통제하는 국가의 억압성과 폭력성을 비판했다. 하지만 새마을운동이나 가족계획 사업 같은 1960~70년대 국가 주도 사업에 대한 2000년대 이후의 연구들은 이러한 정책 사업을 국가가 국민에 대해 행사하는 일방향적인 지배-통제로 보기보다는, 발전주의 이념에 대한 자발적 동원의 행위성에 주목하기 시작했다. 가족계획 사업을 국가의 통제와 여성 행위성의 결합으로 접근한 배은

경의 『현대 한국의 인간 재생산』(2012)은 가족계획 사업에 대한 통념적 시각을 수정했다. 이 연구는 가족계획 사업 입안 이전 시기인 1950년대부터 1970년대에 이르기까지 민간 영역의 담론과 국가 정책을 종합적으로 분석하여, 가족계획 사업에 선행하여 여성들의 출산조절 욕구가 존재했고, 그와 동시에 국가주의적 개입방식이 공존하였음을 조명하였다. 이렇게 볼 때, 한국의 가족계획 사업은 사적 영역에서 이뤄지는 여성의 행위성과 이에 대한 공적인 인정이나 지원의 부재 속에서 이뤄진 한국 여성의 출산조절 실천이라고 할 수 있다. 다른 한편, 한국의 가족계획사업의 인구통치가 비서구사회의 식민주의적 문명화 임무를 내부화한 엘리트들의 인식을 반영하는 발전 이데올로기를 통해 이뤄졌다는 사실이 조명되었다(조은주, 2012).

4) 섹슈얼리티와 성매매(정책)

성매매는 노동과 성, 지배와 쾌락 및 국가와 개인이 교직되는 장소이면서, 동아시아 및 한국의 식민주의와 냉전체제, 그리고 가부장제의 독특한 결합을 응축하고 있는 영역이다. 성매매와 관련한 사회사적 연구관심은 군위안부운동에 의해 촉발된 경향이 크다. 일제시기 공창제에 대한 일련의 연구들이 축적되었고(야마시다 영애, 1997; 강정숙, 1998; 송연옥, 1998), 미군정기 폐창운동과 공창제 폐지, 그리고 기지촌 여성 문제와 한국 정부의 성매매 정책에 대한 연구가 이어졌다(문, 2001; 이나영 2007).

이 분야의 역사사회학적 연구들이 공통적으로 지적하는 것은 한국 사회를 특징짓는 성매매 형태와 그 산업구조가 일제시기로부터 비롯되었다는 점이다. 성매매를 공인하는 제도인 공창제의 도입, '내지' 일본과 다르게 시행된 식민지적 성매매 정책, 그리고 총동원체제 속에서 성서비스업 여성들에 대한 재배치가 연구주제로 다뤄졌다. 근대 공창제는 성매매에 대한 국가의 관리정책으로, 특히 프랑스, 독일, 일본 등 제국주의 국가가 남성들을 군사로 동원하고 통제하는 수단으로 고안되고 실시되었다는 것이 일반적인 견해이다. 공창제의 관리방식으로는 등록제도, 강제 성병검진, 거주제한 등 성매매 여성의 격리와 감시를 핵심내용으로 하고 있다. 후지메 유키(2004)에 따르면, 근대 일본의 공창제는 전근대의 그것과 달리 군대 위안과 성병 관리를 중심으로 한 국가관리 체계였고, 따라서 공창제는 일본의 식민지 개척과정에서 중요한 정치적 역할을 했다. 그런데, 일본이 식민지 조선에 도입한 공창제는 일본에 비해 성매매 여성을 더욱 착취하기 쉬운 구조를 가지고 있었고(송연옥, 1998), 일본 제국주의 군대가 성병 검진 대상을 확대하는 과정에서 조선에 강력한 통제주의를 사용함으로써, 결과적으로 식민지 조선사회에는 사창이 번창하게 되었다(야마시다 영애, 1997). 일제가 조선인 사회에서 시행한 공창제의 정책 기조는 전시체제기에 이르러 공창을 옹호하고, 각종 접객업 여성들을 노무동원이나 간호동원 및 위문대 등 '전시 위안'의 역할을 담당하도록 재배치하였고, 이는 해방 이후 성매매 형태와 산업구조의 유제로 이어지게 된다(박정애, 2009).

해방 후 남한의 성매매정책은 다른 정책들과 마찬가지로 포스트 식민사회의 상황, 즉 식민주의 유산과 탈식민화 과정이 교차하는 가운데에서 이념형에 속하지 않는 독특한 형태로 만들어졌음이 박정미(2011)에 의해 연구되었다. 이에 따르면, 해방 후 한국 정부는 일제시기 관리 정책의 유제를 활용하여 성판매 여성을 관리하고자 했으나 탈식민의 정당성을 위해 미국식 금지정책을 도입하는 한편 은밀하면서도 유연한 '묵인-관리'를 유지하였다. 이후 강력한 중앙집권정책을 행사한 군사독재 정부는 '묵인-관리 체제'를 제도화하는 데 중요한 역할을 했다.

5) 일-가족의 관계

일과 가족을 넘나들면서 어떻게 살아왔는가의 경험, 그 전쟁과도 같은 치열한 일상을 살아나온 사람들의 역사와 삶의 과정, 그리고 전략은 분명 학문적 검토대상이다. 그러나 취업여성의 일-가족 관계를 다룬 연구들은 여성의 노동사를 단지 희생의 역사로서만 기록하지는 않는다. 그와 동시에, 여성의 능력과 강점을 부상시킴으로써 여성을 역사의 주인공 모습으로 단순화하지도 않는다. 여성의 역사는 여성의 노동과 업적을 강조한다고 해서, 혹은 단순히 희생과 가부장적 관계를 강조한다고 온전히 포착될 수 있지 않다. 거기에는 저항, 타협, 연기 등이 복잡하게 작용하기 때문이다. 이러한 여성노동사의 특징은 미시사, 일상사, 생활양식의 역사 분석을 통하여 드러났다(비얼링 외, 2002: 243-246).

일과 가족의 연계성을 밝힌 고전적인 여성노동사 연구에 따르면 여성들은 전(前)산업사회의 가족경제(the family economy) 시기와, 산업혁명기의 가족임금경제(the family wage economy) 시대를 경과하면서 생애주기로는 딸, 아내, 어머니, 과부로서의 인생주기를 통해, 각 역사시기마다 하녀, 공장노동자, 혹은 가정과 공장을 넘나드는 비정규적인 노동자의 존재형태로 가족의 경제적 필요에 부응하며 일해 왔다(Tilly and Scott, 1987). 한국에서도 가족의 조건은 여성의 경제활동방식을 결정하는 중요한 원인으로 지적되어 왔다. 해방 이후만 보더라도 남편을 대신하여 가장이 되어야 했던 "전쟁미망인"들은 1950년대 시장과 가족의 양 영역을 넘나들며 가족과 사회를 유지하는 보루가 되었다(이임하, 2004). 그리고 1960년대 초반부터 1970년대 전반기까지 산업화 초기단계에서는 기혼여성의 농사일과 도시로 나간 딸의 공장노동이 두드러졌다. 농촌경제의 약화 속에서 이촌향도(移村向都)한 딸들, 이주노동자들은 도시노동자 가족을 형성하였는데, 경제개발정책은 가족주의 가치관을 활용하여 노동자계급의 세대적 지지를 유도하고 저임금으로 노동력 재생산을 보장받고자 했다(김수영, 2000). 박정희체제의 개발 국가 전략은 이와 같은 엄청난 가족동원, 즉 물질적 차원은 물론, 효 중심의 가족주의 차원에서 진행된 이념적인 동원전략으로 인해 가능한 것이었다. 그러나 미혼여성을 저임금 미숙련 공장노동자로 끌어들였던 1960년대와 1970년대 초반 국가 주도의 공업화는 돌봄노동을 비가시화하는 임금노동 중심 사회체제로의 재편의 서막을 알리는 것이었으며, 따라서 여성노동사에서 핵심적인 주제인 임금노동과 돌봄노동의 갈등문제는 여성노동의 이슈로부터 체계적으로 배제되었다(신경아, 2007). 한편, 1980년대 이후 임금노동이 증가하면서 일 · 가정 양립을 둘러싼 갈등은 심화된다. 특히 기혼여성들의 경제활동 참여가 증대했던 1980년대 여성노동은 출산이나 양육책임으로 인해 생애주기에 따라 다른 노동패턴을 드러내며, 일 · 가정 양립을 위한 가내부업 등 불완전한 취업양태가 선택되기도 한다(김혜경 · 신현옥, 1990).

그러면 이와 같은 여성 노동참여의 경험과 역사가 가부장제, 혹은 남성성의 변화와는 어떠한 관련을 가지고 있을까? 앞서 본 틸리와 스콧에 의하면 여성의 시장참여는 일종의 "가족전략"의 차원에서 의미를 가진 것이었기 때문에, 여성의 노동참여가 바로 여성지위의 향상이란 결과를 가져 왔다고 보기는 어렵다(Tilly and Scott, 1987). 그리고 아직 한국의 상황에서는 여성의 가정 밖 경제활동에 상응할 만한 남성 역할의 변화도 발생하지 않았다고 평가된다. 서구에서도 남성성의 변화는 1990년대에 눈에 띄게 나타난 현상으로, 자녀양육에 관심을 가지고 돌봄 역할을 수행하는 남성성은 1970년대에는 상상할 수 없었던 것이었다(Gerson, 1993). 또한 1990년대의 여성노동자들은 1970년대 여성노동자와는 달리 남편에 대해 공평한 가사분담을 요구함에 따라, 가사분담 문제가 부부갈등의 원인을 제공하는 변화를 보이고 있다고도 지적된다(Rubin, 1994: 94-96; Williams, 2000: 155-156 재인용). 그러나 한국에서는 아직 가사분담이 직접적인 부부갈등의 원인으로 나타나고 있지는 않다(이순미 · 김혜경, 2008). 결국 1960년대부터 1990년대 초반까지 30여 년 동안의 일과 가족의 관계를 다룬 연구에 따르면, 일 · 가정 양립과 자녀양육의 과제는 국가와 자본의 방기하에 여성의 개인적 노력을 중심으로, 그리고 여성가족(친족)원의 지원을 바탕으로 수행되었다고 한다(김혜경, 2007). 이러한 차원에서 한국의 산업화 과정에 대한 역사적 이해는 일-가족 관계는 물론, 여성노동자의 경험을 포함하여 재구성되어야 할 과제를 가지고 있다(강이수, 2011).

5. 맺음말

1990년대 이후 여성과 가족의 사회사 연구는 양적 측면에서는 물론이고 질적 차원에서도 비약적인 성장을 보여주었다고 평가할 만하다. 이 연구들은 모두 근현대사를 관통하는 굵직한 이슈들과 교직되어 있다. 제국-식민 지배체제, 동아시아 및 조선시대 젠더체계와 가부장제 문화의 연속과 단절, 자본주의적 산업화, 도시화 및 소비문화, 민주화와 사회운동, 개발국가와 동원 체제 등은 여성/남성의 삶과 의식에 영향을 미쳤다. 하지만 이러한 거시적 범주와 역사변동 또한 젠더체제와 문화에 의해 특정한 방식으로 주조되고 이끌어져 왔다. 한국의 여성사 연구는 젠더에 관련된 서구의 이론을 단순히 적용하는 것이 아니라 한국의 고유한 역사적 맥락을 주목함으로써 현실적합성 있는 개념과 시각을 만들려는 노력을 기울여 왔다.

자료를 새롭게 발굴하고 재해석함으로써 역사자료의 영역을 넓히는 일도 여성사 관련 연구에서 비교적 활발히 이뤄졌다. 구술자료, 자서전, 문학작품, 신문 및 잡지 기사, 광고, 회화 등의 자료를 구체적인 주체들의 생활양식과 집합의식 및 무의식적 정서 등이 담긴 사료로 접근하는 작업이 주목되기 시작했다. 하지만, 기존 사회학의 방법론적 전통을 가로질러 기억,

정서, 기호 등으로 표현되는 다양한 형태의 질적 자료를 수집하고 분석하는 방법을 역사적 접근과 결합시키는 일은 여전히 그 타당성을 질문받는 도전적인 연구로 간주된다. 예컨대, 회화, 소설, 패션 등을 프랑스혁명을 해석하는 중요한 자료로 다루는 식의 접근은 우리 학계에서 아직 충분히 자리 잡지 못하고 있다. 하지만 그렇다고 해서 통계나 정부 문서, 재판자료 같은 공식 자료의 중요성이 덜하다고 볼 수는 없다. 이 자료들은 여전히 젠더의 시각에서 새롭게 가공하고 해석해야 할 대상이고, 그리하여 더욱 풍부한 역사상을 만들 수 있는 원천이다.

현재 여성/젠더사 연구는 제한된 연구자들이 주도하고 있기는 하나, 새로운 국면에 들어섰음에 틀림없다. 근현대사 연구의 영역과 이론적 · 방법론적 지평을 확대했고, 학제적인 연구 활동을 활발히 벌이고 있다. 이는 여성/젠더사 연구자들에게 이중의 과제를 안겨준다. 그 하나는, 기존의 사회과학이나 역사학에서 소홀히 다뤘고 학문적 대상으로 취급하지 않았던 차원과 영역을 주목하고 그것을 젠더의 틀과 역사적 시각에서 분석적 범주로 전환시키는 일일 것이다. 다른 하나는 한국 여성이라는 범주나 가족의 역사특수성을 기존의 사회과학적 개념과 대화할 수 있는 새로운 이론적 개념으로 만드는 일이다. 예컨대, 한국의 가족 이념과 제도를 서구의 핵가족 체제에 기반한 이론으로 온전히 포착할 수 없다는 사실은 이제 연구자들 사이에서 공감대를 이루고 있는데, 그렇다면 이제 어떤 대안적 개념들을 만들어 낼 것인가, 다시 말해 젠더체계와 여성 범주를 동아시아 근현대 역사라는 맥락 속에서 어떻게 이론화할 것인가라는 문제의식을 심화시켜야 할 과제 앞에 우리는 서 있다. 이 문제의식을 포기하지 않을 때 비로소, 여성/젠더사는 보충사나 공헌사를 넘어서서 여성주의적 지식 구성의 관점에서 새롭게 쓴 역사쓰기가 될 수 있고, 나아가 여성주의 지식 구성도 보편주의의 함정을 벗어나 역사성을 획득할 수 있게 될 것이다.

제 13 장

일상생활의 사회사

| 김민환(한신대학교 정조교양대학) |

들어가기 전에 : 두 가지 에피소드

에피소드 1 :

1991년 서울 모 대학가 중국음식점에서 실제로 있었던 일이다. 이 해 대학에 입학한 어떤 과 신입생들은 합격자 발표 이후 집요하게 괴롭히고 귀찮게 하던 선배들의 손에서 벗어나[1] 처음으로 동기들만의 오붓한 모임을 갖고 있었다. 자장면, 짬뽕, 볶음밥 등으로 즐겁게 식사를 하고 나서 안주로 탕수육 몇 그릇을 주문했다. 안주가 나오기 전 몇 차례 즐겁게 집단적인 음주가 있었고, 이를 매개로 간헐적으로 대화가 시작되었다. 마침내 주문했던 탕수육이 도착했고, 가벼운 환호와 함께 본격적으로 음주와 대화가 전개되었다. 그런데 도착한 탕수육을 보고 동기생 중 한 명이 별 생각 없이 내뱉었던 한마디는 동기 30명의 '사회계층'을 짐작할 수 있게 만든 결정적 한마디가 되었다. 그가 했던 가벼운 질문은 "야, 너희들 탕수육 언제 처음 먹어 봤어?"라는 것이었다. 처음에 "야, 그걸 어떻게 기억하냐? 아주 어렸을 때부터 먹어서 기억할 수 없잖아!"라는 가벼운 핀잔성 대답을 했던 어떤 친구는, "난 오늘 여기서 처음 먹어 봤어. 너무 맛있네!"라는 다른 친구의 답변에 당황하기 시작했다. 이후 동기들이 하나하나 자신들이 탕수육을 언제 처음 먹어 봤는지에 대한 답을 제시했다. 이들의 답을 대충 정리했더니 5가지 정도로 범주화가 가능했다. '아주 어렸을 때부터 먹어서 기억할 수 없다'(5명)와 '여기서 처음 먹는다'(3명)를 양극으로 해서 '초등학교 때(생일 등) 처음 먹었다'(7명), '초등학교 졸업식 때 처음 먹었다'(8명), '중학교 때(졸업식 등) 처음 먹었다'(5명) 등의 답이 나왔다. 탕수육을 처음 먹은 체험에 영향을 미친 변수로 지역 등 다른 변수가 고려될 수도 있었지만,

1) 신입생 환영회 등 대학생들의 음주문화에 관한 사회사적 연구로는 정준영(2010)을 참조할 것.

그 자리에 있던 30명의 동기생들은 그 차이를 사회계층적 차이로 해석했고, 나중에 그것은 정말로 동기생들의 계층적 차이(정확하게는 동기생들 부모의 계층적 차이)를 그대로 반영한 것으로 밝혀졌다.

에피소드 2 :

1991년 그 중국집에 있었던 30명 중 한 사람이었던 '그'는 그 후 대학원에 진학하였다. '그'는 박사과정을 수료한 후 2003년 처음 대학에서 강의를 하게 되었다. 강의 도중 어떤 계기였는지는 모르겠지만, 문득 1991년 중국집에서의 일이 생각나서 그 이야기를 학생들에게 들려 줬다. 학생들은 계층적 지위를 판독하는 음식으로 탕수육이 등장한 것에 매우 낯설어했다. 1991년에서 12년이 지났을 뿐인데, 그 시점에서 탕수육은 너무나 흔한 음식이 되어 있었던 것이다. 그러나 곧 학생들은 1991년 '그들의 탕수육'과 동일한 기능을 하는 자기 세대의 음식을 떠올리고 있었다. 그들이 제안한 음식은 '패밀리 레스토랑'의 음식들이었다. 학생들의 제안에 따라 '그'는 패밀리 레스토랑의 음식을 언제 처음 먹어 봤는지 학생들을 대상으로 조사를 하기 시작했다. 그 결과는, 놀랍게도 혹은 당연하게도, 1991년 '그'의 동기들이 탕수육을 처음 먹어 본 경험에 대해 실시한 조사 결과와 유사했다. 너무 어렸을 때 먹어서 기억할 수 없는 학생과 아직 먹어 보지 못한 학생들이 양쪽 극을 이루었고, 그 사이에 몇몇 범주들이 들어가 있었던 것이다. 구체적인 음식의 종류는 다르지만, 동일한 기능을 하는 음식은 항상 존재해 왔었다고 언급하면서 '그'는 이 특별한 수업을 마무리했다.

1. 들어가며 : 일상을 바라보는 사회사적 관점

앞의 두 에피소드는 매우 다양한 관점에서 사회학 이론과 연결될 수 있다. 에피소드 자체는 '계층론' 적 성격을 매우 강하게 부각하고 있다. 특히, 조금만 논의를 확장하면 부르디외의 '아비투스' 에 관한 논의와도 직접적으로 결합이 가능하다. 부르디외에 따르면, 음식에 대한 개인의 취향은 일상적으로 먹(을 수 있)는 것 가운데 형성되는데, 그것은 기본적으로 그 개인이 속해 있는 계급의 경계에서 크게 벗어나지 않는다. 즉, 개인의 취향은 개인이 속한 '계급' 의 취향이라는 것이다. 가령, 위의 에피소드에서 탕수육을 먹어 보지 못한 1991년의 신입생은 좋아하는 음식으로 탕수육을 꼽을 수 없었을 것이며, 패밀리 레스토랑의 음식을 먹어 보지 못한 2003년의 대학생도 이 음식을 자신이 좋아하는 음식으로 꼽을 수 없었다.

계층론적 관점 이외에 '세대' 변수를 고려하는 데에도 이 에피소드는 유용할 수 있다. 모든 세대는 자신들 세대만의 '계층 지위 판독 음식' 을 갖고 있을 것이기 때문이다. 지금의 젊은 세대와 그 이전 세대와 '취향' 차이를 가장 두드러지게 파악할 수 있는 것 중에는 아마 '커피' 가 있을 수 있다. 1990년대 후반까지 한국의 커피소비는 70% 이상이 인스턴트 커피에 집중되어 있었으나, 2000년 대 이후 원두 커피의 소비량이 급속도로 늘고 있는 추세다. 이 때문에 나이 든 세대의 경우, 그들이 젊었을 때는 원두 커피를 접할 통로 자체가 매우 제한적이었다.[2] 인스턴트 커피에 대한 선호와

2) 한국에서 원두 커피 전문점이 최초로 등장한 시기는 1988년 올림픽을 앞둔 시점이다. 외국인들이 선호하는 원두 커피를 한국의 거리에서 제공하기 위해서였는데, 그러나 이때 처음 등장한 원두 커피 전문점의 원두는 질이 매우 낮았다. 이 시기 원두 커피 맛에 대해 "걸레 빤 물을 마시는 것 같다"는 평은 이 점을 가장 잘 보여준다. 반면, 어두침침하고 밀폐된 카페 대신 밝고 통유리로 전면이 개방된 커피 전문점은 1993년 '신세대 논쟁' 에서 신세대의 상징 중 하나로 제시되기도 했다. 다방에서 카페로, 그리고 원두 커피 전문점으로, 또 '테이크 아웃' 이 가능한 최근의 원두 커피 전문점으로의 변화는 '커피 마시는 공간' 에 대한 세대별 경험 차이를 드러낸다. 커피와 관련된 이런 이야깃거리들은 2003년 한국사회사학회 정

원두 커피에 대한 선호 사이에는 계층적 차이와 함께 세대적 차이가 존재할 가능성이 매우 높다.

또한, 이 에피소드는 '산업' 적 관점에서 한국의 외식 산업의 발전 혹은 다양화의 사례 중 하나로 읽힐 수 있다. 고깃집, 횟집, 중국집에서 패스트푸드점과 피자집을 거쳐 패밀리 레스토랑으로 단기간에 '압축적으로' 성장한 한국의 외식 산업은 그 자체로 한국 경제 발전의 또 다른 일면을 보여주는 지표인 것이다.

그 외에도 더 많은 주제와 관련해서 이 에피소드들은 다양하게 연결될 수 있다. 요컨대, 어떤 것에 주목하든 간에, 음식 등 우리 '일상' 을 구성하는, 그래서 간과하기 매우 쉬운 이런 영역들은, 사회학 이론 및 역사적 관점을 도입할 경우 해명해야 할 새로운 질문을 끊임없이 제기하는 무한한 보고가 될 수 있다는 것이다. 제4장에서 살펴본 것처럼, 1990년대 중반 이후 한국 사회사 연구는 이런 '일상' 에 대한 연구에 특히 주목해 왔으며, 매우 다양한 연구 성과를 내고 있다. 이 장에서는 한국사회사학회가 발행하는 학술지 『사회와 역사』에 실린 논문을 중심으로 '일상' 을 다루고 있는 사회사적 연구들을 소개할 것이다.

그 전에 '일상' 을 바라보는 한국 사회사 연구의 관점에 대해 좀 정리해 둘 필요가 있다.[3] 일상은 구조나 제도에 대한 상대 개념이기도 하고, 지배나 정책의 상대 개념이기도 하다. 일상생활 연구는 기존의 구조제도사나 정책사에서 배제된 연구주제를 선택한다는 것을 의미하기도 하고, 구조주의나 제도주의의 설명이 갖는 한계를 돌파하는 대안적 연구방법을 의미하기도 한다. 즉, '일상' 은 '대상으로서의 일상' 과 '방법으로서의 일상' 으로 구분될 수 있다. 대상으로서의 일상은, 개인들의 경험을 어떻게 보다 적극적으로 인식할 수 있는가라는 문제의식의 산물이며, 구조나 제도와 개인을

기학술대회에서 박상미가 발표한 바 있다. 또, 강준만 · 오두진(2009)을 참조할 수 있다.

3) 이 부분은 정근식(2006)의 관련 내용을 요약, 정리한 것이다.

연결하는 영역을 발견하려는 노력에서 비롯된 것이기도 하다. 학술적인 언어로 표현하면, 근대 주체의 문제를 구조나 제도로부터 벗어나 생활의 영역에서 포착하자는 시도에서 도입된 것이다. 그렇기에 '대상으로서의 일상'은 단순히 재미있는 '소재'의 발굴에만 머물러 있는 것은 아니다. 오히려 일상의 단편들이 전체의 구조나 제도의 맥락 속에 위치 지어져야 그 의미가 새롭게 부각될 수 있는 것이다. 여기에서 '방법으로의 일상'의 중요성이 제기된다. 즉, 반복적이고 무의식적으로 체화된 것을 잘라낸 단면 속에서 구조나 제도, 또는 지배정책을 재발견하는 것이 방법으로서의 일상연구가 갖는 문제틀인 것이다. '방법으로서의 일상'이라는 틀이 없을 경우, 일상연구는 '소재주의'에 빠져들 위험에 처하게 된다.

일상의 영역은 생활의 재생산의 기초인 의식주 외에 생활의 장을 규정하는 시간과 공간, 언어, 의식, 의례, 대중문화, 소비와 여가 등이 포함될 수 있다. 그러나 이 장에서는 의식주만으로 소재를 한정한다.

2. 옷의 사회사

1) 옷과 정체성

옷은 다양한 사회적 맥락 속에서 옷을 입은 사람의 정체성을 규정하거나 표상하며, 의사소통을 위해 의도적으로 사용되어 왔다. 옷과 옷을 입은 사람 사이의 사회적 관계에 대한 문제의식은, 옷이 그(녀)에게 주는 의미, 특정 개인 혹은 집단이 특정한 방식의 의복을 착용하는 이유, 의복 선택을 규제하는 다양한 요인 등을 규명할 수 있게 한다. 예를 들면, 프랑스의 한 학교에서 이슬람계 여학생이 히잡(hijab)을 쓰고 등교했을 때, 그 학교는 그 여학생에게 히잡을 쓰지 말 것을 지시했다. 여기에 대해 그 여학생과 그 여

학생이 소속된 이슬람 사회는 히잡은 자신들의 정체성을 드러내는 매우 중요한 지표이기 때문에 학교의 처분은 매우 부당하다고 항의했으며, 프랑스 법원에 소송을 제기했다. 프랑스 법원은, 프랑스에서 교육은 어떠한 종교적 영향에서 배제된 세속적 공화주의의 원칙에 의해 이루어져야 하기 때문에 히잡이 아니라 기독교적 상징을 착용하고 학교에 등교했더라도 그것을 금지했을 것이라는 학교 당국의 주장을 인정하여, 히잡 착용 금지가 정당했다고 판결하였다. 여기에 대해 여전히 많은 논란이 진행 중이다. 사회학적인 관점에서 쟁점이 매우 많지만, 여기서는 옷과 정체성이 매우 관련이 깊다는 사실만을 확인하고 넘어가기로 하자.

한국이 아닌 식민지 인도를 대상으로 한 것이기는 하지만, '전통 복장'에서 '유럽식 복식'으로의 전환이 의미하는 바가 연구된 적이 있는데, 이는 한국의 경우에도 많은 시사점을 준다. 이 연구에 따르면,[4] 19세기 말 인도에서 '도티'라는 남성의 전통 복장은 촌스럽거나 세련되지 못함을 상징하는 반면, 유럽식 복장은 세련되거나 지식인층의 상징이 되었다. 인도의 기후와 관련해서 생각해 보면, 유럽식 복장은 무더운 인도 기후와는 맞지 않았지만, 유럽식 복식이 주는 상징성이 더 컸다고 할 수 있다. 특히, 유럽식 복식을 한 인도 출신의 하위 관료들은 전통 복장을 한 인도 사람들에게 일상적인 차별을 하였다고 한다. 그러나 반대로, 유럽식 복식을 한 인도 사람들이 인도 대중들의 눈총을 받거나, 제국주의에 대한 저항의 표시로 인도의 전통 복장이 사용되기도 하였다. 이를 가장 잘 보여주는 것이 간디를 찍은 사진이다. 간디는, 인도인의 정체성을 갖지 못한 젊은 시절 사진에는 유럽식 복장을 하고 등장하지만, 제국주의에 저항하기 시작했을 때는 전통적인 인도의 복장을 하고 있다. 한편, 유럽식 옷과 인도 전통 옷을 '콤비'로 입는 전략을 택해 자신의 '진보성'과 '민족성'을 동시에 드러내려는

4) 이 부분은 김경학(1999)의 내용을 간략히 정리한 것이다.

사람도 생겨났다. 가령, 하의는 '도티'를 입고, 상의는 자켓을 입는 식인데, 이 경우 자켓 안에는 셔츠를 입지 않고 인도 전통 복장을 하는 것이다.

비록 옷 자체에 대한 연구는 아니지만, 한국에서 전통적으로 많이 입었던 옷 중 하나인 '심의(深衣)'([그림 1])가 성리학적 세계관이 완벽하게 투사된 옷이라는 점을 밝힌 연구가 있다.[5] "① 심의는 반드시 의부(衣部 : 윗옷부분)와 상부(裳部 : 치마부분)로 구별 · 구성된 형태를 이루고 있는바, 이것은

[그림 1] 심의(深衣)

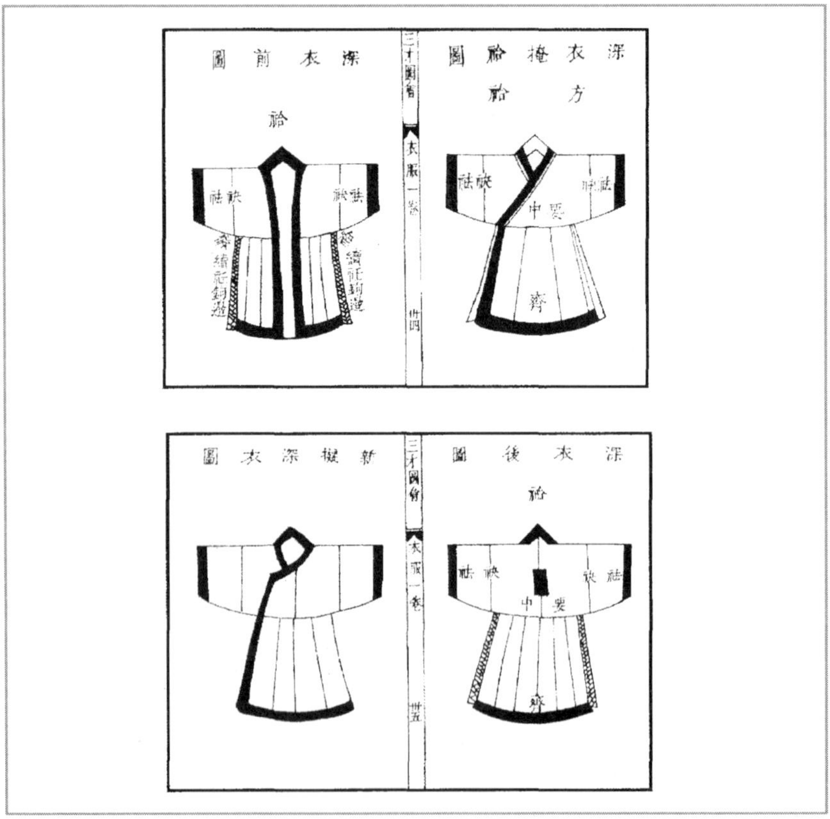

자료 : 정일균(1997: 12).

5) 이 부분은 정일균(1997)의 관련 내용을 정리한 것이다.

우주의 근본이 건곤(乾坤)에 있다는 고대 중국 철학의 우주관을 반영 · 상징하고 있는 것이다. 원래 건(乾)은 위에 곤(坤)은 아래에 있어 우주를 형성하는 것이니, 무릇 중국의 복식 제도에 있어 곧 의(衣)는 건(乾)을 상(치마)은 곤(坤)을 상징하는 것이라 의가 있으면 반드시 상이 있게 마련이었다. 그런데 건은 곤을 또한 통섭(統涉 : 사물에 널리 통함)할 수 있다는 것이 이 우주관의 기본 입장의 하나이므로 의가 상을 겸할 수도 있다고 보기도 하였다. 결국 심의에 있어 의와 상을 따로 마름질하여 봉합한 것은 건이 곤을 통섭할 수 있음을 나타내는 동시에 건곤 중심의 우주관을 함축하고 있는 것이다. ② 이러한 우주관은 다시 치마(裳)폭을 12폭으로 재단함으로써 더욱 구체화되고 있다. 즉, 치마폭을 12폭으로 마름질한 것은 12달에 응한 것이…다. ③ 소매가 둥근 것은 둥글쇠(規)에 응한 것인데, 이는 거수읍양(擧手揖讓: 두 손을 맞잡아 얼굴 앞으로 들고 허리를 공손히 구부렸다 펴면서 손을 내림. 예를 표현하는 한 형태)하여 예모(禮貌: 예절에 맞는 태도)를 차리기 위한 것이다 …"([그림 2])

이 옷을 더 이상 입지 않는 지금은 성리학적 세계관에서 멀어졌음을 이 논문에서는 암시하고 있다([그림 3]).

[그림 2] 심의를 입고 있는 이제현과 황현의 초상

자료 : 정일균(1997: 13).

[그림 3] 어느 양복광고

자료 : 정일균(1997: 16).

2) 옷과 권력

특정한 옷을 강제로 입게 하거나 반대로 특정한 옷을 입지 못하게 하는 것을 연구하는 것은, 특정한 권력이 어떻게 일상생활을 장악해 가는지를 연구하는 것이다. 우리의 역사에서 이런 사례를 찾아볼 수 있는 것은 식민지 시기와 그 이후 군사독재 시기이다.

특히, 한국에서 옷과 관련했을 때 식민지 시기는 매우 문제적인 시기가 된다. 앞의 인도의 경우와 마찬가지로, 한국에서 성리학적 세계를 구현한 전통 복장과 멀어지는 과정은 개화기에 시작되어 식민지를 거치면서 본격화되었다.[6] 1895년 을미개혁 때에 단발령과 함께 공식적으로 양복을 입는

6) 아래의 내용은 공제욱(2005); 안태윤(2007)을 정리한 것이다.

것이 허용되었다. 또한 1900년에는 관복 자체를 양복으로 바꾸었다. 이때부터 우리 사회에서는 지배층은 양복을 착용하고 일반 서민들은 고유복식을 입는 새로운 이중구조가 시작되었다. 이러한 이중구조는 1950년대까지 지속된다. 이러한 이중구조는 1960년대 이후부터는 붕괴하는데, 이때부터는 일반 서민들도 점차 양복을 입기 시작하여 1970년대 후반에 오면 거의 양복으로 일원화되었고, 한복은 예복으로 그 역할이 축소되었다.

식민지 시기 동안 일본은 세 가지 측면에서 의복 통제를 실시했는데, 이것은 의복 변동의 계층별, 성별 분화를 반영하고 있다. 첫째는 백의(흰옷, 염색 안한 옷)에 대한 통제이다. 이는 이미 양복을 입고 있거나 개량한복을 입고 있었던 층과는 관련이 없는 통제로, 여전히 염색하지 않은 고유 의복을 입고 있었던 기층 민중과 관련된 의복 통제인 것이다. 원래 흰옷에 대한 비판은 개화기 지식인들에 의해 시작되었다. 비판의 요지는 "빨리 더러워지고, 따라서 자주 빨래를 해야 하기 때문에 비경제적이며, 서민에게 적합하지 않고, 따라서 노동복으로 기능할 수 없다"는 것이었다. 이 비판을 일제는 더욱 일반화였으며, 흰옷을 입은 사람은 면사무소 등 관공서 출입을 금지하기도 하고, 인부 채용을 하지 않는 경우도 있었고, 벌금을 부과하는 등 강제적 수단을 동원했던 것이다. 기층 민중들은 일제시기에 흰옷 통제와 색깔옷 장려의 경험을 통해 오랫동안 몸에 배어 '아비투스'를 형성하고 있었던 옷 입는 행위와 관련하여 변화의 필요성을 경험하게 된다.

둘째는 학생들의 교복이나 교원들의 제복, 그리고 공무원의 제복 등 제복에 대한 통제이다. 일제시기에 중학교 이상의 남학생들은 초기부터 일본과 마찬가지로 서양식 군복을 변형한 옷을 교복으로 입었지만, 여학생들은 일부 학교에서 일시적으로 서양식 교복을 입은 것을 제외하고는 초기에는 대부분 개량한복을 교복으로 입고 있었다. 그러다가 1930년대에 오면 일부 여학교에서부터 서양식 교복을 채택하기 시작하였다. 그런데 일제는 초기에는 교복 등에 대해 특별한 통제를 하지 않다가 말기에 이르면 입장을 바꾸게 된다. 남학생들에게는 '국방색'의 강요 등 전시체제에 적합한 옷으로 변형할 것을 요구했으며, 여학생들의 경우에는 개량한복을 교복으로 채택하고 있던 학교에 대해 양장화를 요구한다.

셋째, 국민복과 근로복의 장려이다. 이는 엘리트층과 일차적으로 관련된 문제이다. 엘리트층은 남녀 모두 이미 양복이나 개량한복을 입고 있었고, 따라서 의복에 대한 일본의 시각과 충돌할 이유가 별로 없었다. 하지만 전시체제가 되면서 문제가 달라진다. 민중과는 달리 엘리트층이야말로 '사치'와 '방종'의 가능성을 안고 있는 계층인 것이다. 그 때문에 이들에게 국민복과 근로복을 강제하게 된다. 하지만 여기서 다시 성별 차이가 나타나게 되는데, 국민복은 어디까지나 남성의 옷이었던 것이다. 여성 국민복은 일본에서 논의되기는 하였지만 채택되지 않았고, 여성의 경우에는 표준복을 제정하게 된다. 하지만 식민지 조선에서는 표준복 논의는 발견되지 않으며, 여성에게는 간단복과 몸뻬가 권장되었다.

몸뻬는 식민지 시기 최초의 '여성 밀러터리룩'이었다. 전쟁이 한참 진행되던 1944년 8월 11일자 『매일신보』에는 다음과 같은 내용이 실려 있다.

> – 부인은 외출이나 여행할 때뿐만 아니라 가정에서도 몸뻬를 입어 어느 때든지 방공활동을 할 수 있도록 한다.
> – 몸빼는 헌 옷가지를 이용하여 새 감으로 만든다거나, 화려한 색깔, 이상스런 모양으로 만들지 않아야 한다.
> – 특별한 이유와 사정이 없는 한 혼장례와 그 외 의식에도 반드시 몸빼를 입도록 한다.
> – 관공서, 학교, 회사, 공장, 조합, 식당이나 상점의 종업원은 반드시 몸빼를 입어야 한다.
> (이하 생략)

이와 같이 매우 강력한 강제력을 동원해 식민지 조선의 여성들에게 몸빼를 강제했다. 그런데 이와 같은 '억압론'적 관점은, 앞에서 살펴본 일상사 연구의 관점에 비춰보면, 절반의 성취만 이룬 것이다. 왜냐하면, 이 몸빼를 강제한 권력이 사라졌는 데도 불구하고 한국의 여성들은 그 후 50년 이상 몸빼를 계속 입었기 때문이다. 논리적으로, 억압 혹은 직접적 강제 때문에 특정한 복장을 입게 되었다면, 그 억압 혹은 강제가 사라지면 그 복장을 더 이상 입지 않아야 된다. 그런데 그렇지 않고 계속 같은 옷을 입는 것은 무슨 이유 때문인가? 이런 의문이 바로 일상사 연구가 던졌던 질문이었다. 즉, 앞에서 살펴본 것처럼, 구조나 제도 중심의 접근이 미치지 않는 영역에서 '지배, 순응, 저항'을 역동적으로 구성할 경우, 지배정책과 민중생활을 분리하지 않으면서도, 일상을 통해 드러나는 지배의 균열과 '민중들의 자기 재생산에서의 혼종성'을 파악할 수 있다는 것이 일상사 연구의 문제의식이었다. 몸빼를 강제한 권력이 사라졌는데도 계속해서 몸빼를 입는 것이 바로 '민중들의 자기 재생산에서의 혼종성'의 예가 될 수 있다. 여기서 '혼종성'이란 '강제'와 '자발' 사이의 어느 지점을 말하는데, 이런 문제의식이 드러나는 단어가 앞의 어딘가에서 사용한 '아비투스'라는 개념이다. 마찬가지로, 몸빼가 강요되었을 때, 당시 여성들은 강요된 것과 다른 형태로 몸빼를 '변형'하여 입었을 가능성도 위의 인용문의 두 번째 항에서 발견할 수 있다. 즉, "화려한 색상, 이상스런 모양"의 몸빼를 입었기 때문에, 이를 금지하는 구절이 삽입된 것이다. 따라서, 몸빼입기를 강요받은 당시 여성들은, '일제가 시키는 대로 한' 로봇 같은 존재가 아니라, 억압적인 상황 속에서도 자신들의 의지를 최대한 적응시키는 능동적인 인간이었던 것이다. 이처럼, '몸빼입기 강요'라는 지배의 관점과, '변형된 몸빼입기'라는 '효과로서의 저항'(순응하지 않았다는 차원에서)이라는 관점, 해방 이후 '계속된 몸빼입기'라는 '순응'의 관점 모두를 고려하는 것이 일상연구의 문제의식인 것이다.

일제하의 몸빼강제와는 정반대의 경우가 1970년대 있었던 '미니스커트 단속'이었다. 이것은 입고 싶은 옷을 입지 못하게 하는 사례로서 언급할 만하다. 미니스커트 단속처럼 불특정한 사람을 대상으로 한 것은 아니지만, 1990년대 초반까지 있었던 TV출연 연예인들에 대한 복장을 포함한 외모 단속도 이 경우에 해당한다. 이 사례들은 삶의 모든 측면을 통제하고자 했던 권력의 노골적인 속성을 부각하는 한편, 무소불위처럼 보이는 권력이 사실상 일상의 특정 영역에 있어서는 무능력했음을 보여주는 사례이다. 그 당시 권력이 금지하고자 했던 미니스커트와 장발 등은 이제 패션이 되었기 때문이다.

마지막으로, 직접적인 권력의 강제와 금지가 이루어지지 않은 경우라면, 옷의 선택에 '순수한' 자유가 존재할 것인가? 그렇지 않다는 것을 잘 보여주는 것이 최근의 '명품'에 대한 사회적 논의와 맞닿아 있다. 현재 옷의 선택에 가장 큰 제약을 주는 것은 '돈'이다. 이런 관점에서 옷을 둘러싼 논의는 계층론으로 이어진다.

3. 음식의 사회사

1) 음식과 식민성 : 조미료와 은단

옷과 마찬가지로, 한국인의 입맛에 많은 영향을 끼친 시기는 식민지 시기였다. 그 이전 소금, 설탕, 향신료 등 한국인들은 천연 조미료를 사용했지만, 특히 화학조미료라는 새로운 맛은 식민지 시기에 도입된다. 그런데 식민지 시기에 도입된 화학조미료의 맛은 해방 이후에도 한국인들의 입맛을 사로잡았다.

한국의 20세기 화학조미료는 식민지 시기에는 '아지노모도(味の素)'가, 해방 후에는 '미원(味元)'이 지배했다고 해도 과언이 아니다.[7] 그런데 '미

7) 이 부분은 정근식(2004)을 정리한 것이다.

원(味元)' 을 일본식으로 읽으면 곧 '아지노모도' 이고, 미원회사가 자신의 이름을 정할 때 일제하에서 '아지노모도' 가 남긴 유산을 염두에 두고 있었다. 그 정도로 '아지노모도' 는 식민지 시기 식민지 조선뿐만 아니라 동아시아 전체를 시장권으로 하는 '맛의 제국주의' 를 성립하였다. '아지노모도' 는 이 시기 근대를 상징하는 상품으로, 그리고 '새롭고 신비한 맛' 이라는 이미지로 존재하였다. '아지노모도' 의 보급 범위는 미국의 서부까지였다. 식민지 조선에서 '아지노모도' 의 상품광고는 도시뿐 아니라 농촌 5일장에서도 많이 볼 수 있었다. 당시 '아지노모도' 광고의 카피에서 공통적으로 강조되는 것은 '맛' 이었고, '경제' 였으며, '과학' 이었다. 이것은 무엇을 의미하는가? 아지노모도의 사용이 식생활의 근대화를 의미하는 것으로 광고되었고, 이의 중요한 매체가 신문과 잡지라는 점은 근대적 독자층의 형성과 관련을 맺고 있다는 것을 의미한다. 이렇게 선전되고 소비된 '아지노모도' 는 음식의 맛을 변화시키고 사람들의 입맛을 변화시켰으며, 동시에 음식에 대한 욕구, 또는 음식을 대하는 태도를 변화시켰다. 이렇게 형성된 입맛과 욕구는 1950년대 중반 이후의 한국 조미료 시장을 형성하는 심층적 조건이 되었다.

해방 후 한국 사회에서 '아지노모도' 는 어떤 의미였을까? 그것은 한마디로 말하면 이중적 모순이었다. 비공식의 세계에서는 여전히 매력을 가진 상품으로 사용되고 있었다. 1950년대 '아지노모도' 는 한국의 지하 밀수시장에서 여전히 큰 힘을 발휘했다. 그러나 공식적인 세계에서는 보다 복잡했다. '아지노모도' 는 한국인의 일제에 대한 기억 속에 남아 있는 침전물로, 이를 명시적으로 좋아하거나 사용하는 것을 드러내는 것은 회피되고 때때로 민족주의적 담론 속에서 혐오의 대상이 되었다. 이 틈을 파고든 것이 '미원' 이었다. '미원' 은 자신의 브랜드 이미지를 구축하는 과정에서 한국인의 심층 속에 남아 있는 '아지노모도' 에 대한 경험된 입맛, 또는 선망했으나 좌절된 욕구를 적절히 활용했다. 그 이후 '미원' 은 한국의 조미료 시장을 지배해서 '미원=조미료'의 상황을 만들게 되었다.

이 상황에 도전을 던진 곳이 '미풍'이었다. '미풍'은 당시 삼성그룹의 핵심계열사였던 제일제당이 만든 조미료였는데, 어떤 수단을 동원해도 '미원'을 이길 수가 없었다. 이때 '미풍' 측이 '미원'을 이기기 위해 도입한 수단이 '아지노모도'와의 합작이었다. 1970년 3월 한 일간지에 '미풍' 측은 '미풍으로 아지노모도를 맛보세요', '세계의 맛, 아지노모도의 맛, 미풍의 맛'이라는 헤드라인 광고를 게재했다. 일제하 조미료의 대명사이던 '아지노모도'라는 이름이 '미풍'의 합작광고를 통해 27년 만에 한국 광고시장에서 부활한 것이다. 미원에 뒤지고 있던 후발업체 '미풍'은 한국인의 기억 속에 남아 있는 아지노모도라는 권위적 이미지를 직접적으로 활용하려는 전략을 취했다. 당시의 사회적 분위기로 보면, '일본기업'을 광고의 전면에 내세우는 것은 큰 모험이었지만, 이를 감수하고도 무엇인가 더 얻을 것이 있다고 판단한 것임에 틀림없다. '미원'은 이 광고에 대해 '부정경쟁 행위 중지 청구소송'을 제기하면서, 자신의 이미지를 '민족기업'으로 재구성하여 이를 방어하는 전략을 세웠고, 이것은 상당히 성공적인 것이었다. 조미료 업계의 전쟁이 '미'원과 '미'풍의 이름으로 전개되는 시기에, '미풍'의 엄청난 물량공세에도 불구하고 '미원' 우위의 구조는 결코 흔들리지 않았던 것이다. 그러나 앞에서도 본 것처럼, '미원'이라는 이름 자체가 '아지노모도'와의 연관 속에서 탄생한 것이었다.

이후 이 두 업체 사이에 '조미료 전쟁 8년'이 진행되었다.[8] 그 와중에 '미풍'은 종합조미료 '다시다'[9]를 생산하게 되었고, 이에 따라 조미료는

---

8) 대상과 삼성이 사돈을 맺게 되었을 때, 화제가 되었던 것 중 하나가 '조미료 전쟁'의 두 당사자가 사돈이 된다는 점이었다.

9) '다시다'라는 이름의 의미도 생각해 볼 만하다. 이것은 구미가 당기는 모습을 나타내는 의태어에서 유래한 동사이지만, '다시'는 일본어에서도 맛과 관련된 단어이다. 다시마, 가츠오부시, 멸치 등으로 국물을 우려내는 것을 '다시'라고 한다. 이 이름의 선택 또한 이중적인 언어사용 전략의 산물일 수도 있다.

종합조미료 시대로 이행하게 된다. 아울러 핵산조미료의 생산이 본격화되었다. 핵산은 1913년 처음 발견되었으나 1962년 일본에서 처음으로 산업화되었고, 한국에서는 제일제당이 1977년 핵산조미료 개발에 성공하여 '아이미'가 탄생했다. 이것은 쇠고기, 송이버섯, 다시마의 맛을 동시에 내는 것이었다. 1982년 '미원'을 만들던 대상이 '맛나'를 통해 종합조미료의 단계로 이행하였다. 제일제당의 '미풍'과 대상의 '미원' 간의 '조미료 전쟁'은 1980년대 전반기 '다시다'와 '맛나'의 종합조미료 경쟁, 그리고 1985년 '백설표 조미료 2.5' 및 '백설표 조미료 8%'와 1986년 '발효조미료 미원' 간의 '핵산조미료 경쟁'으로 이어졌다. 그런데 이 시점에 '소비자문제를 연구하는 시민의 모임'에 의해 제기된 '화학조미료 유해론'이 확산되면서 두 회사는 과열경쟁을 자제하기로 하였다.

'아지노모도'의 '미원'으로의 전환에 담겨 있는 모순, 그것은 식민지적 근대의 이중성을 대변하는 것으로 파악할 수 있다. 관념적으로 아지노모도는 일제를 표상하는 부정되어야 할 대상이었지만, 생체화된 입맛의 세계에서는 무의식적 취향으로 유지되었다. 결국 미원의 소비에는 '좌절된 욕구의 지연된 실현'이라는 측면이 존재하고 있지 않았을까? 일제하에서 길들여진 입맛과 미처 충족되지 못한 욕구들이 서로 다른 각도에서 해방 후의 조미료 시장을 규정하였고, 이것이 일정한 범주 내에서 작동된 경쟁의 양상을 결정하였다. '미원'과 '미풍'의 경쟁이 아지노모도가 만들어 낸 장에서 진행되는 한 그것의 양상은 거의 변동되지 않았으며, 경쟁이 다른 장으로 옮겨갔을 때, 즉 '다시다'와 '맛나'로 옮겨갔을 때 비로소 기존의 구조가 변동될 수 있었다.

해방 전후 한국에서 '아지노모도' 정도는 아니지만, 유사한 방식의 운명에 처해 있던 것이 '인단(仁丹)'이었다.[10] '인단'은 1895년 일본의 한 회

10) 이 부분은 권보드래(2009)를 정리한 것이다.

사에서 만든 약품으로 알려져 있는데, 이것이 동아시아적 차원으로 판매되어 인기를 얻은 것은 일본이 '제국'으로서 동아시아에 식민지를 건설할 무렵이었다. 당연하게도 '인단'은 식민지 시기 한국에서 자주 발견되던 일상용품 중 하나였다. '아지노모도'와 마찬가지로, 신문 및 5일장 간판광고 등에서 자주 등장했는데, 실상 '인단'의 효능은 매우 모호했다. 전염병을 치료하거나 난산 중의 산모를 돕는 등 민간요법적인 데까지 사용되었던 것이다. '인단'을 복용한다는 것은, 역시 '아지노모도'와 마찬가지로, '문명', '개화'의 지지자로서 자신의 정체성을 과시한다는 의미였다. 이 이미지는 해방 이후까지 지속되어, 비록 '인단' 자체는 사라졌지만, '인단'과 마찬가지로 13가지 한약 및 양약재를 쓴 각종 '은단(銀丹)'이 등장했다. 인단과 처방이 비슷했을 뿐만 아니라 모양도 비슷했다. '은단'은 해방 이후 한국의 중요 산업품 중 하나로 군림하다가 이후 완전히 주변화되어 이제는 나이 든 분들이 가끔식 먹는 약품으로 전락했다. 이처럼 '인단'에서 '은단'으로의 전환은, '아지노모도'에서 '미원'으로의 전환처럼, 식민과 탈식민의 복잡한 관계를 보여주는 좋은 소재인 것이다.

2) 전통음식의 현대화 : 비빔밥과 안동찜닭

식민지 시기였던 1920년대 이후 서울을 비롯한 지방에서 근대적 도시가 형성되어 인구가 집중되었다. 이 도시들은 경제의 중심지가 되면서 여기에 '근대적인 외식업'이 생성될 기반이 되었다. 이 과정에서 비빔밥은 밥과 재료를 미리 비벼서 그릇에 담는 음식에서 흰밥 위에 재료를 올려서 손님이 직접 비벼 먹는 음식으로 진화하였다.[11] 더욱이 1920년대 이후 지방에서 운영되기 시작한 우시장은 소고기의 소비를 증대시켰다. 그 결과

11) 이 부분은 주영하(2010)의 내용을 정리한 것이다.

진주에서 소고기의 육회를 비빔밥에 올리는 새로운 조리법이 등장하게 되었다. 이것은 고추장을 비빔밥 양념으로 자리 잡게 한 계기가 되었다. 이 진화과정에서 비빔밥이 지닌 물질적 특성이 작용하였다. 한국인의 일상식사를 구성하는 〈밥+반찬+국〉의 구조가 〈밥+반찬〉의 조합으로 비빔밥을 만들어 냈다. 곧 비빔밥은 '먹기에 좋기' 때문에 사람들 사이에서 선택되었다. 이 점이 20세기 이후 각 지역의 식당 메뉴로 비빔밥이 등장한 이유이기도 하다. 국밥과 함께 비빔밥은 공급자나 수요자가 끼니를 해결하면서 보다 편리하게 만들 수 있고, 먹을 수 있는 음식이 되었다.

그런데 1920년대 이후 비빔밥이 확산되어 가던 시기 일본인들은 이 비빔밥을 '쓰레기 음식' 혹은 '음식물 쓰레기'로 간주했다. 일본인들에게는 미리 비벼놓거나 먹기 전에 재료를 비비는 행위는 '야만스러운' 것이었다. 지금도 일본인들은 카레를 먹을 때, 카레와 밥을 비비는 한국사람들과는 달리, 밥과 카레를 분리된 상태에서 먹는다. 그런 일본인들이 봤을 때, '음식물 쓰레기'인 '비빔밥'을 먹는 식민지 사람들은 '야만인'으로 보였을 것이다. 당연히 그들은 비빔밥을 먹지 않았다.

1970년 이후 본격적으로 진행된 한국 사회의 도시화는 비빔밥의 확산에 더욱 중요한 계기였다. 농촌과 지방에 거주하던 사람들이 서울과 그 주변으로 대규모로 이주했기에, 고향을 떠난 그들에게 '고향의 맛'은 아주 중요했다. 그 때문에 이 시기에 서울에는 각 지방음식을 전문적으로 판매하는 식당이 들어섰다. 이 과정에서 비빔밥에 대한 긍정적인 해석들이 등장하기 시작했으며, '전주'를 원산지로 하는 비빔밥에 관한 이야기들이 만들어졌다. 1990년대 이후 비빔밥은 '궁중요리'로서 해석되기 시작했으며, 이를 계기로 일본을 비롯하여 해외로 진출하게 된다. 이 과정에서 영양학적 우수성 등이 강조되는 비빔밥에 대한 새로운 해석이 추가되었다. 그 결과, 지금 비빔밥은 한국을 대표하는 음식 중 하나로서, 일본인들에게도 '비비는 것이 재미있고', 영양도 풍부한 것으로 인정받게 되었다.

비빔밥의 역사에서 재미있는 것은, 비빔밥의 물질적 특성은 1920년대 이후 달라진 것이 없는데, 비빔밥을 바라보는 시선은 극적으로 변했다는 것을 알 수 있다. 특히, '음식물 쓰레기'에서 '재미있고 영양도 풍부한 음식'이라는 일본인들의 시선변화는, '아지노모도'와 '인단'의 예와는 정반대 방향으로 이루어진 것이어서 더욱 흥미롭다. 또한, 한국 내부에서도 비빔밥은 '서민음식'에서 '궁중요리'로 '격상'되었다. 이런 해석상의 변화를 낳은 구체적 사건 하나하나를 추적하기는 힘들지만, 그 배경에는 역시 한국의 경제성장과 거기에 수반된 사회변화, 특히 도시화 등이 있었다는 점은 분명해 보인다.

안동찜닭의 탄생은 비빔밥과는 조금 다른 맥락에서 이루어졌다.[12] 사실, 안동찜닭은 명백히 안동 지역의 '전통' 음식이 아니다. 찜닭은 안동의 구시장 '통닭골목'에서 만들어 팔던 것으로, 그 역사는 20년 정도이다. 이 골목에서는 1970년대 후반부터 다진 마늘로 양념을 해서 찐 '마늘통닭'을 만들기 시작하였다. 이것은 튀김통닭의 기름기를 마늘로 중화시키기 위해 고안되었는데, 남녀노소 모두에게 인기를 얻었다. 그러나 마늘통닭은 비쌌기 때문에 더 푸짐하고 먹음직스럽게 고안된 것이 찜닭인데, 이것이 처음 등장한 시기는 1980년대 후반이었다. 그러니까 안동찜닭은 '전통'과는 전혀 거리가 먼 최근의 상품인 셈이다. 또한, 안동찜닭은 '고급음식'인 갈비찜을 모방하여 나온 서민음식의 지향을 갖고 있었다. 주머니가 가벼운 대학생들에게 찜닭은 매우 적절한 요리였다. 이것을 하나 시키면 술안주가 되기도 하고, 공기밥을 시켜 남은 것과 비벼 먹으면 식사메뉴가 되었기 때문이다.

그러다가 1990년대 후반 찜닭은 안동을 떠나 서울로 올라가서 유명해졌다. 그 계기는 두 가지였다. 하나는, 안동에서 찜닭과 마늘통닭을 배달하

12) 이 부분은 배영동(2004)의 내용을 정리한 것이다.

던 청년이 서울에서 닭집을 차리게 되었는데, 이것이 입소문을 타고 유명해진 것이다. 여기에 이 입소문 때문에 방송에 출연까지 하게 되었다. 이를 계기로 그 청년은 안동찜닭이라는 상표명으로 프랜차이즈 사업에 진출하게 된다. 이때 소위 'IMF 사태' 이후 실직된 사람들이 이것을 뭔가 가능성이 있는 사업으로 생각해서 참여하게 되었다. 다른 계기는, 1999년 봄, 영국 엘리자베스 여왕의 안동 방문이었다. 그 이후 현저하게 부각된 전통, 양반, 유서 깊음 등과 같은 안동 혹은 안동문화의 이미지가 안동찜닭과 결합하였다. 이 사정을 잘 모르는 외지 사람들은 안동찜닭을 안동의 전통 음식이라 여기면서 먹고 있는 것이다.

반면, 안동 외부에서 유명해진 안동찜닭은 그 원산지였던 안동에도 영향을 미쳤다. 안동 외부에서 유명해진 안동찜닭은 '통닭골목'의 찜닭보다 훨씬 정갈하고, 단맛이 강하며, 가격도 비쌌다. 여기에 대한 '통닭골목'의 대응은 크게 두 가지였다. 하나는 '진짜' 안동찜닭의 맛을 보여주겠다고 선언하는 경우였다. 이것은 기존의 맛을 유지하는 전략인데, 이 전략은 실패할 가능성이 높았다. 안동 외부에서 유명해진 안동찜닭 맛에 익숙한 외지인들에게는 이 맛이 낯설 가능성이 있었기 때문이다. 두 번째는 자신들의 맛을 안동 외부의 안동찜닭 맛과 유사하게 바꾸면서 훨씬 공격적으로 자신들이 '원조'임을 자처하는 것이었다. 그러나 이 '원조'는 원래 자신들의 맛과는 다른 '원조'인 것이다.

안동찜닭의 전국화라는 문제는 '전통의 창조론'이라는 관점에서 접근이 가능하며, 다른 한편, 소위 'IMF 사태'라는 사회 경제적 맥락이 한국의 외식 산업의 판도에 어떻게 영향을 미쳤는가 하는 관점을 중요하게 생각할 수도 있으며, '중앙'과 '지방'과의 관계에 대해서도 생각할 수 있게 한다. 이처럼 우리의 일상은 사회의 거시적 변화를 읽을 수 있는 중요한 소재를 제공해 주기도 한다.

4. 주거의 사회사

1) 하숙방 : 사회적 관계의 형성 통로

하숙방은 근대적 주거와 관련해서 독특한 의미를 갖는 공간이다. 특히, 식민지 시기 지식인들의 글에서 하숙과 관련된 글은 심심찮게 찾아볼 수 있다.[13] 그 이유는 기본적으로 하숙방이 '문명개화'와 관련된 '학생'의 공간이기 때문이다. 하숙을 하는 사람은 기본적으로 자신의 고향을 떠나 대도시로 공부를 하기 위해 올라온 사람이다. 학교에 다니기 위해 고향을 떠나는 일, 가족에서 벗어나 도시의 하숙방에 거주하는 일이야말로 '근대의 호출'과 '사회적 교통'의 첫발이라는 '역사적 순간'이 되는 것이다. 이런 점에서 하숙방은 전근대적 공동체와 신분적 한계를 교란하며 사회를 근본적으로 재배치할 '폭탄'이 만들어지는 공간이었다. 학생인 하숙생들은 하숙방에서 비로소 근대적 '개인'으로 서게 된다. 그러나 이 개인은 공동체로부터 벗어나 있는 외로운 개인이기도 하다. 이때 그들은 같은 처지에 있는 다른 학숙생들과 교류를 지향하며, 자신의 꿈을 공동의 꿈으로 서서히 바꿔가게 된다. 그러다가 하숙방의 근대적 지식인은 '가문의 기대'라는 전근대적 상황을 가끔씩 떠올리고 한숨을 짓게 되는데, 이런 상황은 홀로 서고자 하는 근대적 주체로서의 자신의 이상과 현실 사이의 거리를 확인하게 만든다. 따라서 그들이 식민지 시기 하숙방에서 생산한 글들은 '감상, 우울, 번뇌, 고백, 연애, 우정, 낭만, 퇴폐, 문학, 예술, 자유, 계급적 각성'을 주제로 하는 것들이며, 이것들은 모두 한국 근대 문학의 주요 사조를 대표하는 것들이다.

다른 한편으로 하숙방은 '주인아줌마'와 '하숙인' 사이의 경제적 관계

---

13) 이 부분은 이경훈(2009)의 관련 부분을 참조하여 서술하였다.

에 의해 유지되는 공간이다. 하숙방에 거주하는 '하숙인'이 됨으로써 고향을 떠난 학생은 처음으로 화폐경제의 안쪽에 위치하게 된다. '하숙비'를 지불하지 않는다면, 더 이상 하숙인이 될 수 없기 때문이다. 마찬가지로, 하숙인은 주인아줌마가 자신이 지불한 하숙비만큼의 대접을 하지 않게 될 경우, 하숙방을 옮긴다. 흔히 하숙방에서 하는 광고인 '가족 같은 대접'이라는 것은, 말 그대로 '가족이 아님'을 드러내는 다른 표지에 지나지 않는다. 하숙방은 '상품'인 것이다.

하숙비를 지불하지 못해 겪게 되는 어려움은 하숙방과 관련된 글에서 등장하는 단골 소재이다. 사고나 사건 때문인 경우도 있지만, 하숙비를 보내주는 본가와의 관계에서 문제가 생긴 경우가 더 많다. 가령, 부모는 자식이 현실의 성공에 도움이 되는 공부를 하기를 바라지만, 근대적 인간을 지향하는 학생은 예술 등 '쓸데없는' 것에 몰두하는 경우가 있다. 이 경우, 부모는 하숙비를 끊음으로써 자신의 의지를 관철하려고 한다. 여기에 굴복하는 것이 대부분이지만, 『혈의누』 등 한국 문학사의 몇 장면에서는 집에서 몰래 돈을 훔쳐 미술을 공부하러 도망가는 것으로 귀결되기도 한다.

식민지 시기 하숙방의 이런 여러 가지 성격들은 해방 이후 한국 사회에서도 지속된다. 가족과 자신의 이상 간의 갈등, 시장관계로의 편입, 하숙방의 다른 학생들과의 교류 등은 해방 이후 한국 사회에서 타지방의 대학을 다닌 학생들 모두가 공유하는 경험이다. 그러나 1990년대 후반 이후로는 하숙방이 거의 사라지고 있는 것 같다. 이것은 『남자 셋 여자 셋』 같이 하숙집을 배경으로 하는 시트콤이 더 이상 나오지 않는 것에서도 알 수 있다. 현재 한국에서 하숙방이 사라진 원인에 대한 본격적인 연구는 나오고 있지 않지만, 몇 가지 추측이 가능하다. 우선, 1960년대부터 본격화된 시골에서 대도시로의 인구이동이 다 완수되어 이제 더 이상 타지로 대학을 가게 되는 경우가 예전보다 사라졌을 가능성이다. 둘째, 대학생들이 더욱 자립적이 되어 자신의 삶을 간섭할 가능성이 있거나 프라이버시가 보장되기 힘든 하숙보다는 자취를 더 선호하게 되었을 가능성이다. 한때, '자취'는 고생하며 대학을 다니는 학생의 대명사처럼 간주되었으나, 이제는 오히려 '간섭받지 않음'의 상징이 되지 않았을까? 이 경우, 왜 학생들이 더욱 자립적이 되었는가 하는 질문에 대한 답을 찾을 필요가 있다. 어떤 경우이든, 하숙방이 사라진 이후 학생들의 거주 형태와 그것의 사회사적 의미를 찾는 작업은 앞으로의 과제라고 할 수 있다.

2) 아파트 : '현대적' 혹은 '서구적' 주거공간?

한국에서 아파트는 '현대적'이라는 이미지를 갖고 있다. 그런데 여기서의 '현대적'이라는 말의 의미는 그 자체로서는 무슨 뜻이진 잘 드러나지 않는다. 오히려, '아파트가 아닌' 주거공간이라는 '타자'의 존재를 통해서만 그 뜻이 드러난다.[14] 즉, 도시 사람의 주택인 아파트는 시골 사람 혹은 촌스러운 사람들의 '촌스럽고', '불편한' 단독주택과 반대되는 의미를 갖는 것이다. 아파트는 '세련되고', '도시적'이고 '편리한' 집인 것이다. 이웃 거주민들과 비교적 교류가 활발한 아파트 단지에 사는 사람들은 "우리 아파트는 단독주택 동네처럼 살아요"라거나 "여기는 서울 같지 않은 서울이에요"라고 말하는 경우가 있는데, 이 말 속에 아파트가 어떤 공간과 대비되는 것으로 간주되는지가 잘 드러나 있다. 결국 아파트는 산업화 이전의 농촌사회와 낡은 생활양식으로부터 해방된 도시산업 사회의 이상을 상징하고 있다. 아파트는 '주택을 통한 시골 사람들의 도시화'가 완성되는 장소인 것이다.

아파트의 현대성을 상징하는 또 다른 말은 '편리함'이다. 욕실이 없고 화장실이 따로 떨어져 있으며, 연탄 난방에, 바닥을 흙으로 다진 부엌이 다

---

14) 이 부분은 줄레조(2007)의 7장을 정리한 것이다.

른 공간과는 분리되어 있는 '불편한' 한옥에 비해, 부엌/욕실(목욕탕, 샤워실, 화장실)/난방시설을 갖춘 아파트는 편리하고 안락하다. 그리고 이러한 편리함은 '서구적' 성격으로 직결된다. 어떤 프랑스 지리학자가 만난 아파트 주민들 대부분은 전통 부엌, 전통 화장실, 온돌로 대표되는 한국식을 입식 부엌, 수세식 화장실, 난방을 갖춘 서구식에 대립시킨다. 그러나 이 프랑스 지리학자는 한국의 아파트는 '서구적'이지 않고 '한국식'이라고 주장한다. 외국인의 시선으로 봤을 때, 한국식 온돌로 난방을 하는 아파트는 지구상에서 오직 한국 아파트뿐이라는 것이다. 그녀는 이것이 한국적인 방식으로 '기술의 진보'가 이루어진 것이고, 그 기술의 진보는 한국인들의 특별한 주거방식, 즉 좌식 생활이 바탕이 되고 있다는 점을 강하게 지적한다. 즉, 바닥을 데우는 전통적 방식을 적용한 난방 형태임에도 불국하고 그것을 '서구식'이라고 생각하는 것은 역설적이게도 한국인들이라는 것이다. 또한, 그녀는 넓은 발코니 혹은 베란다도 굉장히 한국적인 공간으로 느꼈다. 화초를 키우고, 빨래를 널고, 과일과 장독들을 놓기도 하는 한국 아파트의 이 공간은, 식품을 대량으로 저장하는 전근대적이고 농촌적인 필요를 충족시키는 공간이라는 것이 그녀의 설명이다. 즉, 과거와 별로 변하지 않은 한국 음식의 특징은 베란다라는 넓은 공간을 아파트 내에 유지시켰다는 것이다. 베란다라는 공간을 유지시키는 데 공헌한 가장 중요한 음식은 김치였다. 한국에서는 초겨울에 김장을 해서 겨우내 먹을 각종 김치를 저장해 두어야 한다. 따라서 저장 공간은 넓고 드나들기 편해야 하며 양념의 강한 냄새 때문에 '밖'에 있어야 한다. 이런 베란다나 발코니는, 밖으로 개방되어 있어서 밖을 내다볼 수도 있고 밖에서 들여다보기도 하는 서구의 발코니, 테라스, 베란다와는 아주 다르다. 한국의 그것은, 착색유리나 방충덧창으로 외부와 단절되어 있고 바깥의 시선을 완전히 차단시킬 만큼 잡동사니로 가득하다. 동시에 이곳은 언제나 '바깥'으로 간주된다. 그러니, 한국의 베란다 혹은 발코니는 철저하게 '한국적'이다. 비슷한 맥락에서, 외국인인 이 지리학자가 한국 아파트를 방문했을 때, '식탁'에서 차 혹은 후식을 대접받은 경험이 거의 없다는 사실을 지적했다. 식사를 대접받은 경우에는 대부분 식탁에서 식사를 마치고 낮은 상을 꺼내 커피와 껍질을 깎은 과일을 차려서 거실로 내왔다고 했다. 차만 대접받은 경우에는 식탁에는 거의 앉아 보지도 못했다고 한다. 이처럼 '현대적'인 아파트에서도 상을 사용하던 습관 등 한식 부엌의 구조에서 비롯된 신체적인 동작이나 습관들은, 주택의 물질적 형태가 그것을 강요하지 않음에도 여전히 발견되고 있다는 것이다. 아파트에서의 이런 생활방식 역시 그녀가 보기에 철저하게 '한국적'이었다. 이런 점들을 지적하면서 그녀는, 한국에서 아파트의 성공 요인은 현실로서의 아파트가 인기를 끌었다기보다는 한국인들이 '현대적 주택'에 대해 만들어 낸 '이미지'가 인기를 끈 결과라고 보는 것이 더 정확하다고 주장한다. 기술의 진보는 순수하게 한국적인 산물이었음에도 서구적인 것으로 이미지화된 것이다. 이렇게 단순한 도식 안에서 '서구식 모델'이 누리는 권위는 아파트를 현대성의 유일한 상징으로 만들었다는 것이다.

서구인의 시선으로 한국의 아파트를 봤을 때, 그것이 서구인에게 얼마나 낯선 '한국적'인 것이었는지를 확인하는 순간, 한국인인 우리는 안동 외부에서 만들어진 안동찜닭에 적응해야 했던 안동 '통닭골목'의 상인들과 똑같은, 그러나 방향은 정반대인 질문을 하게 된다. 안동 상인들이 외부에서 규정한 '안동적인 것'에 대해 고민했다면, 우리는 우리 스스로가 규정했던 '서구적인 것'에 대해 고민하게 되는 것이다. 이것은 '주체'와 '타자'에 대한 논의로 우리를 이끌게 된다.

5. 나가며

지금까지 '의식주의 사회사' 와 관련된 몇몇 주제들을 다루었다. 분량 때문에 더 많은 주제들을 소개할 수 없었다.[15] 그러나 이 장에서 다룬 소재와 그에 따른 연구주제들에 대한 간략한 검토만으로도 '일상' 을 연구하는 것의 의의는 일정 부분 부각되었으리라 생각한다. 소재주의적인 접근이 아닌, 주제와 결합된 일상 연구는 구조적이고 거시적인 관점에서는 결코 보여줄 수 없었던 사람들 삶의 궤적을 생생하고 인상적으로 제시할 수 있다. 그리고 그것이 '궤적' 인 이상 그것은 '역사적' 인 것이다. 우리의 일상에 대한 연구는 근본적으로 역사적인 연구일 수밖에 없다는 점을 지적하면서 이 장을 마무리하고자 한다.

---

15) 반드시 소개하고 싶었던 내용 중 하나가 '여관의 사회사' 였다. 한국의 여관이 '모텔' 과 '러브호텔' 화 되는 과정을 섹슈얼리티라는 렌즈를 통해 탐구하는 내용인데, 여기에 대해서는 이나영(2012)을 참조하기 바란다.

제 14 장

소수자와 인권의 사회사

| 이정은(성공회대학교 동아시아연구소) |

1. 역사 속의 소수자들

역사적으로 한 사회에는 언제나 수많은 소수자들이 있어 왔다. 소수자들은 "신체 · 문화적 특징으로 인해 사회의 주류/지배집단으로부터 차별받는 사람들"로 권력관계로부터 배제되어 주변화된 사람들을 일컫는다. 소수자들은 어느 시기에나 존재했지만, 그들이 주변화되어 온 과정은 지배권력에 의해 역사적으로 만들어진 것이라고 할 수 있다. 그러므로 국가권력의 표준화로부터 배제된 사람으로서 소수자 개념은 근대의 산물이다. 이것은 소수자가 근대 이전에 없었다는 것이 아니라, 그들이 정치 · 사회적으로 쟁점화되고 학문적으로 개념 정립되거나 담론화된 시기가 바로 근대에 들어서면서부터라는 뜻이다(곽차섭 · 임병철 역, 2009).

인권개념도 마찬가지이다. 인간의 존엄과 가치를 존중하는 전통은 오래전부터 있어 왔지만, 인권보장이 근대 국민국가의 의무 중 하나가 되면서 담론화되기 시작하였다. 따라서 이 장의 주제가 되는 소수자와 인권의 역사에 대한 논의는 근대에서부터 출발하도록 한다. 그러나 근대 국가의 형성시기를 둘러싸고 다양한 논쟁이 이뤄지고 있는 현실에서 논의를 어디에서부터 출발하는가는 그리 간단한 문제가 아니다.

이 장에서는 '소수자 운동'의 관점에서, 식민지기 '천민들'의 인간해방운동인 형평사 운동에서부터 인권운동의 역사를 설명할 것이다. 인간으로 대우받지 못한 사람들이 평등을 주장하며 자신의 존재를 알리기 시작한 것은 '소수자 인권운동'의 출발이라고 할 수 있다. 소수자와 인권이 만나는 지점은 근대의 정형화되고 표준화된, 다수를 차지하는 사람들에 의해 소수자의 권리가 침해되거나 폄훼되는 상황에서이다. 지배권력에 의해 소수자들은 타자화되어 왔고 그들의 존재가 왜곡되면서 인간으로서의 권리가 침해되었다. 역사 없는 사람들이 권리의 주체가 되어 온 과정을 '인권의 역사' 라고 할 때, 다수의 입장을 대변하는 '역사 속의 인권' 과 달리, 인권의 역사는 소외된 자들이 그들에게 부여된 적이 없는 권리, 그러나 사회로부터 보장받아야 할 권리를 부각한다.

역사가 국민국가의 기억과 자기정체성의 회로 안에 폐쇄되는 한, 소수자들은 역사 없는 사람들로 머물 수밖에 없다. 그래서 실정법으로부터, 혹은 여론이나 '민심' 으로부터 소외된 자들의 권리를 쟁취해 가는 과정이야말로 인권의 역사가 주목하는 지점이다. 국가, 국민, 주권 등 일방적인 보편에 잠식되었던 소수자들의 목소리에 동등한 발언권을 제공하는 것이 바로 '인권의 역사' 인 것이다(전진성, 2013: 28).

그러나 여기에서 문제가 되는 것은 수많은 소수자들의 권리주장이 당대에는 인권 문제로 논의되지 않았다는 점이다. 소수자들에 대한 관심은 인권회복을 위한 정의(justice)의 관점에서 출발하지만, 이들을 연구대상으로 접근하는 것과 이들 스스로가 인권운동의 주체로 등장하는 현상은 다르게 접근해야 한다.[1] 장애인, 이주노동자, 성소수자, 양심적 병역거부자, 이주여성, 탈북자, 화교와 혼혈인, 그리고 노인, 아동, 노숙인 등이 '인권' 의 이름으로 논의되기 시작한 것은 1990년대에 들어서이며 소수자 인권운동이 촉발된 것은 이보다 늦은 2000년대경부터이다.

한국에서 소수자 관련 연구는 2000년대부터 시작되었다. 2002년에 출판된 『다르게 사는 사람들』(윤수종 외, 2002)은 기존에 주목받지 못한 트렌스젠더, 넝마주이, 비전향장기수 등의 목소리를 담았다. 2004년에 한국사회학회와 문화인류학회가 공동으로 출판한 『한국의 소수자, 실태와 전망』은 소수자들에 대한 본격적인 사회과학적 논의라고 할 수 있다. 이 책은 한국의 소수자 문제를 사회적으로 쟁점화시켜 다양한 소수자 집단의 차별실

1) 정근식(2013)은 소수자 연구는 '소수자' 라는 용어를 명시적으로 사용한 연구와 그런 용어를 사용하지는 않지만 소수자에 속하는 집단이나 대상을 연구하는 것으로 구분해야 한다고 주장한다.

태를 파악하여 차별억제와 인권보호를 위한 현실적인 장치를 마련하고자 하였다.

2005년에는 『다르게 사는 사람들』의 후속판으로 소수자들의 인권운동에 관한 『우리시대의 소수자운동』(윤수종 외, 2005)이 출간되어, 소수자운동은 멀리 있는 권력을 파괴하고 대체하는 데에 머무는 것이 아니라, 자신의 신체, 인식, 일상생활과 다양한 미시적 사회관계들을 변형해 가는 과정으로 설명하였다. 인종문제를 중심으로 한국의 소수자 현실과 사회관계를 진단한 『소수자와 한국사회』(박경태, 2008)에서는 소수자와 사회적 약자를 구별하여 정의하고 있다. 즉, 사회적 약자는 소수자를 포괄하는 개념으로 이들 모두가 특정 집단에 속해 있다고 차별받는 것이 아니라, 사회적 약자 중에서도 '차별받는 집단의식이 있는 사람들' 만을 소수자라고 보았다.

소수자들의 현실과 운동에 관한 최근의 관심에 비해, 역사사회학적 관점에서 소수자들을 다룬 연구는 일부에 지나지 않는다. 서양사 학자들이 중심이 되어 성소수자, 지적소수자, 인종문제 등을 다룬 『역사속의 소수자들』(곽차섭 · 임병철, 2009)이 출간된 것과 개별 소수자들 중에서도 장애인에 관한 일부 연구가 있다. 장애인의 역사를 다룬 김안수(2010)와 장애인을 법사회사적으로 접근한 주윤정(2012)의 연구가 그것이다. 현재 국내의 개별 소수자와 관련된 역사적 연구는 초기단계라고 해도 과언이 아니다.

이 글에서는 당대의 사회 조건에서 소수자가 등장하게 되는 역사적인 맥락을 중심으로, 2절에서는 식민지기를, 3절에서는 한국전쟁 이후 개발독재기를, 그리고 4절에서는 소수자들이 인권보호의 대상으로 호명되는 맥락을 다룰 것이다. 소수자의 등장과 그들에 대한 사회적 관심은 서로 다른 맥락에서 진행되는 역사적인 과정이므로, 소수자가 담론화되는 과정을 통해 한국 사회의 성격을 좀 더 깊이 있게 들여다 볼 수 있을 것이다.

2. 식민지기 형평사 운동과 한센인, 장애인

1) 백정들의 평등을 요구한 형평운동

식민체제하에서 소수자는 과거 신분사회의 권력분배에서 늘 약자의 위치를 점했던 사람들과 식민지 국가권력에 의해 진행된 여러 프로젝트에 따라 새롭게 형성된 집단들로 구성된다(정근식, 2013). 이들 중 전자의 예에 해당되는 사람들로 백정이 있다. 식민지기의 백정들에 대한 사회사적인 연구로는 김중섭의 『형평운동연구』(1994)가 독보적이다.[2] 그는 진주지역에서 시작된 형평운동을 지역문화와 연결시켜 근대적인 인권운동으로 자리매김하였다.[3]

1923년 4월 24일, 경남 진주에서 시작된 형평사(衡平社) 운동은 말 그대로 '저울(衡)처럼 공평(平)한 사회'를 만들고자 시작된 백정들의 인간해방운동이다. 형평사는 조선왕조 기간 동안 인간 이하의 대접을 받아 온 백정들이 사회적 차별을 없애고 평등한 대우를 받고자 창립되었다. 1894년 갑오개혁으로 이미 불평등한 신분제도가 폐지되어서 백정이라는 신분도 형식적으로는 사라진 상황이었다. 그러나 일상생활에서의 차별이 여전히 남아 있게 되자, 이들은 1923년에 형평사를 창립하였다. 백정들의 신분해방을 도모하고자 시작된 이 모임에는 비백정 출신의 지역사회 활동가들도 적극 참여했다고 한다.

당시 백정들이 받은 차별은 한 사회에서 천민신분으로 받게 되는 일반적인 차별 내용과 유사하다. 그들은 다른 신분의 사람들과 같이 술을 마시거나 담배를 피울 수도 없었고 나이에 관계없이 존댓말을 써야 했다. 또한

2) 형평운동에 관해서는 고숙화(1983)가 있다.
3) 김중섭 글 · 김우태 사진(2001). 이하 형평운동에 대해서는 김중섭의 연구를 정리하였다.

[그림 1] 형평사 제6회 정기 전국대회 (1928년) 포스터

자료 : 김중섭 글 · 김우태 사진(2001: 10).

부모상을 당하였을 때 죄인이라며 쓰고 다니던 관(冠)인 패랭이를 평소에도 쓰고 다녀야 했으며 두루마기를 입을 수도 없었다.

그들은 나라의 백성으로 대접받지 못했기에 호적에 등록되지도 못하였다. 그래서 세금을 내거나 군대에 갈 의무가 없었지만 북방에 적이 쳐들어오면 백정들이 용맹스럽고 전투 기술이 뛰어나다는 이유로 군에 끌려가는 경우가 많았다고 한다. 한말에 교육제도가 도입되었을 때에도 백정들의 입학은 허용되지 않았다. 그러니까 백정으로 태어나서 죽을 때까지 전 생애에 걸쳐 억압과 차별을 경험하며 살아야 했다.

이런 상황에서 백정들은 저항조차 못하다가, 3·1운동 이후 다양한 사회운동이 출현하고 19세기 말부터 진행된 신분질서의 와해와 백정들의 사회활동이 확대되면서 운동의 가능성이 만들어졌다. 당시 형평사의 창립취지문을 담은 형평사 주지(主旨)를 보면, 조직의 목적이 명확하게 적혀 있다. 조선왕조는 멸망하였지만 신분제의 차별관습은 그대로 남아 있어서 그 관습을 없애고 모두가 평등하게 대우받는 사회를 만들고자 한 것이다.

衡平社 主旨

公平은 社會의 根本이요 愛情은 人類의 本良이라. 그럼으로 我等은 階級을 打破ᄒᆞ며 侮辱的 稱號를 廢止ᄒᆞ미 敎育을 奬勵하야 우리도 참사람이 되기를 期ᄒᆞᆷ이 本社의 主旨니라. … (중략) 우리도 朝鮮民族 二千萬의 分子며 甲午年 六月븟터 勅令으로써 白丁의 稱號를 업시하고 平民된 우리이라. 愛情으로써 互相扶助하야 生活의 安定을 圖하며 共同의 尊榮을 期코자 玆에 四十餘萬이 團結하야 本社의 目的된 바 그 主旨를 鮮明히 標榜코자하노라.

朝鮮慶南晋州 衡平社發起人一同

자료 : 김중섭 글 · 김우태 사진(2001: 22).

진주에서 시작된 형평사 운동은 창립 후 두어 달 만에 경상도뿐만 아니라 전라도, 충청도 지역에 많은 지사와 분사를 갖게 되었다. 1923년 무렵 전국에 본사 1개, 지사 12개, 분사 67개 등 80개의 조직체가 있었던 것에서 창립된 지 1년도 안 되어 전국적인 사회운동 조직으로 성장하였다.

형평사 운동으로 수백 년 동안 사용해 온 '백정' 이라는 호칭을 버리고 서로를 '사원' 이라고 부르기 시작하였다. 또한 형평사가 이룬 최초의 가시적 성과는 민적에 남아 있는 신분표시를 없앤 것이다. 민적에 '도살' 이나 '도수업' 이라고 표시해 놓은 것은 차별의 악습을 존속시키며 백정신분임을 밝혀주는 증명서나 다름없었다. 형평사 운동을 통해 사원과 자녀의 교육에 치중하는 활동을 벌인 것도 성과의 하나이다.

그러나 1920년대 후반, 전 세계적인 경제공황으로 형평사원들은 경제적인 어려움을 겪게 되었고 1931년 만주사변을 일으킨 일제는 가죽제품을 원활하게 조달하기 위해 '형평청년전위동맹' 사건으로 형평사를 감시하고 통제하였다. 형평사 내에서 공산주의 운동조직을 결성하였다는 혐의로 젊은 활동가들을 구속하여 결국 조직은 완전히 와해되었다.

형평사는 1935년 4월 24일 제13차 정기총회에서 이름을 대동사(大同

社)라고 바꾸어 일제에 적극 협력하는 부역집단으로 전락하기 전까지, 일제 식민지기에 전국 규모로 가장 오랫동안 활동해 온 사회운동단체로 기록되어 있다. 형평사는 인간평등을 주장하며 특정 집단에 대한 차별과 관습을 없애려고 활동한 역사상 최초의 단체로 평가할 수 있을 것이다.

2) 식민지기의 한센인과 장애인

(1) 제국에 의해 '재발견된' 한센병

식민지에서 사회질서를 위협하는 것으로 간주된 위험은, 첫째 정치적 차원에서 식민 지배를 부정하는 사상과 운동, 둘째 사회문화적 차원에서 '풍속괴란', 셋째 생물학적 · 인구학적 재생산을 위협하는 각종 장애물 등이었다(정근식, 2013). 이 장에서 다룰 한센인과 장애인은 바로 세 번째 위협으로 간주되었던 사람들이다.

일찍이 한센병 환자들을 인권의 관점에서 다룬 연구로는 정근식(2002; 2005)이 대표적이다.[4] '나병' 혹은 '문둥병'으로 더 잘 알려져 있는 한센병은 역사적으로 과도한 전염설에 입각해서 환자들을 격리하고 차별해 온 것이 문제이다. 한센병자들을 환자 중심적이며, 인권의 관점에서 다루기 시작한 것은 1990년대에 들어서이며 이전까지 그들은 격리의 대상일 뿐이었다. 일본에서도 1990년대에 들어서야 한센병 정책이 일본 파시즘의 본질을 가장 잘 드러내는 사회정책 영역임을 지적하고 절대 격리체제로 빼앗긴 환자들의 인권을 연구하기 시작하였다.

한센병은 중세 유럽에서 성행했다가 근대 이후 사라진 질병의 하나이지만 제국주의 시기에 서구의 여러 나라들이 아시아나 아프리카, 태평양 지역을 식민화하면서 이 병을 '재발견'하게 되었다.[5] 일본도 조선을 식민

4) 이하 한센인에 대해서는 정근식(2002; 2005)의 연구를 정리하였다.

5) 19세기 말부터 20세기 전반기에 한센병을 보는 대중적 시각은 과도한 전염설에 입각하고

화한 후, 우생학적 관점에서 한센병 환자들을 격리하였다. 그들에 대한 가장 큰 편견은 "현재 전염력을 가진 환자"와 "과거에 환자였지만 현재는 전염성이 없는 사람"을 구별하지 않으려는 것이었다. 이것은 구체적이고 합리적인 근거에 의한 것이 아니라, 신체에 남아 있는 '과거'의 흔적을 근거로 한 차별행위였다.

식민지하 조선에서 한센인들은 가족과 사회에 의한 차별과 배제, 식민권력에 의한 방치와 1930년대 후반 이후의 강제격리정책 속에서 힘든 삶을 살았다. 일제의 한센인에 관한 최초의 정책은 1916년 소록도 자혜원의 개설이었지만, 이 시설은 한센인들의 구제를 위한 것이라기보다는 문명국으로서의 체면치레용이었다. 한센인들에 대한 적극적인 접근은 서양 선교사들이 나요양시설을 설치하고 한센환자들을 수용·보호하여 선교의 대상으로 삼으면서 시작되었다.

1920년대의 문화통치하에서 소수자들은 서구의 선교권력과 식민지 국가권력 간의 헤게모니 경쟁의 초점이 되어, 선교사들은 하층신분에 주목하였고 식민지 국가권력은 사회사업협회를 만들어 이들을 '구제'하는 활동을 하였다. 그러나 1930년대에 이르면 식민지 국가권력은 만주침략과 중국과의 전쟁을 위해 주민들을 필요한 군사·경제적 자원으로 간주하여 "유용한 자원"이 되기 어려운 대상들은 배제하였다(정근식, 2013).

조선총독부는 1932년 12월, (재)조선나예방협회를 만들어 소록도의 갱생원을 확장하고 부랑환자들을 강제로 격리·수용하기 시작하였다. 1935년 환자들의 강제종신격리를 핵심으로 하는 조선나예방령이 공포(제령 제4호)되면서 갱생원에서의 인권침해는 본격화되었다. 견책, 근신, 감식, 감금

있었으며, 기독교적 관점과 인종학/우생학적 관점이 큰 영향을 미쳤다. 이 질병은 중세 유럽에서 성했다가 근대 이후 사라졌는데, 제국주의의 시기에 서구의 여러 나라들이 아시아나 아프리카, 또는 태평양지역의 여러 섬들을 식민화하면서 이 병을 '재발견'했다. 정근식(2002).

등의 징계가 규정되어 있었고 특히 필요한 경우 60일까지의 감금이 가능하도록 하였다. 1935년, 1937년, 그리고 1939년까지의 3차 확장공사 이후, 소록도 갱생원의 실제 수용인원은 6천여 명에 이르렀으며, 조선총독부는 소록도 정책을 식민지 통치의 성과를 대내외에 과시하는 지표로 삼으려고 하였다.

1941년에는 환자들에 대한 무리한 노동력 동원과 경제적 압박으로 환자들이 저항하는 사건이 발생하였다. 갱생원장 동상건립과정에서의 강제노동과 강제모금에 불만을 품은 원생이 환자조직의 대표를 살해하였고 1942년에는 이춘상이라는 원생이 원장동상 앞에서 원장을 살해하는 사건이 발생하였다. 그는 재판과정에서 총독부와 갱생원의 문제, 즉 일시귀성 허가의 자의성, 일상작업의 가혹성, 가혹한 처우, 징계의 자의성과 폭압성, 강압적 헌금, 식량배급의 감량 등을 문제로 지적하였다.

이 사건 이후 새로 부임한 원장은 환자들을 전보다 부드럽게 대할 것을 직원들에게 지시하였지만, 환자들의 사망률은 계속 증가하였으며 1945년에는 수용환자 4,416명 중 931명이 사망하여 21%의 사망률을 보이기도 하였다. 일제하 소록도 갱생원에서의 인권침해는 강제격리와 강제수용, 갱생원 확장공사와 태평양 전쟁을 위한 강제노동과 강제저축, 단종 및 낙태수술과 기본적인 의식주의 결핍, 그리고 시신해부 등을 들 수 있으며 이로 인한 사망과 도주는 계속되었던 것으로 보인다.

해방 후, 이들에 대한 집단학살은 수차례 발생하였다. 1945년 8월, 소록도에서 발생한 집단학살 사건에 대해서 최근 소록도병원에 사건의 명예회복을 위한 추모비가 세워졌지만, 그 밖의 학살사건에 대한 진상규명은 충분하지 않으며 정부의 가시적인 조치도 없다. 소록도 학살사건이 '의사 및 환자' 대 직원들 간의 갈등에 의해 발생한 것이라면, 1947년도의 어린이 실종사건 용의자에 대한 경찰의 학살은 전형적인 편견에 의한 것이다. 1947년 6월경, 안동에서 실종된 어린이를 환자들이 해쳤다고 의심하여 한

〈표 1〉 소록도 갱생원 환자의 사망/도주 추이(1941년 연보)

연도	경쾌퇴원	사고퇴원	사망	도주	계
1917	–	–	26	–	26
1918	–	–	8	–	8
1919	–	–	7	–	7
1920	2	–	7	–	9
1921	1	2	8	2	13
1922	13	1	2	–	16
1923	19	3	5	–	27
1924	18	5	4	–	27
1925	14	17	5	–	36
1926	4	15	7	–	26
1927	7	6	7	–	20
1928	6	7	15	–	28
1929	13	42	21	–	76
1930	12	42	23	–	77
1931	5	27	14	–	46
1932	6	80	18	–	104
1933	14	12	21	1	48
1934	5	15	38	9	67
1935	6	57	103	67	233
1936	15	57	138	60	270
1937	59	78	102	17	256
1938	31	46	173	25	275
1939	16	33	282	13	344
1940	1	58	294	32	385
1941	1	45	432	86	564
계	268	648	1,760	312	2,988

자료 : 국가인권위원회(2005: 35)에서 재인용.

센인 3명을 낙동강변 공동묘지에서 경찰이 학살한 사건이 발생하였던 것이다(국가인권위원회, 2005: 55).

한국전쟁 전후에 발생한 한센인 집단학살은 한센인에 대한 편견에 기초하여 좌우이념 투쟁을 이용한 학살의 형식을 띠고 있다. 즉, 한센인들을 좌익이나 통비분자로 몰아서 경찰이나 군인을 끌어들여 학살하고 그 증거를 인멸하는 방식으로 사건이 진행되었다. 그러나 상당수의 사건은 증언자가 없거나 증언자가 고령으로 사건의 진상파악이 어려운 상황이다.

제도적으로 한센인의 강제격리 관련 법령은 1954년에 정비되었다가 1963년 전염병 예방법이 개정되면서 폐지되었지만, 그들에 대한 편견은 오랫동안 한국 사회를 지배하고 있다. 한센인들은 대한민국 헌법에서도 보장하고 있는 거주이전의 권리를 비롯한 삶의 다양한 영역에서 인권을 침해당한 채 살아왔다. 개인의 가장 일차적인 보호망인 가족이 한센인을 추방하며 인권침해의 주체가 되기도 했는다.

한센인에 대한 인권침해는 2003년이 되어서야 일본 및 한국 측 변호사들이 소록도의 한센인 124명의 위임을 받아 일본 정부를 상대로 인권침해와 보상을 청구하는 소송을 제기하면서 공식화되었다. 그러나 담당재판부는 2005년, 일제하 소록도 갱생원은 한센보상법이 정한 '국립요양소등'에 포함되지 않는다며 기각하였다.

(2) '사람취급' 받기 위한 시각장애인의 투쟁

식민지기에 생물학적 · 인구학적 재생산을 위협하는 사람들로 간주된 또 다른 범주로 장애인들이 있다.[6] 주윤정(2013)의 연구에 의하면, 사회적 차별을 없애기 위한 시각장애인들의 노력과 그들을 일정정도 정치적으로 이용한 정부정책이 장애인들의 권리 향상에 주요한 역할을 하였다고 한다.

---

6) 이하 장애인에 관한 내용은 주윤정(2012; 2013)의 연구를 정리하였다.

식민지 조선에서 맹인들은 전통적으로 주로 점복업에 종사해 왔지만, 제생원에서 근대적 직업교육으로 안마를 하면서 안마업이 합법적인 맹인의 직업으로 자리 잡게 되었다. 일본 식민주의자들에 의해 이식된 안마업은 이후 많은 사회 갈등과 혼란을 야기시킬 수밖에 없었다. 일본에서 시각장애인들은 침안업을 완전히 독점한 것은 아니지만, 법적으로나 사회적으로 비교적 안정적인 직업으로 인정받고 있었다.

그러나 해방 후 안마업은 심각한 타격을 입게 되었다. 안마의 주고객이었던 일본인들은 철수했는데, 한반도에는 아직 안마의 고객이 될 만한 경제 계층이 형성되지 못한 상태였기 때문이다. 안마업자들은 무직자가 되거나 점복 등 다른 업종으로 전업할 수밖에 없었다. 미군정청 후생부는 1946년 4월 17일 식민통치 기간 동안 시행된 '조선의료령'을 개정하면서 시각장애인의 침구 · 안마술면허와 영업에 관한 규정인 '안마술, 침술, 구술 영업취체규칙'의 효력을 중지시켰다. 당시 미군정청의 보건정책 고문 역할을 맡았던 한국관료들은 서구의학 중심의 사고로 안마술 등을 의술로 생각하지 않았다(주윤정, 2013: 95-96).

안마업에 대한 권리와 자격은 1951년 국민의료법이 제정될 때, 접골사, 침사, 구사, 안마사 관련 규정이 제정되면서 다시 문제되기 시작했다. 1951년 9월 25일 국민의료법에 의해 "종래에 규정된 접골 · 침술 · 구술 · 안마술업자 등 의료유사업자 제도는 주무부령으로써 정한다(제59조)"는 규정이 생겼음에도 시행규칙이 마련되지 않아 시행되지 않았다.

1950년대와 달리 1960년대에 들어서면서 안마업이 활성화되기 시작하였지만, 의사협회, 한의사협회의 반대로 좌초되고 유신시기에 들어서면서 이들은 새로운 국면을 맞이한다. 보사부는 1973년 10월 31일 '간호보조원 의료유사업자 및 안마사에 관한 규칙(부령 제428호)'을 제정 · 공표했다. 여러 이익집단의 견제와 갈등으로 입법화될 수 없던 상황이었지만 유신시절 국회를 통한 의결이 부재한 상황에서 비상국무회의에서 법안이 의

결되고 입안되었다. 1973년의 시행령으로 시각장애인들은 안마업에 대한 독점적 자격을 갖게 되었다. 국회가 재개된 뒤 1975년 의료법이 재개정되었을 때, 비시각장애인들도 안마업권을 획득하기 위해 로비를 펼쳤지만 좌절되었다. 오히려 맹인의 경우, 안마사 자격을 예외적으로 인정받을 수 있다는 규정이 생기며 맹인들의 안마업권이 공고화되었다.

이렇게 시각장애인들만이 독점적으로 권리를 인정받을 수 있었던 배경에는 그들의 독특한 사회적 지위가 작용했다. 1960년대 이후, 시각장애인들은 자신들의 권리를 지키기 위해 사회 각층에 대한 청원, 호소 등 다양한 전략을 폈다. 그들이 경쟁적인 의료체계 내에서 안마업권을 획득할 수 있던 것은 강력한 조직운동이 있었기 때문이었다. 맹학교 학생들을 중심으로 동맹휴학과 단식농성, 가두시위를 벌였고, 시각장애인들이 주로 종사하던 안마업, 점복업의 특성상 정계나 교육계 등 사회지도층 인사들과 관계를 맺는 경우가 많아서, 그들을 통해 정치적으로 문제를 해결하고자 하였다. 그래서 결국 1973년 유신체제 아래서 시행령을 만들어 내게 되었다.

시각장애인들의 안마사업의 역사는, 법에 의해 배제되었던 사람들이 법을 근거로 자신의 권리를 주장하기 위한 노력의 역사였다(주윤정, 2013: 107). 그들은 민주화운동에 투신하거나 체제변혁 투쟁에 앞장섰던 것은 아니지만, '사람 취급'을 받기 위해 부단히 노력하여 시각장애인의 독점적인 권리를 인정받게 되었다.

3. 탈식민 국민국가의 '인권'과 소수자

1) 대한민국 정부가 공표한 '인권'

동아시아 역사에서 소수자를 다룰 때, 탈식민 국민국가의 형성은 매우 중요하다. 세계적 차원의 냉전과 동아시아적 차원의 전쟁이 있었고, 민족적 차원의 내전을 겪으며 탈식민 국민국가의 형성은 진행되었다(정근식, 2013: 92). 식민지로부터의 해방과 분단, 그리고 한국전쟁을 거치며 대한민국에서 인권보장은 서구와 달리, 정부제도로 먼저 도입된 것이 특징적이다. 한국 정부는 1950년부터 '인권의 날'을 제정하여 '인권보장'이라는 용어를 정부가 먼저 선점하여 사용하였다. 이때의 인권은 인간의 자유 · 평등이라는 의미와는 거리가 먼, 분단상황에서 체제 우월성을 강조하기 위한 정치적인 의미가 컸고, 기본권이 현실화되고 인권논의가 실질화되기까지는 오랜 시간이 걸렸다.

그 과정을 좀 더 구체적으로 살펴보면, 오늘날 인권보장의 가장 중요한 근거이면서 역사로 설명되는 세계인권선언이 선포된 해인 1948년은 대한민국 헌법이 공포되어 국민의 기본권 보장을 명시한 해이기도 하다. 유엔의 세계인권선언 선포 당시에 한반도는 미·소 군정의 지배 아래 있었기 때문에 세계인권선언의 선포과정에 참여할 수 없었다. 그러나 한국전쟁이 한창이던 1950년 12월부터 정부는 세계인권선언일을 한국에서도 기념하기 시작하였다. 이때는 전쟁기간이라 특별한 행사 없이 라디오방송 등의 홍보가 주를 이뤘지만, 휴전 이후인 1953년부터는 인권상담이나 인권교육이 포함된 내용으로 대중화되고 구체화되었다.

그러나 탈식민 · 냉전의 시대에 '반공'을 국시로 출발한 이승만 정부의 인권의 날은 1년에 한 번씩 구호나 표어로 표현되는 형식에 지나지 않았다. '인권옹호연맹'이라는 관변단체가 주관하는 인권의 날 행사는 대중들에게 잘 알려져 있지 않았을 뿐만 아니라, 대학언론으로부터 강한 비판을 받았다. '인권'이라는 말은 천부적 인권을 일컫는 말이고 '옹호'는 강자가 약한 자를 비호해 준다는 의미인데, '인권옹호'라는 말을 사용하는 것은 스스로를 강자로, 국민을 약자로 규정하는 모순된 말이라는 것이다. "주최측이 인권에 대한 올바른 이해에 기반하지 못한다면 행사의 성과에 기대할

것이 없는 것은 당연하다"는 것이 비판의 핵심이었다.[7]

이런 형식적 인권행사와 행정은 박정희 정권에서도 계속되었다. 국민의 기본적인 자유조차 제대로 보장되지 않았던 상황에서 국가가 독점한 인권담론은 경제성장과 안보담론을 대체하는 것이었다. 인권은 한국 사회에서 내생적으로 성장한 것이 아니라 목적론적으로 설정되어 주로 '빌어온 정당성'에 의존하였기 때문에, 행사를 주도했던 정부는 인권의식을 뿌리내리게 할 수 없었던 것이다.

대한민국 수립 이후 민주화운동이 일어나기 전까지의 시기는 인권운동이나 소수자 운동이 일어날 수 없었던 공백의 시기라고 할 수 있다. 그러나 이 공백의 시기에도 인권담론의 대상으로 거론되었던 이들이 있었고, 비록 그런 담론에 포함되지 못했지만, 스스로가 인권의 주체로 나선 이들도 있었다. 그들은 제도로 도입된 인권을 전유하여 적극적으로 활용한 예에 해당될 것이다.

이때 인권담론의 대상이 될 수 있는 사람들은 소수자이기도 했고 당대의 사회적 약자이기도 했다. 식민지기부터 소수자로 등장한 신분에 의한 차별, 한센병자, 장애인들은 이 시기에도 소수자나 사회적 약자로 주목받지 못하였다. 이때에도 소수자에 대한 인식은 없었고 사회적 약자도 배려의 대상이기보다는 '불쌍한' 연민의 대상으로 여겨졌을 뿐이다.

2) 1950~60년대의 소수자와 사회적 약자

(1) 담론화된 소수자 인권 : 전쟁고아와 식모

냉전분단체제는 전쟁과정에서 만들어진 희생을 바탕으로 하여 새로운 형태의 타자와 소수자들을 양산하였다. 전쟁으로 전사자와 부상자, 포로,

---

7) 『대학신문』, 1957.12.9., "(사설) 인권 선언 기념일에 즈음하여."

피난민, 유족(고아나 미망인), 이산가족, 군대관련 국제결혼 및 '혼혈인' 등 새로운 사회 범주를 양산했는데, 전사자와 부상자를 제외하면 이들 대부분은 사회적 차별의 대상이 되는 소수자가 되었다(정근식, 2013: 93). 이들 소수자들 중에 당시 언론이 주목한 인권문제는 소년과 식모의 인권이었다.

소년의 인권문제를 논의의 장으로 끌어들인 이유는 1957년이 유네스코가 정한 '세계 어린이의 해'였기 때문이지만, 한국전쟁 이후 전쟁고아 문제가 그만큼 심각했기 때문이었다. 지식인들이 중심이 되어, 보건사회부가 지원하여 고아원이나 사회사업기관 아이들의 학비를 면제해 주고 고아들에게 직업교육을 시켜 미래생활에 실질적인 도움을 주어야 한다며 인권문제로 제안하였다.[8]

그러나 이런 지적에 대해 정부는 거의 대책을 내놓지 못하는 상황이었다. 당시 전쟁고아들의 실태를 조사 중이던 주한합동아동구제위원회는 1954년 4월, 한국 정부에 물적 원조를 제안하면서 아동들을 구제할 구체적인 방법을 요구하기까지 하였다.[9] 그 내용은 전쟁고아들을 보호하는 법을 만들어 실시할 것, 경찰과 사회단체에 협조하여 고아들의 행상을 금지할 것, 물질적 원조로 적령고아들을 취학시킬 것, 성인 걸식자에 대해서는 조직적인 원조를 할 것, 아동휴양원을 설치할 것 등이었다. 그러나 1956년까지도 복지시설을 위한 특별한 법적 조치가 없었고 일제시대의 「조선구호령」으로 행정처리를 하던 상황에서 주한미군의 제안을 따르는 것은 당시의 한국 정부로서는 무리였다.[10]

또한 이 시기에는 노동시장에서 공식통계로 잡히지 않는 열악한 조건에 놓여 있던 여성들이 대부분이었다. 그들 가운데에서 '인권'과 관련되어

---

8) 『조선일보』, 1957.12.13., "소년들의 인권. 본사에서 관련인사들 좌담: (8)인권 좀 먹는 특권계급."

9) 『조선일보』, 1954.4.29., "전국의 고아구제하겠다. 주한합동아동구제위서 제청."

10) 조선구호령은 1946년 1월 12일에 후생국보 제3호로 그 효력이 승계되었다가, 1961년 12월 30일에 생활보호법이 제정 · 공포됨에 따라 폐지되었다(최성재 · 남기민, 2006).

언론의 주목을 받은 대상으로는 '식모'가 있었다. 식모는 1950년대 말부터 한국전쟁으로 생활고에 시달리는 이들이 많아지면서 특별한 기술 없이도 여성들이 손쉽게 구할 수 있는 일자리였다. 여유 있는 집에서 식모를 두는 것은 식민지기 도시 풍습의 하나였고 한국전쟁 이후부터는 여성노동력의 공급과잉으로 도시를 중심으로 식모를 두는 가정이 늘어나게 되었다.[11]

식모들의 인권담론에서 주로 거론된 것은 저임금, 장시간 노동에 시달린다는 것 외에도, 가정과 업소에서 숙식하며 생활하기 때문에 고용주로부터 폭력과 구타를 당하더라도 보호받을 수 있는 길이 없다는 데 있었다. 식모들은 이런 현실에 대해 "사람대접을 해달라"고 요구하기도 하였지만,[12] 인권문제, 사회문제가 될 수 있었던 것은 나이 어린 식모들이 맞아 죽을 지경에 이르거나 굶어 죽는 상황이 되어서야 이웃주민들의 신고로 이루어질 수 있었다.

식모인권문제는 1950년대 말부터 인권문제로 거론되기 시작하여 여성지와 여성단체에서는 식모의 인권개선을 위한 방안을 내놓았다. 그래서 개별 식모들이 직접 상담소를 찾아가 인권침해를 호소하기도 했지만, 상담을 취소하는 일이 번복되면서 개별적으로 도움을 받는 일은 그다지 많지 않았다.[13] 이 문제는 1960년대까지 언론과 여성지에서 본격적으로 다루었지만, 인권의 관점보다는 '가녀린 누이, 불쌍한 소녀' 등으로 호명되었다.

식모문제가 당시 커다란 사회문제로 등장하자 서울시는 식모신상카드

---

11) 경제적인 여유에 상관없이 단칸 셋방살이, 판자집 살림살이에도 어느 가정이나 식모를 둔 것을 "동난이 가져온 선물 중의 하나"로 표현하기도 했다. 장창옥, "식모에 대한 대우를 개선하자: 그들을 너무 학대하고 있지는 않은가." 『여원』, 1957년 11월호, pp.59-60.

12) 『조선일보』, 1960.1.13. "식모들의 불평과 요구, 첫째 사람대접을 하라."

13) 『여원』, 1956년 1월호, "한가닥 희망을 잃지 않고–食母들의 生態," pp.234-238; 『여원』, 1957년 11월호, "食母에 對한 待遇를 改善하자: 그들을 너무 虐待하고 있지는 않은가," p.60; 『여원』, 1958년 8월호, "좌담회 식모–생활개선을 위한 주부들의 공동연구," pp.146-154; 『여원』, 1958년 9월호, "좌담회 '식모'를 읽고: 하나의 직업으로 생각하면 된다," 안춘근(을서문화사 편집과장), pp.280-282.

를 작성하여 식모의 인권을 보호하겠다고 발표하였다. 서울시 경찰국 보안과는 파출소 단위로 특별호구조사를 실시해서 무단가출과 이에 따른 타락, 유괴, 절도 등의 범죄를 예방하고자 했다. 즉, 당시 행정당국은 식모신상카드를 작성하여 고용주들에게 믿을 만한 인적사항을 제공하기 위함이 일차적 목표였겠지만, 표면적으로는 성매매자로부터 식모의 인권을 보호하기 위한 것이었다.[14]

이렇게 성매매 종사자들은 정부로부터 보호받을 수 있는 범주에서 제외되었을 뿐만 아니라 사회적인 냉대도 컸다. 1956년에 공창제가 폐지된 후 사창(私娼)이 우후죽순처럼 생기는 상황에서 '저주받은 인생', '몸서리 처지는 생의 비애' 등의 시선으로 그들을 바라보며, 한편으로는 호기심의 눈길로, 다른 한편으로는 '불쌍한 존재'로 위치 지움으로써 나와는 다른 존재로 타자화시켜 버렸다.[15]

지식인들은 한국전쟁 이후 당장에 먹고 살기 위해 성매매나 접대부 생활을 하는 여성들이 늘어나는 현실에서, 공창제 폐지 문제는 민주정치, 인권옹호, 여권신장의 언어로 표현되었다.[16] 그러나 대부분의 사람들은 성매매에 종사하는 이들의 문제를 개인적인 '타락'의 문제로 치부하였다.[17] 역사적으로 성매매 여성은 룸펜 프롤레타리아이며 있어서는 안 되는 존재였다. 공창운동과 폐창운동에 관한 서술에서 성매매 여성은 '우리'의 세계 밖에 사는 특수한 '타자'이다. 그런 견해는 생식의 자유·생식의 자기결정권을 인권으로 인지하지 않고, 피지배 집단의 희생 위에서 지배 집단만의 특권이 유지되는 사회를 긍정하고 영속화시키려는 것에 지나지 않는다(藤

14) 『조선일보』, 1966.3.27., "〈서울판〉 식모 신상조사. 그 취지와 반향. 인권 침해 안 될지."

15) "사창은 어디로 가야 하나," 『여원』, 1956년 3월호, pp.77-80 참조.

16) 강상운, "필연적으로 재론되어지는 공창문제," 『여원』, 1956년 3월호, pp.248-253.

17) 지식인들이 인권문제를 다루는 기본적인 시각은 '휴매니즘'에 입각해서였다. 유광열, "경찰의 단속으로 사창을 없이할 수 있는가," 『여원』, 1956년 3월호, pp.238-243; 정준, "사창은 필요불가결의 존재인가," 같은 책, pp.244-247.

目ゆき, 2004: 50).

(2) 인권담론에서 배제된 소수자들 : 부랑인, 전쟁미망인

① 부랑인과 넝마주이

세계 제2차 대전의 종전과 함께 이루어진 남북한 분단과 국가형성 과정은 이념적 정치투쟁으로 점철되었고 국가나 사회체제를 위협하는 이들은 공론장에서 지속적으로 환기된 반면, 실제사회에서 이들의 존재는 부정되어 비가시화되었다(정근식, 2013: 92). 여기에 해당되는 소수자들로는 부랑인이 있다.

한국전쟁 이후 소년인권은 '전쟁고아' 문제로 이해되었지만, 그 대칭점에는 '부랑아'가 있었다. 고아는 일정한 나이가 되면 아무런 보호와 대책 없이 시설을 떠나야 했고,[18] 시설을 떠나 적당한 직업과 보호자를 찾지 못한다면 부랑아가 되기 쉬운 구조였다. 부랑아는 한국전쟁 이후 전쟁고아 및 불우청소년에 대한 대책이 확립되지 못하여 발생한 것이지만, 이들에 대한 시각은 냉담했다. 사회는 문제를 정부대책의 부재에서 찾는 대신, 그들의 개인적인 성향문제로 환원시켰다. 이들은 잠재적인 범죄자로 분류되어 '보호의 대상'이 아닌 '감시의 대상'이 되었던 것이다. 이것은, 전쟁고아에 대해서는 동정에 가까운 문제제기가 있었던 것과는 상당히 대조적인 것이었다.

이런 상황에서 일정한 주거도 없이 넝마를 주워 생계를 유지하는 이들, 넝마주이들이 인권주간에서 스스로 신상카드를 작성하여 인간권리를 선언

---

18) 아동복지법에서는 시설보호아동의 범주를 보호자가 없거나 보호자로부터 분리되어 가정을 떠나 아동양육시설에 입소한 18세 미만의 자 혹은 학업을 계속하고 있는 24세 미만의 연장아동으로 정의하고 있다. 아동복지법으로의 개정 이전 법률인 아동복리법(법률 제912호)이 1961년 12월에야 제정되었으므로 그 이전에는 연령에 따른 보호 대책이 더욱 허술했을 것이다.

한 일이 있었다. 한국전쟁 이후, 고아들이 급격히 늘어나고 사회 전체가 생계의 위협에 빠져 있었지만 그들을 지원하는 체계도 마련되지 않은 상황에서 일정한 주거 없이 생활을 유지하기 위해 넝마를 주워 생계를 유지하는 이들이 있었다. 호적이 없거나 불분명하여 국가의 등록서류에도 빠져 있는 '무적자(無籍者)', 비국민이었다. 그들은 부랑아, 거지, 좀도둑과 같은 부류로 취급되어 사회적 냉대와 불안/공포의 대상이자 경찰의 감시 · 통제의 대상이었다.

그러나 다른 한편으로, 그들이야말로 '불우한' 소년들이기도 했다. 모든 국민의 신분을 등록하는 근대 국가의 문법 안에서 호적에 기재되는 것도 자격 있는 국민이 되는 한 방법이었지만, 그들은 그런 국민으로, 인간으로 인정받기 위한 최소한의 자격을 박탈당한 이들이었다. 모든 국민의 신분을 정확하게 등록 · 기재하는 것은 일차적으로 국가행정이 담당해야 할 몫이었지만 거기로부터 누락되었던 넝마주이들은 스스로 신상카드를 작성하여 인간으로서의 권리를 찾고자 하였다.

1961년 인권주간에 '서울시 폐품수집인자치회'의 넝마주이들은 "국민의 의무를 다하고 자신들의 기본권을 되찾기 위해" 신상카드를 작성하였다. 2개월여에 걸쳐 1,456명의 본적과 연령, 호적관계, 학력관계, 직업, 희망 등을 일일이 기재하고 그 자료를 토대로 호적에 입적시켜 국민의 자격을 얻게 한다는 것이었다. 사회에서 가장 소외된 계층의 하나인 넝마주이들이 자신들을 '직업인'으로 인식하면서, 무적자(無籍者)들을 입적시키고 병역의무도 마치면 '국민'으로서 인정받게 될 것이라는 것이 그들의 생각이었다.[19] 이런 요구는 일부 받아들여졌지만, 그들을 인간, 인간으로서 존엄성을 가진 존재로 인정한 것은 아니었다.

19) 『조선일보』, 1961.12.13., "'넝마주이'에도 인권은 있다."

② 전쟁미망인과 혼혈아

전쟁고아와 함께 전쟁미망인 문제도 중요한 사회문제로 등장하였다.[20] 보건사회부의 집계에 따르면, 전쟁 직후인 1954년, 전재(戰災) 미망인은 101,845명, 자연사(自然死) 미망인은 192,007명으로 이들이 부양해야 할 가족 수는 51만여 명을 넘고 있었다[21] 그러나 이들은 사회경험도 없고 별다른 기술도 없었으며 교육도 받지 못한 상태여서, 뚜렷한 직업이 없는 사람이 많았다.

전쟁미망인들이 가장 많이 종사한 경제활동은 농림 · 채취 · 어업이었고, 무직에 이어 '분류 불명(分類不明)의 업(業)'이 세 번째로 높은 수치를 기록하고 있었다. '분류 불명'이 말해 주듯, 노상좌판의 영세 상업이나 삯일, 가내재봉 등의 일이 해당되었을 수도 있고 먹고 살기 위해서 식모살이를 하거나 생존이 절박하여 성매매를 한 경우도 해당될 수 있을 것이다.[22] 그러나 전쟁고아가 인권의 관점에서 담론화되었던 것과 달리, 전쟁미망인은 남성중심적인 시각의 섹슈얼리티 문제로 담론화하며 인권보호의 대상에서 제외되었다.

또한 한국전쟁 이후 새롭게 생겨난 사회문제로 외국군인의 사생아, 혼혈아 문제가 있었다. 이승만 정권은 1954년부터 혼혈아를 '아버지의 나라'에 보내기 위한 통계조사를 실시하여 그 이듬해부터 혼혈아 중 외국으로 입양된 경우는 거의 미국으로 보내졌다. 생김새나 피부색이 달라 한국사회에서 차별받기 쉬운 혼혈 고아들을 위해 미국으로의 입양이 추진되었고 점차 다른 나라로 확대되어 갔다. 미 국무성은 1957년에 특별이민법을

20) 한국전쟁 이후 전쟁미망인의 구체적인 삶과 생활세계에 대해서는 이임하(2006) 참조.

21) 보건사회부, "기아취급상황표," 『보건사회통계연보』, 1958 참조.

22) 『여원』, 1956년 3월호 기사 "미망인은 고뇌한다"에서는, 6·25 동란 이후 전쟁미망인 문제는 여러 차례 논의되어 왔지만, 그들을 위한 적절한 대책이 강구되지 못하여 심지어는 청춘을 팔아가면서까지 유지하는 사람들이 있는가 하면 참다 못하여 스스로의 목숨을 끊는 현상도 나타나고 있다며 사회적인 관심을 환기시키고 있다. 『경향신문』, 1955.8.10.; 『조선일보』, 1951.9.24.

통과시켜 국내의 전쟁고아들을 양자로 입양할 수 있도록 하였고 한국은 그 때부터 '유아수출국'이라는 오명으로부터 벗어나지 못하게 되었다.[23]

그 밖에 공식통계로 잡히지 않는 열악한 노동조건에 놓여 있던 여성들도 사회적 약자의 범주에 포함될 수 있다. 대표적으로 식모, 다방레지, '양공주', 술집접대부를 비롯한 성매매 여성들이 저임금과 장시간 노동에 시달리면서도 어느 누구의 보호를 받지 못하는 환경에 처해 있었다. 그들에

〈표 2〉 한국전쟁 이후 혼혈아 증가와 입양현황

연도	혼혈아 수	외국입양자 수	비고(첫 입양국)
1954	382		
1955	439	59	미국
1956	538	671	노르웨이
1957	355	486	
1958	701	930	영국, 스웨덴
1959	1,023	741	
1960	1,075	638	인도
1961	1,354	665	일본, 이디오피아
1962	1,389	254	
1963	1,463	442	
1964	1,512	462	뉴질랜드
1965	1,378	451	덴마크, 독일, 이태리
1966	1,541	494	
1967	1,564	626	캐나다, 중국
1968	1,623	949	스위스, 스페인, 폴란드

자료 : 보건사회부(1954~68), 『보건사회통계연보』, '혼혈아실태표', '혼혈아외국입양상황표' 재구성.

23) 한국의 해외입양문제에 대한 체계적인 연구로는 이삼돌(2008), 1960년대 혼혈인과 해외입양에 대해서는 김아람(2009) 참조. 『조선일보』, 1956.1.3., "전쟁고아, 막연한 고아들 장래."; 『조선일보』, 1958.2.1. "미국이민법 공표: 한국전쟁고아 113명 입양." 등.

대해서는 1954년 『보건사회통계연보』에 '윤락여성통계'로 총 38,763명의 윤락녀가 있다는 것만 기록되어 있을 뿐 비공식 통계로도 구체적인 자료는 남아 있지 않다.

4. 소수자에 대한 차별적 인권보호

1) 반공이데올로기와 접합하는 사회적 약자

한국전쟁 직후, 반공을 기준으로 국민과 비국민을 구분했던 구도는 한국 사회에서 군부독재가 지속되는 동안 더욱 공고화되었고 오늘날까지도 그 그늘에서 완전히 벗어나지 못하고 있다. 시민사회가 형성되지 못한 상태에서 국민으로 인정받지 못한다는 것은 시민으로서의 권리도, 인간으로서의 권리도 보장받을 길이 없다는 것을 의미했다. 그런 대표적인 대상이 '빨갱이'로 낙인찍힌 좌익관련 활동가와 그들의 가족, 그리고 억울하게 희생된 양민들이다. 해방 직후 좌우 갈등상황에서 영문도 모르게 좌익으로 분류된 사람들과 가족들은 평생 연좌제에 묶여 '빨갱이'라는 왜곡된 이미지로 숨어 살아야 했다.

이런 분위기에서 정부가 호명하고 사회가 승인한 인권보호대상자로 전쟁고아가 될 수 있었던 것은 다음과 같은 이유 때문이다. 첫째, 분단국가체제에서 반공이데올로기를 강화할 수 있는 사람만이 해당되었다. 이 시기 인권개념은 유엔으로부터 승인받은 유일한 합법정부임을 홍보하기 위한 전략적 도구였기에, 한국전쟁으로 수많은 사람들이 난민과 같은 상황에 처하게 되었더라도 전쟁의 참상을 부각시킬 수 있는 전쟁고아가 소수자들 중에서 인권의 대상자로 거론될 수 있었다. 고아들의 불안정한 생활 상태는 언제든지 이들이 거지, 부랑아, 넝마주이의 순환하는 삶의 형태로 들어갈 수 있다는 것을 말했지만, 국제적으로 언급된 '어린이'에 한정하는 '전쟁고아'만이 인권보호대상자로 호명될 수 있었다.

둘째, 전쟁고아는 국가폭력을 은폐하면서 대중적으로 승인된 사회적 약자였기 때문이다. 한국전쟁의 참상을 알리는 데 유효한 대상으로 전쟁미망인도 있었지만, 이들에 대해서는 '혼자 사는 여성'이라는 차별의 시선이 겹쳐지면서 호기심의 대상, 왜곡된 이미지로 표상되는 경우가 더 많았다.[24] 여성잡지에서 미망인 문제를 생활고 등 경제적인 관점보다 도덕적 타락을 이유로 드는 경우가 많았는데, 중요한 것은 그런 직업을 택할 수밖에 없을 만큼 생존문제는 절박했고 경제적 지원체계는 전무(全無)했다는 점이다.[25]

2) 동정과 시혜의 대상, 객체로서의 '인권'

소수자들 중에 인권담론에 포함될 수 있는 사람들은 연민의 정을 불러일으킬 수 있는 보편적 약자이면서 동정의 대상이 해당되었다. 전쟁고아는 '부모도 집도 없는 불쌍한 아이'였고, 식모는 '어린 나이에 눈칫밥을 먹으며 남의집살이를 하는 가엾은 동생'이었다. 여차장도 '새우잠을 자가며 여자의 몸으로 험한 일을 당해야 하는 가녀린 누이'였다. 그러나 동정의 대상 저편에는 불성실하고 싸움꾼에 도덕적으로 타락하기까지 한 넝마주이나 부랑아, 성매매 종사자들이 있었다. 그들은 '요보호여성'이었고 사회적인 관리와 통제의 대상이었다.

24) 당시 미망인들의 수기에서는 그런 왜곡된 이미지로 인한 삶의 힘겨움을 토로하기도 한다. "미망인들은 고뇌한다,"『여원』, 1956년 3월호; "특집: 6·25 미망인의 형편과 살길,"『여원』, 1959년 6월호 참조.

25) 정부에서는 아이가 있는 미망인들을 수용하기 위해서 1953년도에 모자원을 설립하여 여성들의 사회진출을 도왔다. 그러나 그곳에서 가르친 기술들이 실생활에 얼마나 도움이 되었는지는 구체적으로 파악하기 어렵다.

소수자에 대한 동정과 연민을 인권개념과 연결지을 수 있었던 것은 이들에 대한 정부의 선택/배제의 전략과 당대의 '시혜로서의 인권' 개념이 작동하였기 때문이다. 먼저, 연민의 대상을 인권의 이름으로 호명하여 공론장으로 끌어들임으로써 정부는 정치적으로 민감한 사상 · 양심의 문제, 조작사건 피해자들에 대한 논의를 무마시킬 수 있었다. 정부는 정권의 위기 때마다 '간첩조작사건'을 내놓았는데, 1960년대 한일협정반대운동을 무마시키기 위해 1964년의 제1차 인혁당 사건을 조작하였다. 이 사건을 담당했던 검사들도 기소할 가치가 없다고 결론낼 정도로 사건은 헤프닝으로 끝났지만, 국가폭력의 와중에도 정부는 인권주간을 성대하게 기념했고 언론은 소수자, 사회적 약자들의 인권상담과 구제내용을 상세하게 소개하였다.

둘째, 동정의 대상인 '가녀린 여성'과 아동의 이미지를 부각하면서 경제성장이 인권을 향상시키는 것이라는 발전주의 전략을 인권담론과 쉽게 연결시키고자 하였다. 경제성장을 국가의 핵심가치로 삼으면서 소수자의 의미를 변화시켰다. 즉, 사회성원의 자격을 일할 수 있는 의지와 능력으로 판가름하면서 동시에, 사회적 약자를 구제하기 위한 구체적인 정책은 마련하지 않은 채, 동정의 시선으로 그들을 담론화하며 정부의 책임에서 벗어나고자 하였다.

마지막으로 사회적 약자를 인권의 이름으로 호명하였지만, 정부의 보호전략은 인권개념과는 대치되는 것이었다. 여차장의 집단 진정에 대해 서울시는 대한변호사협회와 공동으로 실태조사를 실시하였고, 관련 기업주를 형사 처벌하였다. 또 식모의 절도와 이들에 대한 사형(私刑)이 심각한 사회문제가 되자, 경찰국 보안과는 식모신상조사를 발표하였다. 이처럼, 인권개념은 근대적인 '주체'를 상정한 것이지만 인권보호의 대상이 되는 것은 곧 감시와 통제의 '객체'가 되는 것을 의미했다.

5. 맺으며

소수자의 역사는 '소수자에 대한 역사쓰기'와 '소수자에 의한 역사쓰기'로 구분된다. 본질적으로는 소수자에 대한 역사보다는 소수자에 의한 역사가, 존재 자체가 부정되거나 은폐된 소수자의 역능화(empowerment)에 가깝지만, 점진적 역능화의 측면에서는 소수자에 대한 연구가 본격적으로 필요한 시점이다(정근식, 2013: 93). 특히, 소수자에 대한 최근의 관심이 그들의 인권존중을 위한 정의의 관점에서 출발하였으므로, 소수자에 대한 역사쓰기는 소수자에 의한 역사쓰기의 출발점이 될 것이다. 다양한 소수자들이 어떤 역사적 과정을 통해 '재발견'되고 재생산되어 왔는지, 차별의 주체와 의도, 기능을 역사적 맥락에서 파악할 때 소수자에 대한 인권의 역사가 될 것이다.

한국 사회에서 소수자들은 냉전분단체제에서 한국전쟁에 의해, 분단국가의 이데올로기에 의해 다수 양산되었으며, 발전주의 국가에서는 안보와 경제성장을 기준으로 소수자들을 타자화시켜 왔다. 장애인이 오랫동안 드러나지 않은 존재였다가 최근에야 소수자문제로 부각된 것도 이런 이유에서이다. 서로 다른 문화를 인정하지 않으면서 신체나 정체성을 '정상성'에 근거하여 억압하고 폭력을 행하는 것은, 그러므로 사회적이며 정치적이다. 따라서 소수자의 인권보장은 모든 인류가 소유하고 있는 합리성에 근거하여 도달해야 할 신념이라기보다, 사회적이며 정치적인 상황에 따라 가변적인 것으로, 그 동학의 근거와 역사적인 맥락을 찾아보는 것이 더욱 필요한 시점이다.

참고문헌

제1장

김종엽. 1998. 『연대와 열광』. 창작과 비평.

마르크스, 칼(Marx, Karl). [1844]1991. "헤겔 법철학의 비판을 위하여." 『칼 맑스 프리드리히 엥겔스 저작선집』. 박종철 출판사.

민문홍. 2001. 『에밀 뒤르케임의 사회학』. 아카넷.

베버, 막스(Weber, Kax). 1997a. 『막스 베버의 사회과학 방법론 ①』. 사회비평사.

__________. 1997b. 『경제와 사회 I』. 문학과지성사.

윤소영. 2009. 『마르크스의 '자본'』. 공감.

전성우. 1996. 『막스 베버 역사사회학 연구: 서양의 도시시민계층 발전사를 중심으로』. 사회비평사.

Abrams, Philip. 1982. *Historical Sociology*. Cornell University Press.

Althusser, Louis. 1978. "Avant-propos." in Gérard Duménil. *Le Concept de loi économique dans 'Le Capital.'* Maspero.

__________. 1979. *Reading Capital*. Verso.

Balibar, Etienne. 1991. "From Class Struggle to Classless Struggle?" in E. Balibar and I. Wallerstein. *Race, Nation, Class: Ambiguous Identities*. Verso.

__________. 1994. *Masses, Classes, Ideas: Studies on Politics and Philosophy Before and After Marx*. Routledge.

__________. 1995. *The Philosophy of Marx*. Verso.

Bella, Robert N. 1965. "Durkeim and History." in Robert A. Nisbet(ed.). *Emile Durkheim*. Prentice-Hall.

———————. 2005. "Durkheim and Ritual?" in Jeffrey Alexander and Philip Smith(eds.). *Cambridge Companion to Durkheim*. Cambridge University Press.

Black, Antony. 1984. *Guilds and Civil Society in European Political Thought from the Twelfth Century to the Present*. Methuen.

Brown, Daivd K. 1990. "Interpretive Historical Sociology: Discordances of Weber, Dilthey and others. *Journal of Historical Sociology* (3)2.

Connell, Raewyn. 1997. "Why Is Classical Theory Classical?" *American Journal of Sociology*. May.

Coser, Lewis. 1977. *Masters of Sociological Thought*. Harcourt Brace Jovanovich.

Durkheim, Emile. [1912]1961. *The Elementary Forms of the Religious Life*. Collier.

———————. [1895]1966. *The Rules of Sociological Method*. The Free Press.

Giddens, Anthony. 1971. *Capitalism and Modern Social Theory*. Cambridge University Press.

Heilbron, Johan. 2003. "Social Thought and Natural Science." in Theodore Porter and Dorothy Ross(eds.). *The Cambridge History of Science* 7. The Modern Social Sciences. Cambridge University Press.

Holton, Robert. 2003. "Max Weber and the Interpretive Tradition." in Gerard Delanty and Engin F. Isin(eds.). *Handbook of Historical Sociology*. Sage.

Iggers, Georg G. 1983. *The German Conception of History: The National Tradition of Historical Thought from Herder to the Present*. Wesleyan University Press.

Kalberg, Stephen. 1994. *Max Weber's Comparative—Historical Sociology*. The University of Chicago Press.

Kelly, Duncan. 2003. "Karl Marx and Historical Sociology." in Gerard Delanty and Engin F. Isin(eds.). *Handbook of Historical Sociology*. Sage.

Manicas, Peter. 1987. *A History and Philosophy of the Social Science*. Basil Blackwell.

Poggi, Gianfranco and Giuseppe Sciortion. 2011. *Great Minds: Encounters with Social Theory*. Stanford Social Science.

Pope, Whitney. 2008. "Emile Durkheim." in Rob Stones(ed.). *Key Sociological Thinkers*. 2th ed. Palgrave.

Skocpol, Theda. 1984. "Sociology's Historical Imagination." in *Vision and Method in Historical Socilogy*. Cambridge University Press.

Therborn, Göran. 1976. *Science, Class, and Society*. NLB.

Tiryakian, Edward A. 2009. *For Durkheim: Essays in Historical and Cultural Sociology*. Ashgate.

Turner, Bryan S. 2002. *Max Weber: From History to Modernity*. Routledge.

Vandenberghe, Frédéric. 2009. *A Philosophical History of German Sociology*. Routledge.

Weber, Max. 1961. *General Economic History*. Macmillan.

Whimster, Sam. 2007. *Understanding Weber*. Routledge.

Zeitlin, Irving M. 1990. *Ideology and the Development of Sociological Theory*. Prentice Hall.

제2장

김기봉. 2005. "랑케의 'wie es eigentlich gewesen' 본래의 의미와 독일 역사주의." 『호서사학』 39집.

김영범. 1991. "망탈리테사: 심층사의 한 지평." 『사회사 연구와 사회 이론』. 문학과 지성사.

김응종. 1991. 『아날 학파』. 민음사.

——. 2004. "엠마뉘엘 르 루아 라뒤리, 현대 역사학의 증인." 『프랑스사연구』 제10호.

김현일. 1996. "신맬더스주의자가 본 근대 농촌세계." 『서양사연구』 제19집.

노라, 피에르(Nora, Pierre) 편. 2010. 『기억의 장소』(전5권). 김인중 · 유희수 외

역. 나남.

단턴, 로버트(Darnton, Robert). 1996. 『고양이 대학살』. 조한욱 역. 문학과지성사.

도스, 프랑수아(Dosse, François). 1998. 『조각난 역사』. 김복래 역. 푸른역사.

뒤비, 조르주(Duby, Georges). 1997. 『세 위계, 봉건제의 상상세계』. 성백용 역. 문학과지성사.

―――――――――――. 2002. 『부빈의 일요일』. 최생열 역. 동문선.

뒤비, 조르주 · 필립 아리에스(Duby, Georges and Philippe Ariès) 외 편. 2006. 『사생활의 역사』(시리즈, 전5권). 주명철 · 전수연 외 역. 새물결.

라블레, 프랑수아(Rabelais, François). 2004. 『가르강튀아: 팡타그뤼엘』, 유석호 역. 문학과지성사.

루소, 장 자크(Rousseau, Jean-Jacques). 2008. 『신엘로이즈』. 서익원 역. 한길사.

르 고프, 자크(Le Goff, Jacques). 1992. 『서양 중세 문명』. 유희수 역. 문학과지성사.

――――――――――――. 1999. 『중세의 지식인들』. 최애리 역. 동문선.

――――――――――――. 2000. 『연옥의 탄생』. 최애리 역. 문학과지성사.

르 루아 라뒤리, 에마뉘엘(Le Roy Ladurie, Emmanuel). 2006. 『몽타이유』. 유희수 역. 길.

――――――――――――――――――――――. 2009. 『랑그도크의 농민들』(총2권). 김응종 · 조한경 역. 한길사.

브로델, 페르낭(Braudel, Fernand). 1996. 『물질문명과 자본주의』(총5권). 주경철 역. 까치.

블로크, 마르크(Bloch, Marc). 1986. 『봉건사회』(총2권), 한정숙 역. 문학과지성사.

―――――――――――. 2007. 『역사를 위한 변명』. 고봉만 역. 한길사.

―――――――――――. 2015. 『기적을 행하는 왕』. 박용진 역. 한길사.

신용하 편. 1982. 『사회사와 사회학』. 창작과비평사.

아리에스, 필립(Ariès, Philippe). 2003. 『아동의 탄생』. 문지영 역. 새물결.

――――――――――――. 2006. 『죽음 앞에 선 인간』(총2권). 유선자 역. 동문선.

윌슨, 리처드(Wilson, Richard). 1994. "신역사주의의 역사화." 프랭크 렌트리키아 외. 『신역사주의론』. 김옥수 역. 한신문화사.

이거스, 조지(Iggers, Georg). 1982. 『현대 사회사학의 흐름』. 이민호 · 박은구 역. 전예원.

————————. 1998. 『20세기 사학사』. 임상우 · 김기봉 역. 푸른역사.

이민호. 1982. 『현대사회와 역사이론』. 문학과지성사.

임상우. 2014. "'과학적' 역사학과 국가주의적 역사서술." 『역사학보』 224집.

조성윤 편. 1982. 『현대 사회사이론과 역사인식』. 청아.

페브르, 뤼시엥(Febvre, Lucien). 1996. 『16세기의 무신앙 문제』. 김응종 역. 문학과지성사.

페브르, 뤼시엥 · 앙리 장 마르탱(Febvre, Lucien and Henri-Jean Martin). 2014. 『책의 탄생』. 돌베개.

헌트, 린(Hunt, Lynn). 1996. 『프랑스혁명의 가족로망스』. 조한욱 역. 새물결.

———————— **외.** 2013. 『역사가 사라져갈 때』. 김병화 역. 산책자.

———————— **편.** 1996. 『문화로 본 새로운 역사』. 조한욱 역. 소나무.

호이징가, 요한(Huizinga, Johan). 1989. 『중세의 가을』. 최홍숙 역. 문학과지성사.

Braudel, Fernand. 1976. *La Méditerranée et le monde méditerranéen à l'époque de Philippe II*. A. Colin.

Darnton, Robert. 1971. "The High Enlightenment and the Low-Life of Literature in Prerevolutionary France." *Past and Present* 51.

————————. 1982. *The Literary Underground of the Old Regime*. Cambridge, Harvard Univ. Press.

Febvre, Lucien. 1922. *La terre et l'evolution humaine : introduction geographique a l'historie*. Éditions Albin Michel.

제3장

김경일. 1995. "프랑스 근대 사회과학의 성립: 사회학과 역사학을 중심으로." 『한국사회학』 29집 여름호.

———. 1998. "역사사회학의 방법과 쟁점: 미국의 경우를 중심으로." 『사회사연구의 이론과 실제』. 한국정신문화연구원.

김동노. 2003. "거시 구조 이론에서 미시 사건사로—미국 역사사회학의 경향과 과제." 『사회와 역사』 63집.

신용하. 『사회학의 성립과 역사사회학—오귀스트 꽁트의 사회학 창설』. 지식산업사. 2012.

신용하 편. 1982. 『사회사와 사회학』. 창작과 비평사.

전성우. 1996. 『막스 베버 역사사회학 연구: 서양의 도시시민계층 발전사를 중심으로』. 사회비평사.

채오병. 2007. "실증주의에서 실재론으로: 역사연구 논리의 전환." 『한국사회학』 제41집 5호.

———. 2009. "사건사의 인식론과 방법론." 『사회와 역사』 83집.

Abbott, Andrew. 1991. "History and Sociology: The Lost Synthesis." *Social Science History* 15: 201-238.

Adams, Julia, Elizabeth Clemens, and Ann S. Orloff(eds.). 2005. "Introduction." *Remaking Modernity: Politics, History, and Sociology*. Durham: Duke University Press. pp.1-72.

Aminzade, Ronald. 1992. "Historical Sociology and Time." *Sociological Methods and Research* 20: 456-480.

Bendix, Reinhard. 1964. *Nation-Building and Citizenship: Studies of Our Changing Social Order*. New York: Wiley.

Calhoun, Craig. 1996. "The Rise and Domestication of Historical Sociology." in Terrence J. McDonald(ed.). *The Historic Turn in the Human Sciences*. Ann Arbor: The University of Michigan Press. pp.305-338.

Eisenstadt, S. N. 1963. *The Political System of Empires*. Glencoe: Free Press.

Griffin, Larry J. 1992. "Temporality, Events, and Explanation in Historical Sociology." *Sociological Methods and Research* 20: 403-427.

Hamilton, Gary G. *et al*. 1988. "History in Sociology." in E. F. Borgatta and K. Cook(eds.). *The Future of Sociology*. Newbury Park: Sage. pp.181-199.

Hinkle, Roscoe C. 1994. *Developments in American Sociological Theory 1915~1950*. Albany: SUNY Press.

Kim, Keong-il. 1997. "Genealogy of the Idiographic vs. the Nomothetic Disciplines: The Case of History and Sociology in the United States." *Review* 20: 421-464.

Lipset, S. M. 1967. *The First New Nation*. New York: Basic Books.

Mahoney, James and Detrich Rueschemeyer(eds.). 2003. "Introduction." *Comparative Historical Analysis in the Social Sciences*. Cambridge, UK: Cambridge University Press. pp.3-38.

McDonald, Terrence J. 1996. "What We Talk about When We Talk about History: The Conversations of History and Sociology." in Terrence J. McDonald(ed.). *The Historic Turn in the Human Sciences*. Ann Arbor: The University of Michigan Press. pp.91-118.

Moore, Barrington. 1966. *Social Origins of Dictatorship and Democracy: Lord and Peasant in the Making of the Modern World*. Boston: Beacon Press.

Sewell, William H. 1996. "Three Temporalities: Toward an Eventful Sociology." in Terrence J. McDonald(ed.). *The Historic Turn in the Human Sciences*. Ann Arbor: The University of Michigan Press. pp.245-280(Sewell 2005의 제3장에 재수록).

————————. 2005. *Logics of History*. Chicago: University of Chicago Press.

Skocpol, Theda. 1979. *States and Social Revolutions: A Comparative Study of France, Russia, and China*. Cambridge: Cambridge University Press.

Skocpol, Theda(ed.). 1984. *Vision and Method in Historical Sociology*. Cambridge: Cambridge Unversity Press.

Smelser, N. J. 1959. *Social Change in the Industrial Revolution*. Chicago: The University of Chicago Press.

Somers, Margaret R. 1996. "Where Is Sociology after the Historic Turn?: Knowledge Cultures, Narrativity, and Historical Epistemologies." in Terrence J. McDonald(ed.). *The Historic Turn in the Human Sciences*.

Ann Arbor: The University of Michigan Press. pp.53-90.

Steinmetz, George. 2005. "The Epistemological Unconscious of U.S. Sociology and the Transition to Post-Fordism: The Case of Historical Sociology." in J. Adams, E. Clemens, and A. Orloff(eds.). *Remaking Modernity: Politics, History, and Sociology*. Durham: Duke University Press. pp.109-160.

——————. 2007. "The Relations between Sociology and History in the United States: The Current State of Affairs." *Journal of Historical Sociology* 20(1): 1-12.

Stinchcombe, Arthur L. 1978. *Theoretical Methods in Social History*. New York: Academic Press.

Sztompka, Peter. 1986. "The Renaissance of Historical Orientation in Sociology." *International Sociology* 1: 321-337.

Tilly, Charles. 1964. *The Vendée*. Cambridge: Harvard University Press.

——————. 1978. *From Mobilization To Revolution*. Reading: Addison-Wesley.

——————. 1984. *Big Structures, Large Processes, Huge Comparisons*. New York: Russel Sage Foundation.

——————. 1990. "Future History." in Stephen Kendrick *et al.*(eds.). *Interpreting the Past, Understanding the Present*. London: The Macmillan Press. pp.9-19.

Wallerstein, Immanuel. 1974-1989. *The Modern World-System* 3. San Diego: Academic Press.

Wallerstein, Immanuel(ed.). 1966. *Social Change: The Colonial Situation*. New York: John Wiley and Sons.

제4장

강만길. 1973. 『조선후기 상업자본의 발달』. 일조각.

김경일 외. 2004. 『동아시아 민족이산과 도시: 만주의 조선인』. 역사비평사.

김백영. 2012. “사회과학과 역사학 사이의 한국학.” 권보드래 외. 『지식의 현장담론의 풍경』. 한길사.

김용섭. 1970. 『조선후기 농업사 연구 1』. 일조각.

———. 1971. 『조선후기 농업사 연구 2』. 일조각.

김진균 · 정근식. 1997. “식민지체제와 근대적 규율.” 김진균 · 정근식 편저. 『근대주체와 식민지 규율권력』. 문화과학사.

김필동. 1997. “사회와 역사를 잇는 학문적 탐구의 새 길을 찾아서.” 『문학과 사회』 10-1(통권 제37호). 문학과지성사.

박명규. 2006. “한국 사회사연구의 최근 동향과 이론적 쟁점.” 『역사비평』 통권75호.

송찬식. 1973. 『이조후기 수공업에 관한 연구』. 서울대 출판부.

신용하 편. 1982. 『사회사와 사회학』. 창작과비평사.

아브람즈, 필립(Abrams, Philip). 1986. 『역사사회학』. 신용하 외 역. 문학과지성사.

채오병. 2011. “이행과 번역: 한국 사회사의 역사사회학.” 『한국사회학』 제45집 5호.

제5장

김동노. 2003. “거시 구조 이론에서 미시 사건사로: 미국 역사사회학의 경향과 과제.” 『사회와역사』 63: 86-122.

채오병. 2007. “실증주의에서 실재론으로: 역사연구 논리의 전환.” 『한국사회학』 41(5): 249-283.

Abbott, Andrew. 1992. “From Causes to Events: Notes on Narrative Positivism.” *Sociological Methods & Research* 20(4): 428-455.

Adams, Julia, Elisabeth S. Clemens, and Ann Shola Orloff. 2005. “Introduction: Social Theory, Modernity, and the Three Waves of Historical Sociology.” pp.1-72 in *Remaking Modernity: Politics, History, and Sociology*. edited by Julia Adams, Elisabeth S. Clemens, and Ann Shola Orloff. Durham: Duke University Press.

Bendix, Reinhard. 1964. *Nation-Building and Citizenship: Studies of our Changing Social Order*. New York: John Wiley & Sons.

Brenner, Robert. 1976. "Agrarian Class Structure and Economic Development in Pre-industrial Europe." *Past and Present* 70: 30-75.

——————. 1977. "The Origins of Capitalist Development: A Critique of Neo-Smithian Marxism." *New Left Review* 104: 25-92.

Calhoun, Craig J. 1996. "The Rise and Domestication of Historical Sociology." pp.305-337 in *The Historic Turn in the Human Sciences*. edited by T. J. McDonald. Ann Arbor: University of Michigan Press.

Demetriou, Chares and Victor Roudometof. 2014. "The History of Historical-Comparative Methods in Sociology." pp.43-61 in *The Oxford Handbook of Qualitative Research*. edited by Patricia Leavy. Oxford, New York: Oxford University Press.

Eisenstadt, S. N. 1963. *The Political Systems of Empires*. New York: Free Press.

Goldthorpe, John H. 1991. "The Uses of History in Sociology: Reflections on Some Recent Tendencies." *British Journal of Sociology* 42(2): 211-230.

——————. 1997. "Current Issues in Comparative Macrosociology: A Debate on Methodological Issues." *Comparative Social Resarch* 16: 1-26.

Griffin, Larry J. 1993. "Narrative, Event-Structure Analysis, and Causal Interpretation in Historical Sociology." *American Journal of Sociology* 98: 1094-1133.

Kiser, Edgar and Michael Hechter. 1991. "The Role of General Theory in Comparative-Historical Sociology." *American Journal of Sociology* 97(1): 1-30.

Lieberson, Stanley. 1991. "Small N's and Big Conclusions: An Examination of the Reasoning in Comparative Studies Based on a Small Number of Cases." *Social Forces* 70(2): 307-320.

Mahoney, James. 2000. "Path Dependence in Historical Sociology." *Theory and Society* 29: 507-548.

Mahoney, James and Dietrich Rueschemeyer. 2003. "Comparative Historical Analysis: Achievements and Agendas." pp.3-38 in *Comparative Historical Analysis in the Social Sciences*. edited by James Mahoney and Dietrich Rueschemeyer. Cambridge, New York: Cambridge University Press.

Mann, Michael. 1988. *States, War, and Capitalism: Studies in Political Sociology*. Oxford: B. Blackwell.

―――――――. 1994. "In Praise of Macro-Sociology: A Reply to Goldthorpe." *British Journal of Sociology* 45(1): 37-54.

McMichael, Philip. 1990. "Incorporating Comparison within a World-Historical Perspective: An Alternative Method." *American Sociological Review* 55: 385-397.

Moore, Barrington Jr. 1966. *Social Origins of Dictatorship and Democracy: Lord and Peasant in the Making of the Modern World*. Boston: Beacon Press.

Paige, Jeffery M. 1975. *Agrarian Revolution: Social Movements and Export Agriculture in the Underdeveloped World*. New York: Free Press.

―――――――. 1999. "Conjuncture, Comparison, and Conditional Theory in Macrosocial Inquiry." *American Journal of Sociology* 105: 781-800.

Polanyi, Karl. [1944]2001. *The Great Transformation: The Political and Economic Origins of Our Time*. Boston: Beacon Press.

Sewell, William Jr. 1985. "Ideologies and Social Revolutions: Reflections on the French Case." *Journal of Modern History* 57: 57-85.

―――――――. 1996. "Three Temporalities: Toward an Eventful Sociology." pp.245-280 in *The Historic Turn in the Human Sciences*. edited by T. J. McDonald. Ann Arbor: University of Michigan Press.

Skocpol, Theda. 1973. "A Critical Review of Barrington Moore's Social Origins of Dictatorship and Democracy." *Politics and Society* 4: 1-34.

―――――――. 1979. *States and Social Revolutions: A Comparative Analysis of France, Russia, and China*. Cambridge: Cambridge University Press.

———————. 1984. "Emerging Agendas and Recurrent Strategies in Historical Sociology." pp.356-391 in *Vision and Method in Historical Sociology*. edited by Theda Skocpol. Cambridge: Cambridge University Press.

Skocpol, Theda and Margaret Somers. 1980. "The Uses of Comparative History in Macrosocial Inquiry." *Comparative Studies in Society and History* 22(2): 174-197.

Somers, Margaret R. 1996. "Where Is Sociology after the Historic Turn? Knowledge Cultures, Narrativity, and Historical Epistemologies." pp. 53-90 in *The Historic Turn in the Human Sciences*. edited by T. J. McDonald. Ann Arbor: University of Michigan Press.

———————. 1998. " 'We' re No Angels': Realism, Rational Choice, and Relationality in Social Science." *American Journal of Sociology* 104(3): 722-784.

Steinmetz, George. 1998. "Critical Realism and Historical Sociology." *Comparative Studies in Society and History* 40(1): 170-186.

Tilly, Charles. 1984. *Big Structure, Large Processes, Huge Comparison*. New York: Russel Sage Foundation.

———————. 1990. *Coercion, Capital and European States, AD 990-1990*. Cambridge: Black Well.

Tilly, Charles *et al*. 1975. *The Formation of National States in Western Europe*. Princeton, N.J.: Princeton University Press.

Wallerstein, Immanuel. [1974]2011. *The Modern World System I: Capitalist Agriculture and the Origins of the European World-Economy in the Sixteenth Century with a New Prologue*. Berkely: University of California Press.

———————. 2001. *Unthinking Social Science: The Limit of Nineteenth Century Paradigms*. Philadelphia: Temple University Press.

제6장

김동노. 2009. 『근대와 식민의 서곡』. 창작과 비평사.

채오병. 2007. "실증주의에서 실재론으로: 역사연구 논리의 전환." 『한국 사회학』 41(5): 249-283.

——. 2010. "식민구조의 탈구, 다사건, 그리고 구조의 재접합: 남한의 탈식민 국가형성." 『담론 201』 13권 1호.

Bhaskar, Roy. 1978. *A Realist Theory of Science*. London: Harvester Wheatsheaf.

Kang, Jin-Yeon. 2013. "The Korean War and Post-War Politics in Japan and Korea: The Formation of Conservative Democracy and Authoritarian Political System." *Korean Journal of Sociology* 47(3): 1-24.

Mahoney, James. 2000. "Path Dependence in Historical Sociology." *Theory and Society* 29(4): 507-548.

————. 2001. *The Legacies of Liberalism: Path Dependence and Political Regimes in Central America*. Baltimore and London: Johns Hopkins University Press.

Paige, Jeffery. 1997. *Coffee and Power*. Cambridge: Harvard University Press.

Riley, Dylan. 2005. "Civic Associations and Authoritarian Regimes in Interwar Europe: Italy and Spain in Comparative Perspective." *American Sociological Review* 70: 288-310.

Sahlins, Marshall. 1981. *Historical Metaphors and Mythical Realities*. Ann Arbor: University of Michigan Press.

Sewell, William Jr. 1992. "A Theory of Structure: Duality, Agency, and Transformation." *American Journal of Sociology* 98(1): 1-29.

————. 1996a. "Three Temporalities: Toward an Eventful Sociology." pp.245-280. in T. McDonald(ed.). *The Historic Turn in the Human Sciences*. Ann Arbor: University of Michigan Press.

————. 1996b. "Historical Events as Transformations of Structures: Inventing Revolution at the Bastille." *Theory and Society* 25: 841-881.

————————. 2005. *Logics of History: Social Theory and Social Transformation*. Chicago: University of Chicago Press.

Steinmetz, George. 1998. "Critical Realism and Historical Sociology." *Comparative Studies in Society and History* 40: 170-186.

제7장

국사편찬위원회 편. 2009.『고문서에게 물은 조선 시대 사람들의 삶』. 두산동아.

김건우. 2008.『근대 공문서의 탄생』. 소와당.

김낙년. 2011. "한국의 역사통계."『경제사학』 50.

김두얼. 2012. "행장류 자료를 통해 본 조선시대 양반의 출산과 인구변동."『경제사학』 52.

김백영 · 김민환. 2008. "학살과 내전, 공간적 재현과 담론적 재현의 간극: 거창사건 추모공원의 공간 분석."『사회와 역사』 78.

김재호. 2001. "한국 전통사회의 기근과 그 대응: 1392-1910."『경제사학』 30.

김종엽. 1999. "동작동 국립묘지의 형성과 그 문화, 정치적 의미." 한국정신문화연구원 편,『한국의 근대성과 전통의 변용』.

김현식 · 정선태 편저. 2011.『'삐라'로 듣는 해방직후의 목소리』. 소명출판.

르 루아 라뒤리, 에마뉘엘(Le Roy Ladurie, Emmanuel). 2005.『랑그도크의 농민들 1(*Les paysans de Languedoc*)』. 김응종 · 조한경 역. 한길사.

문숙자. 2009.『68년의 나날들, 조선의 일상사: 무관 노상추의 일기와 조선후기의 삶』. 너머북스.

박명규. 1997. "역사적 경험의 재해석과 상징화: 동학농민전쟁의 기념물."『사회와 역사』 51.

박명규 · 서호철. 2003.『식민권력과 통계』. 서울대출판부.

박성준. 2015.『대한제국의 공문서 연구』. 아모르문디.

박성진 · 이승일. 2007.『조선총독부 공문서: 일제시기 기록관리와 식민지배』. 역사비평사.

박철상 외. 2011. 『정조의 비밀 어찰, 정조가 그의 시대를 말하다』. 푸른역사.

배은경. 2010. "현재의 저출산이 여성들 때문일까?" 『젠더와 문화』 3(2).

베버, 막스(Weber, Max). 2010. 『프로테스탄티즘의 윤리와 자본주의 정신(*Die Protestantische Ethik und der Geist des Kapitalismus*)』. 김덕영 역. 길.

석화정. 2007. 『풍자화로 보는 러일전쟁』. 지식산업사.

손병규. 2006. "족보의 인구기재 범위: 1926년경에 작성된 합천이씨의 세 파보를 중심으로." 『고문서연구』 28.

———. 2007. 『호적: 1606~1923 호구기록으로 본 조선의 문화사』. 휴머니스트.

안대회. 2010. 『정조의 비밀편지: 국왕의 고뇌와 통치의 기술』. 문학동네.

엘리아스, 노르베르트(Elias, Norbert). 1991. "현대로 후퇴하는 사회학자들." 『현대 독일사회학의 흐름』. 최재현 편역. 형성사.

———————————. 1996. 『문명화과정 I(*Über den Prozeß der Zivilsation I*)』. 박미애 역. 한길사.

윤진영. 2011. "구한말 서울의 한 상업가 이야기." 정민 · 김동준 외. 『한국학 그림과 만나다』. 태학사.

이영훈. 2006. "18세기 남성 복식 스케치." 한국고문서학회 편. 『조선시대 생활사 3: 의식주, 살아있는 조선의 풍경』. 역사비평사.

이용기. 2009. "역사학, 구술사를 만나다." 『역사와 현실』 71.

이임하. 2012. 『적을 삐라로 묻어라: 한국전쟁기 미국의 심리전』. 철수와영희.

이태진 · 이상찬. 2010. 『조약으로 본 한국 병합: 불법성의 증거들』. 동북아역사재단.

이흥환 편. 2012. 『(1950년, 받지 못한 편지들) 조선인민군 우편함 4640호』. 삼인.

이희영. 2005. "사회학 방법론으로서의 생애사 재구성." 『한국사회학』 39(3).

임상혁. 2010. 『(소송으로 보는 조선의 법과 사회) 나는 노비로소이다』. 너머북스.

전경목. 2005. "'박효랑 사건' 의 전말과 소송상의 문제점." 『법사학연구』 31.

전송열 외 편. 2011. 『옛편지 낱말사전: 선인들의 간찰 읽기』. 돌베개.

정근식. 1995. "집단적 역사 경험과 그 재생의 지평: 소안도 항일 기념탑의 사회사." 『사회와 역사』 47.

정근식 · 최경희. 2006. "도서과의 설치와 일제 식민지출판경찰의 체계화, 1926~1929." 『한국문학연구』 30.

정병욱 · 이타카키 류타 편. 2013. 『일기를 통해 본 전통과 근대, 식민지와 국가』. 소명출판.

정호기. 2012. “시민사회의 사회운동 기념물 건립과 표상: ‘5·18’과 ‘5월운동’을 중심으로.” 『경제와 사회』 94.

조영준 · 차명수. 2012. “조선 중·후기의 신장 추세, 1547~1882.” 『경제사학』 53.

주영하. 2004. “식탁 위의 근대: 1883년 조일통상조약 기념 연회도를 통해서.” 『사회와 역사』 66.

차명수. 2009. “조선후기의 출산력, 사망력 및 인구증가: 네 족보에 나타난 1700~1899년간 생몰 기록을 이용한 연구.” 『한국인구학』 32(1).

———. 2011. “산업혁명과 역사통계.” 『경제사학』 50.

최성진. 2006. “식민지기 신장변화와 생활수준.” 『경제사학』 40.

최정기. 2008. “5·18기념공간과 사회적 갈등.” 『민주주의와 인권』 8(1).

하영휘. 2008. 『양반의 사생활: 조병덕의 편지 1,700통으로 19세기 조선을 엿보다』. 푸른역사.

한국고문서학회 편. 1996. 『조선시대 생활사』. 역사비평사.

————————. 2000. 『조선시대 생활사 2』. 역사비평사.

————————. 2006. 『조선시대 생활사 3: 의식주, 살아있는 조선의 풍경』. 역사비평사.

한민주. 2013. 『권력의 도상학: 식민지 시기 파시즘과 시각문화』. 소명출판.

한상일 · 한정선. 2006. 『(조선병탄과 시선의 정치)일본, 만화로 제국을 그리다』. 일조각.

한영우. 1998. 『정조의 화성행차 그 8일』. 효형출판.

허영란. 2013. “한국 구술사의 현황과 대안적 역사쓰기.” 『역사비평』 102.

호적대장 연구팀. 2003. 『단성 호적대장 연구』. 성균관대학교 대동문화연구원.

鬼頭宏. 2009. 『인구로 읽는 일본사(人口から讀む日本の歷史)』. 최혜주 · 손병규 역. 어문학사.

內藤陽介. 2012a. 『우표 역사를 부치다(反米の世界史: 「郵便學」が切り込む)』. 안은미 역. 정은문고.

———. 2012b. 『우표로 그려낸 한국 현대사(韓國現代史 : 切手でたどる60年)』. 이미란 역. 한울.

제8장

강동국. 2009. “근대한국의 국민/인종/민족 개념.” 하영선 외, 『근대한국의 사회과학 개념형성사』. 창비. pp.249-288.

강정인. 2012. “박정희 대통령의 민족주의 담론.” 『社會科學研究』 20(2): 34-72.

겔너, 어네스트(Gellner, E.). 2009. 『민족과 민족주의』. 최한우 옮김. 한반도국제대학원대학교.

권혁범. 2000. 『민족주의와 발전의 환상』. 솔.

———. 2009. 『민족주의는 죄악인가』. 생각의 나무.

김동노. 2010. “한국의 국가통치전략으로서의 민족주의.” 『현상과 인식』 가을호: 203-224.

———. 2012. “민족주의의 다원화와 이념갈등.” 『東方學志』 159: 367-420.

김두헌. 1946. 『民族理論의 展望』. 을유문화사.

김영명. 2002. 『우리 눈으로 본 세계화와 민족주의』. 오름.

김인중. 2014. 『민족주의와 역사』. 아카넷.

김정훈. 2000. “분단체제와 민족주의.” 『동향과 전망』 44: 166-191.

———. 2002. “세계화시대의 통일민족주의.” 『경제와 사회』 55: 169-193.

김준석. 2011. 『근대국가』. 책세상.

김진균. 1988. 『사회과학과 민족현실』. 한길사.

노재봉. 1985. 『사상과 실천』. 녹두.

노재봉 편. 1983. 『한국민족주의와 국제정치』. 민음사.

르낭, 에르네스트(Renan, Ernest). 2002. 『민족이란 무엇인가』. 신행선 옮김. 책세상.

박극채. 1947. 『民族과 人民의 理論』. 開拓社.

박찬승. 2007. 『민족주의의 시대: 일제하의 한국 민족주의』. 경인문화사.

———. 2010. 『민족 · 민족주의』. 소화.

박한용. 1999. “한국의 민족주의: 그 신화와 현실.” 『정신문화연구』 77: 3-26.

박현채 · 정창렬 편. 1985. 『韓國民族主義論 III』. 창작과비평사.

박호성. 1997. 『남북한 민족주의 비교연구』. 당대.

백낙청 엮음. 1981. 『민족주의란 무엇인가』. 창작과비평사.

베네딕트, 앤더슨(Benedict, Anderson). 2002. 『상상의 공동체』. 윤형숙 옮김.

나남.

비판사회학회 민족 · 통일분과. 2010.『민족과 통일』. 선인.

서동만. 2000. “북한체제와 민족주의.”『역사문제연구』4호.

서중석. 2004.『배반당한 한국 민족주의』. 성균관대학교 출판부.

송건호 · 강만길 편. 1982.『韓國民族主義論 I』. 창작과비평사.

―――――――. 1983.『韓國民族主義論 II』. 창작과비평사.

송건호 외. 1979.『해방전후사의 인식』. 한길사.

스미스, 앤서니(Smith, A. D.). 1986.『제3세계의 국가와 민족』. 김석근 옮김. 삼영사.

――――――――――――. 1997.『세계화시대의 민족과 민족주의』. 이재석 옮김. 남지.

――――――――――――. 2012.『민족주의란 무엇인가』. 강철구 옮김. 용의 숲.

신기욱. 2009.『한국 민족주의의 계보와 정치』. 창비.

신용하. 1985. “민족형성의 이론.” 신용하 편저.『민족이론』. 문학과지성사. pp.13-58.

―――. 1987.『한국근대민족주의의 형성과 전개』. 서울대학교출판부.

―――. 2006. “‘민족’의 사회학적 설명과 ‘상상의 공동체론’ 비판.” 한국사회학회.『한국사회학』40(1): 32-58.

심지연. 1989.『미-소공동위원회 연구』. 청계연구소.

윤해동. 2003.『식민지의 회색지대』. 역사비평사.

이광규. 2006.『新민족주의의 세기』. 서울대학교출판부.

이삼성. 1993.『미국의 대한정책과 한국민족주의』. 한길사.

이선민. 2008.『민족주의, 이제는 버려야 하나』. 삼성경제연구소.

21세기 민족주의 포럼 엮음. 2010.『재생의 담론 21세기 민족주의』. 통일뉴스.

이용희. 1977.『한국민족주의』. 서문당.

이종석. 1994. “주체사상과 민족주의: 그 연관성에 관한 연구.”『통일문제연구』6(1).

이호영. 2004. “한국 전쟁 후 남북한 ‘민족정체성’의 형성.” 한국사회사학회.『사회와 역사』65: 233-259.

임지현. 1999.『민족주의는 반역이다』. 소나무.

장문석. 2007.『민족주의 길들이기』. 지식의 풍경.

———. 2011.『민족주의』. 책세상.

전재호. 1997. "박정희 체제의 민족주의 연구: 담론과 정책을 중심으로." 서강대학교 대학원 정치외교학과 박사학위논문.

정영철. 2010. "북한 민족주의의 이중구조 연구: 발생론적 민족관과 발전론적 민족관."『통일문제연구』 第53호.

정일준. 2009. "한미관계의 역사사회학." 한국사회사학회.『사회와 역사』 84: 217-261.

———. 2010. "탈수정주의를 넘어서 한국 근현대사 이해하기." 비판사회학회 민족 · 통일분과.『민족과 통일』. 선인. pp.205-259.

진덕규. 1983.『현대 민족주의의 이론구조』. 지식산업사.

차기벽. 1978.『한국민족주의의 이념과 실태』. 까치.

최문환. 1982.『민족주의의 전개과정』. 삼영사.

최상용. 2007.『미군정과 한국민족주의』. 까치.

카, 에드워드(Carr, E. H.). 1978.『민족주의와 그 이후』. 진덕규 옮김. 학문과 사상사.

한홍구. 1999. "상처받은 민족주의."(University of Washington 미출간 박사학위논문 한글 초고).

홉스봄, 에릭 존(Hobsbawm, E. J.). 1994.『1780년 이후의 민족과 민족주의』. 강명세 옮김. 창작과 비평사.

홉스봄, 에릭 존 · 테렌스 레인저 외(Hobsbawm, E. J. and T. Ranger(eds.)). 2004.『만들어진 전통』. 박지향 · 장문석 옮김. 휴머니스트.

Breuilly, John(ed.). 2013. *The Oxford Handbook of The History of Nationalism*. Oxford University Press. pp.1-18.

Brubaker, Rogers. 1996. *Nationalism Reframed: Nationhood and the National Question in the New Europe*. Cambridge University Press.

Calhoun, Craig. 1997. *Nationalism*. University of Minnesota Press.

———. 2007. *Nations Matter*. Routledge.

Cederman, Lars-Erik. 2002. "Nationalism and Ethnicity." in W. Carlsnaes, T. Risse, and B. A. Simmons(eds.). *Handbook of International*

Relations. SAGE Publications. pp.409-428.

Coakley, John. 2012. *Nationalism, Ethnicity and the State*. SAGE.

Geenfeld, Liah. 1992. *Nationalism: Five Roads to Modernity*. Harvard University Press.

Gellner, E. 1983. *Nations and Nationalism*. Oxford: Blackwell.

———. 1994. *Encounters with Nationalism*. Oxford: Blackwell.

Giddens, Anthony. 1987. *Nation State and Violence*. University of California Press.

————. 1990. *The Consequences of Modernity*. Stanford University Press.

Grosby, Steven. 2005. *Nationalism: A Very Short Introduction*. Oxford University Press.

Hall, John A. 1993. "Nationalisms: Classified and Explained." *Daedalus* 122: 3.

Hutchinson, John and Anthony Smith. 2000. "General Introduction." *Nationalism: Critical Concepts in Political Science* I. Routledge. pp.xxv-xlii.

Jenkins, Richard. 1995. "Nations and Nationalisms: Towards more Open Models." *Nations and Nationalism* 1(3).

Kedourie, Elie. 1960. *Nationalism*. Hutchinson University.

Kohn, Hans. 1961. *The Idea of Nationalism*. Macmillan.

Mann, Michael. 1995. "A Political Theory of Nationalism and Its Excess." in Sukumar Periwal(ed.). *Nations of Nationalism*. Central European University Press.

McCrone, David. 2002. *The Sociology of Nationalism: Tomorrow's Ancestors*. Routledge.

Mitter, Rana. 2013. "Nationalism in East Asia, 1839~1945." in John Breuilly(ed.). *Oxford Handbook of the History of Nationalism*. Oxford: Oxford University Press. pp.287-307.

Moore, Aaron William. 2013. "Nationalism in Northeast Asia since 1945." in John Breuilly(ed.). *Oxford Handbook of the History of Nationalism*.

Oxford: Oxford University Press. pp. 453-471.

Ozkirimli, Umut. 2010. *Theories of Nationalism: A Critical Introduction*(2nd ed.). Palgrave Macmillan.

Smith, A. D. 1986. *The Ethnic Origins of Nations*. Oxford: Blackwell.

———. 1998. *Nationalism and Modernism*. Routledge.

———. 2008. *The Cultural Foundations of Nations: Hierarchy, Covenant, and Republic*. Wiley-Blackwell.

———. 2009. *Ethno-Symbolism and Nationalism: A Cultural Approach*. Routledge.

Steger, Manfred B. 2008. *The Rise of the Global Imaginary : Political Ideologies from the French Revolution to the Global War on Terror*. Oxford: Oxford University Press.

Tilly, Charles. 1975. *The Formation of National States in Western Europe*. Princeton University.

———. 1995. "States and Nationalism in Europe, 1492~1992." in J. L. Comaroff and F. C. Stern(eds.). *Perspectives on Nationalism and War*. Gordonand Breach Publishers.

제9장

강만길. 1978.『분단시대의 역사인식』, 창작과 비평사.

강성현. 2012. "한국 사상통제기제의 역사적 형성과 보도연맹 사건, 1925-50." 서울대학교 대학원 박사학위논문.

강정구. 1989.『좌절된 사회혁명: 미군정하의 남한 · 필리핀과 북한』. 열음사.

김귀옥. 1999.『월남민의 생활경험과 정체성—밑으로부터의 월남민연구』. 서울대 출판부.

——. 2004.『이산가족, '반공전사' 도 '빨갱이' 도 아닌… : 이산가족문제를 보는 새로운 시각』. 역사비평사.

김귀옥 외. 2008.『전쟁의 기억 냉전의 구술』. 선인.

김동춘. 2000.『전쟁과 사회: 우리에게 한국전쟁은 무엇이었는가?』. 돌베개.

김득중. 2009. 『'빨갱이'의 탄생—여순사건과 반공국가의 형성』. 선인.
김민환. 2012. "동아시아의 평화기념공원 형성과정 비교연구 : 오키나와, 타이페이, 제주의 사례를 중심으로." 서울대학교 대학원 박사학위논문.
김태우. 2013. 『폭격: 미공군의 공중폭격 기록으로 읽는 한국전쟁』. 창비.
김학재. 2015. 『판문점 체제의 기원 : 한국전쟁과 자유주의 평화기획』. 후마니타스.
김형곤. 2007. 『한국전쟁의 기억과 사진』. 한국학술정보.
박명림. 1996; 2003. 『한국전쟁의 발발과 기원』 I, II, 나남.
박찬승. 2010. 『마을로 간 한국전쟁 : 한국전쟁기 마을에서 벌어진 작은 전쟁들』. 돌베개.
박태균. 2005. 『한국전쟁』. 책과함께.
백낙청. 1994. 『분단체제 변혁의 공부길』. 창작과비평사.
———. 1998. 『흔들리는 분단체제』. 창작과비평사.
서중석 외. 2010.『전장과 사람들—주한유엔민간원조사령부(UNCACK) 자료로 본 한국전쟁의 일상』. 선인.
沈志華. 2010. 『마오쩌뚱, 스탈린과 조선전쟁』. 최만원 역. 선인.
역사문제연구소. 2010. 『한국전쟁을 이해하는 11가지 시선』. 역사비평사.
윤택림. 2003. 『인류학자의 과거여행: 한 빨갱이마을의 역사를 찾아서』. 한울.
이완범. 2001. 『삼팔선 획정의 진실』. 지식산업사.
이임하. 2004. 『여성, 전쟁을 넘어 일어서다 : 한국전쟁과 젠더』. 서해문집.
———. 2010. 『전쟁미망인, 한국현대사의 침묵을 깨다: 구술로 풀어 쓴 한국전쟁과 전후 사회』. 책과함께.
———. 2012. 『적을 삐라로 묻어라: 한국전쟁기 미국의 심리전』. 철수와영희.
이현진. 2009. 『미국의 대한 원조정책 1948~1960』. 혜안.
전진성 외 편. 2009. 『기억과 전쟁』. 휴머니스트.
전쟁기념관 편. 2008. 『전쟁기념관』. 전쟁기념관.
정근식 외. 2003. 『구림연구』. 경인문화사.
정용욱. 2004. "6·25전쟁기 미군의 삐라심리전과 냉전이데올로기." 『역사와 현실』. 51.
정현수 외. 2006. 『중국조선족 증언으로 본 한국전쟁』. 선인.
정호기. 2009. "전쟁상흔의 사회적 치유를 위한 시선의 전환과 공간의 변화—한국에서의 전쟁기념물을 중심으로." 전진성 외 편. 『기억과 전쟁』. 휴머니스트.

최장집 외. 1990. 『한국전쟁연구』. 태암.

표인주 외. 2003. 『전쟁과 사람들—아래로부터의 한국전쟁연구』. 한울.

한국사회학회 편. 1992. 『한국전쟁』. 풀빛.

한국정신문화연구원 편. 1999. 『한국전쟁과 사회구조의 변화』. 백산서당.

Armstrong, C. K. 2003. "The Cultural Cold War in Korea, 1945~1950." *Journal of Asian Studies* 62(1).

Carlton-Ford, S. and M. G. Ender(eds.). 2011. *The Routledge Handbook of War and Society*. Routledge.

Collins, R. 1974. "Three Faces of Cruelty: Toward a Comparative Sociology of Violence." *Theory and Society* 1: 415-440.

Dower, J. W. 1986. *War without Mercy: Race and Power in the Pacific War*. New York: Random House.

Giddens, A. 1985. *The Nation-State and Violence*. Cambridge: Polity Press.

Hall, J. A. 1985. *Powers and Liberties: The Causes and Consequences of the Rise of the West*. London: Blackwell.

Harbom, L. and P. Wallensteen. 2009. "Armed Conflicts, 1946~2008." *Journal of Peace Research* 46: 577-587.

Joas, H. and W. Knöbl. 2012. *War in Social Thought-Hobbes to the Present*. Princeton University Press.

Kestnbaum, M. 2009. "The Sociology of War and the Military." *Annual Review of Sociology* 35: 235-254.

Malešević, S. 2010. *The Sociology of War and Violence*. Cambridge University Press.

Mann, M. 1986; 1993. *The Sources of Social Power 1; 2*. Cambridge University Press.

Moskos, C. C., J.A. Williams, and D. R. Seagal(eds.). 1999. *The Postmodern Military: Armed Forces After the Cold War*. New York: Oxford University Press.

Poggi, G. 1978. *The Development of the Modern State*. Stanford University Press.

Robin, R. 2001. *The Making of Cold War Enemy: Culture and Politics in the Military-Intellectual Complex*. Princeton University Press.

Simpson, C. 1994. *Science of Coercion : Communication Research & Psychological Warfare 1945~1960*. New York: Oxford University Press.

Talielian, T. and L. H. Jaycox(eds.). 2008. *Invisible Wounds of War: Psychological and Cognitive Injuries, their Consequences, and Service to Assist Recovery*. Santa Monica: Rand Corporation.

Tilly, C. 1992. *Coercion, Capital and European States*. Oxfrod: Blackwell.

제10장

김상준. 2007. “중층근대성: 대안적 근대성 이론의 개요.” 『한국사회학』 41(4):242-279.

———. 2011. 『맹자의 땀 성왕의 피: 중층근대와 동아시아 유교문명』. 아카넷.

———. 2014a. “후기근대의 위상학: 되감기와 상전이.” 2014 한국사회학회동계학술대회 발표논문.

———. 2014b. 『진화하는 민주주의: 아시아, 라틴 아메리카, 이슬람 민주주의 현장 읽기』. 문학동네.

———. 2014c. 『유교의 정치적 무의식』. 글항아리.

김용구. 2014. 『만국공법』. 소화.

슈미트, 칼(Schmitt, Carl). 1995. 『대지의 노모스—유럽공법의 국제법』. 최재훈 옮김. 민음사.

요나하 준(與那覇 潤). 2013. 『중국화하는 일본』. 최종길 옮김. 페이퍼로드.

하멜, 헨드릭(Hamel, Hendrick). 2014. 『하멜표류기』. 김태진 옮김. 서해문집.

Arrighi, Giovanni. 2007. *Adam Smith in Beijing*. London: Verso.

Frank, Andre Gunder. 1998. *ReOrient: Global Economy in the Asian Age*. Berkeley: University of California Press.

Hobsbawm, Eric. 1994. *The Age of Extremes A History of the World 1914~*

1991. New York: Vintage Books.

Parker, Charles. 2010. *Global Interaction in the Early Modern Age, 1400~1800*. Cambridge: Cambridge University Press.

Picketty, Thomas. 2014. *Capital in the 21th Century*. Cambridge: Harvard University Press.

Pomeranz, Kenneth. 2000. *The Great Divergence: China, Europe, and the Making of the Modern Political Economy*. Princeton and Oxford: Princeton University Press.

Weststeijn, Thijs. 2007. "Spinoza Sinicus: An Asian Paragraph in the History of the Radical Enlightenment." in *Journal of History of Ideas* 64(4): 537-561.

Wong, Bin. 1999. *China Transformed: Historical Change and the Limits of European Experience*. Ithaca: Cornell University Press.

제11장

강대기. 1987. 『현대도시론』. 민음사.

고동환. 2007. 『조선시대 서울도시사』. 태학사.

고석규. 2004. 『근대도시 목포의 역사 · 공간 · 문화』. 서울대학교 출판부.

권상준. 1998. 『지방도시론』. 박영사.

권용우. 2001. 『교외지역—수도권 교외화의 이론과 실제』. 아카넷.

권용우 외. 2001. 『도시의 이해』. 박영사.

권태준 외. 1999. 『도시 · 지역과 산업』. 서울대학교 출판부.

권태환 외. 1997. 『서울의 전통 이해: 인구와 도시화』. 서울학연구소.

권태환 · 윤일성 · 장세훈. 2006. 『한국의 도시화와 도시문제』. 다해.

길승흠 외. 1987. 『한국선거론』. 다산출판사.

김경동 · 안청시 외. 1985. 『한국의 지방자치와 지역사회 발전』. 서울대학교 출판부.

김백영. 2009. 『지배와 공간: 식민지도시 경성과 제국 일본』. 문학과지성사.

———. 2011a, "식민지 유산과 현대 한국 도시 변동." 『도시연구: 역사 · 사회 · 문

화』 제5호.
———. 2011b, "식민지 시기 한국 도시사 연구의 흐름과 전망." 『역사와 현실』 81.
———. 2014, "철도제국주의와 관광식민주의 : 제국 일본의 식민지 철도관광에 대한 이론적 검토." 『사회와 역사』 102.
김선범. 1996. 『도시공간론—울산의 도시성장과 변화』. 울산대학교 출판부.
김영정. 1996. "현대 한국도시의 차별적 집적현상에 관한 연구—1960년대 이후의 도시집적의 지역적 불균형 현상 및 원인분석." 『사회과학연구』 제16집.
김왕배. 2000. 『도시, 공간, 생활세계』. 한울.
김우창. 1998. "도시와 문화." 한국도시연구소 편. 『한국도시론』. 박영사.
김원배. 1998. "개발이념과 거품도시." 한국도시연구소 편. 『한국도시론』. 박영사.
김 인. 2005. 『세계도시론』. 법문사.
김한준 · 백욱인 · 홍인옥 외. 1989. 『현대도시문제의 이해』. 한길사.
김형국. 1996. 『국토개발의 이론연구』. 박영사.
———. 1997. 『한국공간구조론』. 서울대학교 출판부.
김형국 · 권태준 · 강홍빈 · 주명덕. 1985. 『사람의 도시』. 심설당.
남기범. 1995. "Multinational Corporate Controllinks and Changes in the Global City System." 『국토계획』. 제30권 제1호.
———. 2004. "기업도시 건설의 효과와 성공조건." 『도시문제』.
렐프, 에드워드(Relph, Edward). 1999. 『근대 도시 경관』. 김동국 역. 태림문화사.
박길룡. 2003. "현대 건축." 한국건축역사학회 편. 『한국 건축사 연구 1: 분야와 시대』. 발언.
박양호. 1998. "근대도시 형성의 경제적 측면." 한국도시연구소 편. 『한국도시론』. 박영사.
사센, 사스키아(Sassen, Saskia). 1998. 『경제의 세계화와 도시의 위기』. 남기범 외 역. 푸른길.
손더스, 피터(Saunders, Peter). 1998. 『도시와 사회이론』. 김찬호 외 역. 한울.
손정목. 1988. 『한국 현대도시의 발자취』. 일지사.
———. 1992. 『한국 지방제도 · 자치사 연구(下)』. 일지사.
———. 1998. "한국에 있어서의 도시의 발달." 한국도시연구소 편. 『한국도시론』. 박영사.
쇼트, 존 레니에(Short, John Rennie). 2001. 『문화와 권력으로 본 도시탐구』. 이

현욱 · 이부귀 역. 한울.

안창모. 2010. “강남개발과 강북의 탄생과정 고찰.” 『서울학연구』 41.

안청시 외. 2002. 『한국 지방자치와 민주주의: 10년의 성과와 과제』. 나남출판.

염복규. 2009. “일제하 경성도시계획의 구상과 실행.” 서울대학교 박사학위논문.

윤일성. 2000. “노숙자 연구: 노숙생활의 시공간에 대하여.” 『한국사회학』 제34집.

이기석. 1988. “한국 근대도시의 공간적 이해.” 한국도시연구소 편. 『한국도시론』. 박영사.

이만형 · 홍덕률 · 윤대식. 1998. 『영남지역 계획도시의 사회구조와 생활문화: 구미의 사례연구』. 백산서당.

이상헌. 2001. “한국 도시 건축의 공공성 비판과 공공 부문에서 건축가 · 도시 계획가의 역할.” 『문화과학』 25.

이현호. 1990. “인구구조 특성으로 본 한국의 도시.” 『한국의 도시연구』. 문운당.

임동근 · 김종배. 2015. 『메트로폴리스 서울의 탄생』. 반비.

장세훈. 2002. “지방자치시대 지역운동의 현실과 전망.” 『경제와 사회』 제53호.

———. 2005. “한국전쟁과 남북의 도시화: 서울과 평양의 전후 복구 과정을 중심으로.” 『사회와 역사』. 제67집.

전강수. 2012. “1970년대 박정희 정권의 강남개발.” 『역사문제연구』 28.

조명래. 1998. “전환기 대도시 발전의 딜레마와 전망.” 한국도시연구소 편. 『한국도시론』. 박영사.

———. 2005. “아시아의 근대성과 공간환경의 재편—한국의 경험을 중심으로.” 『한국사회학회 사회학대회논문집』.

줄레조, 발레리(Gelézeau, Valérie). 2004. 『한국의 아파트 연구』. 길혜연 역. 아연.

최병두. 2002. 『근대적 공간의 한계』. 삼인.

하비, 데이비드(Harvey, David). 1994. 『포스트모더니티의 조건』. 구동회 · 박영민 역. 한울.

—————————————. 1995. 『자본의 한계: 공간의 정치경제학』. 최병두 옮김. 한울.

—————————————. 2014. 『반란의 도시』. 한상연 옮김. 에이도스.

하성규. 1998. “근대도시 발전과 주거.” 한국도시연구소 편. 『한국도시론』. 박영사.

한국공간환경연구회. 1995. 『서울 연구: 유연적 산업화와 새로운 도시 · 사회 · 정치』. 한울.

한상진. 1997. "도시화와 도시문제의 전개." 한국사회사학회 편. 『한국 현대사와 사회 변동』. 문학과지성사.

Friedmann, John. 1986. "The World City Hypothesis." *Development and Change* 17(1).

Henry, Todd A. 2014. *Assimilating Seoul: Japanese Rule and the Politics of Public Space in Colonial Korea, 1910~1945*. CA: University of California Press.

Soja, Edward W. 1989. *Postmodern Geographies: The Reassertion of Space in Critical Social Theory*. NY: Verso.

Zukin, Sharon. 1991. *Landscapes of Power: From Detroit to Disney World*. CA: University of California Press.

橋谷弘. 2004. 『帝國日本と植民地都市』. 東京: 吉川弘文館.

제12장

강득희. 1994. "유아기 사회화과정에 대한 연구: 일제하 서울지역의 사례를 중심으로." 이화여자대학교 사회학과 박사학위 논문. 미간행.

강선미 · 야마시다 영애. 1993. "천황제 국가와 성폭력: 군위안문제에 관한 여성학적 시론." 『한국여성학』 9: 52-89.

강이수. 2011. 『한국 근현대 여성노동: 변화와 정체성』. 문화과학사.

강정숙. 1998. "대한제국, 일제초기 서울의 매춘업과 공창제도의 도입." 『서울학 연구』 11: 197-237.

국사편찬위원회 편. 2004. 『현황과 방법: 구술 · 구술자료 · 구술사』. 과천: 국사편찬위원회.

김경일. 2004. 『여성의 근대, 근대의 여성』. 서울: 푸른역사.

김성례. 2002. "여성주의 구술사의 방법론적 성찰." 『한국문화인류학』 35(2): 31-64.

김수영. 2000. “동아시아의 자본주의 발전과 가족: 한국과 일본의 사례.” 고려대학교 사회학과 박사학위논문. 미간행.

김수진. 2003. “한국 [근대]여성사 연구사.” 서울대학교 여성연구소 워킹페이퍼시리즈 No. 4.

———. 2006. “여성사쓰기와 젠더/여성 범주.” 김귀옥 · 김순영 · 배은경 편. 『젠더 연구의 방법과 사회분석』. 서울: 다해. pp.44-64.

———. 2009. 『신여성, 근대의 과잉 : 식민지 조선의 신여성 담론과 젠더정치, 1920~1934』. 서울: 소명출판.

———. 2013. “트라우마의 재현과 구술사: 군위안부 증언의 아포리아.” 『여성학논집』 30(1): 35-72.

김은실. 1994. “민족담론과 여성.” 『한국여성학』 10: 18-52.

김은희. 2007. “대가족 속의 아이들: 일제시대 중상류층의 아동기.” 『가족과 문화』 19(3): 1-30.

김혜경. 1997. “일제하 ‘어린이기’ 의 형성과 가족변화에 관한 연구.” 이화여자대학교 사회학과 박사학위논문.

———. 1999. “가사노동담론과 한국근대가족.” 『한국여성학』 15(1): 153-184.

———. 2006. 『식민지 하 근대가족의 형성과 젠더』. 창비.

———. 2007. “여성의 노동사를 통해 본 일과 가족의 접합: 60년대 산업화 이후 친족관계의 변화를 중심으로.” 한국여성연구소편. 『페미니즘연구』 7(2): 51-97.

김혜경 · 신현옥. 1990. “제조업 생산직 기혼여성노동자의 상태와 문제.” 『여성과 사회』 1: 282-318.

나가노 도시오 · 김부자(中野敏男 · 金富子) 편. 2008. 『역사와 책임』. 이애숙 · 오미정 역. 서울: 선인.

모한티, 찬드라 탈파드(Mohanty, Chandra Talpade). 2005. 『경계 없는 페미니즘: 이론의 탈식민화와 연대를 위한 실천』. 문현아 역. 여성문화이론연구소.

문소정. 1991. 『일제하 한국농민가족에 관한 연구: 1920~30년대 빈농층을 중심으로』. 서울대학교 사회학과 박사학위 논문. 미간행.

문옥표 외. 2003. 『신여성: 한국과 일본의 근대 여성상』. 서울: 청년사.

문, 캐더린(Moon, Catherine). 2001. “한미 관계에 있어서 기지촌 여성의 몸과 젠더화된 국가.” 김 일레인 · 최정무(Kim, Elaine and Chungmoo Choi) 편.

『위험한 여성: 젠더와 한국의 민족주의』. 박은미 역. 서울: 삼인.

박선미. 2007. 『근대 여성, 제국을 거쳐 조선으로 회유하다』. 파주: 창비.

박용옥. 1984. 『한국 근대여성운동사 연구』. 지식산업사.

박정미. 2011. "한국 성매매정책에 관한 연구: '묵인-관리 체제'의 변동과 성판매 여성의 역사적 구성, 1945~2005년." 서울대학교 사회학과 박사학위논문. 미간행.

박정애. 2009. "일제의 공창제 시행과 사창 관리 연구." 숙명여자대학교 국사학과 박사학위논문. 미간행.

배은경. 2012. 『현대 한국의 인간 재생산』. 서울: 시간여행.

비얼링, 도로테(Wierling, Dorothee) 외. 2002. 『일상사란 무엇인가』. 나종석 외 역. 청년사.

서정자 편. 2001. 『(원본) 정월 라혜석 전집』. 서울: 국학자료원.

소현숙. 2013. "식민지시기 근대적 이혼제도와 여성의 대응." 한양대학교 국사학과 박사학위논문. 미간행.

송연옥. 1998. "대한 제국기의 〈기생단속령〉 〈창기단속령〉—일제 식민화와 공창제 도입의 준비 과정." 『한국사론』 40: 215-275.

스콧, 조운(Scott, Joan). 2001. "젠더와 정치에 관한 몇 가지 성찰." 배은경 역. 『여성과 사회』 13: 210-249.

스피박, 가야트리(Spivak, Gayatri Chakravorty) 외. 2013. 로절린드 모리스(Rosalind Morris) 엮음. 『서발턴은 말할 수 있는가?: 서발턴 개념의 역사에 관한 성찰들』. 태혜숙 역. 그린비.

신경아. 2007. "산업화 이후 일-가족 문제의 담론적 지형과 변화." 한국여성학회 편. 『한국여성학』 23(2): 5-45.

심영희 · 정진성 · 윤정로 편. 1999. 『모성의 담론과 현실』. 서울: 나남출판.

안태윤. 2006. 『식민정치와 모성: 총동원체제와 모성의 현실』. 파주: 한국학술정보.

야마시다 영애. 1997. "식민지 지배와 공창 제도의 전개." 『사회와 역사』 51: 143-181.

양현아. 2001. "증언과 역사쓰기." 『사회와 역사』 60: 60-96.

———. 2012. 『한국 가족법 읽기: 전통, 식민지성, 젠더의 교차로에서』. 파주: 창비.

우에노 치즈코. 2000. 『내셔널리즘과 젠더』. 이성이 역. 서울: 박종철 출판사.

위스너-행크스, 메리 E.(Wiesner-Hanks, Merry E.). 2006. 『젠더의 역사』. 노영

순 역. 역사비평사.

윤택림. 2012. "여성 구술생애사 연구의 현황과 쟁점." 이재경 · 윤택림 · 이나영 편. 『여성주의 역사쓰기: 구술사 연구방법』. 아르케.

윤택림 편역. 2010. 『구술사, 기억으로 쓰는 역사』. 서울: 아르케.

윤택림 · 함한희. 2006. 『새로운 역사쓰기를 위한 구술사 연구방법론』 아르케.

이나영. 2007. "금지주의와 국가규제 성매매 제도의 착종에 관한 연구." 『사회와역사』 75: 39-76.

이상경. 2000. 『인간으로 살고 싶다: 영원한 신여성 나혜석』. 서울: 한길사.

이상경 편. 2000. 『강경애 전집』. 서울: 소명출판.

이순미 · 김혜경. 2008. "부부간 가사노동 분담에 대한 공평성 인지의 영향요인 연구: 기혼 취업여성을 중심으로." 한국가족학회편. 『가족과 문화』 20(1): 1-25.

이임하. 2004. 『여성, 전쟁을 넘어 일어서다』. 서해문집.

이창신. 2004. 『미국여성사』. 살림출판사.

일본의전쟁책임자료센터 편. 2011. 『일본의 군 '위안부' 연구』. 서울: 동북아역사재단.

정진성. 2004. 『일본군 성 노예제: 일본군 위안부 문제의 실상과 그 해결을 위한 운동』. 서울: 서울대학교 출판부.

정진성 · 박정애 외. 2013. 『경계의 여성들: 한국 근대 여성사』. 파주: 한울.

정진성 · 안진 외. 2004. 『한국현대여성사』. 파주: 한울아카데미.

정현백. 2007. 『여성사 다시 쓰기』. 당대.

정현백 · 김정안. 2011. 『처음 읽는 여성의 역사』. 동녘.

조 은. 1999. "모성의 사회적 · 역사적 구성: 조선전기 가부장적 지배구조의 형성과 '아들의 어머니'." 『사회와 역사』 55: 73-102.

———. 2000. "가부장적 질서화와 부인권의 약화: 조선전기 재산상속 분쟁사례를 중심으로." 『한국여성학』 16(2): 5-34.

조은 · 윤택림. 1995. "일제하 '신여성'과 가부장제—근대성과 여성성에 대한 식민담론의 재조명." 『광복50주년기념논문집』. 한국학술진흥재단.

조은주. 2012. 『인구와 통치: 한국의 가족계획 사업』. 연세대학교 사회학과 박사학위논문. 미간행.

조혜정. 1991. 『한국의 여성과 남성』. 서울: 文學과知性社.

———. 1998.『성찰적 근대성과 페미니즘』. 서울: 또하나의문화.

콜린스, 패트리샤 힐(Collins, Patricia Hill). 2009.『흑인 페미니즘 사상: 지식, 의식, 그리고 힘기르기의 정치』. 박미선 · 주해연 역. 여성문화이론연구소.

한국여성연구회. 1992.『한국여성사–근대편』. 풀빛.

한국정신대문제대책협의회. 2001a.『(2000년)일본군성노예전범 여성국제법정 보고서』. 서울: 한국정신대문제대책협의회.

———. 2001b.『일본군 '위안부' 문제에 대한 법적 해결의 전망』. 서울: 풀빛.

———. 2001c.『일본군 '위안부' 문제의 책임을 묻는다: 역사 · 사회학적 연구』. 서울: 풀빛.

한국정신대문제대책협의회 부설 전쟁과여성인권센터 연구팀. 2004.『역사를 만드는 이야기—일본군 '위안부' 여성들의 경험과 기억』. 서울: 여성과인권.

한국정신대문제대책협의회 2000년 일본군성노예전범 여성국제법정 한국위원회 증언팀. 2001.『강제로 끌려간 조선인 군위안부들 4: 기억으로 다시 쓰는 역사』. 서울: 풀빛.

한국정신대문제대책협의회 · 정신대연구회. 1993, 1997, 1999.『강제로 끌려간 조선인 군위안부들』1, 2, 3. 서울: 한울.

한국정신대문제대책협의회 진상조사연구위원회. 1997.『일본군 '위안부' 문제의 진상』. 서울: 역사비평사.

한국정신대연구소. 2001.『강제로 끌려간 조선인 군위안부들 5』. 서울: 풀빛.

한일여성공동역사교재 편찬위원회. 2005.『여성의 눈으로 본 한일 근현대사』. 한울.

한일연대21 편. 2008.『한일 역사인식 논쟁의 메타 히스토리』. 서울: 뿌리와이파리.

헌트, 린(Hunt Lynn). 1999.『프랑스 혁명의 가족로망스』. 조한욱 역. 새물결.

현경미. 1998. "식민지 여성교육 사례연구." 서울대학교 교육학과 석사학위논문. 미간행.

홍양희. 2001. "일제시기 조선의 여성교육."『동아시아문화연구』35: 219-257.

황정미. 2001. "개발국가의 여성정책에 관한 연구: 1960~70년대 한국 부녀행정을 중심으로." 서울대학교 사회학과 박사학위논문. 미간행.

후지메 유키(Fujime, Yuki). 2004.『성의 역사학: 근대국가는 성을 어떻게 관리하는가』. 김경자 · 윤경원 역. 서울: 삼인.

Gerson, Katherine. 1993. *No Man's Land: Men's Changing Commitments to Family and Work*. Basic Book.

Lerner, Gerda. 1975. "Placing Women in History." *Feminist Studies* 5(1/2).

Mani, Lata. 1998. *Contentious Traditions: The Debate on Sati in Colonial India*. University of California Press.

Personal Narratives Group(ed.). 1989. *Interpreting Women's Lives : Feminist Theory and Personal Narratives*. Bloomington: Indiana University Press.

Rosenwald, George C. and Richard L. Ochberg(eds.). 2005. *Storied Lives: The Cultural Politics of Self-Understanding*. Yale U.P.

Scott, Joan. 1992. "Experience." in J. Butler and J. Scott(ed.). *Feminists Theorize the Political*. Routledge.

Tilly and Scott. 1987. *Women, Work, and Family*. Routledge.

Williams, Joan. 2000. *Unbending Gender: Why Family and Work Conflict and What to Do About it*. Oxford U.P.

제13장

강준만 · 오두진. 2009. 『고종, 스타벅스에 가다: 커피와 다방의 사회사』 개정판. 인물과사상사.

공제욱. 2005. "일제의 의복통제와 '국민' 만들기: 백의 탄압 및 국민복 장려를 중심으로." 『사회와 역사』 제67집.

권보드래. 2009. "仁丹–동아시아의 상징제국." 『사회와 역사』 제81집.

김경학. 1999. "의복과 정체성: 인도 의복의 사회사에 관한 연구." 『사회와 역사』 제55집.

배영동. 2004. "안동 지역 전통 음식의 탈맥락화와 상품화." 『사회와 역사』 제66집.

안태윤. 2007. "일제말 전시체제기 여성에 대한 복장통제: 몸뻬 강제와 여성성 유지의 전략." 『사회와 역사』 제74집.

이경훈. 2009. "하숙방과 행랑방: 근대적 주체와 사회적 감수성의 위치에 대한 일고찰." 『사회와 역사』 제81집.

이나영. 2012. “욕망의 사회사, ‘러브모텔’.” 『사회와 역사』 제96집.

정근식. 2004. “맛의 제국, 광고, 식민지 유산.” 『사회와 역사』 제66집.

———. 2006. “식민지 일상생활 연구의 의의와 과제.” 공제욱 · 정근식 편. 『식민지의 일상: 지배와 균열』. 문화과학사.

정일균. 1997. “유교 사회의 문화체 연구와 경학: 한국 사회사연구를 위한 방법론 일고.” 『사회와 역사』 제51집.

정준영. 2010. “대학문화 길들이기: 대학교 신인생환영회로 인한 사고와 언론.” 『사회와 역사』 제88집.

주영하. 2010. “‘비빔밥’의 진화와 담론 연구.” 『사회와 역사』 제87집.

줄레조, 발레리(Gelézeau, Valérie). 2007. 『아파트 공화국: 프랑스 지리학자가 본 한국의 아파트』. 길혜연 역. 후마니타스.

제14장

고숙화. 1983. “일제하 형평사에 관한 일연구.” 이대 역사학 석사논문.

곽차섭 · 임병철 역. 2009. 『역사 속의 소수자들』. 푸른역사.

국가기록원 행정기록철. “법무부지시 예규철(1952-1970).” 총무처 국무회의 안건철(1회~48회).

국가인권위원회. 2005. 『한센인 인권실태조사』.

김동춘. 2006. “한국의 분단국가 형성과 시민권: 한국전쟁, 초기 안보국가하에서 ‘국민됨’과 시민권.” 『경제와 사회』 70.

김아람. 2009. “1950년대 혼혈인데 대한 인식과 해외입양.” 『역사문제연구』 22.

김안수. 2010. 『한국 시각장애인의 역사』. 한국시각장애인연합회.

김정화. 2002. “1960년대 여성노동: 식모와 버스안내양을 중심으로.” 『역사연구』 11.

김중섭. 1994. 『형평운동연구』. 민영사.

김중섭 글 · 김우태 사진. 2001. 『진주문화를 찾아서3: 형평운동』. 지식산업사.

김춘삼. 1999. 『왕초2』. 포레스트기획.

민청학련운동계승사업회 편. 2003. 『실록 · 민청학련: 1974년4월』 1-2. 학민사.

박경태. 2008. 『소수자와 한국사회』. 후마니타스.

박구용. 2003. 『우리 안의 타자: 인권과 인정의 철학적 담론』. 철학과 현실사.

법무부. 1962~1971. 『인권연보』.

보건사회부. 1954~1970. 『보건사회통계연보』.

보건연감편찬위원회. 1956. 『대한보건연감』. 보건연감사.

여원사. 1955~1970. 『여원』.

윤수종 외. 2002. 『다르게 사는 사람들』. 이학사.

———. 2005. 『우리시대의 소수자운동』. 이학사.

이삼돌. 2008. 『해외입양과 한국 민족주의』. 뿌리의 집 옮김. 소나무.

이임하. 2004. 『한국전쟁과 젠더: 여성, 전쟁을 넘어 일어서다』. 서해문집.

———. 2006. "'전쟁미망인'의 전쟁 경험과 생계활동." 『경제와 사회』 71호. 한국산업사회학회.

이정은. 2010. "한국전쟁 이후 '인권보호대상자'를 둘러싼 담론형성의 매카니즘." 『사회와 역사』 86집.

———. 2013. "한국인권운동의 토대형성: 해방 후부터 1970년대 초까지." 『역사비평』 103호.

이충우. 1968. "윤락여성 문제의 해결방안: 서울특별시를 중심으로." 『시정연구』 3(2). 서울특별시.

전진성. 2013. "인권은 역사학의 범주가 될 수 있는가: '인권의 역사' 서술의 동향과 이론적 전망." 『역사비평』 103호.

정근식. 2002. "동아시아 한센병사 연구를 위하여." 『보건과 사회과학』 제12집.

———. 2013. "차별 또는 절멸의 정치와 생존의 사회학: 한국의 근대와 소수자 연구." 2013년도 역사학회 자료집 미간행 논문.

정근식 외. 2005. 『한센인 인권실태조사』. 국가인권위원회.

주윤정. 2012. "한국 시각장애인 직업권 형성에 관한 법사회학적 연구." 서울대학교 사회학과 박사논문.

———. 2013. "'사람취급' 받을 권리: 1970년대 시각장애인 안마사 생존권의 역사." 『역사비평』 103호.

최성제 · 남기민. 2006. 『사회복지행정론』. 나남.

한국사회학회 · 문화인류학회. 2004. 『한국의 소수자, 실태와 전망』. 한울 아카데미.

한국여성단체협의회. 1966. "여차장의 권익보호를 위한 좌담회." 『여성』 통권 26

호.
————————. 1967. “윤락여성의 선도를 위한 좌담회.” 『여성』 통권 29호.
헌트, 린(Hunt, Lynn). 『인권의 발명』. 전진성 옮김. 돌베개.
호네트, 악셀(Honneth, Axel). 1997. 『인정투쟁』. 문성훈 역. 동녘.
홍태영. 2009. “인권의 정치와 민주주의의 경계들.” 『한국정치사상연구』 15(1).
후지메 유키(藤目ゆき). 2004. 『성의 역사학』. 김경자 · 윤경원 역. 삼인.

辻村みよ子. 1997. 『女性と人權』. 日本評論社.

『동아일보(1950~1970)』.
『조선일보(1945~1970)』.

찾아보기

ㅅ

ㅈ

ㅊ

ㅋ

ㅌ

ㅍ

〔저 자 약 력〕

강진연

- **약력** : 연세대학교 철학과, 사회학과 및 미국 University of Michigan에서 공부했으며, 주요 논문으로 “Colonial Legacies and the Struggle for Social Membership in a National Community” *Journal of Historical Sociology* 24/3(2011), “탈식민 국가형성 연구의 비판적 검토와 통합적 시각의 모색”『한국사회학』46/4(2012) 등이 있다.
- E-mail : jinyeon@gmail.com

김경일

- **약력** : 한국학중앙연구원 사회과학부 교수. 서울대학교 사회학과를 거쳐 동 대학원 사회학과에서 박사학위를 받았으며, 덕성여대 교수, 미국의 뉴욕주립대(*Binghamton*)와 프랑스의 파리 인간과학연구소(*Maison des Sciences de L'Homme*)에서 후기박사과정, 일본 동경대학 경제학부 객원연구원, 미국 버클리대학, 워싱턴대학 교류교수 등 역임. 한국사회사와 사회사상, 역사사회학, 동아시아론 등에 관심이 있으며, 주요 저서로『일제하 노동운동사』(창작과비평사, 1992),『이재유연구』(창작과비평사, 1993),『지역연구의 역사와 이론』(문화과학사, 1998),『한국의 근대와 근대성』(백산서당, 2003),『동아시아의 민족이산과 도시: 20세기 전반기 만주의 조선인』(공저, 역사비평사, 2004),『한국노동운동사 2, 일제하의 노동운동: 1920~1945』(지식마당, 2004),『한국 근대 노동사와 노동운동』(문학과 지성사, 2004),『여성의 근대, 근대의 여성』(푸른역사, 2004), Pioneers of Korean Studies(편, AKS, 2004),『이재유, 나의 시대 나의 혁명』(푸른역사, 2007),『제국의 시대와 동아시아 연대』(창작과비평사, 2011),『근대의 가족, 근대의 결혼』(푸른역사, 2012),『노동』(소화, 2014) 등이 있다.
- E-mail: keongil@aks.ac.kr

김민환

- **약력** : 서울대학교 독어독문학과를 졸업하고 서울대학교 사회학과에서 석사 및 박사학위를 받았다. 박사학위논문의 제목은 “동아시아의 평화기념공원 형성과정 비교연구: 오키나와, 타이페이, 제주의 사례를 중심으로”인데, 동아시아에서 일본제국 해체기에 발생한 전쟁 및 폭력을 ‘국가의 폭력’이라는 관점이 아니라 ‘국가를 낳은 폭력’이라는 관점에서 파악하고자 했다. 2016년 3월부터 한신대학교 정조교양대학에서 학생들을 가르치고 있으며, 한국사회사/역사사회학과 문화사회학 분야의 연구를 수행하고 있다. 주요 저서로는『경계의 섬, 오키나와: 기억과 정체성』(공저, 2008),『오키나와로 가는 길』(공저, 2014),『포위된 평화, 굴절된 전쟁 기억: 히로시마 만의 군항도시 구레 연구』(공저, 2015) 등이 있고, 논문은 “단절과 이동의 변증법과 금문 지역경제의 변화: 고량주 경제를 중심으로”『문화역사지리』27-2(2015), “전장(戰場)이 된 제주 4 3평화공원: 폭동론의 ‘아른거림(absent presence)’과 분열된 연대”『경제와사회』102(2014), “동아시아 변경 섬의 지정학과 냉전체제 성립기 국가폭력 발생의 구조”『탐라문화』36(2014) 등이 있다.
- E-mail: ursaminor72@gmail.com

김백영

- **약력** : 서울대학교 사회학과에서 학사 · 석사 · 박사학위를 받고, 2008년부터 광운대학교 인제니움학부대학(구 교양학부) 교수로 재직하면서 근현대 한국과 동아시아의 사회변동에 대한 도시사회학 · 역사사회학적 연구에 주력해 왔다. 일본 교토(京都)대학 방문연구자, 미국 UC San Diego 방문교수를 역임했으며, 한국사회사학회 운영위원장과 도시사학회 편집위원장, 한국사회학회 국제이사 등으로 활동했다. 대표 저서 『지배와 공간: 식민지 도시 경성과 제국 일본』(2009) 이외에 『고도의 근대』(공저, 2012), "4 19와 5 16의 공간사회학"(2013), "철도제국주의와 관광식민주의"(2014) 등 다수의 공저와 논문이 있다.
- E-mail : kimby@kw.ac.kr

김상준

- **약력** : 서울대학교 사회학과 및 뉴욕 Columbia University에서 수학한 후, 2001년부터 경희대학교 NGO대학원과 공공대학원에서 재직하면서 고금과 동서를 가로지르는 역사관과 사회이론의 재구성을 모색해 왔다. 주요 저서로는 *Korean Society*(2002, 공저), 『미지의 민주주의: 신자유주의 이후의 사회를 구상하다』(2009, 2011), 『맹자의 땀 성왕의 피: 중층근대화 동아시아 유교문명』(2011), 『진화하는 민주주의: 아시아, 라틴 아메리카, 이슬람권 민주주의 현장읽기』(2014), 『유교의 정치적 무의식』(2014), A Quest for East Asian Sociologies(2014, 공저) 등이 있고, 주요 논문으로 "조선시대의 예송과 모랄폴리틱" 『한국사회학』 35/2(2001), "헌법과 시민의회" 『동향과전망』 67(2006), "중층근대성: 대안적 현대성이론의 개요" 『한국사회학』 41/4(2007), "중간경제론: 대안적 경제의 논리와 영역" 『경제와사회』 80(2008), "동아시아 근대의 고유한 위상과 특징" 『사회와이론』 26(2015), "유교윤리의 기원과 보편성" '아버지 살해'와 '억압된 것의 회귀'" 『사회사상과 문화』 18/4(2015) 등이 있다.
- E-mail : sangjun@khu.ac.kr

김수진

- **약력** : 연세대학교 사회학과, 서울대학교 사회학과에서 수학한 후, 연세대 국학연구원, 서울대 규장각한국학연구원, 서울대 여성연구소를 거쳐, 2014년부터 대한민국역사박물관에 재직하면서 식민주의, 젠더사, 근대성, 시각문화를 키워드로 하는 연구에 주력해 왔다. 주요 저서로는 『신여성, 근대의 과잉』(2009), 『세상사람의 조선 여행』(공저, 2012), 『여성주의 고전을 읽는다』(공저, 2012), 『젠더연구의 방법과 사회분석』(공저, 2006), 『기억으로 다시 쓰는 역사: 강제로 끌려간 조선인 군위안부들4』(공저, 2001) 등이 있고, 논문은 "Vacillating images of Shin Saimdang: the invention of a historical heroine in colonial Korea" *Inter-Asia Cultural Sudies* 15-2(2014), "아이디 주체와 여성의 정치적 주체화" 『한국여성학』 29-1(2013), "트라우마의 재현과 구술사—군위안부 증언의 아포리아" 『여성학논집』 30-1(2013), "식민권력의 자기 기념과 시각적 선전" 『사회와역사』 89(2011) 등이 있다.
- E-mail : soojinhara@gmail.com

김혜경

- **약력** : 이화여자대학교 사회학과, 대학원 여성학과 및 사회학과에서 수학한 후, 2004년부터 전북대학교 사회학과에서 재직해 왔다. 주요 연구분야는 일제강점기하 식민지 가족의 근대적 형성, 가족주의의 역사적 변동, 일-가족 양립, 노인 돌봄, 청년층의 개인화 등을 들 수 있다. 저서로는 『식민지하 근대가족의 형성과 젠더』(2006), 『여성의 눈으로 본 한일 근현대사』(공저, 2005), 『가족과 친밀성의 사회학』(공저, 2014), 『노인돌봄: 노인돌봄의 경험과 윤리』(공저, 2011), *Korean Families: Continuity and Change*(co-authoring, 2011) 등이 있으며, 논문으로는 "핵가족 논의와 식민지적 근대성" 『한국사회학』 35집 4호(2001), "박정희 체제하 '핵가족' 담론의 변화과정과 이원구조 연구" 『사회와 역사』 82호(2009), "부계 가족주의의 실패?: IMF 경제위기 세대의 가족주의와 개인화" 『한국사회학』 49집 2호(2013) 등이 있다.
- E-mail: hkkimyou@jbnu.ac.kr

박명규

- **약력** : 현재 서울대학교 사회학과 교수이고 서울대 통일평화연구원 원장이다. 서울대학교에서 사회학을 공부하고 1991년 박사학위를 받았다. 주된 연구분야는 역사사회학, 한국사회사, 남북관계론, 민족주의, 종교사회학 등이다. 정치공동체와 문화정체성의 관계를 탐구하는 데 관심이 있으며 개념의 역사에 대한 국제적 연구에도 관심이 많다. 단독저서로 『남북경계선의 사회학』(2012), 『국민, 인민, 시민—개념사로 본 한국의 정치주체』(2009), 『한국근대국가형성과 농민』(1997) 등이 있고, 『개성공단』(2015)을 비롯한 여러 권의 공동저서가 있다. *Routledge Handbook of Memory and Reconciliation in East Asia* (Routledge, 2015), *Civilizing Emotions: Concepts in Asia and Europe 1870-1920* (Oxford University Press, 2015), *A Global Conceptual History of Asia 1860-1940* (Pkchering&Chatto, 2014) 등에 한국관련 챕터를 저술했으며, B. Seliger, Sung-Jo Park과 함께 *EU-North Korea: Humanitarianism or Business?*(Germany, LIT, 2010)를 편집했다.
- E-mail: parkmk@snu.ac.kr

박상현

- **약력** : 서울대학교 경제학과, 서울대학교 사회학과에서 수학한 후 2013년부터 부경대학교 인문사회과학대학 국제지역학부 교수로 재직하면서 사회이론, 자본주의 역사 및 미국 자본주의 분석, 세계체계와 동아시아 및 역사사회학 연구에 주력해 왔다. 주요 저서로 『신자유주의와 현대 자본주의 국가의 변화』(2012), 『알튀세르의 철학적 유산』(공저, 2008), 『2007~09년 금융위기 논쟁』(공저, 2010), 『일반화된 마르크스주의 세미나』(공저, 2014) 등이 있고 논문은 "20세기 자본주의 국가형성의 두 가지 길: 나치와 뉴딜의 비교를 중심으로" 『사회와 역사』 88(2010), "동아시아와 세계체계 연구: 쟁점과 전망" 『사회와 역사』 92(2011), "20세기 발전주의의 미국적 맥락" 『사회와 역사』 100(2013), "계몽주의와 역사주의" 『사회와 역사』 106(2015) 등이 있다.
- E-mail : pshjj3@hanmail.net

서호철

- **약력** : 서울대학교와 같은 대학원 사회학과에서 수학했고, 2007년부터 한국학중앙연구원 한국학대학원 사회학전공 교수로 재직하면서 식민지기의 통치기구, 거주 · 여행의 증명, 도량형과 측정 · 계량의 역사 등을 연구해 왔다. 저서로 『식민권력과 통계』(박명규 공저, 2003), 논문으로 "'계 파동' 의 계보: 식민지기 윤번제 상호금융의 도입과 명암" 『사회와 역사』 88(2010), "韓國のメートル法受容科程と植民地經驗" 『植民地朝鮮と帝國日本』(勉誠出版, 2010), "조선총독부 내무부서와 식민지의 내무행정: 지방과와 사회과를 중심으로" 『사회와 역사』 102(2014) 등이 있고, 『시마 상, 한국 길을 걷다』(2013), 『'연애결혼' 은 무엇을 가져왔는가』?(2013), 『대지를 보라: 1920년대 경성의 밑바닥 탐방』(2016) 등의 책을 번역했다.
- E-mail: hochul@aks.ac.kr

이정은

- **약력** : 덕성여자대학교 사회학과를 졸업하고 서울대학교 사회학과 대학에서 석사 및 박사 학위를 받았다. 2011년부터 성공회대학교 동아시아연구소 HK사업단에 재직하면서, 동아시아에서 국민국가체제의 형성과 관련된 인권 · 문화사회학적, 역사사회학적인 연구를 진행하고 있다. 주요 저서로는 『귀환 혹은 순환』(공저, 2013), 『아시아의 접촉지대』(공저, 2013), 『전후의 탄생』(공저, 2013) 등이 있고, 논문으로는 "조선족 동포들의 민주주의 경험과 실천" 『기억과 전망』 29(2013), "예외상태의 규범화된 공간, 오무라수용소" 『사회와 역사』 106(2015), "참여민주주의와 인권의 정치" 『민주주의와 인권』(2015) 등이 있다.
- E-mail: manimje@gmail.com

전희진

- **약력** : 연세대학교 사회학과를 졸업하고 동 대학원에서 석사과정을 마친 후 University of Michigan에서 박사학위를 받았다. 2010년부터 연세대학교 사회학과 BK21 플러스 사업단에 재직하고 있으며, 주요 연구분야는 역사사회학, 근대식민주의, 젠더화된 지식 생산 등이다. 주요 논문으로 "상상된 중국인 그리고 식민지 조선 지식인의 딜레마" 『사회와 역사』 97집(2013), "The Ambivalence of Modernity: The Cooperative Networks of Writers and the Making of "Modern" Literary Canon in Early Modern Colonial Korea(1919~1939)" *Korean Journal of Sociology* 49-6(공저, 2015) 등이 있다.
- E-mail: heejinjun@gmail.com

정근식

- **약력** : 서울대학교 사회학과 및 동 대학원에서 박사학위를 취득. 1985년부터 전남대학교 사회학과, 2003년부터 서울대학교 사회학과 교수로 재직하면서 한국사회사, 역사사회학, 동아시아 사회 연구에 주력해 왔다. 한국사회사학회 및 비판사회학회 회장을 역임했다. 최근 저서로는 『포위된 평화, 굴절된 전쟁기억: 히로시마만의 군항도시 구레연구』(공저, 2015), 『산동에서 떠오르는 동아시아를 보다』(공편, 2014), 『檢閱の帝國: 文化の統制と再生產』(공편, 2014), 최근 논문으로는 "냉전과 소련군기념비: 중국과 북한에서의 형성, 분

화, 영향”(2015), “China’s Memory and Commemoration of the Korean War in the Memorial Hall of the ‘War to Resist U.S. Aggression and Aid Korea’”(2015) 등이 있다.
• E-mail : ksjung@snu.ac.kr

정일준

• **약력** : 서울대학교 사회과학대학 사회학과에서 학사, 석사, 박사 학위를 받았다. 하버드대 옌칭연구소 초청연구원, 워싱턴대 잭슨스쿨 방문학자 겸 강사, 아주대 국제학부 대우교수를 거쳐 2007년부터 고려대학교 문과대학 사회학과 교수로 재직하고 있다. 사회사상과 역사사회학을 가르치고 있으며, 주요 연구분야는 현대사회이론과 한미관계이다. 주요 저서로는 『한국의 민주주의와 한미관계』(공저, 2014), 『한국 공공사회학의 전망』(공저, 2010) 등 다수가 있고, 역서도 『현대성과 홀로코스트』(2013), 『적이 사라진 민주주의』(2000), 『미셸 푸코의 권력이론』(편역, 1995) 등 다수이다. 주요 논문으로는 “미제국의 제3세계 통치와 근대화이론” 『경제와 사회』 57(2003), “한미관계의 역사사회학” 『사회와 역사』 84(2009), “남북한 민족주의 역사 비교연구” 『공공사회연구』 6-1(2016) 등이 있다.
• E-mail: ijchung@korea.ac.kr

정준영

• **약력** : 서울대학교 사회학과를 졸업하고 같은 과 대학원에서 박사학위를 받았다. 현재 서울대학교 규장각한국학연구원 조교수로 재직하면서 한국대학의 제도적 확립, 근대적 학술장의 형성과 관련하여 역사사회학적, 지식사회학적 연구를 진행하고 있다. 주요 저서로는 『식민권력과 근대지식: 경성제국대학 연구』(공저, 2011), 『한국 근현대 인문학의 제도화』(공저, 2014) 등이 있고, 논문으로는 “식민지 의학교육과 헤게모니 경쟁”(2010), “피의 인종주의와 식민지의학”(2012), “경성제대 교수들의 귀환과 전후 일본사회”(2013), “공업조선의 환상과 학문봉공의 현실”(2015), “군기(軍旗)와 과학”(2015) 등 다수 있다.
• E-mail: felix11@snu.ac.kr

채오병

• **약력** : 연세대학교 사회학과를 졸업하고 동 대학원에서 석사과정을 마친 후 University of Michigan에서 박사학위를 받았다. 2010년부터 국민대학교 사회학과에 재직하고 있으며, 주요 연구분야는 역사사회학, 근대식민주의, 국가형성 등이다. 주요 저서로는 『문화사회학』(공저, 2012), *Sociology and Empire*(공저, 2013), 『생명정치의 사회과학』(공저, 2014) 등이 있고, 주요 논문으로 “민족형식과 민족주의: 제국문화와 반식민문화의 상동성” 『한국사회학』 41-4(2007), “The Moment of the Boomerang Never Came: Resistance and Collaboration in Colonial Korea, 1919-1945” *Journal of Historical Sociology* 23-3(2010), “이행과 번역: 한국사회사의 역사사회학” 『한국사회학』 46-5(2011), “Homology Unleashed: Colonial, Anticolonial, and Postcolonial State Culture in South Korea, 1930-1950” *Positions: Asia Critique* 23-2(2015) 등이 있다.
• E-mail: obchae@kookmin.ac.kr

사회학총서 10

사회사/역사사회학

2016년 4월 5일 제1판 1쇄 발행
2023년 1월 25일 제1판 3쇄 발행

저 자 김 백 영 외
발행인 강 희 일 · 박 은 자

발행처 **다 산 출 판 사**

서울특별시 마포구 대홍로 6길 8
등 록 1979. 6. 5. 제 3-86 호(윤)
전 화 717-3661~2
FAX 716-9945
조 판 민 하 디 지 탈 아 트

정가 26,000원 파본은 바꾸어 드립니다.

http://www.dasanbooks.co.kr
ISBN 978-89-7110-513-9 94330
ISBN 978-89-7110-412-5(세트)